新編中國歷史文選

XINBIAN ZHONGGUO LISHI WENXUAN

（第二版）

何晉 編著

北京大學出版社
PEKING UNIVERSITY PRESS

圖書在版編目(CIP)數據

新編中國歷史文選／何晉編著. — 2版. —北京：北京大學出版社，2021.2
ISBN 978－7－301－32043－3

Ⅰ.①新… Ⅱ.①何… Ⅲ.①中國歷史—古代史—史籍—高等學校—教材
Ⅳ.①K204

中國版本圖書館CIP數據核字(2021)第040484號

書　　名	新編中國歷史文選（第二版） XINBIAN ZHONGGUO LISHI WENXUAN（DI-ER BAN）
著作責任者	何　晉　編著
責任編輯	劉書廣
標準書號	ISBN 978－7－301－32043－3
出版發行	北京大學出版社
地　　址	北京市海淀區成府路205號　100871
网　　址	http://www.pup.cn　　新浪微博：@北京大學出版社
電子郵箱	編輯部 wsz@pup.cn　　總編室 zpup@pup.cn
電　　話	郵購部 010－62752015　發行部 010－62755217 編輯部 010－62755217
印刷者	三河市北燕印裝有限公司
經銷者	新華書店 965毫米×1300毫米　16開本　38.25印張　506千字 2007年5月第1版 2021年2月第2版　2024年8月第4次印刷
定　　價	89.00元

自序

「中國歷史文選」這門課，在各大專院校的歷史專業中，基本是本科生必修的專業基礎課。雖然在某些院校，這門課的名稱或爲「中國歷史要籍介紹與選讀」，或爲「史學名著選讀」等等，但都是同樣性質的課。

這門課自上個世紀二十年代由陳垣先生倡導在高校歷史學系設置以來，如今已有八十多年的歷史。該課程最初創設時的目的是，訓練提高歷史學系的學生閱讀文言文和古籍的能力，所以它是一門歷史系的語言工具課。①

北京大學歷史學系爲本系本科同學開設這門課的目的，在於讓本系同學通過一年的閱讀和學習後，能够獲得充分的閱讀中國古代各類歷史文獻的實際經驗，提高閱讀中國古籍的能力，並熟悉古書體例，掌握最基礎的文獻知識，爲以後進一步閱讀和利用古代文獻史料打下堅實的語言和文獻基礎。這門課在北大歷史學系屬於面對本科生的專業基礎課，時間長，要講一年；課時多，每周四學時，在歷史系屬於重要的基礎課程之一。

一門課程的講授，和它教學使用的教材是密切相關的。尤其是「中國歷史文選」這門課，課程內容主要是講授和閱讀古代文獻，因此没有教材，這門課的教學活動就無法展開。可以説，這門課對教材有着高度的依賴。教材怎麽編，直接影響到這門課怎麽講。

北京大學歷史學系在一九九〇年至一九九六年期間，「中國歷史文選」這門課使用的教材是張衍田、張何清

① 參汝企和對建國以來中國歷史文選教材的回顧與思考，見其主編中國歷史文選教學研究（第四集），高等教育出版社（北京）二〇〇三年六月，第二六六—二六七頁。

二位先生編寫的中國歷史文獻簡明教程；① 一九九七年至二〇〇二年期間使用的教材是張衍田先生在上書基礎上重新編定而成的中國歷史文選及其增訂版。② 這兩種教材結構基本相同，在内容編排上按文獻類别，分爲考古、經、史、子、集幾個大類，③每類下有該類别及其子類的簡述，每篇文選前有所屬相應文獻及該選篇的介紹，每篇文選内容包括正文和編撰者的注釋兩個部分。

我於二〇〇二年九月開始接任二〇〇二級本科生「中國歷史文選」這門課的講授，使用的教材正是張衍田先生編撰的中國歷史文選（增訂版）。北大歷史學系的這門課，在教學安排上分爲上、下兩個階段，一共講授一年（兩個學期）。第二個學期，也即二〇〇三年的春季，由於「非典」的影響，課程時斷時續，頗受延誤。在這第一學年的講授中，我感覺到一些同學對這門課的學習興趣不是很高，這促使我一方面反省並調整自己的教學方式，開始在教學中製作並運用多媒體輔助課件，另一方面也開始思考對於這門課的講授來説有着重大關繫的教材的内容及其編選。

既然這門課的教學目的主要是讓同學獲得充分的閱讀中國古代各類歷史文獻的實際經驗，提高閱讀中國古籍的能力，因此這門課的教學内容除了要附帶講授一些古代文獻知識和文化知識外，主要還是圍繞一篇篇具體文選的閱讀而展開。講授與閱讀文選是這門課最主要的内容。

我們所使用的張衍田先生編撰的中國歷史文選教材，其中佔據絶大部分篇幅的也正是文選。如前所述，這部分内容包括了文選正文和編撰者注釋這兩個部分。張先生這部教材中文選的注釋十分精當。但我在實際教學中使用這部教材時也遇到一些困惑：一篇文選，編撰者的注釋太詳明，容易剥奪老師講授的内容，同學憑藉

① 中國歷史文獻簡明教程，張傳璽主編，張衍田、張何清編，北京大學出版社（北京）一九九〇年。
② 中國歷史文選，張衍田編撰，北京大學出版社（北京）一九九六年；該書在二〇〇二年出版了增訂版，書末增加了「古漢語字詞語法知識」内容。
③ 中國歷史文獻簡明教程分爲經、史、子、集、類書與叢書、文物與考古六大部類，中國歷史文選及其增訂本分爲考古、經、史、子、集五大部類。

這樣的注釋其實已能順暢地理解內容，老師也就没有必要再重復一遍了； 編撰者的注釋如果太簡單，又等於没注，因爲同學看了知其然而不知其所以然，這樣固然爲老師提供了講授與發揮的空間，却大大降低了編撰者作注的必要性。

目前全國高校大部分的文選教材，其文選部分一般也都主要是正文加上編撰者注釋這樣的體例。

這樣編撰教材的文選內容，有以下問題：

一是，同學通過這樣編撰的教材所獲得的閱讀經驗，與他們將來實際的文獻閱讀實踐嚴重脱節。也就是説，在他們將來要閱讀的文獻中，並不存在教材編撰者的這樣一種「注釋」——即使有傳統的注疏，在形式和內容上也與教材編撰者的這種注釋大相徑庭，更不用説很多古籍根本就没有注釋。

二是，教材編撰者給文選所作的這些注釋，極大地妨礙了同學對古籍文獻的認識。通常文選教材這樣編排的正文與注釋，不僅在形式上遠離了古代文獻的原貌，其注釋往往在內容上也遮掩了古代文獻原有的豐富傳意和多重歧解。經過這類教材編撰者的恣意篩選和整齊，經過編撰者仔細的咀嚼和選擇性的消化，這些古代典籍文獻無異於被進行了一次現代裝修。這種裝修越精細工整，也就越遠離這些古代典籍文獻的原貌。

使用這類教材去講授，在古代典籍文獻和同學之間，總覺得隔着一個第三者。教材和老師的講述恰恰剥奪了同學和這些原始文獻的「親密接觸」，教材和老師變成了「媒人」，雖然在竭力講述介紹某部文獻的外貌和內容，可留給同學的終歸是想象，仍然見不着那位「姑娘」。當然，也不排除偶爾會有少數同學跑去圖書館見上一面。

在我看來，教授閱讀歷史文獻的理想狀態應該是： 要閱讀哪一部古籍文獻，最好就把這部書搬到課桌上，讓我們直面這部書的一切原始狀態： 大小、顔色、册數、厚薄、形狀，甚至氣味； 翻開，它的款式、目録、序言、版次、價格一一展露，直至我們要閱讀的那一部分。內容讀完了，關於這部書的許多細節仍會留在我們的記憶裏。

帶着這些問題和思考，二〇〇三年秋，我在第二次上「中國歷史文選」這門課時，開始嘗試抛開教材，而直接從各類文獻中，複印要選讀的文本的原始形式，發給同學閱讀，儘量將文本內容在書中以最原始的面目呈現給同學。例如選讀卜辭，則直接從甲骨文合集及其釋文中複印相應的圖版和釋文； 選讀秦簡，則從文物出版社的睡虎地秦墓竹簡中複印相應的圖版、釋文和注釋；　讀周禮大司寇則從孫詒讓周禮正義中複印相關内容；　讀史記商君列傳，則複印瀧川資言史記會注考證中的内容；　讀墨子非攻上，則複印孫詒讓墨子閒詁中的内容。總之，設身處地最大限度地模擬同學將來可能進入的實際文獻閱讀狀態，讓他們現在接受訓練時就直面真「敵人」，這樣將來在實戰中才有過硬的真本領。

實踐證明，教材這樣編選，重視與文獻最直接的原始接觸，一方面使同學們嘗到了原汁原味，學習興趣提高了；另一方面也使得這門課程的内容比以前更加豐富了。

但馬上可能有人會問：中國古書流傳至今，其版本和注疏遠遠不止一兩種，你説的這個「原汁原味」到底是指何人作注、在哪個時期的「汁」和「味」？

在這一點上，我們完全是從實用的角度來考慮，即，對某一部文獻而言，我們認爲目前大多數史學工作者和上這門課的同學——他們被假設成未來的史學工作者——在研究中都可能經常去閱讀並加以利用的那個版本，就是我們複印時要選取的原本。

在具體的選印過程中，原本的選擇主要依次遵循以下兩個原則：

(一)首先必須是容易看到和借到的常見的、實用的版本。這是選印的第一原則。版本再好，但如果是孤本，或者印數很少，一般圖書館都借不出來的，就不會入選；如果同時有影印本和點校本，則儘量選擇點校本。總之，實用第一。

(二)在上述基礎上，如果有多個可以選擇的本子時，則擇善而從；如果有簡體字本和繁體字本，則儘量選擇繁體字本；如果有横排本和竪排本，則選竪排本。

當然，實際上這兩個原則有時難以兩全，偶爾或者還彼此矛盾。這時，往往也就只能在兩者之間選取一個平衡。這樣有時也不可避免地帶有編選者的個人主觀性。好在教材所選用的文獻，絕大多數都是最常見的文獻，所以問題倒也不大。

在閱讀這些從原書中選印出來的材料的過程中，老師不再抽象地把這些字、詞、句的「正確」意義解釋給同學，而是平等地和同學一起直面這些文獻及其原始的層疊的多重注疏，互相提問，共同商討，疑義相與析。老師成了學生中的一員，而不再充當「二傳手」的角色。如此，讓同學直接面對古代典籍文獻那豐富的傳意和多重的歧解，把對文獻古籍的詮釋權和判斷權還給學生。教師在課堂上實際成了一個讀書的主持人和引導者。

我認爲，「中國歷史文選」這門課，實際上就是爲同學們提供一種工具性的能力訓練，所以同學主動的參與和閱讀實踐至關重要，否則老師傳授的各種「能力」終歸是懸在空中。這門課在人才培養上，理論的掌握不應是重點，豐富而具體的閱讀經驗，和一些慣常技巧的掌握，才真正對同學有益。

但在此過程中，我們逐漸發現，僅僅複印原書中的部分正文文本，對於了解這部文獻的本來面目，甚至對於了解複印的這部分正文内容本身來説，都是遠遠不够的。一篇文章，實際是一部文獻的一個有機組成部分，若單獨把它抽離出來，這篇文章也就部分失去了生命。這好像拿出一隻斷臂來，告訴同學説這隻維納斯的手它是如何如何的美。作爲整體中的一個有機部分，單獨把它剥離出來，其意義就會嚴重不足。

所以，從二〇〇四年春季第二個學期開始，我在選録複印原書中的一篇文章時，就儘可能地讓它和母體（整部書）保持着最充分的聯繫：把這部書的序跋、凡例、目録，都全部原版照録，和選文一起複印給同學——猶如移植一棵樹，儘量原樣保持着它根部的土壤。特别是各書的序跋和凡例，在我看來尤爲重要，可以説缺少了這一部分，有時你根本就讀不懂正文；而一部書的目録，就是這部書的一個框架和輪廓，有了它，我們不僅馬上能一覽該書的大貌，而且它還像一幅地圖，立即就能向我們指明這篇文章在這部書中的位置。了解一篇文章在一部書中的排列位置，如此篇在該書目録中的類别歸屬和排列先後，和書中他篇相比此篇内容文字的多寡，在結構中它是正文還是注疏，是前言還是附録，都并非没有意義。

這樣，在每講一篇文選之前，會讓同學預先閱讀該書的序跋或凡例——一些重要的序跋和凡例則是老師和同學在課堂上一起讀，之後老師再講解該書的目録，然後才閱讀選文的内容。

二〇〇四年夏，在上完第二輪「中國歷史文選」這門課後，利用暑假的時間，我把一些還缺少序跋、目録的文選篇目做了補充和整理，用掃描儀把這些複印的材料全部以圖像的形式原樣「拷貝」到電腦裏，並製作成教材書稿的形式，再打印出來，遂成了這部新編中國歷史文選教材稿。感謝科技的發達，通過高精度的掃描儀和打印機，這部打印出來的書稿，其選文內容在形式上幾乎和原書中的內容一模一樣。①二〇〇四年秋，在我第三次上「中國歷史文選」這門課時，我就把這部「影印」版的教材稿交付給二〇〇四級的同學們，作爲內部教材正式使用了。

下面就編定的這部教材稿，作一些簡要的説明。

（一）在內容結構上，教材仍承襲北京大學歷史學系張衍田先生的中國歷史文選，依次分爲「考古」、「經部」、「史部」、「子部」、「集部」五大部分。

（二）在選文上，也基本遵從張衍田先生一書中選定的篇目，一是考慮到這門課的傳統和慣性，二是我自己也十分贊同張先生書中的選文理念和篇目安排，認爲並無不妥之處。當然，基於具體的教學實踐，教材在有些方面也稍微有所調整。一是將經部的周易系辭下更換爲周易本義乾，並增加了爾雅注疏釋親；將史部的通鑑紀事本末魏遷洛陽更換爲通鑑紀事本末南越稱藩。二是删省了不在教學中講授的其他一些篇目。②篇目雖然減少了，但因爲增加了序跋、舊注、目録等內容，篇幅却並不少，③而涉及的知識範圍也大大擴展了。

（三）每篇選文，基本包含三個方面的內容。（1）首列所選文獻中我們認爲應該必讀的前言（或後序，或凡例，或點

---

① 教材中有部分文選的版式經過了變動，詳見後面所述。

② 實際上在過去這門課的講授中，張書中的文選篇目也並非每一篇都會講授，而是選讀其中的大部分篇目。

③ 有的選篇，其序跋、目録方面的內容，在篇幅上甚至遠遠超過正文。

校説明，或重要的附録等）；① （2）次列該書的詳細目録；② （3）文選正文（包括正文和原有的注疏或校記）。

（四）就具體各部分的選文來説，經部選文，主要根據各部經書的具體情況來選擇使用哪種注疏本，同時也考慮到注疏的時段性。目前選入的經部文獻，基本涵蓋了漢魏、隋唐、宋、清各時期的注疏。史部和子部選文，則擇善而從，既有古注、清人注疏，也有近現代學者的注疏。集部選文只有一篇。五大部分的選文，以史部爲最多。

（五）每篇選文及其相關文獻的情況，教材僅作簡略的説明和介紹。

（六）教材不再編入古代文化、字詞語法方面的内容。我認爲這些方面的知識内容，已盡數包含在我們的選文之中了，與其抽離出來單獨講，不如在閱讀的過程中結合着選文來講。校勘、訓詁、版本、目録這些内容，我們也是結合着每篇具體的選文來講。

（七）教材的選文，對於原書版式一般不作任何改動。只在以下兩種情況中例外：

一是原書是大十六開本的，爲照顧到全書體例統一，縮爲了現在的開本。這些大十六開的文獻主要集中在考古部分，它們是：甲骨文合集、兩周金文辭大系圖録、馬王堆漢墓帛書、睡虎地秦墓竹簡。此外，史部中的三國志集解，原書雖爲大十六開，但却是一頁分上下兩欄排列四頁的縮印本，本來字就很小了，若再縮小，幾乎就不能閱讀了，因此將原書一頁上下兩欄排列的四頁，都一一拆開，各自成爲獨立的一頁。

二是經部文獻的一些選篇。例如，從十三經注疏中選録的尚書、禮記、左傳、爾雅等篇章，本來擬影印中華書局影印阮刻本，但可惜這個版本的字體太小而且還不清楚，讀起來眼睛流淚，所以我們自行做了標點，進行了重排。

---

① 對於那些序、跋較多的文獻，這一部分是有所選擇的，我們只選擇那些對於閱讀正文來説必不可少的部分。一般來説，具有凡例性質的序跋都不會被遺漏。

② 在教材中，没有列出所選原書詳細目録的例外情況只有兩種：（1）正史的目録中省去了「列傳」部分的詳目；（2）兩周金文辭大系圖録、資治通鑑、通典、日知録等文獻因目録篇帙浩繁，也省略了目録。但以上各書的詳細目録，我們都製作了相應的數字文檔並給出了在網絡課件中的鏈接。

此外，在選文時，原書中所有的文字錯訛，一仍其舊，並不加以挖修改正，不管是在原樣影印照錄的版式中還是在經過重新録入編排的版式中。

（八）最後再附帶説明一點，這門課也製作了相關的多媒體網絡課件，它們可視爲這本教材的一個擴展和補充部分。其內容或將教材涉及的難點製成簡單明了的示意圖，或將紛繁難記的重點條理爲清晰的表格，或擴展補充更多與教材內容相關的閱讀材料，或附録部分教材難以容納的媒體資料。由於這些課件都是用html格式製作，瀏覽方便，移植和修改也很容易，將來若有需要，也可以光碟的形式作爲教材的附録出版。當然，教材不附録這部分課件的內容也没有關係，因爲目前這些課件已全部放置在網絡上，對所有訪問者免費開放（課件網址是：http://www.hist.pku.edu.cn/person/hejin/zglswx/）。

在二〇〇五年六月舉行的全國「歷史文選」教學研討會上，編者曾攜這部教材打印稿以示諸高校同仁，受到了部分老師的關注和肯定，這也促使我想把它印出來，以便和更多上這門課的同仁們交流。

本書的出版，得感謝北京大學教務部及其教材建設項目的支持，並要感謝高毅教授爲本書申請出版項目時所作的爭取和努力。還要感謝張衍田老師，這本新編中國歷史文選，不僅在許多方面都參考了他主編的中國歷史文選教材，而且在我上「中國歷史文選」這門課遇到疑問和難題時，總能從他那裏得到及時的指導和解答。

此外特別要感謝清華大學思想文化研究所的李學勤先生和湖南省博物館、湖北省博物館、文物出版社、中國社會科學出版社、鳳凰出版社（原江蘇古籍出版社）、上海書店出版社，他們或允應我使用相應的圖片以及相關出版物中的內容，或主動幫我聯繫作者商議版權，都是我所不能忘記的。

感謝中華書局、上海古籍出版社和郭平英女士在版權轉讓上爲我提供的方便，使我免去了一一和作者聯繫商議版權的中間過程，没有他們的同意和代理，本書的出版也是不可想象的。

最後要感謝北京大學出版社的劉方女士爲本書出版所付出的辛勤與努力，不僅如此，她還爲本書的體例和內容作了可貴的建議。

何晉　二〇〇六年六月

目録

圖表附録

一　考古文獻

吾輩生於今日，幸於紙上之材料外，更得地下之新材料。由此種新材料，我輩固得據以補正紙上之材料，亦得證明古書之某部分全爲實録，即百家不馴之言亦不無表示一面之事實。此二重證據法，惟在今日始得爲之。雖古書之未得證明者，不能加以否定，而其已得證明者，不能不加以肯定，可以斷言也。（王國維古史新證　總論）

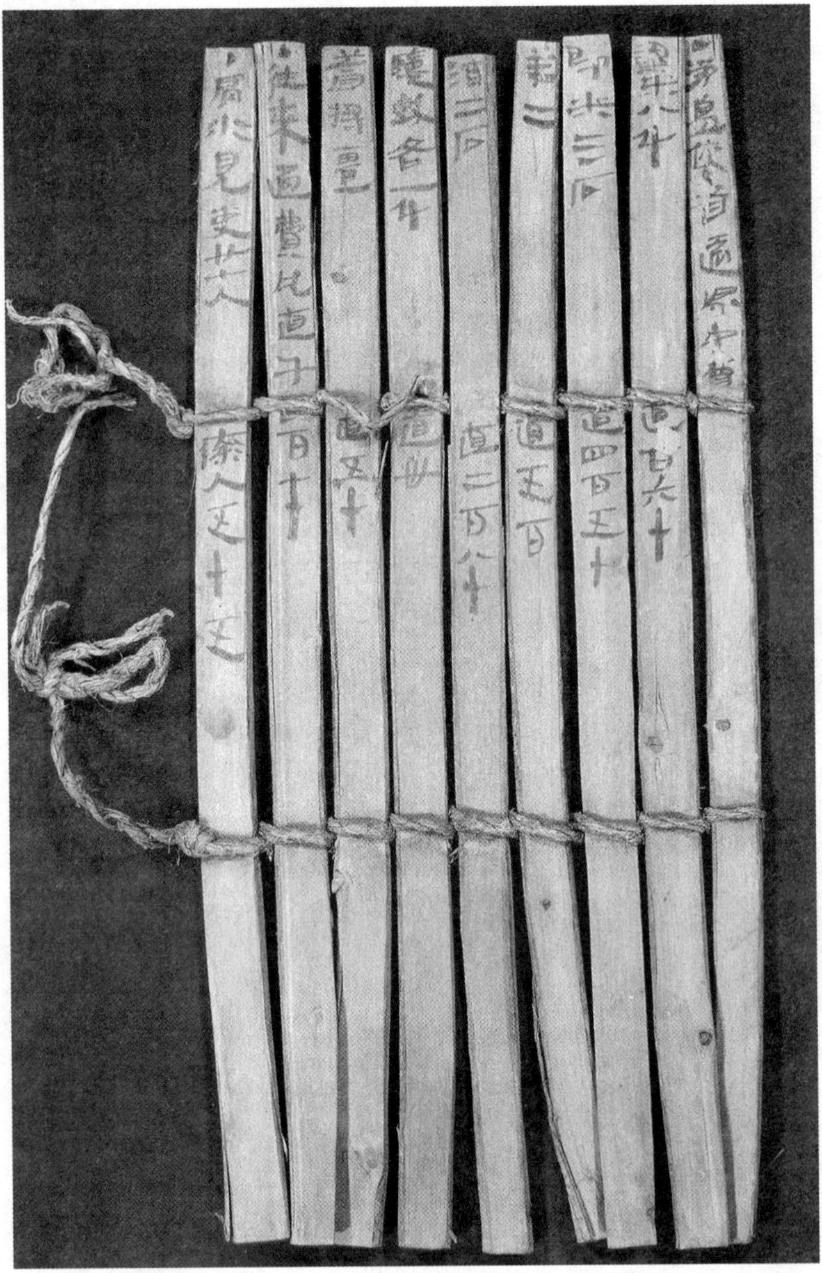

附圖表一：出土漢簡

近現代以來，考古發掘的出土材料越來越豐富，這不僅擴展了史家的視野，也增加了史料的來源。王國維説：「吾輩生於今日，幸於紙上之材料外，更得地下之新材料。由此種新材料，我輩固得據以補正紙上之材料，亦得證明古書之某部分全爲實録，即百家不馴之言亦不無表示一面之事實。此二重證據法，惟在今日始得爲之。雖古書之未得證明者，不能加以否定；而其已得證明者，不能不加以肯定，可以斷言也。」（古史新證　總論）這些出土新材料中的文字材料構成的考古文獻，越來越受到史家的追捧，逐漸形成新的學問，其中影響最大者，有甲骨文、金石文字、秦漢簡牘、敦煌與吐魯番文書等。

考古文獻的發現，擴大了歷史文獻的組成部分，瞭解、利用出土的考古文獻，成爲了對歷史學系同學的一個基本要求。本書下面即分别選取甲骨文、金文、秦漢簡牘與帛書、敦煌文書中的部分内容，作爲「考古文獻」的閱讀内容。

（一）甲骨文

●**什麼是甲骨文**　甲骨文是指記録在龜甲或獸骨上的文字内容，其中絶大部分是商代後期的文字遺存，有少部分屬於西周、春秋時期。商代的甲骨文記録内容有許多是與占卜有關，故又常被稱爲「卜辭」；由於甲骨上的文字絶大多數是用刀刻出來的，故有時又被稱爲「契文」。甲骨文的發現，爲商代歷史的研究提供了前所未有的豐富材料。

●**占卜與文字記録**　殷人凡事都愛占卜，有時一事還多次占卜，這使得保存下來的占卜文字記録内容極其廣泛。這些占卜問事的文辭，被刻寫在甲骨上。甲是指龜的腹甲和背甲（以腹甲居多），骨是牛羊鹿豬等獸骨（以牛的肩胛骨居多）。在甲骨經過整治後，先要在甲骨上鑽鑿。鑽，是在甲骨的背面鑽一個圓形的槽；鑿，是在鑽的一側鑿一個橢圓形的鑿穴。鑽鑿的作用是使甲骨變薄，以便下一步施灼時甲骨容易爆裂且按一定方向産生兆紋。施灼，就是在鑽鑿處灼烤，使甲骨爆裂成兆。然後再根據兆紋來判斷吉凶。有關占卜的事情往往被記録在甲骨上，有時也記録一些與占卜無關的事情。這些記録在甲骨上的文字，絶大多數是用刀刻的，少數是用毛筆蘸墨或硃砂書寫的。書寫的順序一般是從上往下，從右往左。

●甲骨文的發現　商代甲骨文大量發現於殷墟(今河南安陽西北)，這裏是商代後期王都的遺址，直到商紂被滅爲止，商人在這裏盤踞了二百七十多年。在二十世紀甲骨被學術界大量發現之前，殷墟附近就有人把在地裏拾取的甲骨或磨成粉當創傷藥用，或賣到藥鋪。清末，王懿榮在從藥店抓藥時發現一些龍骨上有文字，遂加以蒐集，此後甲骨文的價值逐漸開始被人認識。王懿榮所藏的大部分甲骨後來流落到劉鶚手中，劉鶚又從其他地方蒐集到許多甲骨，於其藏品中選拓了一千零五十八片，在一九〇三年出版了鐵雲藏龜。

●甲骨文的著録與研究　最早對甲骨文進行著録的鐵雲藏龜，還主要是資料性的。最早對甲骨文加以研究的當推清末的孫詒讓，他根據鐵雲藏龜寫成契文舉例，成爲考釋甲骨文的第一本著作。在近代對甲骨文著録作出最大貢獻者爲羅振玉(號雪堂)，他曾蒐獲甲骨三萬片以上，先後編印有殷墟書契及其前編、後編、續編，以及殷墟書契菁華等。而在甲骨文的研究上作出重大成就的則是王國維(號觀堂)，其殷卜辭中所見先公先王考及其續考、殷周制度論等文章，被認爲代表了甲骨文研究草創時期的最高成就，並由文字的考釋推進到史料應用的階段。董作賓(字彦堂)參加了歷史語言研究所主持的殷墟發掘工作，主持編有殷墟文字甲編及乙編，在甲骨的斷代研究上成就很大。郭沫若(號鼎堂)在甲骨文的著録、研究等方面也作出了很大貢獻。四人被稱爲甲骨「四堂」。由郭沫若主編、胡厚宣任總編輯完成於一九八二年的甲骨文合集，收録了自一九〇三年鐵雲藏龜直到一九七〇年代末的大部分甲骨文資料，是中國現代甲骨文方面的集大成資料彙編。迄今爲止，總共發現甲骨約有十五萬片，約四千五百多個單字，目前考釋出音、義的有二千字左右。

●相關參考論著資料

——郭沫若主編、胡厚宣總編輯甲骨文合集

——姚孝遂殷墟甲骨刻辭總集

——姚孝遂殷墟甲骨刻辭類纂

——〔日〕島邦男殷墟卜辭綜類
——于省吾甲骨文字詁林
——孫海波甲骨文編
——徐中舒甲骨文字典
——胡厚宣五十年甲骨學論著目(一八九九—一九四九)
——王宇信新中國甲骨學論著目(一九四九—一九八六)
——王宇信西周甲骨論著目
——宋鎮豪甲骨文獻集成

甲骨文合集·武丁卜辭一則

【導讀】

●**說明** 本則卜辭，題目爲編者所加。圖版選自甲骨文合集，郭沫若主編，中華書局(北京)一九七八—一九八三年版；釋文選自甲骨文合集釋文，胡厚宣主編，中國社會科學出版社(北京)一九九九年版。

●**郭沫若**(一八九二—一九七八) 號鼎堂，四川樂山人，與王國維、羅振玉、董作賓一起被稱爲甲骨「四堂」。一九二八年在日本開始研究甲骨文，一九二九年完成甲骨文字研究，此后相繼有卜辭通纂、殷契粹編等研究、著録甲骨文的著作。晚年任甲骨文合集的主編。

●**胡厚宣**(一九一一—一九九五) 幼名福林，河北望都人。一九三四年畢業於北京大學史學系。曾任職於中央研究院歷史語言研究所、復旦大學、中國社會科學院歷史研究所，任甲骨文合集釋文主編。

●**甲骨文合集** 本書彙編了自一八九九年至一九七〇年代末在河南安陽殷墟出土的甲骨文資料，全書共編爲十三册，前十二册爲拓本，第十三册爲摹本，在此書編成之後發現和蒐集到的資料，另編爲補遺。書中收録的拓本，除個别因爲縮微膠卷没有比例尺，難以按實物原大翻印外，其餘一律按甲骨實物原大製版印刷。全書共收録甲骨文四萬一千九百五十六片，收録的標準是：凡文句完整或比較完整，以及文句雖有殘缺但内容較爲少見者，一律選録；凡文句一般、常見而又殘缺過甚者，則不予選録。書中全部資料均先分期再分類進行編排，分期採用通常的「五期」分法：①第一期：武丁；②第二期：祖庚、祖甲；③第三期：廩辛、康丁；④第四期：武乙、文丁；⑤第五期：帝乙、帝辛；分類則分四個大類（階級和國家、社會生産、思想文化、其他）共二十一個小類。

●**甲骨文合集釋文**　本書依甲骨文合集片號順序，逐片作出釋文，與甲骨文合集配套使用。書中釋文一般採用較爲公認的説法加以隸定，若採用有爭議的文字，則均經集體討論後由總編輯定奪，不能隸定者，則按原形摹畫。爲便於研究者利用，釋文均加上了標點。

●**選文内容**　本則卜辭選自6057正，即甲骨文合集中片號爲6057的甲骨的正面中的一部分。刻寫在這片獸骨正面上的刻辭，共有六個部分，其反面亦有刻辭。教材中選録的這一部分，記載了武丁時期的一次貞旬以及土方、𢀛方兩個方國對商邊境城市的侵奪。卜辭結構完整，由叙辭、命辭、占辭、驗辭四部分組成。

甲骨文合集

分类总目

分类	册	第一期		册	第二期	
		页码	片号		页码	片号
一、阶级和国家						
1、奴隶和平民	1	1—312	1—1139	8	2933—2939	22537—22615
2、奴隶主贵族	2	313—742	1140—4974	8	2941—3082	22616—24131
	3	743—805	4975—5565			
3、官吏	3	807—824	5566—5676	8	3083—3084	24132—24144
4、军队、刑罚、监狱	3	825—880	5677—6056			
5、战争	3	881—1173	6057—7771	8	3084—3090	24145—24224
6、方域	4	1175—1282	7772—8795	8	3091—3111	24225—24426
7、贡纳	4	1283—1365	8796—9471			
二、社会生产						
8、农业	4	1367—1495	9472—10195	8	3113—3114	24427—24443
9、渔猎、畜牧	4	1497—1636	10196—11422	8	3115—3127	24444—24607
10、手工业						
11、商业、交通	4	1637—1644	11423—11479	8	3127	24608—24609
三、思想文化						
12、天文、历法	5	1645—1678	11480—11749	8	3129—3132	24610—24658
13、气象	5	1679—1894	11750—13489	8	3132—3152	24659—24937
14、建筑	5	1895—1918	13490—13612	8	3153—3154	24938—24955
15、疾病	5	1919—1971	13613—13923	8	3154	24956—24959
16、生育	5	1973—2003	13924—14126			
17、鬼神崇拜	5	2005—2114	14127—14821	8	3155—3159	24960—25024
18、祭祀	6	2115—2240	14822—16272	8	3160—3241	25025—26072
19、吉凶梦幻	6	2241—2373	16273—17484	8	3243—3301	26073—26724
20、卜法	6	2375—2427	17485—17848			
21、文字	6	2429—2506	17849—18948	8	3302—3313	26725—26878
四、其他	6	2507—2565	18949—19753			

第一期 附	7	2567—2932	19754—22536

册	第三期		册	第四期		册	第五期	
	页码	片号		页码	片号		页码	片号
9	3315—3336	26879—27041	10	3885—3942	31969—32301	12	4427—4432	35343—35396
9	3337—3435	27042—27874	10	3943—4056	32302—32977	12	4433—4533	35397—36415
9	3437—3447	27875—27971	11	4057—4059	32978—32995	12	4534	36416—36424
			11	4060—4062	32996—33013	12	4535—4540	36425—36480
9	3449—3463	27972—28098	11	4063—4082	33014—33123	12	4541—4550	36481—36539
9	3465—3475	28099—28197	11	4083—4095	33124—33208	12	4551—4598	36540—36974
9	3477—3487	28198—28299	11	4097—4121	33209—33358	12	4599	36975—36983
9	3489—3628	28300—29684	11	4122—4174	33359—33689	12	4600—4695	36984—37833
9	3629—3630	29685—29695						
			11	4174	33690—33691			
10	3631—3645	29696—29814	11	4175—4183	33692—33746	12	4697—4747	37834—38114
10	3645—3696	29815—30265	11	4184—4230	33747—34042	12	4749—4760	38115—38221
10	3697—3711	30266—30375	11	4231—4234	34043—34071	12	4761—4763	38222—38242
			11	4235	34072—34076			
10	3712	30376—30385	11	4235—4245	34077—34136	12	4764	38243—38244
10	3713—3722	30386—30465	11	4247—4271	34137—34296			
10	3722—3799	30466—31201	11	4273—4327	34297—34683	12	4764—4808	38245—38764
10	3801—3854	31202—31666	11	4329—4393	34684—35130	12	4809—4889	38765—39408
10	3855—3865	31667—31758	11	4394—4406	35131—35218	12	4890—4891	39409—39417
10	3866—3878	31759—31890	11	4407—4418	35219—35282	12	4892—4895	39418—39464
10	3879—3884	31891—31968	11	4419—4425	35283—35342	12	4897	39465—39476

第十三册摹本

期	页码	片号	期	页码	片号
第一期	4899—5091	39477—40814	第三期	5149—5168	41303—41453
第一期附	5093—5102	40815—40910	第四期	5169—5201	41454—41694
第二期	5103—5148	40911—41302	第五期	5203—5241	41695—41956

戰　爭

页码:881——1173　　片号:6057——7771

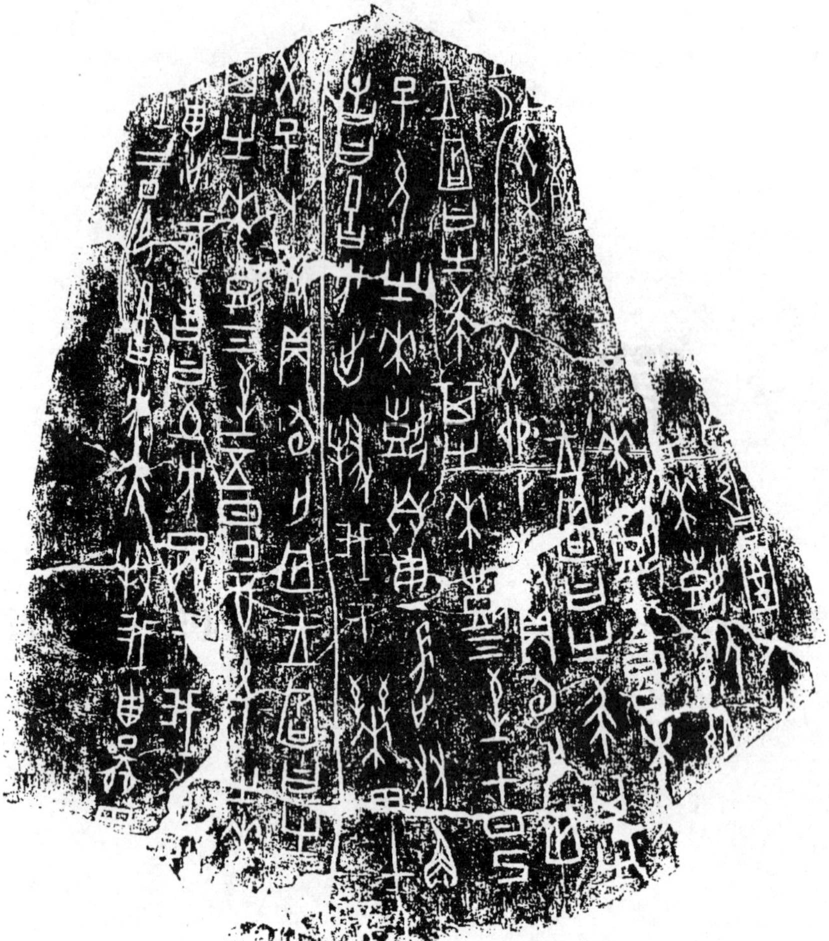

6057正

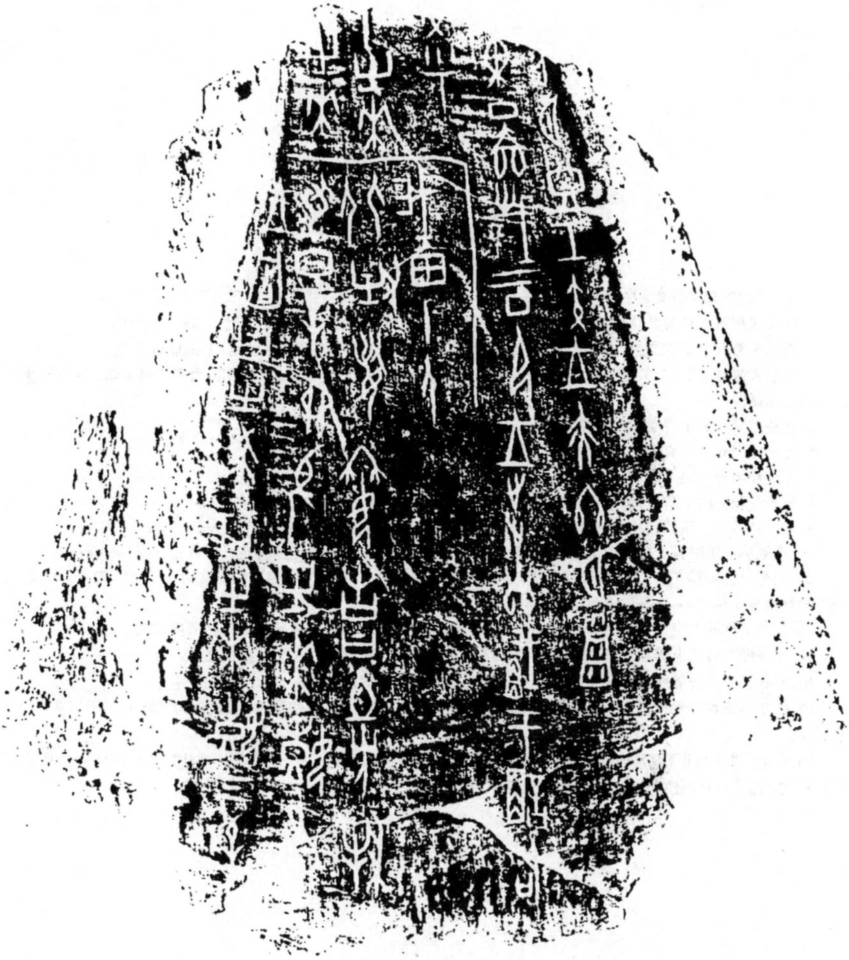

6057反

凡　　例

1.本书依《甲骨文合集》片号顺序，逐片作出释文。

2.释文采用前人较为公认的说法加以隶定，不注明出处。每条卜辞加以标点，以便于研究者利用。

3.各家考释有争议的文字，释文一般不用。个别文字释文彩用时，均经集体讨论，主编最后决定。

4.凡前人未释的文字，能隶定者即隶定。但隶定字亦经集体讨论，主编同意后使用。尚不能隶定者，按原形准确地加以摹画。

5.凡缺刻笔画的甲骨文字，按全刻作释文，并在释文后注明。

6.凡一片甲骨上，真伪刻辞相参者，在释文时注明甲骨何部位有几字系伪刻。

7.凡一片甲骨上的卜辞在一条以上者，均按占卜顺序作释文，并标明（1）、(2)、(3)……

8.凡正反相间的卜辞，均按一条完整的卜辞作释文，并在释文后注明（正）、(反）。

9.凡牛胛骨正、反、臼均有刻辞者，按正、反、臼顺序作释文，并注明（正）、(反）。

10.凡原属一版甲骨之折，但又不密合者，尽可能按占卜顺序做释文，并注明（甲）(乙)(丙)……

11.残辞但能知其文字，用"残辞互补法"补出者用"[ ]"表示。知残一字，但不知其文者，用"口"表示。知残字，但不知其数者，用"……"表示。

12.凡合文析开隶定，并在括号内注明。此外，硃书、墨书，倒书等情况，也在括号内注明。

13.兆序随在有关卜辞后。凡残兆序并与卜辞关系不明者，集中另写在全版释文之后。

14.不玄冥、二告等兆记，属于哪个卜兆，即写在该卜兆的兆序之后。

15.拓本不清者不勉作释文，均注明"反面不清"或"×× 不清"。文字残泐过甚，或仅余笔画而不辨字形者，亦不作释文。

16.凡《甲骨文合集》原片分期有误、贴倒者，均在释文后注明。凡重见片，均在前一片注明"与后×××号重见"并作释文。而后一片则注明"与前×××号重，释文见前"。

(2)乙未卜，穷，貞令永金子央于南。

三

(3)乙□〔卜〕，□，貞……弗……

(4)貞〔令〕……壴……雝……吕……阜……

……

06052

□□卜……知……囍金……

06053

(1)丙〔辰卜〕，□，貞……

(2)貞叀奚令金子叏。

(3)貞三宰。

06054

(1)貞……‖……金……侯。　三

(2)……疾……

(3)貞令翌……其亦再……在……用。

三

06055

貞叀貞令金攸于并。　一

06056

戊寅卜，穷，貞令畐金攸于并。八月。

06057 正

(1)王固曰：㞢祟，其㞢來艱。气至七日己巳，允㞢來艱自西。長友角告曰：𢀛方出，㛸我示㯉田七十人五。

(2)癸未卜，設，〔貞旬亡囚〕。　一

(3)癸巳卜，設，貞旬亡囚。王固曰：㞢〔祟〕，其㞢來艱。气至五日丁酉，允㞢來〔艱自〕西。沚戠告曰：土方征于我東啚，〔戋〕二邑。𢀛方亦㛸我西啚田。

(4)癸卯卜，設，貞旬亡囚。王固曰：㞢祟，其㞢來艱。五日丁未允㞢來艱，𩁹知〔羍〕自吕圉六〔人〕。　一

(5)□□卜，□，〔貞旬亡囚〕。五月。

06057 反

(1)王固曰：㞢祟，其㞢來艱。气至九日辛卯允㞢來艱自北。蚁妻笅告曰：土方㛸我田十人。

(2)……〔其〕㞢來〔艱〕……〔允〕㞢來〔艱〕……乎……東啚，戋二邑。王步自𣆏于𨛜司……夕㞷。壬寅王亦冬夕嘼。

06058 正

(1)癸未……

(2)癸巳卜，永，貞旬亡囚。〔王固曰：㞢祟，其㞢來艱〕隹丁。五日丁酉允㞢〔來艱〕……〔征〕于我東啚，〔戋□邑〕……

二告　三　二告　三

06058 反

王固曰：其㞢來〔艱〕……

06059

……〔沚〕戠告曰：土方……〔㛸〕我西啚〔田〕……

06060 正

癸巳卜，□，〔貞〕……〔來〕艱，气至……〔沚〕戠告曰：土〔方〕……𢀛方亦〔㛸〕……

06060 反

……〔我東啚，戋〕……日辛丑夕㞷……

06061

……告曰：土〔方〕……亦□……

06062

……〔來〕自西……𢀛方𨟭我……蒀亦戋〔𤰔〕……

06063 正

(1)□□〔卜〕，□，〔貞旬亡〕囚。丙戌𩓶㑳𩈃。二月。

(2)乙丑𡆥死。

(3)□□〔卜〕，□，貞旬亡囚……允㞢來

附圖表二：天干與地支一覽表

10天干	甲	乙	丙	丁	戊	己	庚	辛	壬	癸		
12地支	子	丑	寅	卯	辰	巳	午	未	申	酉	戌	亥

附圖表三：六十干支一覽表

甲子	乙丑	丙寅	丁卯	戊辰	己巳	庚午	辛未	壬申	癸酉
甲戌	乙亥	丙子	丁丑	戊寅	己卯	庚辰	辛巳	壬午	癸未
甲申	乙酉	丙戌	丁亥	戊子	己丑	庚寅	辛卯	壬辰	癸巳
甲午	乙未	丙申	丁酉	戊戌	己亥	庚子	辛丑	壬寅	癸卯
甲辰	乙巳	丙午	丁未	戊申	己酉	庚戌	辛亥	壬子	癸丑
甲寅	乙卯	丙辰	丁巳	戊午	己未	庚申	辛酉	壬戌	癸亥

附圖表四：完整記錄六十干支的卜骨

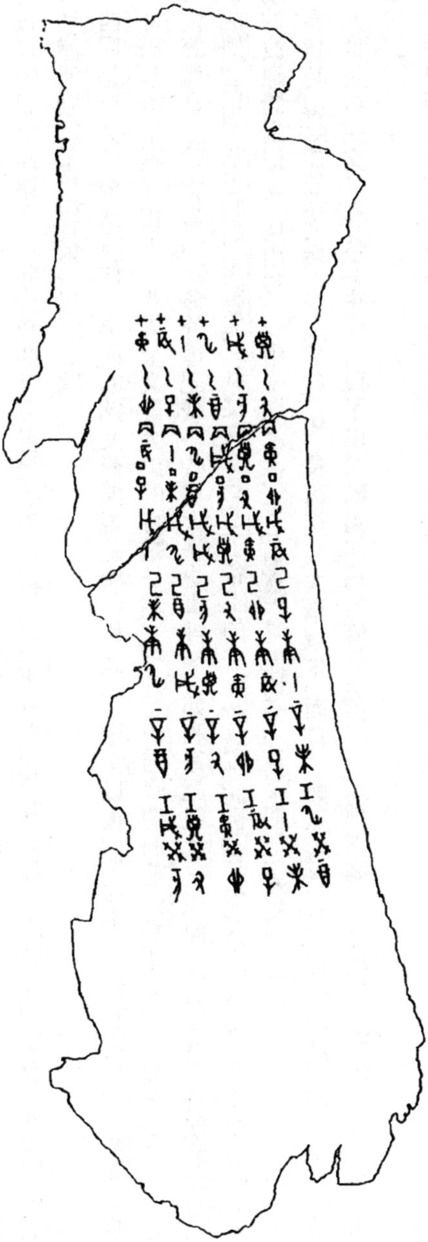

甲子乙丑丙寅丁卯戊辰己巳庚午辛未壬申癸酉
甲戌乙亥丙子丁丑戊寅己卯庚辰辛巳壬午癸未
甲申乙酉丙戌丁亥戊子己丑庚寅辛卯壬辰癸巳
甲午乙未丙申丁酉戊戌己亥庚子辛丑壬寅癸卯
甲辰乙巳丙午丁未戊申己酉庚戌辛亥壬子癸丑
甲寅乙卯丙辰丁巳戊午己未庚申辛酉壬戌癸亥

（二）金文

●**什麼是金文** 各種金屬器物上鑄、刻的文字，稱爲金文。這些金屬器物，主要是青銅器，其中以鐘鼎禮器爲大宗，還旁及兵器。度量衡器。符、璽、錢幣、鏡鑒等等。由於金文所鑄、刻的器物以鐘鼎爲主，故後世又稱其爲「鐘鼎文」。這種文字遺存，在時代上以西周爲盛；在內容上則多爲祀典、錫命、征伐、契約等。商代到春秋的銘文，一般是鑄成的；戰國秦漢時期的銘文，大都是刻成或鑿成的。由於研究商、周歷史的傳世文獻非常有限，所以這些不斷發現和積累下來的金文資料，成爲研究先秦歷史的重要史料。

●**各時期的金文特點** 商代青銅器上已開始出現一些銘文，但一般比較簡略，多爲族徽或廟號；末期開始出現一些較長的記事性銘文。商代晚期金文書體的主要特點是筆道形體豐腴，首尾出鋒，間用肥筆，波磔明顯，此外也有形體瘦勁，筆畫挺直不露鋒芒的。

西周是金文的全盛時代。早期的銘文尚無規範統一格式；穆王以後，冊命漸多，漸有定格；西周中晚期，銘文佈局基本上程式化了。西周金文最突出的特點是銘文很長，西周晚期的毛公鼎銘文，長達近五百字；此外銘文內容豐富，除記祀典、錫命外還記載一些重大歷史事件等，如利簋記載武王伐商，西周成王時期的何尊記載營建成周，西周恭王時的史牆盤記載從文王到恭王各王的主要政績。西周青銅器銘文的書體，在初期時與商代晚期的波磔體近似，首尾出鋒；中晚期，字形長方規整，筆道均勻，首尾如一，不露鋒芒。

春秋時，青銅器銘文發生了較大變化，長篇銘文大爲減少，而且一般不再具有西周時期銘文的書史性質，出現了大量媵器銘文。春秋末年還出現了以鳥獸蟲作爲裝飾的美術字，這種書體一直流行到戰國前期，奇詭多變，極難辨認。

戰國中期以後，銘刻轉到「物勒其名，以考其誠」的作用上去了。

●金文的著録與研究　青銅器及其銘文在歷史上代有發現，被學者專門著録和研究是從宋代開始，例如歐陽修蒐羅歷代金石文字而成集古録，這是現存最早的一部著録、研究金石文字的著作。二十世紀初以來，王國維、羅振玉、郭沫若、唐蘭、楊樹達、于省吾、容庚等，對金文的著録和研究都作出了很大貢獻。一九三七年羅振玉將其所藏商周銅器銘文彙編爲三代吉金文存，是一部集大成的商周金文彙編之作；郭沫若的兩周金文辭大系圖録考釋，把兩周銅器及銘文利用標準器分類，使之成爲一部按時代和國別排列的有系統的兩周史料集。

●相關參考論著資料

——郭沫若兩周金文辭大系圖録考釋
——容庚商周青銅器通論
——馬承源中國青銅器
——白川靜金文通釋
——馬承源商周青銅器論文選集
——唐蘭西周青銅器銘文分代史證
——羅振玉三代吉金文存
——嚴一萍金文總集
——中國社會科學院殷周金文集存
——容庚金文編
——陳初生金文常用字典
——周法高金文詁林

兩周金文辭大系圖録考釋・曶鼎銘

【導讀】

●**説明**　本則銘文及其考釋，選自兩周金文辭大系圖録考釋，郭沫若著，上海書店出版社（上海）一九九九年版。此則銘文現多定名爲曶鼎銘，郭沫若後來自己也改從這個看法，本教材仍然保持郭沫若原書舊名，不作改變。

●**兩周金文辭大系圖録考釋**　此書是一九五七年將郭沫若在二十世紀三十年代出版的兩周金文辭大系圖録與兩周金文辭大系考釋二書合編而成，前者分爲「録編」（銘文）和「圖編」（形象），後者則是配合前者的釋文和考訂。此書選擇了具有重要史料價值的兩周銅器銘文，用結合器物形制、花紋特徵、銘文書法等綜合比較、分類排比的「標準器分期法」，序列西周王臣之器一百六十餘種，分屬於西周十二王之下，東周時代的銅器則分列爲三十餘國而屬之，每國之下依時代先後爲序，共分列東周諸侯之器一百六十餘種，爲青銅器及銘文研究中劃時代的著作。

●**曶鼎**　曶鼎發現於清乾隆戊戌（一七七八）年間，爲巡撫畢沅所得，但可惜不知何時原器遺失，現僅存曶鼎銘文拓本和摹本。據記載，鼎約高二尺，圍四尺，深九寸，款足作牛首形。該器的製作年代，有三説：①恭王期（董作賓、馬承源）；②懿王期（容庚、陳夢家）；③孝王期（郭沫若、吴其昌、白川静），但均無決定性的證據。總之，它是西周後期之器物。

●**銘文内容**　曶鼎銘文共二十四行，約四百多字，文字數量在過去是僅次於毛公鼎的。器銘不僅字數多，而且所記内容也甚爲奇特少見，其内容可明確地自然分爲三段，第一段講曶受到册命；第二、三段記録了兩次訴訟及其裁判，因對研究中國古代法制史、經濟史等多方面具有重要作用，而被學者廣泛徵引和討論。

●**相關參考論著資料**

——于省吾雙劍誃吉金文選

——容庚商周彝器通考
——郭沫若奴隸制時代
——楊樹達積微居金文説
——黄然偉殷周青銅器賞賜銘文研究
——馬承源中國古代青銅器
——松丸道雄西周後期社會所見的變革萌芽：曶鼎銘解釋問題的初步解決，劉俊文主編日本學者研究中國史論著選譯，中華書局（北京）一九九三年

增訂序記

「兩周金文辭大系」初版以一九三二年一月印行于日本。其後二年，一九三四年秋，彙集銘文拓本、摹本或刻本，並選可能附入器形照片或圖繪而成「兩周金文辭大系圖錄」。又其後一年，別成「兩周金文辭大系考釋」，于文辭說解加詳，于是初版遂作廢。

「圖錄」與「考釋」雖未能盡善，要不失為研究周代金文應有之工具書。原據日本文求堂主人言，印行各僅五百部，流入國內者為數當更有限。聞坊間倚為奇貨，蒐購頗不易，研究金文者引以為不便。

余受學術界鼓勵，久有意增訂再版，但以牽于他務，不能專力于是。今歲夏間，因養疴北戴河，始着手整理，倉卒未能蕆事。迄今秋暮，勉強脱稿，遽著之錄，誤所難免。

此次增訂，拓本多經選擇更易，務求鮮明。摹本刻本，凡能覓得拓本者均已改換。器形圖照亦略有增補，而於著錄書目則增補尤詳。關於圖版照片之蒐集，尚賴考古研究所多同志之協助，其繕校編列，黃烈同志一手之功也。

新出重器若干種本擬增入，但以變動過大，

序記

成書不易，經之作難，故原書大抵一經審覽。
圖錄經本編輯，自來付，曾為菁為圖象學
之雄心。本隔二十年，舊業已荒。使其增
訂之末，如無諸同志協助，亦難觀厥成。茲
謝之餘，願擇償悚。
新出金器，如有專為搜成「補編」，實所
甚盼努力為之。

一九五六年十月卅日

郭沫若

二

兩周金文辭大系圖錄

一九三四年
沫若自署

引言

一、大系成書逸已屆三年，舊時見解有未當意處，新出之器复時有所獲，爰更詳加增訂，改版問世，而別成此圖录，以便觀覽。

二、圖录分爲录編与圖編，录編專輯銘文，圖編專輯形象，自來著录多有录無圖，二者若難相副。

三、录編編次悉依增訂本，間有參攷之器亦附出之。銘文選录以拓本爲主，其有器亡而刻本僅存，或器存而拓本未見者，僅能以刻本摹本入录。刻本務求其精，摹本乃暫備一格，俟將來得拓本時更易之。

四、圖編形象就能蒐集者輯录之，主在觀察花紋形式之系統，故以器制爲類聚，而縮小成約略同樣之大小。原器法量大率詳見諸家著录，讀者如遇必要時可就而攷之。

五、釋編录編圖編三者之聯系及諸家著录，具詳卷首目錄表及著錄目中。其新著錄之器爲海內外友人所惠贈或惠借者，其惠助者姓氏亦詳目錄表中，作者於此對於諸友統致謝意。

一九三四年十一月廿日　　作者識

總目

著录目

諸家著录目

考. 考古圖十卷. 吕大臨著(黄晟三古圖本).
博. 宣和博古圖录三十卷、王黼等撰(明蔣暘重刊元至大重修本).
嘯. 嘯堂集古录二册. 王俅著(涵芬樓續古逸叢書影宋本).
薛. 歷代鐘鼎彝器款識法帖、二十卷、(貴池劉氏本. 石刻殘本).
續. 續考古圖五卷. 無名氏著(陸心源刊本).
復. 復齋鐘鼎款識一卷. 王厚之著(阮元刊本).

以上宋人著述六種.

西. 西清古鑑四十卷、清高宗敕編(前清内府刊本),(一七五五年).
寧. 寧壽鑑古十六卷、清高宗敕編(涵芬樓景印本),(一九一三年).
甲. 西清續鑑甲編二十卷附录一卷. 清高宗敕編(涵芬樓景印本),(一九一〇年).
乙. 西清續鑑乙編二十卷、清高宗敕編(北平古物陳列所景印本),(一九三一年).
錢. 十六長樂堂古器款識四卷. 錢坫著(嘉慶元年自刊本).
積. 積古齋鐘鼎彝器款識十卷、阮元著(嘉慶九年自刊本).
曹. 懷米山房吉金圖二册. 曹奎著(陳乃乾景印原石本).
筠. 筠清館金文五卷. 吴榮光著(道光二十二年刊本).
獲. 長安獲古編二卷. 劉喜海著(同治十一年刊本).

一

攈　攈古錄金文　三卷九分冊、吳式芬著（光緒二十一年刊本）.

從　從古堂款識學　十六卷、徐同柏著（光緒十二年石印本）.

敬　敬吾心室彝器款識　二冊、朱善旂著（光緒三十四年石印本）.

兩*　兩罍軒彝器圖釋　十二卷、吳雲著（同治十二年自刊本）.

攀*　攀古樓彝器款識　二冊、潘祖蔭著（同治十一年自刊本）.

恆*　恆軒所見所藏吉金錄　一卷、吳大澂著（光緒十一年自刊本）.

奇　奇觚室吉金文述　二十卷、劉心源著（光緒二十八年石印本）.

陶*　陶齋吉金錄　八卷、端方著（光緒三十四年）又續二卷（宣統元年）.

愙　愙齋集古錄　二十六冊、吳大澂著（民國七年涵芬樓景印本）.

以上清人著述十八種.

貞　貞松堂集古遺文　十六卷（一九三〇年）補遺三卷（一九三一年）續編三卷（一九三四年）、羅振玉著.

夢*　夢郼草堂吉金圖　三卷續一卷、羅振玉著，（一九一七年）.

秦　秦金石刻辭　三卷、羅振玉著，（一九一四年）.

存　周金文存　六卷附各卷補遺、鄒安著，（一九一六年）.

鄭*　新鄭古器圖錄　一卷附錄一卷、關百益著，（一九二九年）.

澂*　澂秋館吉金圖　二冊、陳寶琛藏器、孫壯著，（一九三一年）.

寶*　寶蘊樓彝器圖錄　二冊、容庚著，（一九二九年）.

武*　武英殿彝器圖錄　二冊　容庚著，（一九三四年）.

著錄目

容. 秦金文錄一卷、容庚著，(一九三一年).

驫.* 驫氏編鐘圖釋一卷 徐中舒著，(一九三二年).

壽.* 壽縣所出銅器考略一卷、唐蘭著(見國學季刊IV2.有抽印本).

雙.* 雙劍誃吉金圖錄二卷、于省吾著，(一九三四年).

善.* 善齋吉金錄十三卷、劉體智著，(一九三四年).

以上近人著述十三種.

泉.* 泉屋清賞彝器部三冊(一九一九年).續一冊(一九二六年).又別集"陳氏舊藏十鐘"一冊(一九二六年).日本住友家藏器.濱田耕作著.(近有刪訂本行世.圖多換器.說解一新.)

鶴.* 白鶴吉金集一冊.日本嘉納家藏、梅原末治著(一九三四年).

歐.* 歐美儲藏支那古銅精華彝器部三冊 梅原末治著(一九三四年).

猷.* 猷氏集古錄

"The George Eumorfopoulos Collection, Catalogue of the Chinese & Corean Bronzes……", by W. Perceval Yetts. Vol. I.(1929) & II.(1930).

二

中.* 中國古代青銅器

"Bronzes Antiques de la Chine"; avec une Preface et des Notes de M. Paul Pelliot.(1924).

洛.* 洛陽故都古墓考—"Tombs of Old Lo-yang" by W. Charles White (1934).
(此書所錄多戰國時彝器.然亦有漢代器物雜入其中.蓋同時被盜掘者有漢墓在也.)

以上海外著述六種.

右所據著錄凡四十又三種，其有圖象者以＊符識之，圖編所采

其未特別注明者大抵即採自諸書。

又余所箸書為右目所未及，附揭之於次：

研． 殷周青銅器銘文研究 二冊

彙． 古代銘刻彙攷 三冊 又續編 一冊

初． 初版兩周金文辭大系 一冊

叢． 金文叢攷 四冊

餘． 金文餘釋之餘 一冊

諸家箸彔目補

清　清愛堂家藏鐘鼎彝器款識法帖一卷，刘喜海箸（一八三八年）。

綴　綴遺齋彝器考釋三十卷、方濬益箸（一九三五年）。

以上清人箸述二種。

移*　移林館吉金图識一卷、丁麟年箸（一九一〇年？）。

藝*　藝術類徵二冊，鄒安箸（一九一六年）。

鉨*　双王鉨齋金石图彔一卷，鄒安箸（一九一八年）。

頌*　頌齋吉金图彔一卷续彔二卷，容庚箸（一九三三、一九三八年）。

庚*　善齋彝器图彔三冊，容庚箸（一九三六年）。

海*　海外吉金图彔二冊，容庚箸（一九三五年）。

通　商周彝器通考二卷，容庚箸（一九四一年）。

楚*　楚器图釋一冊，刘節箸（一九三五年）。

家*　十二家吉金图彔二冊，商承祚箸（一九三五年）。

松*　貞松堂吉金图三卷、羅振玉箸（一九三五年）。

代　三代吉金文存二十卷，羅振玉箸（一九三七年）。

校　小校經閣金文拓本十八冊，刘体智箸（一九三五年）。

尊　尊古齋所見吉金图四卷，黄濬箸（一九三六年）

賸　河南吉金图志賸稿一卷、孫海波箸（一九四〇年）。

癡* 癡盦藏金二卷，李泰棻著(一九四〇年)。

誃* 雙劍誃古器物圖錄二冊，于省吾著(一九四〇年)。

故* 故宮四十五冊，故宮博物院編(一九二九—一九四〇年)。

巖* 巖窟吉金圖錄二冊，梁上椿著(一九四四年)。

安* 楚器圖錄一函，安徽博物館編(一九五四年)。

以上近人著述十九種

齊* 齊侯四器考釋一冊，美國福開森著(一九二三年?)。

支* 支那古美術圖譜二冊，日本大村西崖著(一九二三年)。

柯* 柯爾銅器集一冊，英國葉慈著(一九三九年)。

安* 河南安陽遺寶一冊，日本梅原末治著(一九四〇年)。

青* 青山莊清賞一冊，日本梅原末治著(一九四二年)。

冠* 冠斝樓吉金圖三冊，日本梅原末治著(一九四七年)。

鶴撰* 白鶴吉金撰集一冊，日本梅原末治著(一九五一年)。

華* 中國銅器圖說一冊，美國華盛頓傅利亞艺术館編(一九四六年)。

以上海外著述八種。

兩周金文辭大系目錄表

目次	圖次	錄編葉數	釋文葉數	諸家著錄	備考
大豐段	254	1	1	攈三之一72．從十五．奇四11．窓十一15．海三31．研上19．代九13．校八60．通298．	此器四耳．下有座．
小臣單觶		1	2	貞九29．綴二四15．代十四54．校五97．	
令段	75(a.b.c)	2	3	貞六11．研上50．歐12．彙二1．隋12．代九26．攈八74．	貞來器蓋二銘而互易．
令彝	55	3	5	貞四49．研上38．歐10．筠圖一A.B．隋36．代六56．校七53．華22．	
令尊	198	3	〃	貞七19．善四93．筠圖一C．庚132．代十一38．校五42．	
䰧卣	166	4	10	貞八29．研上41．善四34．庚118．代十三59．校四60．	
明公段	57	4	10	貞十三8．存五8．貞七17．研上43．代六49．校五35．	
禽段	58	4	11	錢二3．積五28．攈二之三22．從十80．敬下100．存三108．研上19．清14．代六50．	
禽鼎		4	〃	貞三18．代四2．校七45．	

目錄表

一

此前目録略去

免觶（卣）	205	80	91	寧三16·積五33·擷三之一31·奇一七15（翻）存五83·綴十三28·代十三43·校七48·	存彔一蓋銘，乃鴿剔·存綴代校乃免卣文·
史懋壺		80	91	擷三之一18·從一6·愙一四13·存五40·綴十三7·代十二28·校四95·	
守宮尊		81	92	北平圖書館藏拓本·徐中舒氏影贈·	
疐卣	196	81	93	存五補遺·貞八31·澂50·彙二10·代十三42·	
鄭𩰫一	53	82	95	西三29·彙二12·貞二47·代三24·故5·	
又二	54	82	〃	西三25·存二55·愙六12·代三24·校二64·（父第三器西三27·奇一22·缀四11·代三24·校二64·）	
效父簋	70	82	95	曹上22·擷二之二4·奇一七13·代六46·	
𦥑鼎		83	96	積四35·擷三之三46·奇二22（又一六20均翻本）·愙四17·存二6·代四45·校三45·	
𦥑壺	180	84	99	善四57·衫園八·貞補上39·庚一〇三·十二29·校四94·尊二31·	
㠯𢦚簋	96	85	100	西二七30·	
趩觶	206	85	101	擷三之一60·恆50·奇一五14·愙一三11·存五1·綴十八23·代十一38·校五卅·冠補2·	

此後目録略去

曶鼎

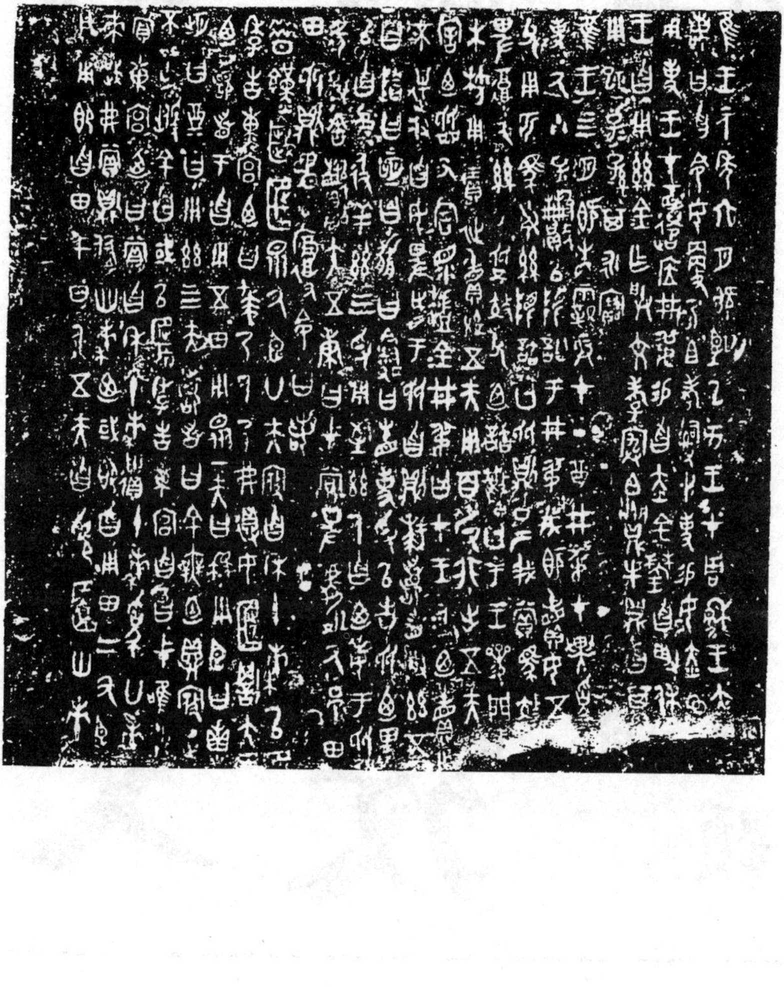

八三

孝

兩周金文辭大系攷釋

一九三五秊七月

沫若自題

總目

〔壹〕

解題

一、初版大系出版後已歷三年，攷釋有未當意處，新出資料亦時有所獲，故今詳加增訂，更別成圖彔，改版問世。

二、釋文悉依原銘隸古定之，以存古文之面貌。通假之字注於行間。有宜詳釋之事項則附彔於文後。

三、釋文与圖彔及諸家著彔，詳圖彔卷首所揭用彔表及諸家著彔目，今不復贅。

一九三五年四月廿二日　著者識。

對矣。

曶鼎

隹王元年六月既望乙亥，王才（在）周穆王大□（室）。□（王）若曰：曶，令（命）女（汝）更乃且（祖）考嗣卜事，易（錫）女（汝）赤⊕□市（市）、□（旂），用事。王才（在）䢅应、井弔（叔）易（錫）曶赤金𩁹。曶受休□□王。曶用絲（茲）金乍朕文孝（考）宄白（伯）䵼牛鼎。曶其萬□（年）用祀，子々孫々其永寶。

隹王三月既青霸，辰才（在）丁酉，井弔才（在）異爲□。□（曶）吏（使）氒小子𣪘吕限訟于井弔：我既賣女（汝）五□（夫）□（效）父，用匹馬束絲。限許曰：𩛥則卑（俾）我賞（償）馬，效□（父）□（則）卑（俾）復氒絲束。𩛥效父迺許𩛥曰：于王參門□□木榜，用儥徙（誕）賣

絲(茲)五夫，用百寽，非出五夫□□䛠。迺𧧻又(有)䛠眔趞金。」井(邢)弔
曰：「才(載)王人迺賣用□不逆付曶，毋(毋)卑(俾)式于𧧻。」曶則拜
䭫首，受絲五□(夫)，曰陪，曰恒，曰𦔻，曰𩁹，曰眚。吏(使)寽以告𧧻，
迺卑(俾)□以曶酉(酒)彶(及)羊，絲三寽，用致(致)絲人。曶迺每(誨)
于𧧻□(曰)：「□□(汝其)舍𩁹矢五束。」曰：「弋(必)尚卑(俾)處氒邑田
□(氒)田。」𧧻則卑(俾)復令(命)曰：「若(諾)。」

昔饉歲，匡眔氒臣廿夫寇曶禾十秭。以匡季告東宮。東宮
迺曰：「求乃人，乃(如)弗得，女(汝)匡罰大。」匡迺䭫首于曶，用五田，
用眔一夫曰𡨦，用臣曰疐，□(曰)朏，曰奠，曰：「用絲三夫䭫首。」曰：
「余無卣(攸)具寇，正□□不□，䩉余。」曶或(又)以匡季告東宮。曶
曰：「弋(必)唯朕□□(禾是)賞(償)。」東宮迺曰：「賞(償)曶□(禾)十秭，遺(遺)十
秭，爲廿秭。□(如)來歲弗賞(償)，則付卌秭。」迺或(又)即曶用田二，

又臣□□一夫。凡用卽舀田七田、人五夫、舀覓匡卅秭。

本銘下緣殘泐、各行均缺一二字。又字經剔治、頗有未剔全或剔損者、苦難通讀。然細心抽繹、大抵尚能復原也。 銘分三段、均非一時事、首段与次段尤不得在一年。以六月既望有乙亥、則同年四月不得有丁酉。或謂四月与六月之間有閏。然古曆均于年終置閏、春秋時猶然、此說殊不足信。余以為次段乃第二年事、元年年終有閏、則翌年四月之既生霸卽可以有丁酉。 此乃孝王時器、第一段有「穆王大室」、知必在穆王後、第二段有效父當卽效父毀之效父、第三段有匡、當卽懿王時匡卣之匡也。 第二段中自「我既賣」起至「眔趞金」止均贖訟限之辭、大意謂「我曾以馬一匹、絲一束、交於效、攸，以訂贖汝之奴隸五人。汝不從約，許我曰命䞣還馬于我，命效父還絲。䞣与效父又約我于王參門改訂券契，改用百寽之價以贖該五人之奴隸。並相約如不出五夫則再相告。後䞣又來告，並將原金退還。」語中䞣与𣪠殆是一人，誥是許字之異，所从午字下加口，与「㚔盉剌鼎」卲字所从者同。𧩼是祈字，大師虘豆「用旂多福」同此，乃从言旂省聲；伯旂𣪘字則从旂聲不省。尔雅釋詁「祈，告也。」此段訟詞于古代社會之攷察上至關重要，據此可知當時奴隸販賣公行，而奴隸之值，五人以實物交易時約當馬一匹絲一束，以貨幣交易時當價百寽，價乃金屬貨幣也。限因兩次爽約，遂成訴訟，為事本輕，故井叔之判辭亦甚單簡，言「限乃王室之人，不應賣約

李

既成而不付，應毋使𠭯有貳言」。經井叔判定，曶獲勝訟，終得贖定五人，用羊酒及絲三寽為贄以招致之。茲命敢訴者之𠭯贈勝訟者之𢿢以矢五秉，即五百矢也。疑𢿢之田邑曾受𠭯憑陵，故乘勝訟並清理舊怨，言「必尚使𢿢居其邑，畝其田」也。𠭯既敢訴，亦自無異辭。𠭯字凡七見，殆即限之臣僕，原字均略有出入，當是刻治有未備。

第三段「匡眾季臣」言匡之眾及其臣，眾指眾人，乃耕作奴隸。「東宮」二字有重文，未剔全。「凡用即曶田七田」即前用五田，後用二田，合計為七田。第二田字中直未剔出，余初誤認為月字，今正。秭者，儀禮聘禮「四秉曰筥，十筥曰稯，十稯曰秅，四百秉為一秅」。說文「五稯為秭，二秭為秅」。故秭為半秅，當二百秉。「秉者把也，謂刈禾盈一杞也，鄭玄說最確。古有四進位制，如左傳昭三年言：「齊舊四量豆區釜鍾，四勺原誤為升為豆，各自其四以登于釜，釜十則鍾。」此之四秉為筥，十筥為稯等，由四進位至十進位，演化之程序相同。四進位法与手量法，其原始性正相一致。唯本銘言十秭廿秭卅秭卌秭而不言五秅十秅十五秅廿秅，疑秅稍後起，由稯而上，約以秭為止，後有秅起而秭亦廢也。寇禾之罪与爽約大有懸殊，匡僅寇禾十秭，一涉刑訟，卽願以五田四夫為抵償，而曶猶不滿足，謂必償還原禾。東宮乃判定償還十秭，饋送十秭，樹藝廿秭，對于所寇共有四倍之罰。然兩造亦不依公判而自行私結，匡再出二田一人，曶則免匡三十秭而了事。兔當讀為免，免去罰禾三十秭，則是于七田

曶壺

五夫之外更得償禾十秭也。匡寧出七田五夫而不肯多出」三十秭，必是三十秭之價比七田五夫為貴。五夫之值約當馬一匹絲一束，或倍百乎；而七田則不知當值幾何，唯七田每歲所出必遠在三十秭以下，固毫無疑義，足見古人之田並不甚大，而土地勞力均不及生產成品之可貴。蓋古者勞力無代償，而土地多待墾闢，驅奴隸而為之，即可坐致良田，故視之均不足惜也。「頭責」稱言叩頭謝罪，此例僅見。「余無卣具寇」云云一語，惜泐字過多，意難盡曉，大率謂所寇無多，不必苛責也。

付字有羨畫，嚴可均釋為倍，不確。

附圖表五：月相示意圖

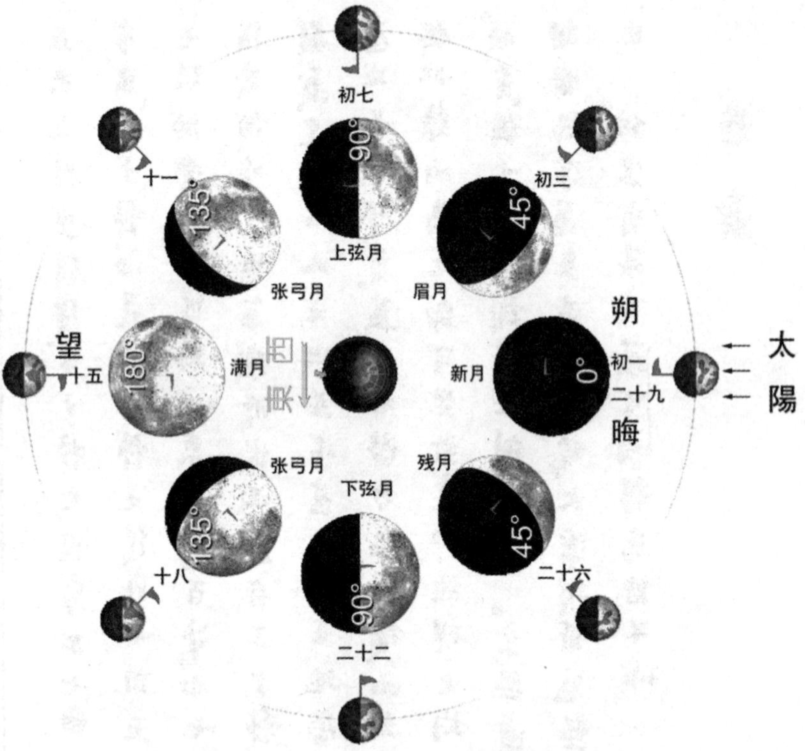
初七
90°
上弦月
十一
135°
张弓月
初三
45°
眉月
朔
望
十五
180°
满月
西
東
新月
0°
初一
二十九
晦
太
陽
张弓月
135°
十八
下弦月
90°
二十二
残月
45°
二十六

（三）簡牘帛書

●書於竹帛　文字除了可以鏤於金、石，古代還常常書於竹、帛。帛是富有者的書寫材料，它體小輕軟，便於攜帶，但成本高。在中國古代很長的一段時期內（戰國至南北朝），文獻最主要還是書寫在竹木簡牘之上，這種書寫材料延續使用的時間至少有二千年。

●簡與牘　簡，既有用竹製成的，也有用木製成，故可統稱「竹木簡」。從目前各地出土的衆多簡牘看，南方材質多爲竹，北方多爲木。牘，主要用來書寫一些有特殊要求的文字或圖畫，如軍檄、信、傳、地圖等。

●簡册制度　①簡的編聯：把許多單片的簡編聯起來，成爲「册」（或策），簡謂一片而言，策是編聯之稱。編聯簡策所用的繩子叫「編」。一般竹簡的編繩是二道，也有三道甚至四道的。編繩有細麻繩、青絲、素絲、皮革。編繩的多少應與簡的長度有關。有先編後寫的，亦有先寫後編的。編聯之簡的多少，一般由内容而定，文多，可多編幾簡；文少，則少編幾簡。②簡的長度：往往會因人之尊卑、事之輕重、書之地位而異，其長度短者有十四厘米的，長者有八十八厘米的。秦漢簡以二十三厘米左右（相當於秦漢一尺）長的簡策最常用，發現也最多。③簡的書寫：簡牘的書寫工具，以筆、墨、硯爲主，輔以刀、鋸等。刀是用來將不要的文字内容刮掉的工具。一尺長的簡牘，一般上面能書寫約三十到四十個字，多者能有五十個字。秦漢簡牘上書寫的文字，常見的有篆書和隸書，其中隸書所佔的比例最大。

●簡牘帛書的發現　有人認爲商代已開始用簡牘記事，尚書多士也説「惟殷先人，有册有典」，在甲骨文、金文中也屢見「册」字，但目前尚未發現商代和西周的簡牘實物資料，已發現最早的爲戰國簡，秦簡也有發現，發現最多的爲漢簡，三國、魏晉簡也有發現。帛書在二十世紀有兩次重大的發現，一是在湖南長沙子彈庫發現的戰國楚帛書，一是在湖南長沙馬王堆漢墓出土的帛書。

●相關參考論著資料
——王國維簡牘檢署考
——鄭有國中國簡牘學綜論
——李均明古代簡牘
——錢存訓書於竹帛

睡虎地秦墓竹簡·倉律一則

【導讀】

●説明　本文選自睡虎地秦墓竹簡，文物出版社（北京）一九九〇年版。題目爲編者所加。睡虎地秦墓出土的這批簡策中，其中有一種被整理者命名爲秦律十八種，是對各種法律條文的摘抄，這些律文的每條末尾都記有律名或律名的簡稱，倉律即是其中的一種，共有二十六則，本篇選文是這些倉律中的一則。選文内容包括圖版、釋文、注釋、翻譯四個部分。

●睡虎地秦墓竹簡　一九七五年在湖北雲夢睡虎地發掘了十二座戰國末至秦代的墓葬，其中十一號墓出土了大量秦簡，數量達一千一百五十五支（另殘片八十片）。這是第一次發現秦簡。這批秦簡的内容大部分是法律文書。其中有些簡文原有書題，經整理後，共計十種。這批秦簡的長度在二十三厘米至二十七點八厘米之間，即約秦尺一尺至一尺二寸，從簡上殘存的組痕考察，竹簡係以絲繩分三道編組，簡上文字爲毛筆墨書的秦隸。文物出版社（北京）一九九〇年版的睡虎地秦墓竹簡，將十種簡策全部收齊，包括全部照片、釋文、注釋，其中六種還附有譯文。這批秦簡，對於研究秦代的法律、社會乃至文字等各個方面，均具有重大的作用。

●選文内容　倉律是關於糧草倉的法律。本則倉律記載了糧食的貯存、發放、增積、管理、責任的區分與追究。

凡　例

一　雲夢睡虎地十一號秦墓共出土簡書十種，本書全部收齊。
二　本書包括圖版及釋文、注釋、譯文兩部分。
三　圖版依竹簡原大影印。竹簡在墓中原已散亂，在整理過程中，儘可能將已折斷的簡綴合復原，并根據文句銜接情況和出土位置編排。不能這樣確定編排次序的，按内容性質試排。
四　收入本書的簡書，《語書》、《封診式》和《日書》原有標題，《效律》原有「效」字標題，其他各書的標題都是整理小組擬定的。
五　釋文一般按原簡分條分段，只對《秦律雜抄》作了一定調整，以清眉目。《編年記》原簡分上下兩欄，《爲吏之道》分五欄，《日書》分一到八欄不等，釋文都不再分欄，而在簡號後再加上數字壹、貳、叁、肆、伍、陸、柒、捌標出原來欄次。圖版中不標欄次，只在每支簡下標出簡碼。
六　釋文儘可能用通行字體，如灋改作法，辠改作罪，穜改作種。異體字、假借字一般隨文注出，外加（　）號。
七　簡文原有錯字，一般在釋文中隨注正字，外加〈　〉號。原已削去的廢字，釋文中用〇代替。原有脱字或衍文，釋文不加更動，在注釋中説明。
八　簡文原有殘缺，可據殘筆或文例補足的字，外加【　】號。不能補足的殘缺字，用□表示。殘缺較多的，字數依位置估計，不一定都能符合原狀。殘缺字數不能估計的，用☒表示。
九　簡文原有表示重文或合文的＝號，釋文不用符號，寫出文字。原有表示句讀的鈎識，釋文省去。原有表示分條分段的圓點和横綫，在釋文中保留。全文另加標點符號。
一〇　注釋儘可能引用時代接近的古籍及其注釋，以供對比研究。
一一　除《編年記》、《爲吏之道》和《日書》外，試加語譯。原簡文字簡古，很難理解，很多地方會有不同解釋，譯文只供參考。

目録

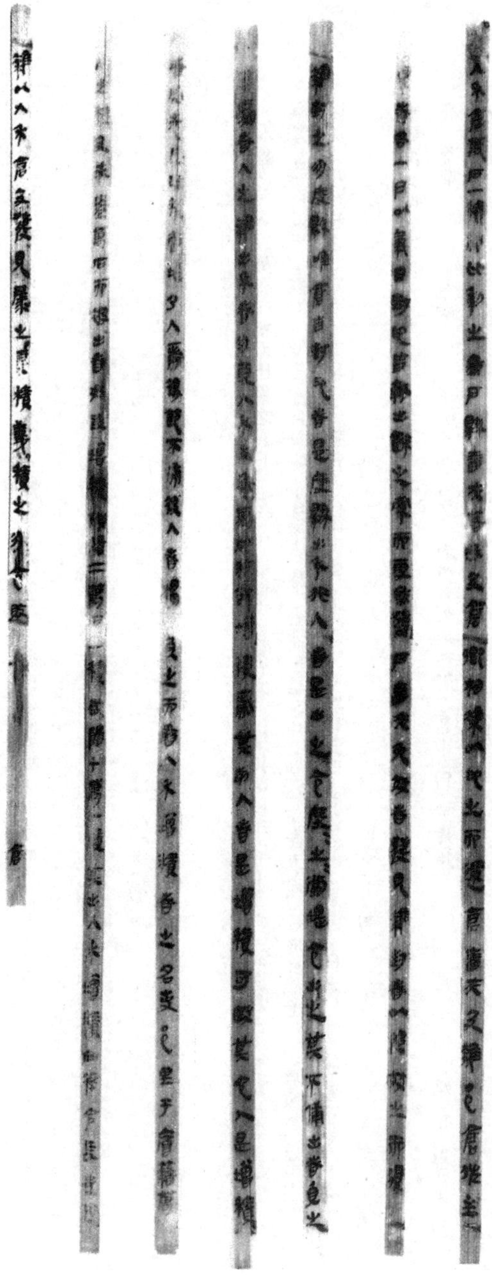

二七　二六　二五　二四　二三　二二　二一

〔一三〕出，據簡文意爲銷帳。

〔一四〕都官，直屬朝廷的機構，古書又稱中都官。《漢書·宣帝紀》注：「都官令丞，京師諸署之令丞。」「中都官，凡京師諸官府也。」

〔一五〕徒，服徭役的人，《荀子·王霸》注：「人徒謂胥徒，給徭役者也。」食，飼養。

〔一六〕內史，《漢書·百官表》：「周官，秦因之，掌治京師。」一說，此處應指治粟內史，《百官表》：「治粟內史，秦官，掌穀貨。」漢景帝時改名大農令，武帝時改名大司農。

〔一七〕太倉，朝廷收儲糧食的機構。

〔一八〕本條律名殘，根據內容應屬廄苑律。

【譯文】

率領放牧官有的牛馬，牛馬有死亡的，應急向牛馬死時所在的縣呈報，由縣加以檢驗後將已死牛馬上繳，如因不及時而使死牛馬腐敗，則令按未腐敗時價格賠償。如小隸臣病死，應告其……處理；如小隸臣不是因病而死亡，應將檢驗文書報告主管官府論處。如係大廄、中廄、宮廄的牛馬，應以其筋、皮、角和肉的價錢呈繳，由這個率領放牧的人送抵該官府。如駕用官有牛馬而牛馬死於某縣，應由該縣將肉全部賣出，然後上繳其筋、皮、角，并將所賣價錢全部上繳。所賣錢如少於規定數目，令該駕用牛馬的人補賠而向主管官府報告，由主管官府通知賣牛馬的縣銷帳。現在每年對各縣、各都官的官有駕車用牛考核一次，有十頭牛以上的，一年間死了三分之一；不滿十頭牛的，以及領用牛的一年間死了三頭以上，主管牛的吏、飼牛的徒和令、丞都有罪。由內史考核各縣，太倉考核各都官和領用牛的人。

倉律〔注一〕

入禾倉〔注二〕，萬石一積而比黎之爲戶〔注三〕。縣嗇夫若丞及倉、鄉相雜以印之〔注四〕，而遺倉嗇夫及離邑倉佐主二一稟者各一戶以氣（餼）〔注五〕，自封印，皆輒出，餘之索而更爲發戶〔注六〕。嗇夫免，效者發〔注七〕，見雜封者〔注八〕，以隄（題）效之〔注九〕，而復二二雜封之，勿度縣〔注一〇〕，唯倉自封印者是度縣〔注一一〕。出禾，非入者是出之，令度之，度之當堤（題），令出之。其不備〔注一二〕，出者負之〔注一三〕二三；其贏者〔注一四〕，入之。雜出禾者勿更。入禾未盈萬石而欲增積焉〔注一五〕，其前入者是增積，可殹（也）；其它人是增積，積二四者必先度故積，當堤（題），乃入焉。後節（即）不備〔注一六〕，後入者獨負之；而書入禾增積者之名事邑里於廥籍〔注一七〕。萬二五石之積及未盈萬石而被（柀）出者〔注一八〕，毋敢增積。櫟陽二萬石一積〔注一九〕，咸陽十萬一積〔注二〇〕，其出入禾、增積如律令。長吏相二六雜以入禾倉及發〔注二一〕，見屬之粟積〔注二二〕，義積之〔注二三〕，勿令敗。倉二七

【注釋】

〔一〕倉律，關於糧草倉的法律。

〔二〕入禾倉，即入禾於倉，把穀物納入糧倉。

〔三〕積，堆，在此爲貯藏穀物的單位。比黎，或作芘莉、芘籬、藜芘。《集韵》：「莉，草名，一曰芘莉，織荆障。」荆笆或籬笆。

〔四〕縣嗇夫，指縣令、長。若，或。鄉，地方基層行政單位，《漢書·百官表》：「大率十里一亭，……十亭一鄉。」雜，《漢書·雋不疑傳》注：「共也。」印，加蓋璽印封緘。

〔五〕遺，給。離，附屬，離邑即屬邑，指鄉，《説文》：「鄉，國離邑。」餼（音細），發放糧穀。

〔六〕索，空。一説，此處餘讀爲予，標點爲：「皆輒出餘（予）之，索而更爲發户。」

〔七〕效，《荀子·議兵》注：「驗也。」

〔八〕見，義同視，驗看。

〔九〕題，題識，這裏指倉上記載貯糧數量的題記。

〔一〇〕縣，《漢書·刑法志》注引服虔云：「稱也。」度縣，稱量。

〔一一〕是，在此用法同「寔」字，參看王引之《經傳釋詞》者是下文「非入者是出之」同。

〔一二〕不備，不足數。

〔一三〕負，賠償。

〔一四〕贏，多餘。

〔一五〕增積，繼續貯入。

〔一六〕即，如果。

〔一七〕名事邑里，秦簡《封診式》作名事里，意爲姓名、身份、籍貫，與《漢書·宣帝紀》「名縣爵里」意近。廥（音儈），《廣雅·釋宮》：「倉也。」

〔一八〕柀，分、散，詳見段玉裁《説文解字注》。

〔一九〕櫟陽，地名，今陝西臨潼東北。秦獻公二年（公元前三八三年）至孝公十二年（公元前三五〇年）在此建都。

〔二〇〕咸陽，秦都，今陝西咸陽東北。

〔二一〕長吏，《漢書·百官表》：「縣令、長，皆秦官，……皆有丞、尉，……是爲長吏。」

〔二二〕扇，疑讀爲蝝（音緣），《漢書·貨殖傳》注：「小蟲也。」

〔二三〕義，宜。

【譯　文】

穀物入倉，以一萬石爲一積而隔以荆笆，設置倉門。由縣嗇夫或丞和倉、鄉主管人員共同封緘，而給倉嗇夫和鄉主管稟給的倉佐各一門，以便發放糧食，由他們獨自封印，就可以出倉，到倉中没有剩餘時才再給他們開另一倉門。嗇夫免職，對倉進行核驗的人開倉，驗視共同的封緘，可根據題識核驗，然後再共同封緘，不必稱量，只稱量原由倉主管人員獨自封印的倉。穀物出倉，如果不是原入倉人員來出倉，要令加稱量，稱量結果與題識符合，即令出倉。此後如有不足數，由出倉者賠償；如有剩餘，則應上繳。共同出倉的人員中途不要更换。穀物入倉不滿萬石而要增積的，由原來入倉的人增積，是可以的；其他人要增積，積者必須先稱量原積穀物，與題識符合，然後入倉。此後如有不足數，由後來入倉者單獨賠償；要把入倉增積者的姓名籍貫記在倉的簿籍上。已滿萬石的積和雖未滿萬石而正在零散出倉的，不准增積。在櫟陽以二萬石爲一積，在咸陽以十萬石爲一積，其出倉、入倉和增積的手續均同上述律文規定。長吏共同入倉和開倉，如發現有小蟲到了糧堆上，應重加堆積，不要使穀物敗壞。

戰國縱橫家書·蘇秦自齊獻書於燕王章

【導讀】

●**説明**　本文選自戰國縱橫家書，馬王堆漢墓帛書整理小組編，文物出版社（北京）一九七六年十二月第一版。戰國縱橫家書是湖南長沙馬王堆漢墓出土的帛書之一種，内容主要爲戰國縱橫家的遊説辭令。

●**馬王堆漢墓帛書**　馬王堆位於湖南長沙東郊，漢代這裏是長沙國首府臨湘所在地。一九七二年在這裏發現了漢墓，並發掘了一號漢墓，一九七三年至一九七四年發掘了二、三號墓。從二號墓中發現有「長沙丞相」、「軑侯之印」、「利蒼」三顆印章，以及其他各項出土材料，可證明此墓墓主爲二千一百多年前漢代長沙國的相也即第一代軑侯利蒼，一號和三號墓分别埋葬的是他的夫人和兒子。在三號墓出土了大量帛書，共二十多種，總計約十二萬字，其中有一種主要記載戰國縱橫家蘇秦等人的遊説之辭，和今本戰國策的内容很相似，整理者遂命名爲戰國縱橫家書。

●**戰國縱橫家書**　全書共二十七章，一萬一千多字，用古隸抄成。其中有十一章的内容見於戰國策或史記，另外十六章不見載於傳世文獻。和戰國策不同，全書並不按國别來編排。通過分析其内容與抄寫體例等，一般認爲此書是由三種不同來源的材料合抄在一起而成，尤其是其中的第一種材料，基本都是關於蘇秦的材料，且多不見於傳世文獻，對研究蘇秦及戰國史提供了全新的史料。

●**選文内容**　選文是一封蘇秦從齊國寫給燕昭王表示忠心的書信，屬於戰國縱橫家書中的第一種材料，雖然其中部分文字亦見於今本戰國策燕策，但兩相比較，帛書共七百五十一字，而見於戰國策者僅二百七十三字，燕策不僅脱誤很多，文字次序顛倒，文理不相銜接，還將此書信的作者誤爲蘇代。

凡例

一、本書所收帛書，原無書名，爲了稱引方便，根據内容，整理小組把它定名爲戰國縱横家書。

二、戰國縱横家書二十七章，原無章名，爲了閱讀方便，整理小組在每章釋文前加了章名。

三、釋文不嚴格按照帛書字體，一般都用普通字體排印。帛書中的異體字、假借字，在釋文中隨文注明，外加（　）標誌。帛書中的錯字，隨文注出正字，用〈　〉表示。帛書中涂去及未寫全的廢字，釋文用〇代替。帛書原有奪字、衍字，釋文不作增删，在注釋中説明。

四、帛書中不可辨識或無法補出的殘缺文字，釋文用□代替。缺文字數據旁行推定，與實際情況可能有出入。佚書殘缺文字凡能根據上下文義或參照其他古籍填補的，均在釋文中補入，補文一律以【　】標出。這主要是爲了便於閲讀，並不是恢復帛書的原貌。

五、帛書原有錯簡二處，已予以訂正，原文不删，外加▭，移正處以【　】標出，並在注釋中説明。

六、附録節引戰國策、史記等書的有關内容，以供參考。

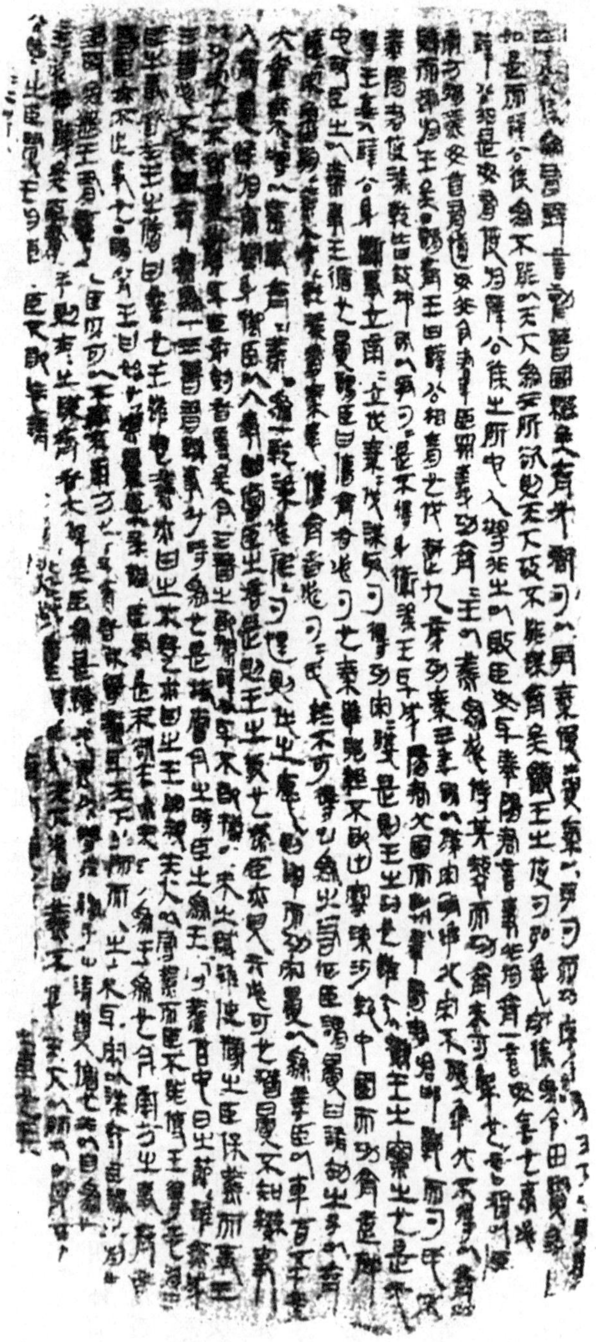

戰國縱橫家書片斷

戰國縱橫家書

四　蘇秦自齊獻書於燕王章①

●自齊獻書於燕王曰：燕齊之惡也久矣。臣處於燕齊之交，固知必將不信②。臣之計曰：齊必爲燕大患。臣循用於齊，大者可以使齊毋謀燕，次可以惡齊勺（趙）之交，以便王之大事，是王之所與臣期也③。臣受教任齊交五年④，齊兵數出，未嘗謀燕。齊勺（趙）之交，壹美壹惡，壹合壹離。燕非與齊謀勺（趙），則與趙謀齊。齊之信燕也，虛北地□【行】其甲⑤。王信田代〈伐〉、緣去【疾】之言功（攻）齊⑥，使齊大戒而不信燕⑦。臣秦拜辭事⑧，王怒而不敢强。勺（趙）疑燕而不功（攻）齊，王使襄安君東⑨，以便事也，臣豈敢强王戈（哉）。齊勺（趙）遇於阿⑩，王憂之。臣與於遇⑪，約功（攻）秦去帝⑫。雖費，毋齊、趙之患，除羣臣之醜（耻）⑬。齊殺張庫⑭，臣請屬事辭爲臣於齊⑮。王使慶謂臣⑯：「不之齊危國。」臣以死之圍⑰，治齊燕之交。後，薛公、乾（韓）徐爲與王約功（攻）齊，奉陽君鬻臣⑱，歸罪於燕，以定其封於齊⑲。公玉丹之勺（趙）致蒙⑳，奉陽君受之。王憂之，故强臣之齊。臣之齊，惡齊勺（趙）之交，使毋予蒙而通宋使。故王能材（裁）之，臣以死任事。之後，秦受兵矣，齊勺（趙）皆嘗謀。齊勺（趙）未嘗謀燕，而俱諍（爭）王於天下。臣雖無大功，自以爲免於罪矣。今齊有過辭㉑，王不諭（喻）齊王多不忠也㉒，而以爲臣罪，臣甚懼。庫之死也㉓，王辱之。襄安君之不歸哭也㉔，王苦之。齊改葬其後而召臣㉕，臣欲毋往，使齊棄臣。王曰：「齊王之多不忠也，殺妻逐子，不以其罪，何可怨也。」故强臣之齊。二者大物也，而王以赦臣，臣受賜矣。臣之行也㉖，固知必將有口㉗，故獻御書而行。曰：「臣貴於齊，燕大夫將不信臣；臣賤，將輕臣。臣用，將多望於臣㉘；齊有不善，將歸罪於臣。天下不功（攻）齊，將曰：善爲齊謀。天下功（攻）齊，將與齊兼棄臣㉙。臣之所處者重卵也㉚。」王謂臣曰：「魚（吾）必不聽衆口與造言㉛，魚（吾）信若迺（猶）齕也㉜。大，可以得用於齊；次，可以得信；下，苟毋死。若無不爲也，以奴（孥）自信，可㉝；與言去燕之齊，可；甚者，與謀燕，可㉞。期於成事而已。」臣恃之詔㉟，是故無不以口齊王而得用焉㊱。今王以衆口與造言罪臣，臣甚懼。王之於臣也，賤而貴之，蓐（辱）而顯之，臣未有以報王。以求卿與封，不中意，王爲臣有之兩㊲，臣舉天下使臣之封不塹（慚）㊳。臣止於勺（趙），王謂乾（韓）徐爲㊴：「止某不道，迺（猶）免寡人之冠也㊵。」以振臣之死㊶。臣之德王，突（深）於骨隨（髓）。臣甘死、蓐（辱），可以報王，願爲之。今王使慶令（命）臣曰㊷：「魚（吾）欲用所善。」王茍有所善而欲用之，臣請爲王事之。王若欲剸舍臣而槫任所善㊸，臣請歸擇（釋）事，句（茍）得時見，盈願矣。

注　釋

① 蘇秦爲燕間仕齊，這時齊王對燕有過辭，燕王又聽信衆口與造言，並派人表示要撤換蘇秦，因此蘇秦寫信給燕王作解釋。此章見燕策二，獻書者作蘇代，只存三段，次序不同，文字也有出入。

② 交，關係。不信，被人疑。

③ 期，約定。

④ 從「臣受教」至「不信燕」，燕策二作第二段。

⑤ 北地指齊國北部接近燕國的地區。因在當時的黄河北岸，所以又稱河北。燕策一：「且異日也，濟西不役所以備趙也；河北不師所以備燕也；今濟西河北，盡以役矣。」當即指此。甲字燕策作兵，義同。

⑥ 綠去疾，人名，燕臣。燕策二綠字作參，古書從參的字常誤從喿。

⑦ 戒，戒備。

⑧ 秦，蘇秦自稱。

⑨ 襄安君應是燕國王族，可能是燕昭王之弟，也見趙策四。東，指去齊國。

⑩ 禮記 曲禮：「諸侯未及期相見曰遇。」遇是臨時性的會晤。阿，地名。戰國時有東阿、西阿。東阿屬齊國，在今山東省陽谷縣東北；西阿屬趙國，在今河北省保定市東的安州鎮。這裏說的大概是齊國的東阿，與趙接近。

⑪ 與於遇，參與了這次會晤。

⑫ 去帝，取消帝號。齊秦稱帝，齊爲東帝，秦爲西帝，事在公元前二八八年。這裏指齊趙相約，齊取消帝號，與趙聯合攻秦。

⑬ 燕國在那時表面上服從齊國，齊國伐秦，要出兵相助，武器糧食，費用很大，所以蘇秦要作解釋。雖然費了人力物力，但有雙重好處。首先，齊趙攻秦，不會威脅燕國，無齊趙之患。其次，去了帝號，燕國不用稱臣，除羣臣之耻。

⑭ 張庫，(音頽)人名，燕將。呂氏春秋行論作張魁，發音上略有差異。行論說：「齊攻宋，燕王使張魁將燕兵以從焉。齊王殺之。燕王聞之，泣數行而下。召有司而告之曰：「余興事而齊殺我使，請令舉兵以攻齊也。」使受命矣。凡繇進見，爭之曰：「賢王，故願爲臣。今王非賢主也，願辭，不爲臣。」昭王曰：「是何也？」對曰：「松下亂，先君以不安棄羣臣也，王苦痛之而事齊者，力不足也。今魁死而王攻齊，是視魁而賢於先君。」王曰：「諾。」請王止兵，王曰：「然則若何？」凡繇對曰：「請王縞素，辟舍於郊，遣使於齊，客而謝焉，曰：『此盡寡人之罪也。大王賢主也，豈盡殺諸侯之使者哉？然而燕之使者獨死，此弊邑之擇人不謹也。願得變更請罪。』」使者行至齊，齊王方大飲，左右官實御者甚衆，因令使者進報。使者報言：「燕王之甚恐懼而請罪也。」畢，又復之，以矜左右官實。因乃發小使以反，令燕王復舍。此濟上之所以敗，齊國以虛也。

⑮ 屬事，疑即屬吏。

⑯ 慶，即盛慶，已見第二、第三章。

⑰ 圍，未詳。可能是地名。

⑱ 鬻，出賣。

⑲ 定其封，確定封地。戰國時，各國貴族常接受別國封地。奉陽君是趙相，但企圖得到齊國的封地。

⑳ 蒙，地名，在今河南省商丘市東北。致蒙，指通知奉陽君要把蒙邑封給他。

㉑ 今，指寫此信時。過辭，過於無禮的話。

㉒ 不忠，不正直。

㉓ 庫，即張庫。

㉔ 歸哭，回國奔喪。襄安君不歸哭事未詳。以文義推測，襄安君可能被齊國扣留，未能回國奔喪，應與齊殺張庫事同時或稍後。

㉕ 改葬其後，未詳。一說，後疑是后字之誤，指齊王的后。

㉖ 從「臣之行也」到「期於成事而已」，燕策二作第一段。

㉗ 口，指閒言閒語。

㉘ 望，包括希望與怨望，希望是有所求，所求不遂就生怨望。

㉙ 棄，燕策作鄮，一作貿，貿是換掉，與棄字義略同。

㉚ 重卵，累卵，太危險的意思。

㉛ 造言，燕策作譏言。周禮大司徒：「七曰造言之刑。」注：「訛言惑衆。」造言等於流言飛語與造謠。

㉜ 若，與汝通。齘説文解爲「齧也」，齧即嚙字。凡咬斷食物時，上下齒必相對，用以比兩人情投意合，没有參差不齊。燕策作「猶剗刻者也」，鮑本作「猶列眉也」，未詳。

㉝ 以孥自信，是帶了家屬去，用以取得信任。

㉞ 燕策缺「甚者與謀燕可」一句。

㉟ 之，此。

㊱ 口，與語同義。公羊傳隱公四年：「吾爲子口隱矣。」注：「口猶口語相發動也。」

㊲ 之兩，此兩，指卿與封。一説，「有之兩」當作「兩有之」，此處誤寫倒。

㊳ 舉，列舉。蘇秦列舉各國使者中有卿與封的人，自己不覺慚愧。一説，舉字通與，即他與這班使者在一起，不覺慚愧。

㊴ 當是燕王派人去趙謂韓徐爲。

㊵ 某，蘇秦自稱。免冠是一種侮辱。

㊶ 振，救。

㊷ 「今王使慶」至「盈願矣」，燕策二作第三段。

㊸ 帛書常以剸爲專，以槫爲轉。蘇秦的意思是：如果燕王只是任用一個所善的人，他可以跟這人辦事；如果燕王專爲舍棄他而轉用另一人，那就是撤换他了。一説，剸舍是割舍的意思，槫字通專。

附録

戰國策卷第三十　燕策二

蘇代自齊獻書於燕王曰：「臣之行也，固知將有口事，故獻御書而行。曰：『臣貴於齊，燕大夫將不信臣；臣賤，將輕臣；臣用，將多望於臣；齊有不善，將歸罪於臣；天下不攻齊，將曰善爲齊謀；天下攻齊，將與齊兼鄮臣。臣之所重處，重卵也。』王謂臣曰：『吾必不聽衆口與讒言，吾信汝也，猶剗刈者也。上可以得用於齊，次可以得信於下，苟無死，女無不爲也，以女自信，可也。與之言曰：去燕之齊。可也。期於成事而已。』臣受令以任齊及五年，齊數出兵，未嘗謀燕。齊趙之交，一合一離，燕王不與齊謀趙，則與趙謀齊。齊之信燕也，至於虛北地，行其兵，今王信田伐與參去疾之言，且攻齊，使齊犬馬駿而不言燕。今王又使慶令臣曰：『吾欲用所善。』王苟欲用之，則臣請爲王事之。王欲醳臣，剸任所善，則臣請歸醳事。臣苟得見則盈願。」

（四）敦煌吐魯番文書

●**吐魯番文書** 是指二十世紀以來在新疆吐魯番地區考古發現的自東晉至唐代的文書實物。本世紀初開始爲英國的斯坦因（Marc Aurel Stein）、法國的伯希和（Paul Pelliot）等發現，一九五九—一九七五年，又在高昌故城附近的阿斯塔那與哈拉和卓兩處清理晉唐墓葬近四百座時發現了大批古文書。這些文書內容十分廣泛，史料價值極高。

●**敦煌文書** 敦煌位於河西走廊最西端，是古代中原進入西域的門户，連接東西方的陸上絲綢之路幹道從此經過。一九〇〇年王道士在敦煌鳴沙山千佛洞中無意發現的「藏經洞」裏，保存了公元五至十一世紀的文物四萬多件，其中大量的主要是漢文寫本遺書，此外還有梵文、藏文、吐火羅文、波斯文、于闐文、粟特文等非漢文字書寫的。內容包括佛經、道經、四部書、俗文學、文書檔案等，以佛家經典居多，它們被稱爲敦煌文書。此外另有少量的刻本和一些佛像、絹、法器等。敦煌文書是研究唐宋時期的社會歷史和文化的重要資料，由此而引發的敦煌學已成爲世界顯學。

●**敦煌文書的收藏與流布** 敦煌文書被發現後，一些外國人如英國斯坦因、法國伯希和等通過各種形式和途徑，將大量的文物與寫卷劫掠到國外，現在主要收藏在倫敦、巴黎、聖彼得堡等地。這些文書在當時也引起了中國學者的注意和重視，並做了一些收集和研究的工作，其中羅振玉在收藏和整理敦煌文獻方面作出了較大貢獻，他將從伯希和手中取得的有關敦煌文書精品的照片整理編成了敦煌石室遺書、敦煌石室書目等多種文獻，並於一九一三年輯録而成鳴沙石室佚書，撰寫了許多敦煌寫本跋語和校勘記，成爲貢獻最大的敦煌學開拓者之一。

●**相關參考論著資料**

——榮新江敦煌學十八講

——施萍婷等敦煌遺書總目索引新編
——王重民敦煌古籍敘録
——季羡林敦煌學大辭典
——鄭阿財等敦煌學研究論著目録

鳴沙石室佚書·水部式（節選）

【導讀】

●**説明**　本文節選自鳴沙石室佚書，羅振玉編，一九一三年宸翰樓版。此書中有羅振玉的序、每種寫本的影印件以及跋記。一九二五年東方學會出版了此書的摹寫本，爲便於釋讀，我們把摹寫本中相應的内容亦附在後面。

●**羅振玉**（一八六六—一九四〇）　字式如、叔藴、叔言，號雪堂，浙江上虞人。晚號貞松老人、松翁。清光緒二十二年（一八八八年）與蔣斧等在上海創立農學社，開辦農報館，曾應張之洞之邀，任湖北農務局總監兼農務學堂監督，後入京任學部二等諮議官，宣統元年（一九〇九年）補參事官兼京師大學堂農科監督。一九一一年辛亥革命爆發，與王國維等避居日本，從事學術研究，一九一九年歸國，住天津，一九二一年參與發起組織「敦煌經籍輯存會」。一九二四年奉溥儀之召，入值南書房。一九二八年遷居旅順。九一八事變後，參與策劃成立僞滿洲國，並任多種僞職。一九四〇年死於旅順。羅振玉自幼喜愛收集金石銘刻等，一九〇九年在看到伯希和所獲敦煌寫卷，並得知藏經洞仍有數千卷文書後，乃力促學部電令甘督查封石室，將所餘遺書悉數解送京師，後入藏於京師圖書館。對流散的敦煌文書羅氏也留心求購，所得文書及海外藏卷照片大多收入鳴沙石室佚書、鳴沙石室佚書續編、鳴沙石室古籍叢殘、敦煌石室遺書三種、貞松堂西陲秘笈叢殘、敦煌石室碎金、敦煌零拾、沙州文録補、敦煌石室遺書、佚籍叢殘初編、石室秘寶等書中。此外，他在漢、晉木簡、甲骨、金石文字的搜集整理與研究上，亦有較大貢獻。

●**鳴沙石室佚書**　此書共輯録敦煌文書十八種，參見下面目録。本書收録的每種文書，先是該文書的影印件，然後附有編者撰寫的跋記，考訂、説明該文書的内容、價值等。這些文書内容涉及歷史典籍、地志、水利、宗教、人物傳記、類書等多方面，對於古史研究、典籍校勘等具有重要的價值。

●**選文内容**　本文節選自鳴沙石室佚書中的水部式。水部式原無書題，羅振玉據白氏六帖所引考訂爲水部式，内容爲唐代尚書省下屬工部中的水部司頒行的水利、航運方面的管理規則。此卷首尾皆缺，僅存七紙一百四十四行，原件爲法國伯希和所得，現藏於巴黎國立圖書館，編號爲P. 2507。本文選讀其中的第一至四十七行。此卷的發現，能訂正唐六典、唐書百官志的一些記載，是研究唐代水利、河海航運的一份重要史料。

鳴沙石室古佚書目錄

太公家教

星占

陰陽書

修文殿御覽

兎園策府

唐人選唐詩

距晉太康初紀汲郡出竹書之年又千七百餘載爲我先皇帝光緒之季歲海內再見古遺寶焉一曰殷虛之文字二曰西陲之簡軸洹陽所出我得其十九既已氈拓之編類之考證之雖舉世尙未知重而吾則怏然自足一若天特爲我出之者鳴沙之藏則石室甫開縹緗已散我國人士初且未知宣統改元伯希和君始爲予具言之既就觀目錄復示以行笈所攜一時驚喜欲狂如在夢寐亟求寫影遽承許諾後先三載次第郵致則斯編所載者是也自夏徂秋校理斯畢爰書其端曰予於斯編之成欣戚交併有不能已於言者七事焉古人有言名世之生期以五百神物出世且數倍之卽時會幸至而我生不辰今則大卜所掌若詔予以典守荒裔寶藏亦並世而重開此可欣者一也盩冢簡册載以數車而諸家寫定僅得七十五篇今則簡册盈千卷帙逾萬茲編所刊千不逮一數已相埒此可欣者二也祕藏既啓遺書西邁

東土人士未由沾溉伯君念我所自出亟許以傳寫一言之諸三歲不渝郵使屢通異書荐至此可欣者三也敦煌之游斯丹前驅伯氏繼武故英倫所藏殆逾萬軸法京所弆數亦略等吾友狩野君山近自歐歸爲言諸國典守森嚴不殊祕閣苟非其人不得縱覽英倫古簡法儒沙畹考釋已竟行將刊布其餘卷軸撿理未完刊行無日此可戚者一也往者伯君告予石室卷軸取攜之餘尚有存者予亟言之學部移牘甘隴乃當道惜金濡滯未決予時備官大學護陝甘總督者適爲毛實君方伯慶蕃與予姻好總監督劉幼雲京卿廷琛實同鄉里與議購存大學既有成說學部爭之比既運京復經盜竊然其所存尚六七千卷歸諸京師圖書館及整比既終而滔天告警此六七千卷者等於淪胥回憶當時自悔多事此可戚者二也遺書竊取頗流都市然或行翦字析以易升斗其佳者或挾持以要高價或藏匿不以示人遇此傖荒何殊覆

詘此可戚者三也往與伯君訂約寫影初企合力已乃無助予爲涇陽端忠敏公言之忠敏亦謂前約已定義不可爽因慨任所費然時公已罷職力實未逮滬上書估某適游京師予爲搆合償忠敏金約以估任剞劂予任考訂顧時逾數年未出一紙乃復由予贖回自任刊布而既竭吾力成未及半此可戚者四也嗚呼天不出神物於乾嘉隆盛之時而見於國勢淩遲之日今且赤縣崩淪禮亡樂斁澄清之事期以百年而予顧汲汲爲此急若捕亡揆以時勢無乃至愚而冥行孤往志不可奪此編既成將如孔鮒所謂藏之以待其求無盜守之以慰幽獨苟天不使我餒死海外尚當移書伯君更求寫影節嗇衣食之資賡續印行以償夙願知我笑我非所計也歲在癸丑九月二十三日上虞羅振玉商遺父書於日本寓居之大雲書庫

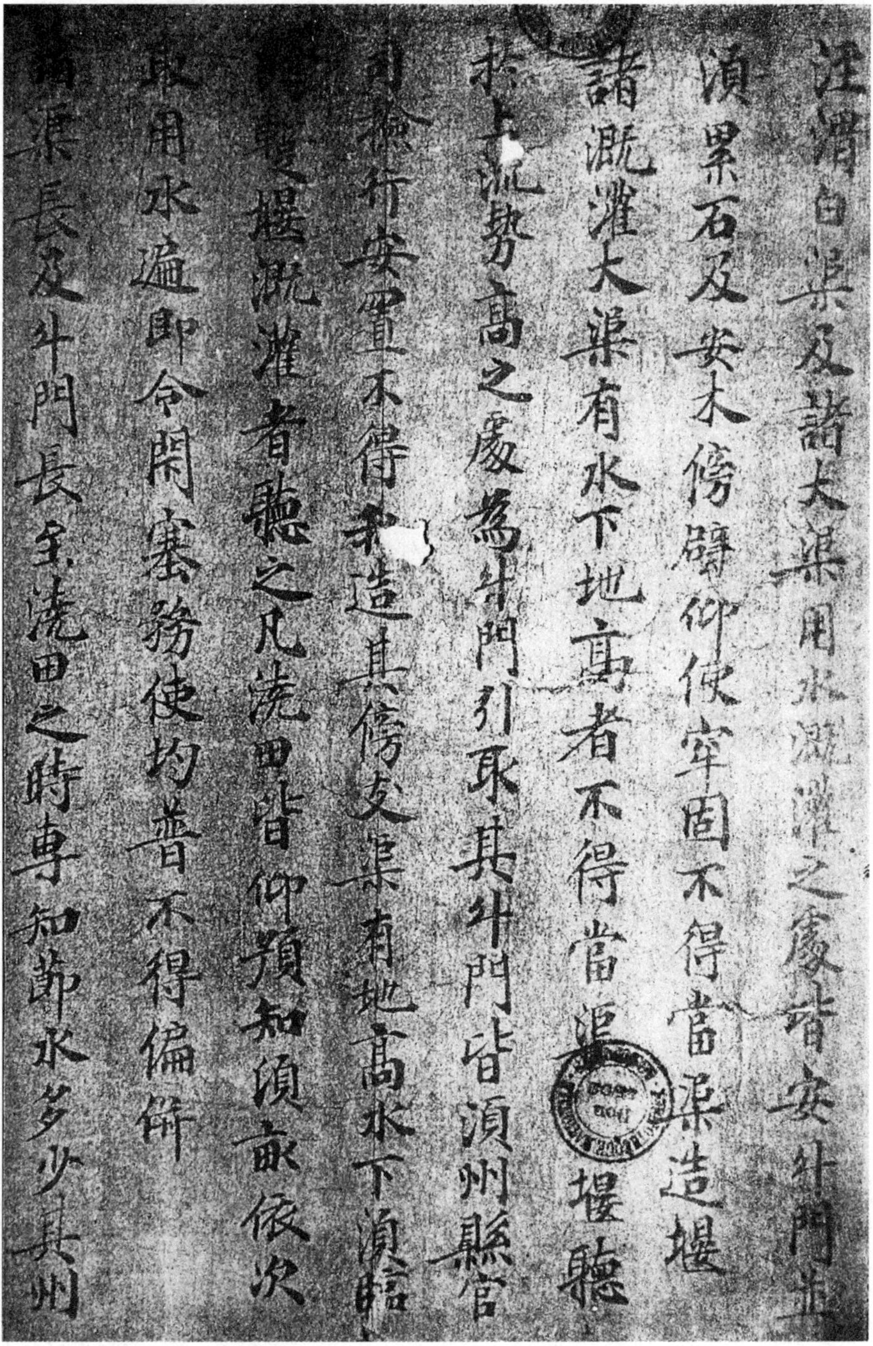
涇渭白渠及諸大渠用水溉灌之處皆安斗門並
須累石及安木傍壁仰使牢固不得當渠造堰
諸溉灌大渠有水下地高者不得當渠堰聽
於上流勢高之處為斗門引取其斗門皆須州縣官
司檢行安置不得私造其傍支渠有地高水下須臨
時暫堰溉灌者聽之凡澆田皆仰預知頃畝依次
取用水遍即令閉塞務使均普不得偏併
諸渠長及斗門長至澆田之時專知節水多少其州

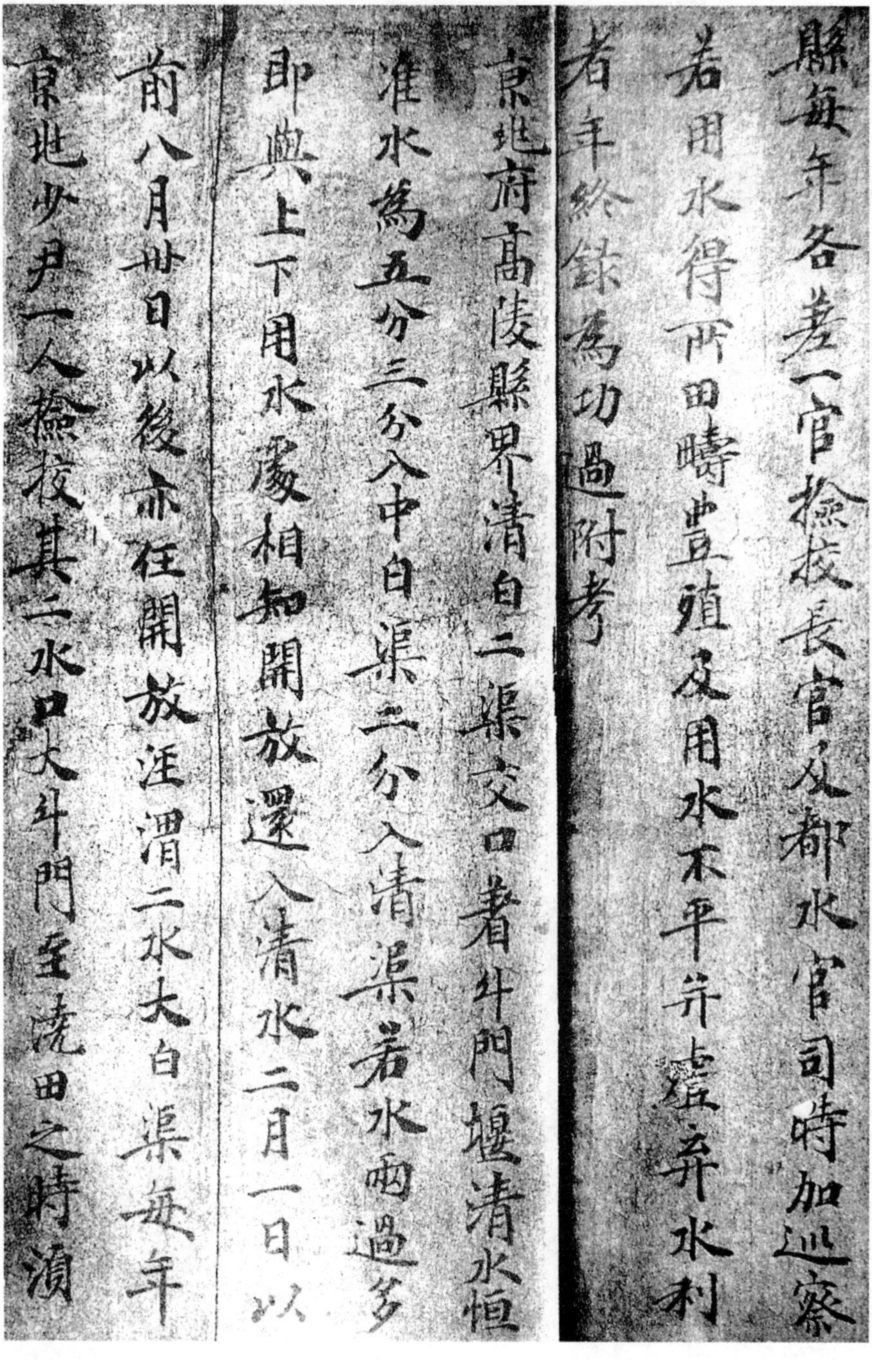
縣每年各差一官檢校長官及都水官司時加巡察
若用水得所田疇豐殖及用水不平并虛弃水利
者年終録為功過附考
京兆府高陵縣界清白二渠交口著斗門堰清水恒
准水為五分三分入中白渠二分入清渠若水雨過多
即與上下用水處相知開放還入清水二月一日以
前八月卅日以後亦任開放涇渭二水大白渠每年
京兆少尹一人檢校其二水口大斗門至澆田之時須

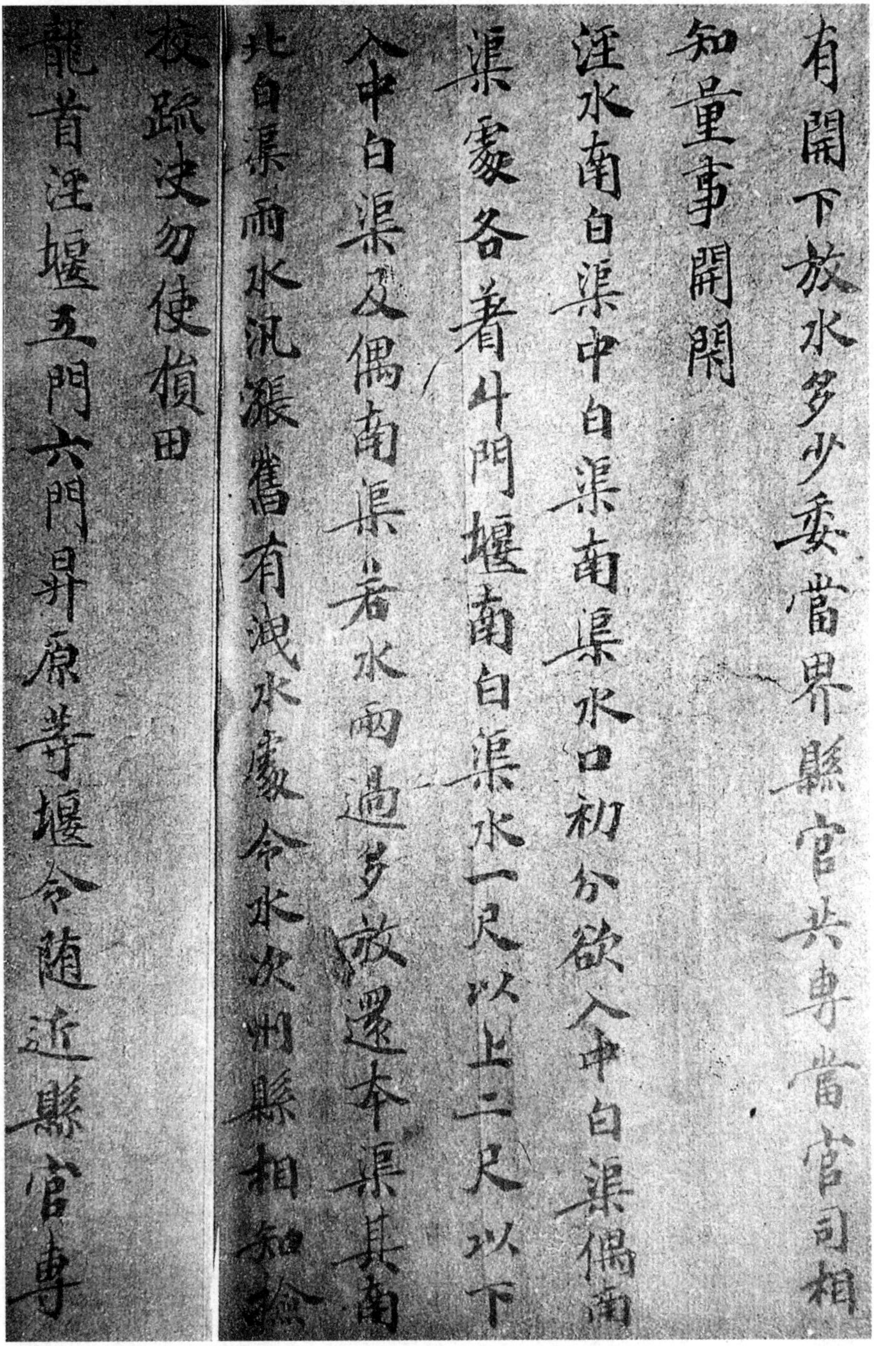
有閘下放水多少委當界縣官共専當官司相
知量事開閉
涇水南白渠中白渠南渠水口初分欲入中白渠偶南
渠處各著斗門堰南白渠水一尺以上二尺以下
入中白渠及偶南渠若水雨過多放還本渠其南
北白渠雨水汎漲舊有泄水處令水次州縣相知檢
校疏決勿使損田
龍首涇堰五門六門昇原等堰令隨近縣官専

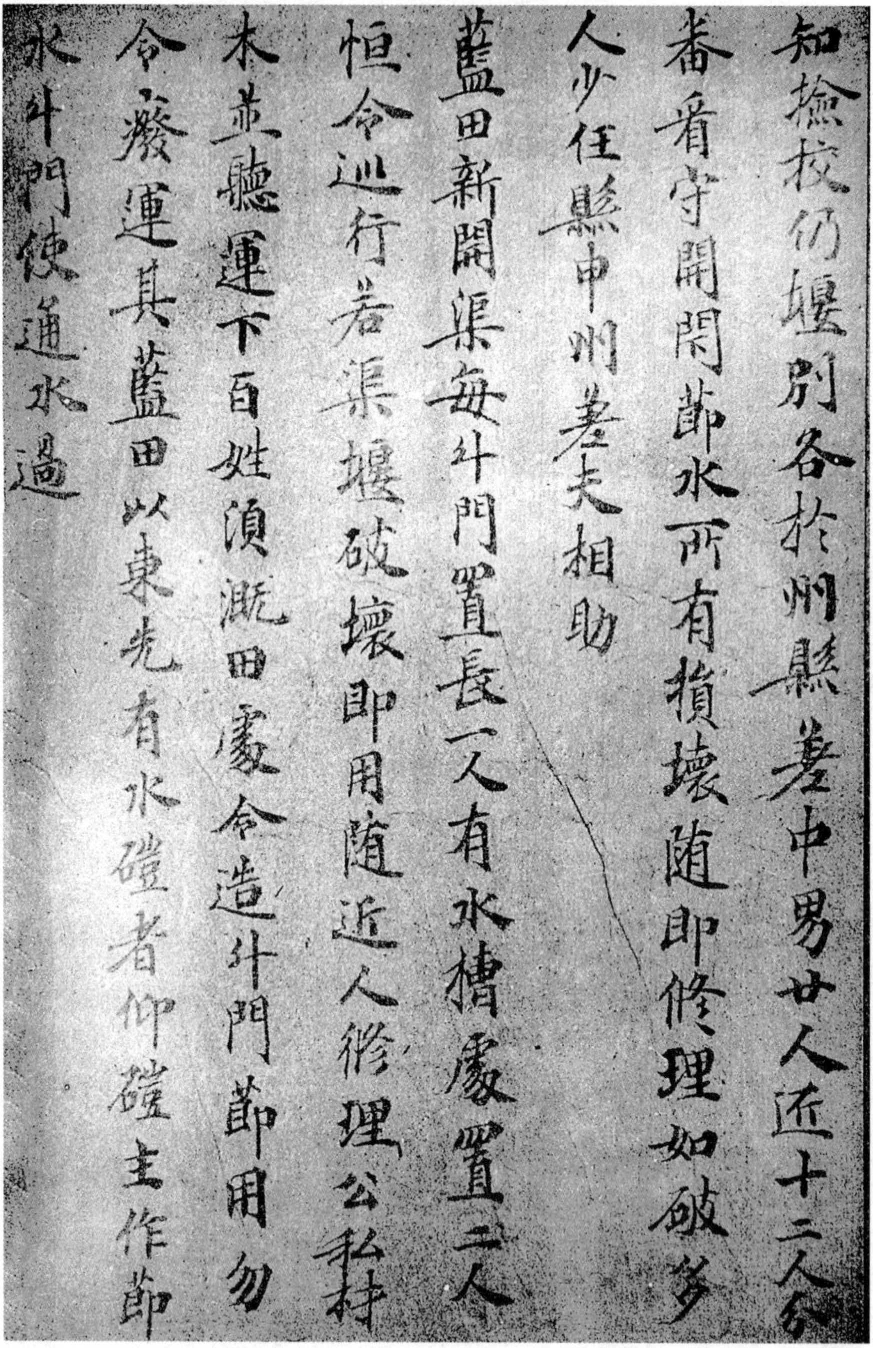
知撿校仍堰別各於州縣差中男廿人匠十二人分
番看守開閉節水所有損壞隨即修理如破多
人少任縣中州差夫相助
藍田新開渠每斗門置長一人有水槽處置二人
恒令巡行若渠堰破壞即用隨近人修理公私材
木並聽運下百姓須溉田處令造斗門節用勿
令廢運其藍田以東先有水磑者仰磑主作節
水斗門使通水過

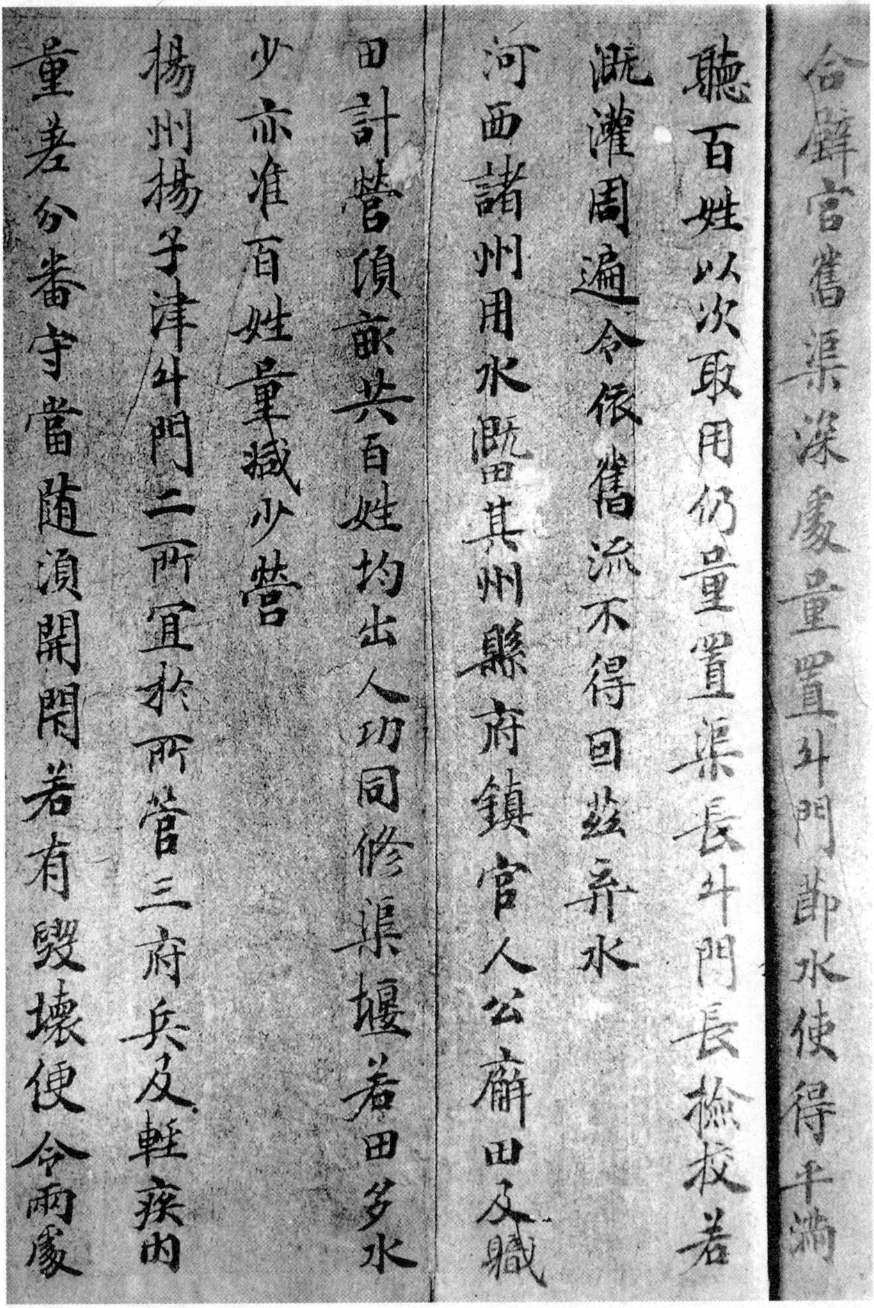

合璧宮舊渠深處量置斗門節水使得平滿

聽百姓以次取用仍量置渠長斗門長檢校若

溉灌周遍令依舊流不得回茲弃水

河西諸州用水溉田其州縣府鎮官人公廨田及職

田計營頃畝共百姓均出人功同修渠堰若田多水

少亦准百姓量減少營

揚州揚子津斗門二所宜於所管三府兵及輕疾內

量差分番守當隨須開閉若有毀壞便令兩處

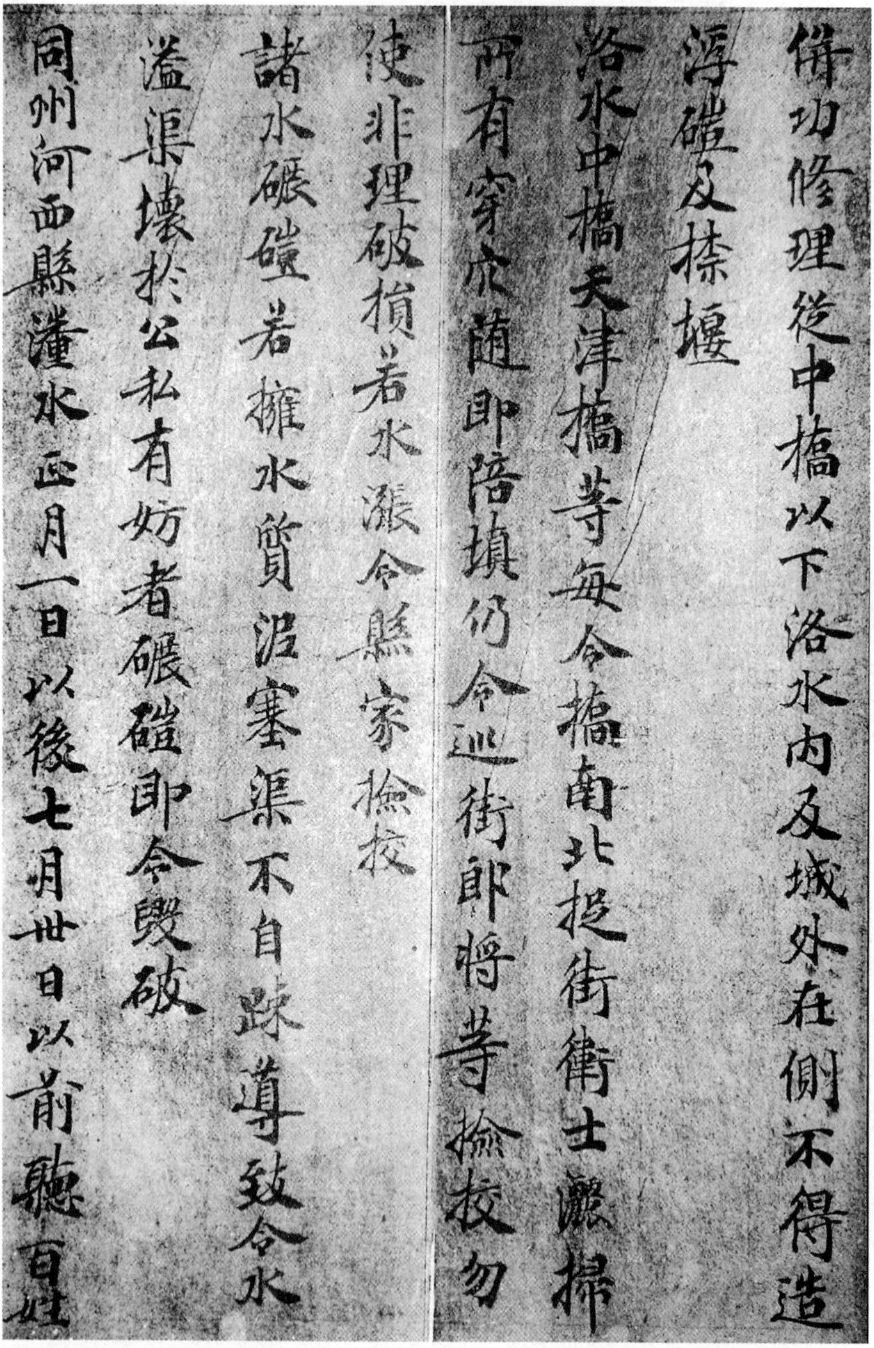
借功修理從中橋以下洛水内及城外在側不得造
浮磑及捺堰
洛水中橋天津橋等每令橋南北捉街衛士灑掃
所有穿穴隨即陪填仍令巡街郎將等檢校勿
使非理破損若水漲令縣家檢校
諸水碾磑若擁水質泥塞渠不自疏導致令水
溢渠壞於公私有妨者碾磑即令毁破
同州河西縣瀵水正月一日以後七月卅日以前聽百姓

此卷首尾皆缺不見書題撿白氏六帖卷二十二水田類引水部式京兆府高陵界清白二渠交口置斗門堰清水恆佳爲五分三分入中白渠二分入清渠若雨水邊多即上下用水處相開放還入清水三月六日已前八月二十日已後任開放之云云正在此卷中知此書爲水部式也考唐六典唐律一十二章令二十有七格二十有四篇式三十有三篇此水部式蓋三十三篇之一有唐初葉式凡四修曰永徽曰垂拱曰神龍曰開元此卷不知屬何時矣六帖所引文多不可通以此卷校之數行之中得異文二譌字五奪字三六帖置斗門此卷置作箸任開放之卷作亦任開放清水恆佳爲五分佳乃準之譌雨水邊多邊乃過之譌三月六日作二月一日二十日以後作三十日以後高陵界界上有縣字即上下用水處相開放即下有與字相下有知字六帖竝奪佚予所據之六帖乃宋槧本譌奪尚爾不知明以後刊本更何如也更以校六典及唐書百官志得據是卷訂正其

疏誤者凡十事六典水部郎中條河陽橋置水手二百五十人大陽橋置水手二百人仍置竹木匠十人今撿此卷則置竹木匠十人下有在水手數內句知非水手以外別有竹木匠故下文又有蒲津橋水匠一十五人之文水匠乃合水手竹木匠稱之六典刪在水手數內五字則似水手以外別有竹木匠名額矣六典大陽蒲津竹索每年令司竹監給竹今撿此卷則作每三年非每年也六典孝義橋所須竹索取河陽橋退者以充今此卷則云孝義橋所須竹䉶配宣饒等州造送其洛水中橋竹（此三字已不可見參以他條知是此三字）䉶取河陽橋故退者充六典誤洛水中橋爲孝義也此均六典之疏誤也六典修理河梁橋梁此卷作陽六典大陽蒲津橋於嵐石隰勝慈等州材木送橋所造材此卷作採則又六典刊本之譌字矣六典（都水使署條）及唐書百官志河渠署令注每渠及斗門有長一人（百官志水部郎中條言京畿有渠長斗門長不言幾人）今此卷云藍田新開渠每斗門置長一人有水槽處置二人百官志諸津令條天津橋

中橋則衛士栟掃此卷作令橋南北捉街衛士灑掃所有穿穴隨即陪塡唐志省去衛士上數字不知爲何等衛士矣百官志諸津令注唐改津尉曰令有錄事一人府一人史二人典事三人津吏五人橋丁各三十人匠各八人此卷作都水監三津各配守橋丁三十人三津仍各配木匠八人唐志省都水監三津諸字囫圇不可通矣百官志河渠署令注有漁師十三人此作都水監漁師二百五十人其中長上十人短番一百二十人明資一百廿人（六典及舊唐書職官志河渠署文與此同）志不知何以誤爲十三人百官志諸津令條灞橋永濟橋以勳官散官一人蒞之此卷作灞橋永濟橋差應上勳官並兵部散官季別一人折番檢校其義乃二橋每季以一人檢校其人差應上勳官並兵部散官更番充之唐志節省其文義乃全晦格式文字與律令同未容隨意增損黜竄六典專述典制尙不免此弊歐公素持文省事增之旨其疏失更無足異矣然使此卷不存亦烏乎是正之則此卷者洵石室佚

籍中之至寶矣又唐代轉漕於水陸常運外曾行海運兩書食貨志中顧不載之予徧撿紀傳及唐會要石刻冊府元龜杜甫詩得七事知由貞觀以訖開天屢屢行之咸通中再行之舊唐書崔仁師傳征遼之役詔韋挺知海運仁師爲副仁師又別知河南水運仁師以水路險遠恐遠州所輸不時至海遂便宜從事遞發近海租賦以充轉輸及韋挺以壅滯失期除名爲民仁師以運夫逃走不奏坐免官此一事也冊府元龜卷四百九十八太宗貞觀十七年時征遼東先遣太常卿韋挺於河北諸州徵軍糧貯於營州又令太僕少卿蕭銳於河南道諸州轉糧入海至十八年八月銳奏稱海中古大人城西去黄縣二十三里北至高麗四百七十里地多甜水山島接連貯納軍糧此爲尤便詔從之於是自河南道運轉米糧水陸相繼渡海軍糧皆貯此此二事也登州司馬王慶墓誌萬歲通天元年白虜越趄鋒交碣石天子詔左衛將軍薛訥絕海長驅掩其巢穴飛芻輓粟霧集

登萊除公行登州司馬仍充南運使舡粟齊山飛雲蔽海三年歎美僉曰得人聖曆年運停還任此三事也唐書姜師度傳神龍初試爲易州刺史河北巡察兼支度營田使並海鑿平虜渠以通餉路罷海運省功多遷司農卿（冊府元龜卷四百九十七記師度約舊渠傍海穿漕號爲平虜渠以備海南運糧與傳所記路殊）此四事也唐會要（玉海卷一百八十二引）開元二十七年十二月李適之爲幽州節度使河北海運使此五事也杜甫後出塞詩雲帆轉遼海粳粟來東吳此六事也舊史懿宗紀咸通三年南蠻陷交趾徵諸道兵赴嶺南廣州乏食潤州人陳磻石奏臣弟聽思會任雷州刺史家人隨海船至福建往來大船一隻可致千石自福建裝船不一月至廣州得船數十艘便可致三萬石至廣州矣執政是之以磻石爲鹽鐵巡官往揚子院專督海運於是康承訓之軍皆不闕供又五年五月丁酉詔曰淮南兩浙海運虜隔舟船令三道據所搬米石數牒報所在鹽鐵巡院令和雇入海舸船分付所司通計載米數足外輒不更有隔奪妄稱貯備其小

舸短船到江口使司自有船不在更取商人舟船之限如官吏妄行威福必議痛刑云云此七事也前六事爲太宗武后中宗元宗四朝海運事實可考者第七事則懿宗朝復行海運之事實此卷載滄瀛貝莫登萊海泗魏德等十州共水手五千四百人三千四百人海運二千人平河宜二年與替又云安東都里鎮防人粮令萊州召取當州經渡得勳人諳知風水者置海師二人拖（殆即舵字）師四人隸蓬萊鎮令候風調海晏併運鎮粮所記海師拖師水手之制足補紀傳諸書所未備兩史食貨志謂州縣方鎮漕以自資或兵所征行轉運以給一時之用者皆不足紀然唐之海運行之數世烏可不載兩志乃均削而不箸幸散見紀傳及諸書石刻及此卷中得知涯畧明邱瓊山謂唐代海運見於杜詩可謂疏矣予故采擿之附載於此俾言唐代史事者有所稽焉癸丑六月九日上虞羅振玉記於白川僑居

二 經部文獻

傳曰：「玉不琢，不成器，人不學，不知道。」古之君子，多識而不窮，畜疑以待問；學不踰等，教不陵節；言約而易曉，師逸而功倍；且耕且養，三年而成一藝。自孔子没而微言絶，七十子喪而大義乖，學者離羣索居，各爲異説。至于戰國，典文遺棄，六經之儒，不能究其宗旨，多立小數，一經至數百萬言。致令學者難曉，虚誦問答，脣腐齒落而不知益。且先王設教，以防人欲，必本於人事，折之中道。上天之命，略而罕言，方外之理，固所未説。至後漢好圖讖，晉世重玄言，穿鑿妄作，日以滋生。先王正典，雜之以妖妄，大雅之論，汩之以放誕。陵夷至于近代，去正轉疎，無復師資之法。學不心解，專以浮華相尚，豫造雜難，擬爲讎對，遂有芟角、反對、互從等諸翻競之説。馳騁煩言，以紊彝敘，譊譊成俗，而不知變，此學者之蔽也。班固列六藝爲九種，或以緯書解經，合爲十種。

（隋書 經籍志）

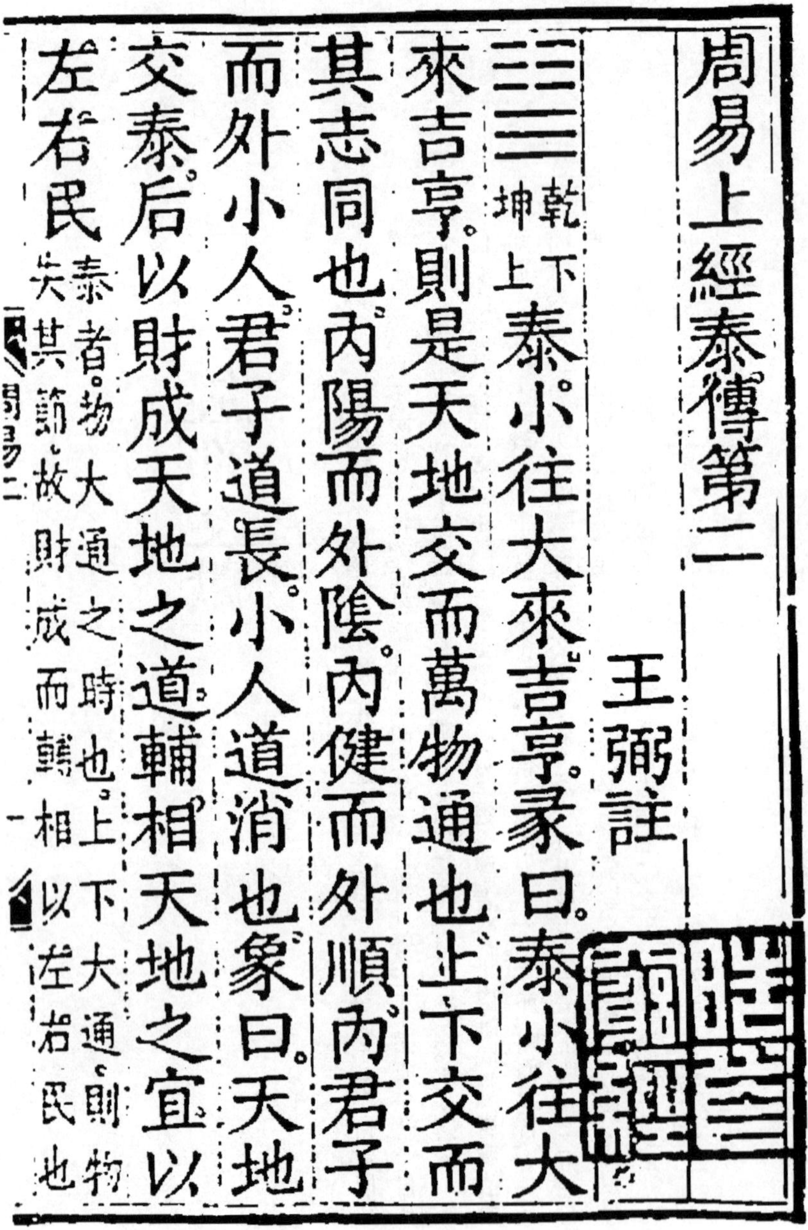

周易上經泰傳第二

王弼註

䷊乾下坤上泰小往大來吉亨。彖曰。泰小往大來吉亨。則是天地交而萬物通也。上下交而其志同也。內陽而外陰。內健而外順。內君子而外小人。君子道長。小人道消也。象曰。天地交泰。后以財成天地之道。輔相天地之宜。以左右民泰者。物大通之時也。上下大通。則物失其節。故財成而輔相以左右民也

周易二　一

附圖表六：周易書影

經部作爲中國傳統目録學中的一個分類，主要著録儒家經典及其相關著作。「經」的本義是「織縱絲」。把重要書籍稱爲「經」，約始於春秋末年，後來專指儒家經典。

在春秋，儒家和墨家並稱兩大顯學。但孔子的學説並不爲當時各國所激賞。戰國時，儒家出現了兩個大師，先有孟子，後有荀子。孟子的學説也不爲列國所激賞。秦統一天下，焚書坑儒，禁絶儒學。漢興，初用黄老學説，武帝時在董仲舒等人的提倡下，罷黜百家，獨尊儒術，儒家的典籍在漢代始獨擅「經」的稱號，儒學從此稱「經學」。漢代傳習儒家經典，由於今、古文字字體不同（間或也有内容的不同），以及各自的解釋方法不同，而形成今、古文學派。

東漢初年，班固漢書藝文志將天下圖書分爲六個大類，其中「六藝略」著録儒家經典，分爲易、書、詩、禮、「樂」、春秋、論語、孝經、「小學」九個小類；晉時確立四部分類，儒家的經典亦專爲其中一類；至隋書經籍志以經、史、子、集四部分法來著録圖書，其中「經部」著録儒家經典及相關著作，這種分類爲後世所沿用。至四庫全書總目和販書偶記及販書偶記續編著録經部圖書，總計約有四千二百多部，四萬二千多卷。

附圖表七：「十三經注疏」一覽表

	十三經	注	疏(正義)	卷數
	周易	[魏]王弼[晉]韓康伯	[唐]孔穎達等	10
	尚書	(僞)[漢]孔安國 傳	孔穎達等	20
	詩經	[漢]毛亨 傳 [漢]鄭玄 箋	孔穎達等	70
三禮	周禮	鄭玄	[唐]賈公彥	42
	儀禮	鄭玄	賈公彥	50
	禮記	鄭玄	孔穎達等	63
三傳	左傳	[晉]杜預	孔穎達等	60
	公羊傳	[漢]何休	[唐]徐彥	28
	穀梁傳	[晉]范甯	[唐]楊士勛	20
	論語	[魏]何晏	[宋]邢昺	20
	孝經	[唐]李隆基	邢昺	9
	爾雅	[晉]郭璞	邢昺	10
	孟子	[漢]趙岐	[宋]孫奭	14

附圖表八：「七緯」一覽表

(據後漢書方術樊英傳「七緯」李賢注)

經	緯書
易	《稽覽圖》《乾鑿度》《坤靈圖》《通卦驗》《是類謀》《辨終備》
書	《琁璣鈐》《考靈耀》《刑德放》《帝命驗》《運期授》
詩	《推度災》《記歷樞》《含神務》
禮	《含文嘉》《稽命徵》《斗威儀》
樂	《動聲儀》《稽耀嘉》《汁圖徵》
春秋	《演孔圖》《元命包》《文耀鉤》《運斗樞》《感精符》《合誠圖》《考異郵》《保乾圖》《漢含孳》《佑助期》《握誠圖》《潛潭巴》《説題辭》
孝經	《援神契》《鉤命決》

附圖表九：八卦與六十四卦

八卦

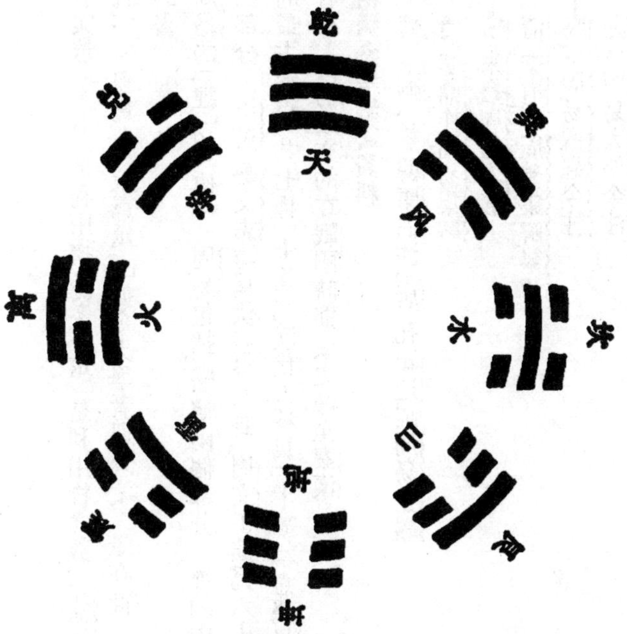

六十四卦

（上經三十卦　下經三十四卦）

乾	坤	屯	蒙	需	訟	師	比
小畜	履	泰	否	同人	大有	謙	豫
隨	蠱	臨	觀	噬嗑	賁	剝	復
无妄	大畜	頤	大過	坎	離	咸	恒
遯	大壯	晉	明夷	家人	睽	蹇	解
損	益	夬	姤	萃	升	困	井
革	鼎	震	艮	漸	歸妹	豐	旅
巽	兌	渙	節	中孚	小過	既濟	未濟

（一）周易

●卜與筮　「卜」是利用物之象，「筮」是利用物之數，左傳僖公十五年記載説：「龜，象也。筮，數也。」禮記曲禮上説：「龜爲卜，策爲筮。」據今天學者研究，卜、筮在商、周都在使用。周易即是編録上古筮辭以及解釋筮辭内容的書。

●周易的「經」和「傳」　周易包括經、傳兩個部分。經的内容即六十四卦，六十四卦每卦都有卦畫、卦名、卦辭、爻辭四部分。漢書藝文志認爲伏羲畫八卦，周文王演爲六十四卦並作爻辭，東漢經師又提出周公作爻辭説。傳是經的最古解釋，共七種（十篇），漢代人稱爲「十翼」，意爲易經之羽翼。今文學家認爲「十翼」出自孔子之手。今天看來，傳的成文約在戰國時期或更晚至秦漢。

●相關參考論著資料

——魏 王弼、晉 韓康伯注，唐 孔穎達疏周易正義

——唐 李鼎祚周易集解

——宋 朱熹周易本義

——清 李道平周易集解纂疏

——高亨周易古經今注

——高亨周易大傳今注

——李鏡池周易探源

周易本義·乾

【導讀】

●**說明**　本文選自周易本義，宋 朱熹撰。根據文淵閣四庫全書本標點。據白壽彝先生說，此本係據內府摹寫吳革刻本而成。

●**朱熹**（一一三〇—一二〇〇）　字元晦，後改爲仲晦，號晦庵，別號考亭、紫陽。南宋著名學者。祖籍徽州 婺源（今江西 婺源），出生於南劍州 尤溪（今福建 尤溪）。一生爲官僅十年，其餘時間都在從事講學、著書，著述甚豐。在經學方面，除了有周易本義外，有影響的還有四書集注等。

●**周易本義**　宋 朱熹撰，正文共十二卷。漢代以前，周易的經、傳各自單行，後來「經」「傳」合一而編。但宋代經學家呂祖謙和朱熹，卻認爲應該恢復周易的本來面目，即「經」「傳」分編。朱熹解易，最重要的有兩點：一是强調周易「本爲卜筮而作」；二是把「經」、「傳」分開，要讓學人在讀「經」時不要爲易傳所束縛。周易本義旨在解說卦爻辭中的義理，故名「本義」。但易爲占筮之書，預測吉凶亦離不開象數，所以朱熹易學不排斥象數。此書吸收以前衆多學者的成果，並有發明，使易學研究達到了一個新階段，在朱熹的學術思想中，在中國哲學發展史中，都佔有非常重要的地位。

●**選文內容**　乾是周易的首篇，亦是六十四卦的首卦，在整部周易中佔有十分重要的位置。此篇通過取象於龍，揭示了萬物發展過程中萌生、顯現、生長、浮動、騰飛和終極六個階段及其特徵。

周易本義

【宋】朱熹 注

目 録

周易上經

周，代名也；易，書名也。其卦本伏羲所畫，有交易變易之義，故謂之易。其辭則文王、周公所繫，故繫之周。以其簡袠重大，故分爲上下兩篇。經則伏羲之畫，文王、周公之辭也，並孔子所作之傳十篇，凡十二篇。中間頗爲諸儒所亂，近世晁氏始正其失，而未能盡合古文。吕氏又更定著爲經二卷，傳十卷，乃復孔氏之舊云。

卦一　乾

☰（乾下乾上）乾　元亨利貞。

六畫者，伏羲所畫之卦也。⚊者，奇也，陽之數也。乾者，健也，陽之性也。本注「乾」字，三畫卦之名也。下者，内卦也；上者，外卦也。經文「乾」字，六畫卦之名也。伏羲仰觀俯察，見陰陽有奇偶之數，故畫一奇以象陽，畫一偶以象陰。見一陰一陽有各生一陰一陽之象，故自下而上，再倍而三，以成八卦。見陽之性健，而其成形之大者爲天，故三奇之卦名之曰乾，而擬之於天也。三畫已具，八卦已成，則又三倍其畫以成六畫，而於八卦之上，各加八卦，以成六十四卦也。此卦六畫皆奇，上下皆乾，則陽之純而健之至也。故乾之名，天之象，皆不易焉。「元亨利貞」，文王所繫之辭，以斷一卦之吉凶，所謂彖辭者也。元，大也；亨，通也；利，宜也；貞，正而固也。文王以爲乾道大通而至正，故於筮得此卦而六爻皆不變者，言其占當得大通，而必利在正固，然後可以保其終也。此聖人所以作易教人卜筮，而可以開物成務之精意。餘卦放此。

初九　潛龍勿用。

「初九」者，卦下陽爻之名。凡卦畫者，自下而上，故以下爻爲初。陽數，九爲老，七爲少，老變而少不變，故謂陽爻爲九。「潛龍勿用」，周公所繫之辭，以斷一爻之吉凶，所謂爻辭者也。潛，藏也；龍，陽物也。初陽在下，未可施用，故其象爲「潛龍」，其占曰「勿用」。凡遇乾而此爻變者，當觀此象而玩其占也。餘爻放此。

九二　見龍在田，利見大人。

「二」，謂自下而上，第二爻也。後放此。九二，剛健中正，出潛離隱，澤及於物，物所利見。故其象爲「見龍在田」，其占爲「利見大人」。九二，雖未得位，而大人之德已著，常人不足以當之。故值此爻之變者，但爲利見此人而已，蓋亦謂在下之大人也。此以爻與占者相爲主賓，自爲一例。若有見龍之德，則爲利見九五在上之大人矣。

九三　君子終日乾乾，夕惕若，厲无咎。

「九」，陽爻；「三」，陽位。重剛不中，居下之上，乃危地也。然性體剛健，有能乾乾惕厲之象，故其占如此。君子，指占者而言。言能憂懼如是，則雖處危地而无咎也。

九四　或躍在淵，无咎。

「或」者，疑而未定之辭；「躍」者，無所緣而絶於地，特未飛耳；「淵」者，上空下洞，深昧不測之所，龍之在是。若下於田，或躍而起，則向乎天矣。九，陽；四，陰。居上之下，改革之際，進退未定之時也，故其象如此。其占能隨時進退，則无咎也。

九五　飛龍在天，利見大人。

剛健中正以居尊位，如以聖人之德，居聖人之位，故其象如此。而占法與九二同，特所利見者，在上之大人耳。若有其位，則爲利見九二在下之大人也。

上九　亢龍有悔。

「上」者，最上一爻之名。「亢」者，過於上而不能下之意也。陽極於上，動必有悔，故其象占如此。

用九　見羣龍無首，吉。

用九，言凡筮得陽爻者，皆用九而不用七，蓋諸卦百九十二陽爻之通例也。以此卦純陽而居首，故於此發之。而聖人因繫之辭，使遇此卦而六爻皆變者，即此占之。蓋六陽皆變，剛而能柔，吉之道也。故爲羣龍無首之象，而其占爲如是則吉也。春秋傳曰：乾之坤，曰「見羣龍無首，吉」。蓋即純坤卦辭「牝馬之貞」、「先迷後得」、「東北喪朋」之意。

(二) 尚書

●**書名**　先秦稱書，入漢始稱尚書，又稱書經。「尚」通「上」，尚書，意即「上古的史書」。

●**體例內容**　尚書是我國上古歷史文件和部分追述上古史迹著作的彙編。其記事上起堯舜，下訖春秋中期的秦穆公。多數篇章重在記言，記君主訓誓臣民和近臣告誡君主之辭，另有少數叙事之篇。尚書分四個部分：虞書、夏書、商書、周書，共五十八篇，合序，共五十九篇。各部分中的各篇，成書早晚多有不同。總體來説，周書部分，大都爲當時作品；商書部分，有不少篇章應是後世擬作；虞書和夏書都是成文於後世，尤其像其中的禹貢，可能晚至秦朝。

●**今文尚書和古文尚書**　秦焚書，通曉尚書的秦朝博士伏勝，曾把尚書藏在牆壁裏。西漢初年，他取出那些竹簡來時，只找到了二十八篇，後來用隸書寫定，在齊魯間教授學生，此本稱「今文尚書」。武帝時，在孔子舊宅發現了一些古文經傳，其中就有尚書，孔安國把它與當時通行的伏勝本相對照，發現古文本比今文多出十六篇。因這個本子的尚書是用戰國六國的文字寫成，故稱「古文尚書」。古文尚書約在魏晉之際亡佚，今僅存篇目。

●**僞古文尚書**　東晉初年，豫章内史梅賾獻給朝廷一部有孔安國作注的古文尚書，此本把今文尚書二十八篇分爲三十三篇，此外又多出二十五篇，加上書前一篇孔安國作的序，共五十九篇。全書經文都有孔安國作的傳。唐代學者對此深信不疑，孔穎達作了尚書正義。宋代開始，有學者逐漸對梅獻孔傳尚書產生懷疑，如南宋的吴棫和朱熹，他們發現尚書中所謂的「古文」篇章，比漢代流出的今文還文通字順。清初學者閻若璩，經過三十年的研究，著成古文尚書疏證，列舉一百二十八條證據，考定古文二十五篇是僞作。稍後，惠棟又作古文尚書考，補舉例證力主閻説。從此，梅獻孔傳尚書的古文部分及書序、全書孔傳皆僞作，在學界成爲定論。

●相關參考論著資料

——（僞）漢 孔安國傳，唐 孔穎達疏尚書正義

——宋 蔡沈書集傳

——清 閻若璩古文尚書疏證

——清 孫星衍尚書今古文注疏

——清 段玉裁古文尚書撰異

——清 皮錫瑞今文尚書考證

——于省吾尚書新證

——陳夢家尚書通論

——屈萬里尚書釋義

——劉起釪尚書校釋譯論

——劉起釪尚書學史

尚書正義·牧誓

【導讀】

●說明　本文選自尚書正義，（僞）孔安國傳，孔穎達正義。據中華書局（北京）一九八〇年影印原世界書局縮印嘉慶 阮元覆刻本十三經注疏本標點。中華書局影印此本時曾與清 江西書局重修阮本及點石齋石印本核對，改正了一些目録、文字訛脱及剪貼錯誤之處。阮刻本在有校勘的地方均加〇表示，縮印本改用▲號，我們教材標點時改爲●號，此外爲方便閲覽，阮元的校勘記置於每頁脚注中。

●孔穎達（五七四—六四八）　字沖遠，冀州 衡水（今河北 衡水）人。唐代經學家。生於北朝，少年時聰敏好學，

博覽經傳，曾向經學家劉焯問學。隋煬帝時，被選爲「明經」，授河内郡（今河南 沁陽）博士。唐初爲秦王 李世民的文學館學士，李世民做了皇帝，他升任國子博士、國子司業、國子祭酒等職，曾長期在國子監講經。他受詔主編的五經正義一百八十卷，博採百家之長，詮注清晰，義理通達，唐太宗把它定爲科舉取士的範本。他還與魏徵等人一起編撰隋史，並著有孝經義疏。

●**阮元（一七六四—一八四九）** 字伯元，號芸臺。清代學者。江蘇 儀徵人。乾隆五十四年（一七八九年）進士，歷官山東 浙江學使，後任湖廣、兩廣、雲貴總督。道光時，人朝爲協辦大學士，加太子太保，進太傅。死後謚文達。阮元提倡樸學，曾在杭州創「詁經精舍」，在廣州創「學海堂」，培植、羅致學者編書。阮元在經籍訓詁之外，還研究天文、曆算、地理等學，著述頗豐。有十三經注疏校勘記、經籍纂詁、疇人傳以及積古齋鐘鼎彝器款識等。

●**選文内容** 牧誓記載了商朝末年周武王伐紂在牧野誓師的言辭。

附圖表十：牧野誓師圖（選自清代《欽定書經圖說》）

重刻宋板注疏總目録

周易正義十卷　魏王弼、韓康伯注，唐孔穎達等正義。
尚書正義二十卷　漢孔安國傳，唐孔穎達等正義。
毛詩正義七十卷　漢毛公傳，鄭玄箋，唐孔穎達等正義。
周禮注疏四十二卷　漢鄭玄注，唐賈公彦疏。
儀禮注疏五十卷　漢鄭玄注，唐賈公彦疏。
禮記正義六十三卷　漢鄭玄注，唐孔穎達等正義。
春秋左傳正義六十卷　晉杜預注，唐孔穎達等正義。
春秋公羊傳注疏二十八卷　漢何休注，唐徐彦疏。
春秋穀梁傳注疏二十卷　晉范甯注，唐楊士勛疏。
論語注疏二十卷　魏何晏等注，宋邢昺疏。
孝經注疏九卷　唐玄宗明皇帝御注，宋邢昺疏。
爾雅注疏十卷　晉郭璞注，宋邢昺疏。
孟子注疏十四卷　漢趙岐注，宋孫奭疏。

右十三經注疏共四百十六卷。謹案五代會要：後唐長興三年，始依石經文字刻九經印板。經書之刻木板，實始於此。逮兩宋刻本浸多，有宋十行本注疏者，即南宋岳珂九經三傳沿革例所載建本附釋音注疏也。其書刻于宋南渡之後，由元入明，遞有修補，至明正德中，其板猶存。是以十行本爲諸本最古之册。此後有閩板，乃明嘉靖中用十行本重刻者。有明監板，乃明萬曆中用閩本重刻者。有汲古閣毛氏板，乃明崇禎中用明監本重刻者。輾轉翻刻，訛謬百出。明監板已燬，今各省書坊通行者，惟有汲古閣毛本。此本漫漶，不可識讀，近人修補，更多訛舛。元家所藏十行宋本有十一經，雖無儀禮、爾雅，但有蘇州北宋所刻之單疏板本，爲賈公彦、邢昺之原書，此二經更在十行本之前。元舊作十三經注疏校勘記，雖不專主十行本、單疏本，而大端實在此二本。嘉慶二十年，元至江西，武寧盧氏宣旬讀余校勘記而有慕于宋本，南昌給事中黄氏中傑亦苦毛板之朽，因以元所藏十一經至南昌學堂重刻之，且借校蘇州黄氏丕烈所藏單疏二經重刻之，近鹽巡道胡氏稷亦從吴中購得十一經，其中有可補元藏本中所殘缺者，於是宋本注疏可以復行於世，豈獨江西學中所私哉！刻書者最患以臆見改古書，今重刻宋板，凡有明知宋板之誤字，亦不使輕改，但加圈於誤字之旁，而别據校勘記擇其説附載於每卷之末，俾後之學者不疑于古籍之不可據，慎之至也。其經文、注文有與明本不同，恐後人習讀明本而反臆疑宋本之誤，故盧氏亦引校勘記載於卷後，慎之至也。竊謂士人讀書，當從經學始，經學當從注疏始。空疏之士，高明之徒，讀注疏不終卷而思卧者，是不能潛心研索，終身不知有聖賢諸儒經傳之學矣。至於注疏諸義，亦有是有非。我朝經學最盛，諸儒論之甚詳，是又在好學深思、實事求是之士由注疏而推求尋覽之也。二十一年秋，刻板初成，藏其板於南昌學，使士林書坊皆可就而印之。學中因書成，請序於元。元謂聖賢之經，如日月經天，江河行地，安敢以小言冠兹卷首，惟記刻書始末於目録之後，復敬録欽定四庫全書十三經注疏各提要於各注疏之前，俾束身修行之士，知我大清儒學遠軼前代，由此潛心敦品，博學篤行，以求古聖賢經傳之本源，不爲虚浮孤陋兩途所誤云爾。太子少保光禄大夫江西巡撫兼提督揚州阮元謹記。

尚書正義

孔氏傳　孔穎達疏

目　録

西伯戡黎第十六
微子第十七
周書
泰誓上第一
泰誓中第二
泰誓下第三
牧誓第四
武成第五
洪範第六
旅獒第七
金縢第八
大誥第九
微子之命第十
康誥第十一
酒誥第十二
梓材第十三
召誥第十四
洛誥第十五

多士第十六
無逸第十七
君奭第十八
蔡仲之命第十九
多方第二十
立政第二十一
周官第二十二
君陳第二十三
顧命第二十四
康王之誥第二十五
畢命第二十六
君牙第二十七
冏命第二十八
吕刑第二十九
文侯之命第三十
費誓第三十一
秦誓第三十二

尚書注疏校勘記序

自梅頤獻孔傳，而漢之真古文與今文皆亡，乃梅本又有今文、古文之別。新唐書藝文志云：「天寶三載，詔集賢學士衛包改古文從今文。」説者謂今文從此始，古文從此絶。殊不知衛包以前未嘗無今文，衛包以後又別有古文也。隋書經籍志有古文尚書十五卷，今字尚書十四卷，又顧彪今文尚書音一卷。是隋以前已有今文矣。蓋變古文爲今文，實自范甯始。甯自爲集注，成一家言，後之傳寫孔傳者從而效之，此所以有今文也。六朝之儒，傳古文者多，傳今文者少。今文自顧彪而外不少概見，李巡、徐邈、陸德明皆爲古文作音。孔穎達正義出於二劉，蓋亦用古文本。如「塗」之爲「斁」，「云」之爲「員」是也。然疏内不數數覯，殆爲後人竄改，如陳鄂等之於釋文歟？然則衛包之改古從今，乃改陸、孔而從范、顧，非倡始爲之也。乃若天寶既改古文，其舊本藏書府，民間不復有之，更經喪亂，即書府所藏，亦不可問矣。開成初，鄭覃進石經，悉用今文。前此張參之壁經，後此長興之板本、廣政之石本，當無不用今文者，乃後周顯德六年，郭忠恕獨校古文尚書上之，上距天寶三載已三百餘年，不知郭氏從何而得其本。宋初仍不甚行，至吕大防得於宋次道、王仲至家，而晁公武取以刻石，薛季宣據以作訓，然後大顯。今按釋文序録云：「尚書之字本爲隸古。既是隸寫古文，則不全爲古字。今宋、齊舊本及徐、李等音所有古字，蓋亦無幾。穿鑿之徒，務欲立異，依傍字部，改變經文，疑惑後生，不可寫用。」是所謂古文，不過如周禮、漢書略有古體及假借通用之字而已。晁氏讀書志云：「陸德明獨存一二於釋文。」此正與古字無幾之説相合。若連篇累牘悉是奇字，則陸氏豈得或釋或不釋哉？晁氏又云：「以古文尚書校釋文，雖小有異同，而大體相類。」夫釋文所存僅止一二，就此一二之中復小有異同，則全經不合者必十之九，其爲贋本無疑。然觀陸氏之言，則穿鑿立異，自古而然，不獨郭氏也。元於尚書注疏舊有校本，茲以各本授德清貢生徐養原校之，並及釋文。元復定其是非，且考其顛末，著於簡首。阮元記。

引據各本目録

唐石經　用衛包所改之今文，後來注疏本俱出於此。

宋臨安石經　今所存者，起禹貢之半，至胤征之半。又起大誓末，至酒誥之半。

古本　見山井鼎七經孟子考文，乃日本足利學所藏書寫本也。物也序以爲唐以前物。其經皆古文，然字體太奇，間參俗體，多不足信。

岳本　宋岳珂用廖氏世彩堂本重加校勘，所謂相臺本也，世甚重之。今考其書，多詳於音讀句逗，而略於字句異同。又往往據疏以改注，不知疏中所述經傳，不必盡依元文也。然合二十三家參訂，用力甚勤，固當優於諸家。元本未見，今所據者，武英殿翻刻本也。

葛本　即永懷堂本。與閩刻注疏本相類，而譌字較多。〇已上三種皆單注本。

宋板　見七經孟子考文。左傳考文載黄唐禮記跋云：「本司舊刊易、書、周禮，正經、注、疏萃見一書，便於披繹。它經獨闕。紹興辛亥遂取毛詩、禮記疏義，如前三經編彙，精加讎正。」蓋注疏合刻，起於南北宋之間，而易、書、周禮先刻，當在北宋之末也。此本或即黄跋所稱者。自盤庚以下爲九卷，泰誓以下爲十卷，洪範以下爲十一卷，旅獒以下爲十二卷，康誥以下爲十三卷，召誥以下爲十四卷，多士以下爲十五卷，君奭以下爲十六卷，立政以下爲十七卷，顧命以下爲十八卷，君牙以下爲十九卷，文侯之命以下爲二十卷。其中缺葉爲後人所補者則謂之補。

宋十行本　案他本注疏，每半葉九行，此獨十行，故世謂之十行本。溯其源，蓋即岳珂九經三傳沿革例所謂建本，有音釋注疏是也。修板至明正德間止，亦即山井鼎所謂正德本是也。（記中稱正德本，據考文而言。）其中譌字雖多，無臆改之失，考文所引宋板多與之合。

閩本　明嘉靖時李元陽刻於閩中，即考文所謂嘉靖本也。記中亦與考文所引並載，以見此詳彼略云。

明監本　神廟時所刊，毛本從此出。

毛本　汲古閣刻，今校正義以此爲據。○已上七種皆注疏合刻本。

釋文　陸德明本據古文作音義，自陳鄂改用今文，流傳至今，已非其舊矣。其注中所載別本，或尚屬元文，今仍歸之陸氏。

六經正誤　宋毛居正撰，多辨偏旁之疑似。惟所載監本、興國本、建本可以考宋本之異同，自不可廢。

尚書纂傳　元王天與撰，注語略有刊落，疏則僅載十之一二，其中有臆改處，不足盡憑。

石經考文提要　乾隆五十六年命刊立石經，工部尚書彭元瑞因著此書。其所據自通行各本外，有宋本九經、南宋巾箱本、宋本附釋音尚書注疏、宋本纂圖互注尚書、岳珂本、元本尚書注疏、至善堂九經本。

九經誤字　顧炎武撰，以唐石經正監本之誤。又金石文字記舉唐石經誤字。

七經孟子考文　山井鼎撰，物觀補遺。以古本、宋板校明刻之訛，間有辨論，別爲古文考一卷，列尚書之前，殊嫌肬贅。

十三經正字　嘉善浦鏜撰。

羣書拾補　餘姚盧文弨輯。

牧誓第四

周書　孔氏傳　孔穎達疏

武王戎車三百兩，兵車，百夫長所載。車稱兩。一車步卒七十二人，凡二萬一千人，舉全數。○車音居。釋名云：「古者聲如居，所以居人也。今曰車，聲近舍，車舍也。」韋昭辯釋名云：「古皆尺遮反，從漢始有音居。」長，丁丈反。卒，子忽反。**虎賁三百人，**勇士稱也，若虎賁獸①，言其猛也。皆百夫長。○賁音奔。稱，尺證反。**與受戰于牧野，作牧誓。**

牧誓。至牧地而誓衆。○牧如字，徐一音茂，說文作坶，云：「地名，在朝歌南七十里。」字林音母。【疏】「武王」至「牧誓」○正義曰：武王以兵戎之車三百兩，虎賁之士三百人與受戰于商郊牧地之野。將戰之時，王設言以誓衆。史敘其事，作牧誓。○傳「兵車」至「全數」○正義曰：孔以「虎賁三百人」與戎車數同，王於誓時所呼有「百夫長」，因謂「虎賁」即是百夫之長。一人而乘一車，故云「兵車，百夫長所載」也。數車之法，一車謂之一兩。詩云「百兩迓之」，是車稱兩也。風俗通說車有兩輪，故稱爲兩。猶屨有兩隻，亦稱爲兩。詩云「葛屨五兩」即其類也。「一車步卒七十二人」，司馬法文也。車有七十二人，三百乘凡二萬一千人。計車有七十二人，三百乘當有二萬一千六百人，孔略六百而不言，故云「舉全數」。顧氏亦同此解。孔既用司馬法一車七十二人，又云「兵車，百夫長所載」，又下傳以百夫長爲「卒師」②，是實領百人，非惟七十二人。依周禮大司馬法，天子六軍，出自六鄉，凡起徒役，無過家一人，故一鄉出一軍，鄉爲正，遂爲副。若鄉遂不足，則徵兵于邦國。則司馬法六十四井爲甸，計有五百七十六夫，共出長轂一乘，甲士三人，步卒七十二人。至於臨敵對戰布陳之時，則依六鄉軍法，五人爲伍，五伍爲兩，四兩爲卒，五卒爲旅，五旅爲師，五師爲軍。故左傳云：「先偏後伍。」又云：「廣有一卒，卒偏之兩。」非直人數如此，車數亦然。故周禮云：「乃會車之卒伍。」鄭云：「車亦有卒伍。」左傳「戰于繻葛」，杜注云：「車二十五乘爲偏。」是車亦爲卒伍之數也。則一車七十二人者，自計元科兵之數。科

---

① 「若虎賁獸」：史記集解無「獸」字。
② 「又下傳以百夫長爲卒師」：毛本「師」作「帥」，所改是也。

兵既至，臨時配割，其車雖在，其人分散，前配車之人，臨戰不得還屬本車，當更以虎賁甲士配車而戰。孔舉七十二人元科兵數者，欲總明三百兩人之大數①。云「兵車，百夫長所載者」，欲見臨敵實一車有百人，既「虎賁」與車數相當，又經稱「百夫長」，故孔爲此説。○傳「勇士」至「夫長」○正義曰：周禮虎賁氏之官，其屬有虎士八百人，是「虎賁」爲「勇士」稱也。若虎之賁走逐獸，言其猛也。此「虎賁」必是軍内驍勇選而爲之，當時謂之「虎賁」。樂記云「虎賁之士説劍」，謂此也。孔意「虎賁」即是經之「百夫長」，故云：「皆百夫長」也。

時甲子昧爽，是克紂之月甲子之日，二月四日。昧，冥；爽，明；早旦。○昧音妹。爽，明也。「昧爽」謂早旦也。馬云：「昧，未旦也。」【疏】傳「是克」至「早旦」○正義曰：春秋主書動事，編次爲文，於法日月時年皆具，其有不具，史闕耳。尚書惟記言語，直指設言之日。上篇「戊午，次於河朔」，洛誥「戊辰，王在新邑」，與此「甲子」，皆言有日無月，史意不爲編次，故不具也。「是克紂之月甲子之日」，是周之二月四日，以曆推而知之也。釋言云：「晦，冥也。」「昧」亦晦義，故爲冥也。「冥」是夜，「爽」是明，夜而未明謂早旦之時，蓋雞鳴後也。爲下「朝至」發端，「朝」即「昧爽」時也。王朝至于商郊牧野，乃誓。紂近郊三十里地名牧。癸亥夜陳，甲子朝誓，將與紂戰。○陳，直刃反。【疏】傳「紂近」至「紂戰」○正義曰：傳言在「紂近郊三十里」，或當有所據也。皇甫謐云：「在朝歌南七十里。」不知出何書也。言「至于商郊牧野」，知「牧」是郊上之地。戰在平野，故言「野」耳。詩云：「于牧之野。」禮記大傳云：「牧之野，武王之大事。」繼牧言野，明是牧地。而鄭玄云：「郊外曰野，將戰于郊，故至牧野而誓。」案經「至于商郊牧野，乃誓」，豈王行已至於郊，乃後到退②適野，誓訖而更進兵乎？何不然之甚也！武成云：「癸亥夜陳，未畢而雨。」是癸亥夜已布陳，故甲子朝而誓衆，將與紂戰，故戒敕之。王左杖黄鉞③，右秉白旄以麾，曰：「逖矣，西土之人！」鉞，以黄金飾斧④，左手杖鉞，示無事於誅。右手把旄，示有事於教⑤。逖，遠也。遠矣，西土之人。勞苦之。○杖，徐

① 「欲揔明三百兩人之大數」：閩本、明監本同。毛本「三」作「此」。
② 「乃復到退」：閩本同。毛本「到」作「倒」。按：「倒」古通作「到」。
③ 「王左杖黄鉞」：陸氏曰：「『鉞』本又作『戉』」。○按：作「戉」是也。説文云：「戉，大斧也。」
④ 「鉞以黄金飾斧」：浦鏜云：「『鉞』上脱『黄』字，從公劉詩疏校。」○按：史記集解亦無「黄」字。
⑤ 「示有事於教」：古本史記集解「教」下有「令」字。

直亮反。鉞音越，本又作戉。旄音毛，馬云：「白旄，旄牛尾。」麾，許危反。逖，他歷反。【疏】傳「越以」至「苦之①」〇正義曰：太公六韜云：「大柯斧重八斤，一名天鉞。」廣雅云：「鉞，斧也。」斧稱「黄鉞」，故知「以黄金飾斧」也。鉞以殺戮，殺戮用右手，用左手杖鉞，示無事於誅。右手把旄，示有事於教。其意言惟教軍人，不誅殺也。把旄何以白？旄用白者，取其易見也。「逖，遠」，釋詁文。王曰：「嗟！我友邦冢君，同志爲友，言志同滅紂。御事司徒、司馬、司空，治事三卿②，司徒主民，司馬主兵，司空主土，指誓戰者。【疏】傳「治事」至「戰者」〇正義曰：孔以於時已稱王而有六師，亦應已置六卿。今呼治事惟三卿者，司徒主民，治徒庶之政令；司馬主兵，治軍旅之誓戒；司空主土，治壘壁以營軍；是「指誓戰者」，故不及太宰、大宗、司寇也。其時六卿具否，不可得知，但據此三卿爲説耳。此「御事」之文③，指三卿而説，是不通於「亞旅」已下。亞旅、師氏，亞，次。旅，衆也；衆大夫④，其位次卿。師氏，大夫，官以兵守門者。【疏】傳「亞次」至「門者」〇正義曰：「亞，次」，釋言文。「旅，衆」，釋詁文。此及左傳皆卿下言「亞旅」，知是「大夫，其位次卿」，而數衆，故以亞次名之，謂諸是四命之大夫，在軍有職事者也。師氏亦大夫，其官掌以兵守門，所掌尤重，故別言之。周禮：師氏，中大夫，「使其屬師四夷之隸⑤，各以其兵服守王之門外。朝在野外，則守内列。」鄭玄云：「内列，蕃營之在内者也，守之如守王宫。」千夫長、百夫長，師帥，卒帥⑥。〇帥，色類反，下同。【疏】傳「師帥，卒帥」〇正義曰：周禮：「二千五百人爲師，師帥皆中大夫。」「百人爲卒，卒長皆上士。」孔以師雖二千五百人，舉全數亦得爲千夫長，「長」與「帥」其義同，是千夫長亦可以稱「師」⑦，故以千夫長爲師帥，百夫長爲卒帥。王肅云「師長、卒長」，意與孔同，順經文而稱「長」耳。鄭玄以爲「師帥，旅帥也」，與孔不同。及庸、蜀、羌、髳、微、盧、彭、濮人。八國皆蠻夷戎狄屬文王者國名。羌在西蜀叟，髳、微在巴蜀，盧、彭在西北，庸、濮在江漢之南。【疏】傳「八國」至「之南」〇正義曰：九州之外，四夷大名，則東

---

① 「傳越以至苦之」：案：「越」當作「鉞」，轉寫之譌。
② 「治事三卿」：古本「治」作「理」。
③ 「此御事之文」：宋板、閩本、明監本同。毛本「文」作「大」。
④ 「旅衆也衆大夫」：古本無下「衆」字。按：史記集解作「旅衆，大夫也。」視今本少一「衆」字，而「也」字在「夫」下，文義較順。
⑤ 「使其屬師四夷之隸」：閩本同，毛本「師」作「帥」，所改是也。
⑥ 「師帥卒帥」：史記集解「帥」並作「率」。
⑦ 「亦可以稱師」：宋板「師」作「帥」，是也。

夷、西戎、南蠻、北狄，其在當方，或南有戎而西有夷。此八國並非華夏，故大判言之「皆蠻夷戎狄屬文王者國名」也。此八國皆西南夷也，文王國在於西，故西南夷先屬焉。大劉以「蜀」是蜀郡，顯然可知，孔不說。又退「庸」就「濮」解之，故以次先解「羌」。云「羌在西蜀叟」者，漢世西南之夷，「蜀」名爲大，故傳據「蜀」而說。左思蜀都賦云：「三蜀之豪，時來時往。」是蜀都分爲三，羌在其西，故云「西蜀叟」。「叟」者蜀夷之別名，故後漢書：「興平元年，馬騰、劉範謀誅李傕，益州牧劉焉遣叟兵五千人助之。」是蜀夷有名「叟」者也。「髳、微在巴蜀」者，巴在蜀之東偏①，漢之巴郡所治江州縣也。「盧、彭在西北」者，在東蜀之西北也。文十八年左傳稱，庸與百濮伐楚，楚遂滅庸。是「庸、濮西江漢之南②」。稱爾戈，比爾干，立爾矛，予其誓。」稱，舉也。戈，戟。干，楯也。○比，徐扶志、毗志二反。楯，食準反，又音允。【疏】傳「稱舉」至「干楯」○正義曰：「稱，舉」，釋言文。方言云：「戟，楚謂之孑③，吳揚之間謂之戈。」是「戈」即戟也。考工記云：「戈柲六尺有六寸，車戟常。」鄭云：「八尺曰尋，倍尋曰常。」然則戈戟長短異名，而云「戈」者即戟，戈戟長短雖異，其形制則同，此云舉戈，宜舉其長者，故以「戈」爲戟也。方言又云：「楯，自關而東或謂之楯④，或謂之干，關西謂之楯。」是「干」、「楯」爲一也。戈短，人執以舉之，故言「稱」。楯則並以扞敵，故言「比」。矛長立之於地，故言「立」也。

王曰：「古人有言曰：『牝雞無晨。言無晨鳴之道。○牝，類引反，徐扶忍反。牝雞之晨，惟家之索。』索，盡也。喻婦人知外事，雌代雄鳴則家盡，婦奪夫政則國亡。○索，西各反。【疏】傳「索盡」至「國亡」○正義曰：禮記檀弓曰：「吾離羣而索居。」則「索居」爲散義。鄭玄云：「索，散也。」物散則盡，故「索」爲盡也。「牝雞」，雌也。爾雅：飛曰「雌雄」，走曰「牝牡」，而此言「牝雞」者，毛詩、左傳稱「雄狐」，是亦飛、走通也。此以牝雞之鳴喻婦人知外事，故重申喻意云：「雌代雄鳴則家盡，婦奪夫政則國亡。」「家」總貴賤爲文，言「家」以對「國」耳。將陳紂用婦言，故舉此古人之語。紂直用婦言耳，非能奪其政，舉此言者，專用其言，賞罰由婦，即是奪其政矣。婦人不當知政，是別外內之分，若使賢如文母，可以興助國家，則非牝雞之喻矣。今商

① 「巴在蜀之東偏」：補本「東」作「南」。
② 「是庸濮西江漢之南」：閩本同，毛本「西」作「在」，所改是也。
③ 「戟楚謂之孑」：纂傳同，毛本「孑」作「干」。○按：纂傳引在說命中篇，下同。
④ 「或謂之楯」：浦鏜云：「楯，方言作瞂，音代，誤作楯。」

王受，惟婦言是用①，妲己惑紂，紂信用之。○妲，丹達反；　己音紀；　紂妻也。【疏】傳「妲己」至「用之」○正義曰：晉語云②：「殷辛伐有蘇氏，蘇氏以妲己女焉。妲己有寵而亡殷。」殷本紀云：「紂嬖于婦人，愛妲己，惟妲己之言是從。」列女傳云：「紂好酒淫樂，不離妲己，妲己所與言者貴之③，妲己所憎者誅之。爲長夜飲，妲己好之，百姓怨望，而諸侯有叛者。妲己曰：『罰輕誅薄，威不立耳。』紂乃重刑辟，爲炮烙之法，妲己乃笑。武王伐紂，斬妲己頭懸之於小白旗上，以爲亡紂者此女也。」昏棄厥肆祀

弗答，昏，亂。肆，陳。答，當也。亂棄其所陳祭祀，不復當享鬼神。○復，扶又反。【疏】傳「昏亂」至「鬼神」○正義曰：昏闇者於事必亂，故「昏」爲亂也。詩云：「肆筵設席。」「肆」者陳設之意，毛傳亦以「肆」爲陳也。對合相當之事，故「答」爲當也。紂身昏亂，棄其宜所陳設祭祀，不復當享鬼神，與上「郊社不修，宗廟不享」亦一也。不事神祇，惡之大者，故泰誓及此三言之。昏棄厥

遺王父母弟不迪，王父，祖之昆弟。母弟，同母弟。言棄其骨肉，不接之以道。【疏】傳「王父」至「以道」○正義曰：釋親云「父之考爲王父」，則「王父」是祖也。紂無親祖可棄，故爲「祖之昆弟」。棄其祖之昆弟，則父之昆弟亦棄之矣。春秋之例，母弟稱「弟」，凡春秋稱「弟」皆是母弟也。「母弟」謂同母之弟，同母尚棄，別生者必棄矣，舉尊親以見卑疎也。「遺」亦「棄」也，言紂之昏亂，棄其所遺骨肉之親，不接之以道。經先言棄祀、棄親者，鄭玄云：「誓首言此者，神怒民怨，紂所以亡也。」乃惟四方之多罪

逋逃，是崇是長，言紂棄其賢臣，而尊長逃亡罪人，信用之。是信是使，是以爲大夫、卿、士。士，事也。用爲卿大夫，典政事。俾暴虐于百姓，以姦宄于商邑。使四方罪人暴虐姦宄於都邑。○俾，必爾反，使也。【疏】傳「使四」至「都邑」○正義曰：「暴虐」謂殺害，殺害加於人，故言「於百姓」。「姦宄」謂劫奪，劫奪有處，故言「於商邑」。百姓亦是商邑之人，故傳總言「於都邑」也。今予發惟恭行天之罰。今日之事，不愆于六步、七步，乃止齊焉。今日戰事，就敵不過六步、七步，乃止相齊。言當旅進一心。【疏】傳「今日」至「一心」○正義曰：戰法布陳然後相向，故設其就敵之限，不過六步、七步，乃止相齊焉。欲其相得力也。樂記稱「進旅退旅」，是「旅」爲衆也，言當衆進一心也。夫子勖哉！不愆于四伐、五伐、六伐、

① 「今商王受惟婦言是用」：唐石經「是」字旁註。按：漢書五行志引此經無「是」字。

② 「正義曰晉語云」：按：「曰」是「正」字之譌。諸本俱不誤。

③ 「妲己所舉言者貴之」：閩本、明監本「舉言」作「與言」。按：「與言」乃「譽」字誤分爲二也。當據列女傳元文正之，毛本亦誤。

七伐，乃止齊焉。夫子謂將士，勉勵之。伐謂擊刺，少則四五，多則六七以爲例。○勖，許六反。刺，七亦反。【疏】傳「夫子」至「爲例」○正義曰：此及下文三云「夫子」，此「勖哉」在下，下「勖哉」在上。此先呼其人，然後勉之；此既言然，下先令勉勵，乃呼其人，各與下句爲目也。上有「戈」、「矛」，戈謂擊兵，矛謂刺兵，故云「伐謂擊刺」，此「伐」猶伐樹然也。勖哉夫子！尚桓桓，桓桓，武貌。【疏】傳「桓桓，武貌」○正義曰：釋訓云：「桓桓，威也。」詩序云：「桓，武志也。」如虎如貔，如熊如羆，于商郊。貔，執夷，虎屬也。四獸皆猛健，欲使士衆法之，奮擊於牧野。○貔，彼皮反，爾雅云：「羆如熊，黄白文。」【疏】傳「貔，執夷」○正義曰：釋獸云：「貔，白狐，其子豰。」舍人曰：「貔名白狐，其子名豰。」郭璞曰：「一名執夷，虎豹屬。」弗迓克奔①，以役西土，商衆能奔來降者，不迎擊之，如此則所以役我西土之義。○迓，五嫁反，馬作「禦」，禁也。役，馬云：「爲也。」爲，于僞反。【疏】傳「商衆」至「之義」○正義曰：「迓」訓迎也，不迎擊商衆能奔來降者，兵法不誅降也。「役」謂使用也，如此不殺降人，則所以使用我西土之義。用義於彼，令彼知我有義也。王肅讀「御」爲禦，言「不禦能奔走者，如殷民欲奔走來降者，無逆之；奔走去者，可不禦止。役，爲也，盡力以爲我西土」。與孔不同。勖哉夫子！爾所弗勖，其于爾躬有戮。臨敵所安，汝不勉，則於汝身有戮矣。

① 「弗迓克奔」：按：匡謬正俗引此經「迓」作「御」，又稱徐仙民音禦，是徐本亦作「御」。疏云「王肅讀御爲禦」，則孔氏所據本亦作「御」，蓋作「御」者，古文也，作「迓」者，今文也。釋文云：「馬作禦。」史記同。

附圖表十一：可與尚書牧誓相互印證的利簋銘文（一九七六年陝西臨潼出土）

（三）詩經

●書名 詩經是我國最早的一部詩歌總集，共收周代詩歌（上起西周初年，下至春秋中期）三百零五首。先秦稱詩，漢以後稱詩經。

●風雅頌 詩經分爲風、雅、頌三個部分。風主要是地方音樂，共收周南、召南、邶、鄘、衛、王、鄭、齊、魏、唐、秦、陳、檜、曹、豳十五國風，一百六十篇，絶大部分是民間歌謠，極少數是貴族作品。雅是王室宮廷和京畿一帶的樂歌，大部分是貴族作品。其中大雅三十一首，小雅七十四首。頌是用於宗廟祭祀的樂歌，共四十首，分周頌（三十一篇）、魯頌（四篇）、商頌（五篇）三個部分。

●大序與小序 詩經每一首詩前都有一小段「序」的文字，解釋或概括該詩的内容或者要點，此謂之「小序」；但在第一首詩關雎前的那篇「序」，在講關雎之前，用了更長的文字來講整部詩經的總目的和主題，一般稱之爲「大序」。詩序是用一種較晚的語言風格寫成，過去認爲是孔子或其弟子們所作。

●六義 在「大序」中説詩經有「六義」：「故詩有六義焉：一曰風，二曰賦，三曰比，四曰興，五曰雅，六曰頌。」朱熹解釋説：「賦者，直陳其事；比者，以彼狀此；興者，託物興詞。」

●三家詩與毛詩 漢初，傳授詩經的有四家，即魯人申培的魯詩，齊人轅固的齊詩，燕人韓嬰的韓詩和魯人毛亨的毛詩。前三者爲今文，毛詩爲古文。東漢末年，鄭玄爲毛亨所撰詩故訓傳作箋，得到廣泛流傳，其他三家遂逐漸衰廢，後來亡佚。

●相關參考論著資料

——漢 毛亨傳，漢 鄭玄箋，唐 孔穎達等疏毛詩正義

——宋 朱熹詩集傳

——清 馬瑞辰毛詩傳箋通釋
——清 陳奐詩毛氏傳疏
——清 王先謙詩三家義集疏
——清 方玉潤詩經原始
——清 姚際恒詩經通論
——高亨詩經今注

詩集傳·七月

【導讀】

●**説明** 本文選自詩集傳，宋朱熹撰。本篇據中華書局（上海）一九五八年版標點，此本根據文學古籍刊行社影印的宋刊本排印，宋刊本原有的一些錯字和脱文，則據文學古籍刊行社的校記逕改，並用別本增補了朱熹序文。

●**詩集傳** 宋朱熹撰，二十卷。從鄭玄開始，把詩經中的詩歌過分地和政治事件聯繫起來，使得這些詩歌政治化，而忽視或踐踏了詩歌的抒情性。朱熹的詩集傳拋棄漢唐注疏，重新把詩歌看成是感情的抒發和流露，此外還廢去詩序不録，對詩經的解釋使人耳目一新。

●**選文內容** 七月爲國風豳風中的一篇，記載了上古時期的農業、紡織、祭祀、田獵等多方面的內容，可謂一幅展示上古社會生活各方面的生動畫卷。清代崔述説：「讀七月如入桃花源中，衣冠古樸，天真爛漫，熙熙乎太古也。」（豐鎬考信録）

附圖表十二：倉庚圖（選自岡元鳳《毛詩品物圖考》）

詩集傳

目録

序

詩卷第一

國風一

周南一之一

關雎

葛覃

卷耳

樛木

螽斯

桃夭

兔罝

芣苢

漢廣

汝墳

麟之趾

召南一之二

鵲巢

采蘩

草蟲

采蘋

甘棠

行露

羔羊

殷其靁

摽有梅

小星

江有汜

野有死麕

何彼襛矣

騶虞

詩卷第二

邶一之三

柏舟

緑衣

燕燕

日月

終風

擊鼓

凱風

雄雉

匏有苦葉

谷風

式微

旄丘

簡兮

泉水

北門

北風

靜女

新臺

二子乘舟

詩卷第三

鄘一之四

柏舟

墻有茨

君子偕老

桑中

鶉之奔奔

定之方中

蝃蝀

相鼠

干旄

載馳

衛一之五

淇奥

考槃

碩人

氓

竹竿

芄蘭

河廣

伯兮

有狐

木瓜

詩卷第四

王一之六

黍離
君子于役
君子陽陽
揚之水
中谷有蓷
兔爰
葛藟
采葛
大車
丘中有麻

鄭一之七

緇衣
將仲子
叔于田
大叔于田
清人
羔裘
遵大路
女曰雞鳴
有女同車

山有扶蘇
蘀兮
狡童
褰裳
丰
東門之墠
風雨
子衿
揚之水
出其東門
野有蔓草
溱洧

詩卷第五

齊一之八

雞鳴
還
著
東方之日
東方未明
南山

甫田
盧令
敝笱
載驅
猗嗟

魏一之九

葛屨
汾沮洳
園有桃
陟岵
十畝之間
伐檀
碩鼠

詩卷第六

唐一之十

蟋蟀
山有樞
揚之水
椒聊
綢繆

杕杜
羔裘
鴇羽
無衣
有杕之杜
葛生
采苓

秦一之十一

車鄰
駟驖
小戎
蒹葭
終南
黃鳥
晨風
無衣
渭陽
權輿

詩卷第七

陳一之十二

宛丘
東門之枌
衡門
東門之池
東門之楊
墓門
防有鵲巢
月出
株林
澤陂

檜一之十三
羔裘
素冠
隰有萇楚
匪風

曹一之十四
蜉蝣
候人
鳲鳩
下泉

詩卷第八

豳一之十五
七月
鴟鴞
東山
破斧
伐柯
九罭
狼跋

詩卷第九

小雅二

鹿鳴之什二之一
鹿鳴
四牡
皇皇者華
常棣
伐木
天保
采薇
出車

杕杜
南陔

白華之什二之二
白華
華黍
魚麗
由庚
南有嘉魚
崇丘
南山有臺
由儀
蓼蕭
湛露

詩卷第十

彤弓之什二之三
彤弓
菁菁者莪
六月
采芑
車攻

吉日
鴻鴈
庭燎
沔水
鶴鳴

詩卷第十一

祈父之什二之四
祈父
白駒
黃鳥
我行其野
斯干
無羊
節南山
正月
十月之交
雨無正

詩卷第十二

小旻之什二之五
小旻

小宛
小弁
巧言
何人斯
巷伯
谷風
蓼莪
大東
四月

詩卷第十三

北山之什二之六

北山
無將大車
小明
鼓鍾
楚茨
信南山
甫田
大田
瞻彼洛矣
裳裳者華

詩卷第十四

桑扈之什二之七

桑扈
鴛鴦
頍弁
車舝
青蠅
賓之初筵
魚藻
采菽
角弓
菀柳

詩卷第十五

都人士之什二之八

都人士
采綠
黍苗
隰桑
白華
緜蠻
瓠葉

漸漸之石
苕之華
何草不黃

詩卷第十六

大雅三

文王之什三之一

文王
大明
緜
棫樸
旱麓
思齊
皇矣
靈臺
下武
文王有聲

詩卷第十七

生民之什三之二

生民
行葦
既醉

鳧鷖
假樂
公劉
泂酌
卷阿
民勞
板

詩卷第十八

蕩之什三之三

蕩
抑
桑柔
雲漢
崧高
烝民
韓奕
江漢
常武
瞻卬
召旻

詩卷第十九

頌四

周頌清廟之什四之一

清廟
維天之命
維清
烈文
天作
昊天有成命
我將
時邁
執競
思文

周頌臣工之什四之二

臣工
噫嘻
振鷺

豐年
有瞽
潛
雝
載見
有客
武

周頌閔予小子之什四之三

閔予小子
訪落
敬之
小毖
載芟
良耜
絲衣
酌

桓
賚
般

詩卷第二十

魯頌四之四

駉
有駜
泮水
閟宮

商頌四之五

那
烈祖
玄鳥
長發
殷武

詩集傳序

或有問於予曰：詩何爲而作也？予應之曰：人生而靜，天之性也；感於物而動，性之欲也。夫既有欲矣，則不能無思；既有思矣，則不能無言；既有言矣，則言之所不能盡而發於咨嗟咏歎之餘者，必有自然之音響節族（音奏）而不能已焉。此詩之所以作也。

曰：然則其所以教者何也？曰：詩者，人心之感物而形於言之餘也。心之所感有邪正，故言之所形有是非，惟聖人在上，則其所感者無不正，而其言皆足以爲教。其或感之之雜，而所發不能無可擇者，則上之人必思所以自反，而因有以勸懲之。是亦所以爲教也。昔周盛時，上自郊廟朝廷，而下達於鄉黨閭巷，其言粹然無不出於正者，聖人固已協之聲律，而用之鄉人，用之邦國，以化天下。至於列國之詩，則天子巡狩，亦必陳而觀之，以行黜陟之典。降自昭、穆而後，寖以陵夷，至於東遷而遂廢不講矣。孔子生於其時，既不得位，無以行勸懲黜陟之政，於是特舉其籍而討論之，去其重複，正其紛亂，而其善之不足以爲法，惡之不足以爲戒者，則亦刊而去之，以從簡約，示久遠，使夫學者即是而有以考其得失，善者師之而惡者改焉。是以其政雖不足以行於一時，而其教實被於萬世，是則詩之所以爲教者然也。

曰：然則國風、雅、頌之體其不同若是，何也？曰：吾聞之，凡詩之所謂風者，多出於里巷歌謠之作，所謂男女相與詠歌，各言其情者也。惟周南、召南親被文王之化以成德，而人皆有以得其性情之正，故其發於言者，樂而不過於淫，哀而不及於傷，是以二篇獨爲風詩之正經。自邶而下，則其國之治亂不同，人之賢否亦異，其所感而發者，有邪正是非之不齊，而所謂先王之風者，於此焉變矣。若夫雅、頌之篇，則皆成周之世朝廷郊廟樂歌之辭，其語和而莊，其義寬而密，其作者往往聖人之徒，固所以爲萬世法程而不可易者也。至於雅之變者，亦皆一時賢人君子，閔時病俗之所爲。而聖人取之，其忠厚惻怛之心，陳善閉邪之意，尤非後世能言之士所能及之，此詩之爲經，所以人事浹於下，天道備於上，而無一理之不具也。

曰：然則其學之也當奈何？曰：本之二南以求其端，參之列國以盡其變，正之於雅以大其規，和之於頌以要其止，此學詩之大旨也。於是乎章句以綱之，訓詁以紀之，諷詠以昌之，涵濡以體之，察之情性隱微之間，審之言行樞機之始，則修身及家，平均天下之道，其亦不待他求而得之於此矣。

問者唯唯而退。余時方輯詩傳，因悉次是語以冠其篇云。

淳熙四年丁酉冬十月戊子新安朱熹序

七月

詩卷第八

朱熹集傳

豳一之十五豳，國名，在禹貢雍州岐山之北，原隰之野。虞夏之際，棄爲后稷，而封於邰。及夏之衰，棄稷不務，棄子不窋失其官守，而自竄於戎狄之間，不窋生鞠陶，鞠陶生公劉，能復修后稷之業，民以富實，乃相土地之宜，而立國於豳之谷焉。十世而大王徙居岐山之陽，十二世而文王始受天命，十三世而武王遂爲天子。武王崩，成王立，年幼不能涖阼，周公旦以冢宰攝政，乃述后稷、公劉之化，作詩一篇以戒成王，謂之豳風。而後人又取周公所作，及凡爲周公而作之詩以附焉。豳，在今邠州三水縣。邰，在今京兆府武功縣。

七月流火叶虎委反，九月授衣叶上聲。一之日觱音必發叶方吠反，二之日栗烈叶力制反。無衣無褐音曷，叶許例反。何以卒歲或曰：發、烈、褐皆如字，而「歲」讀如雪？三之日于耜叶羊里反，四之日舉趾。同我婦子叶獎履反，饁炎輒反彼南畝叶滿彼反，田畯音俊至喜。賦也。七月，斗建申之月，夏之七月也。後凡言月者放此。流，下也。火，大火，心星也。以六月之昏，加於地之南方，至七月之昏，則下而流矣。九月霜降始寒，而蠶績之功亦成，故授人以衣，使禦寒也。一之日，謂斗建子，一陽之月。二之日，謂斗建丑，二陽之月也。變月言日，言是月之日也。後凡言日者放此。蓋周之先公，已用此以紀候，故周有天下，遂以爲一代之正朔也。觱發，風寒也。栗烈，氣寒也。褐，毛布也。歲，夏正之歲也。于，往也。耜，田器也。于耜，言往修田器也。舉趾，舉足而耕也。我，家長自我也。饁，餉田也。田畯，田大夫，勸農之官也。○周公以成王未知稼穡之艱難，故陳后稷、公劉風化之所由，使瞽矇朝夕諷誦以教之。此章首言七月暑退將寒，故九月而授衣以禦之，蓋十一月以後，風氣日寒，不如是則無以卒歲也。正月則往修田器，二月則舉趾而耕，少者既皆出而在田，故老者率婦子而餉之，治田早而用力齊，是以田畯至而喜之也。此章前段言衣之始，後段言食之始，二章至五章，終前段之意，六章至八章，終後段之意。

○七月流火，九月授衣。春日載陽，有鳴倉庚叶古郎反。女執懿筐，遵彼微行叶户郎反，爰求柔桑。

春日遲遲，采蘩祁祁。女心傷悲，殆及公子同歸。賦也。載，始也。陽，温和也。倉庚，黄鸝也。懿，深美也。遵，循也。微行，小逕也。柔桑，稚桑也。遲遲，日長而暄也。蘩，白蒿也，所以生蠶，今人猶用之。蓋蠶生未齊，未可食桑，故以此啖之也。祁祁，衆多也，或曰徐也。公子，豳公之子也。○再言「流火」「授衣」者，將言女功之始，故又本於此，遂言春日始和，有鳴倉庚之時，而蠶始生，則執深筐以求稚桑。然又有生而未齊者，則采蘩者衆，而此治蠶之女，感時而傷悲。蓋是時公子猶娶於國中，而貴家大族連姻公室者，亦無不力於蠶桑之務，故其許嫁之女，預以將及公子同歸，而遠其父母爲悲也。其風俗之厚，而上下之情，交相忠愛如此。後章凡言公子者放此。

○七月流火，八月萑户官反葦韋鬼反。蠶月條它彫反桑，取彼斧斨七羊反，以伐遠揚，猗於宜反彼女桑。七月鳴鵙圭覓反，八月載績。載玄載黄，我朱孔陽，爲公子裳。賦也。萑葦，即蒹葭也。蠶月，治蠶之月。條桑，枝落之采其葉也。斧，隋銎。斨，方銎。遠揚，遠枝揚起者也。取葉存條曰猗。女桑，小桑也。小桑不可條取，故取其葉而存其條，猗猗然爾。鵙，伯勞也。績，緝也。玄，黑而有赤之色。朱，赤色。陽，明也。○言七月暑退將寒，而是歲禦冬之備，亦庶幾其成矣，又當預擬來歲治桑之用，故於八月萑葦既成之際而收蓄之，將以爲曲薄。至來歲治蠶之月，則采桑以供蠶食，而大小畢取，見蠶盛而人力至也。蠶事既備，又於鳴鵙之後，麻熟而可績之時，則績其麻以爲布。而凡此蠶績之所成者，皆染之，或玄或黄，而其朱者猶爲鮮明，皆以供上而爲公子之裳。言勞於其事而不自愛，以奉其上，蓋至誠慘怛之意，上以是施之，下以是報之也。以上二章，專言蠶績之事，以終首章前段「無衣」之意。

○四月秀葽於遥反，五月鳴蜩徒彫反。八月其穫户郭反，十月隕于敏反蘀音託。一之日于貉户各反，取彼狐狸力之反，爲公子裘叶渠之反。二之日其同，載纘子管反武功。言私其豵子公反，獻豜古年反于公。賦也。不榮而實曰秀。葽，草名。蜩，蟬也。穫，禾之早者可穫也。隕，墜。蘀，落也，謂草木隕落也。貉，狐狸也。于貉，猶言于耜，謂往取狐狸也。同，竭作以狩也。纘，習而繼之也。豵，一歲豕；豜，三歲豕也。○言自四月純陽，而歷一陰四陰以至純陰之月，則大寒之候將至。雖蠶桑之功無所不備，猶恐其不足以禦寒，故于貉而取狐狸之皮，以爲公子之裘也。獸之小者私之以爲己有，而大者則獻之於上，亦愛其上之無已也。此章專言狩獵，以終首章前段「無褐」之意。

○五月斯螽音終動股，六月莎素和反雞振羽。七月在野叶上與反，八月在宇，九月在户後五反，十月蟋蟀入我床下叶後五反。八字一句。穹起弓反窒珍悉反熏許云反鼠，塞向墐音覲户同上。嗟我婦子叶兹五反，曰爲改歲，入此室處。賦也。斯螽、莎雞、蟋蟀，一物隨時變化而異其名。動股，始躍而以股鳴也。振羽，能飛而以翅鳴也。宇，檐下也。暑則在野，寒則依人。穹，空隙也。窒，塞也。向，北出牖也。墐，塗也。庶人蓽户，冬則塗之。東萊呂氏曰：「十月而曰改歲，三正之通于民俗尚矣。周特舉而迭用之耳。」○言覩蟋蟀之依人，則知寒之將至矣。於是室中空隙者塞之，熏鼠使不得穴於其中，塞向以當北風，墐户以禦寒氣。而語其婦子曰：歲將改矣，天既寒而事亦已，可以入此室處矣。此見老者之愛也。此章亦以終首章前段禦寒之意。

○六月食鬱及薁於六反，七月亨普庚反葵及菽音叔。八月剝普卜反棗叶音走，十月穫稻叶徒苟反。爲此春酒，以介眉壽叶殖酉反。七月食瓜叶音孤，八月斷壺，九月叔苴七餘反。采荼音徒薪樗敕書反，食音嗣我農夫。賦也。鬱，棣屬。薁，蘡薁也。葵，菜名。菽，豆也。剝，擊也。穫稻以釀酒也。介，助也。介眉壽者，頌禱之辭也。壺，瓠也。食瓜斷壺，亦去圃爲場之漸也。叔，拾也。苴，麻子也。荼，苦菜也。樗，惡木也。○自此至卒章，皆言農圃、飲食、祭祀、燕樂，以終首章後段之意。而此章果酒嘉蔬，以供老疾，奉賓祭；瓜瓠苴荼，以爲常食。少長之義，豐儉之節然也。

○九月築場圃博故反，十月納禾稼叶古護反：黍稷重直容反穋音六，叶六直反，禾麻菽麥叶訖力反。嗟我農夫，我稼既同，上入執宮功。晝爾于茅，宵爾索綯徒刀反。亟紀力反其乘屋，其始播百穀。賦也。場圃同地，物生之時，則耕治以爲圃而種菜茹；物成之際，則築堅之以爲場而納禾稼。蓋自田而納之於場也。禾者，穀連藁秸之總名。禾之秀實而在野者曰稼。先種后熟曰重，后種先熟曰穋。再言禾者，稻秫苽粱之屬皆禾也。同，聚也。宮，邑居之宅也。古者民受五畝之宅，二畝半爲廬在田，春夏居之；二畝半爲宅在邑，秋冬居之。功，葺治之事也。或曰：公室官府之役也。古者用民之力，歲不過三日，是也。索，絞也。綯，索也。乘，升也。○言納於場者無所不備，則我稼同矣，可以上入都邑而執治宮室之事矣。故晝往取茅，夜而絞索，亟升其屋而治之。蓋以來歲將復始播百穀，而不暇於此故也。不待督責而自相警戒，不敢休息如此。呂氏曰：「此章終始農事，以極憂勤艱難之意。」

○二之日鑿冰沖沖，三之日納于凌力证反陰叶於容反。四之日其蚤音早，獻羔祭韭音九，叶已小反。九月肅霜，十月滌徒力反場。朋酒斯饗叶虚良反，曰殺羔羊。躋子奚反彼公堂，稱彼兕觥虢彭反，叶古黄反：萬壽無疆！賦也。鑿冰，謂取冰於山也。沖沖，鑿冰之意。周禮正歲「十二月令斬冰」是也。納，藏也。藏冰，所以備暑也。凌陰，冰室也。豳土寒多，正月風未解凍，故冰猶可藏也。蚤，蚤朝也。韭，菜名。獻羔祭韭而後啓之。月令「仲春：獻羔開冰，先薦寢廟」是也。蘇氏曰：「古者藏冰發冰，以節陽氣之盛。夫陽氣之在天地，譬猶火之著於物也，故常有以解之。十二月陽氣蘊伏，錮而未發，其盛在下，則納冰於地中。至於二月四陽作，蟄蟲起，陽始用事，則亦始啓冰而廟薦之。至於四月，陽氣畢達，陰氣將絶，則冰於是大發。食肉之祿，老病喪浴，冰無不及。是以冬無愆陽，夏無伏陰，春無淒風，秋無苦雨，雷出不震，無災霜雹，癘疾不降，民不夭札也。」胡氏曰：「藏冰開冰，亦聖人輔相燮調之一事爾，不專恃此以爲治也。」肅霜，氣肅而霜降也。滌場者，農事畢而掃場地也。兩尊日朋，鄉飲酒之禮，兩尊壺于房户間是也。躋，升也。公堂，君子之堂也。稱，舉也。疆，竟也。○張子曰：「此章見民忠愛其君之甚。既勸趍其藏冰之役，又相戒速畢場功，殺羊以獻于公，舉酒而祝其壽也。」

七月八章，章十一句。周禮籥章：「中春，晝擊土鼓歈豳詩，以逆暑。中秋，夜迎寒，亦如之。」即謂此詩也。王氏曰：「仰觀星日霜露之變，俯察昆蟲草木之化，以知天時，以授民事。女服事乎内，男服事乎外，上以誠愛下，下以忠利上。父父子子，夫夫婦婦，養老而慈幼，食力而助弱，其祭祀也時，其燕饗也節，此七月之義也。」

附圖表十三：「四書五經」一覽表

四書		五經	
大學章句集注	朱熹注	周易本義	朱熹注
中庸章句集注	朱熹注	書經集注	蔡沈注
論語章句集注	朱熹注	詩集傳	朱熹注
孟子章句集注	朱熹注	禮記集説	陳澔注
		春秋三傳	集三傳舊解

附圖表十四：三正及月建一覽表

月建	寅	卯	辰	巳	午	未	申	酉	戌	亥	子	丑
夏正	正月	二月	三月	四月	五月	六月	七月	八月	九月	十月	十一月	十二月
殷正	二月	三月	四月	五月	六月	七月	八月	九月	十月	十一月	十二月	正月
周正	三月	四月	五月	六月	七月	八月	九月	十月	十一月	十二月	正月	二月
卦象	䷊	䷡	䷪	䷀	䷫	䷠	䷋	䷓	䷖	䷁	䷗	䷒
卦名	泰	大壯	夬	乾	姤	豚	否	觀	剥	坤	復	臨

（四）周　禮

●**三禮**　儒家經典中，儀禮、禮記、周禮被稱爲「三禮」。其中的周禮，約成書於戰國時期，初稱周官，又稱周官經，西漢末年稱周禮。

●**周禮的發現**　此書發現於西漢，爲河間獻王劉德從民間徵集而來，但當時已缺少冬官部分，雖求之千金而不得。後來以考工記補入冬官。東漢末年鄭玄爲它作注，遂行於天下。

●**內容和體例**　周禮分爲天官、地官、春官、夏官、秋官、冬官（考工記）六個部分。分别設官分職進行敍述，每官先標官名，綜述職掌，然後分述各級官屬的官名、爵等、員數以及各自的職掌。

●**相關參考論著資料**

——漢鄭玄注，唐賈公彦疏周禮注疏

——清江永周禮疑義舉要

——清孫詒讓周禮正義

周禮正義·大司寇

【導讀】

●**説明**　本文選自周禮正義，孫詒讓撰，王文錦、陳玉霞點校，中華書局（北京）一九八七年十二月第一版，以清光緒三十一年（一九〇五年）出版的孫氏家藏鉛鑄版初印本爲底本。

●**孫詒讓（一八四八—一九〇八）**　又名德函，字仲容，號籀廎，晚清浙江瑞安（今浙江瑞安）人。幼承家學，聰穎好學。十三歲即撰成廣韻姓氏刊誤一書，十八歲時又寫成白虎通校補。曾隨父宦遊京師、江淮等地，博採珍本秘笈，廣結學者名流，見識大增。清同治六年（一八六七年）中舉人。後五赴禮闈不第，遂絶意仕進，專攻學術，著書三十多種，涉及經學、史學、諸子學、文字學、考據學、校勘學等諸多方面，且都具優異成就。其中尤以周禮正義、墨子閒詁二書爲世所重。

●**周禮正義**　八十六卷。孫詒讓用近三十年時間完成的周禮正義，是一部二百三十萬字的巨著，也是清代經書新注新疏中的巔峰之作。此書運用以經決注，以注決疏的原則，廣泛吸收舊注舊疏以及清代學者的成果，或從或駁，實事求是。尤其在名物制度上的疏解，往往帶有總結性。

●**選文内容**　大司寇爲秋官中的最高長官，職掌司法。本文記述了大司寇的主要職掌，是瞭解中國古代司法思想的一篇重要文獻。

附圖表十五：《周禮》書影

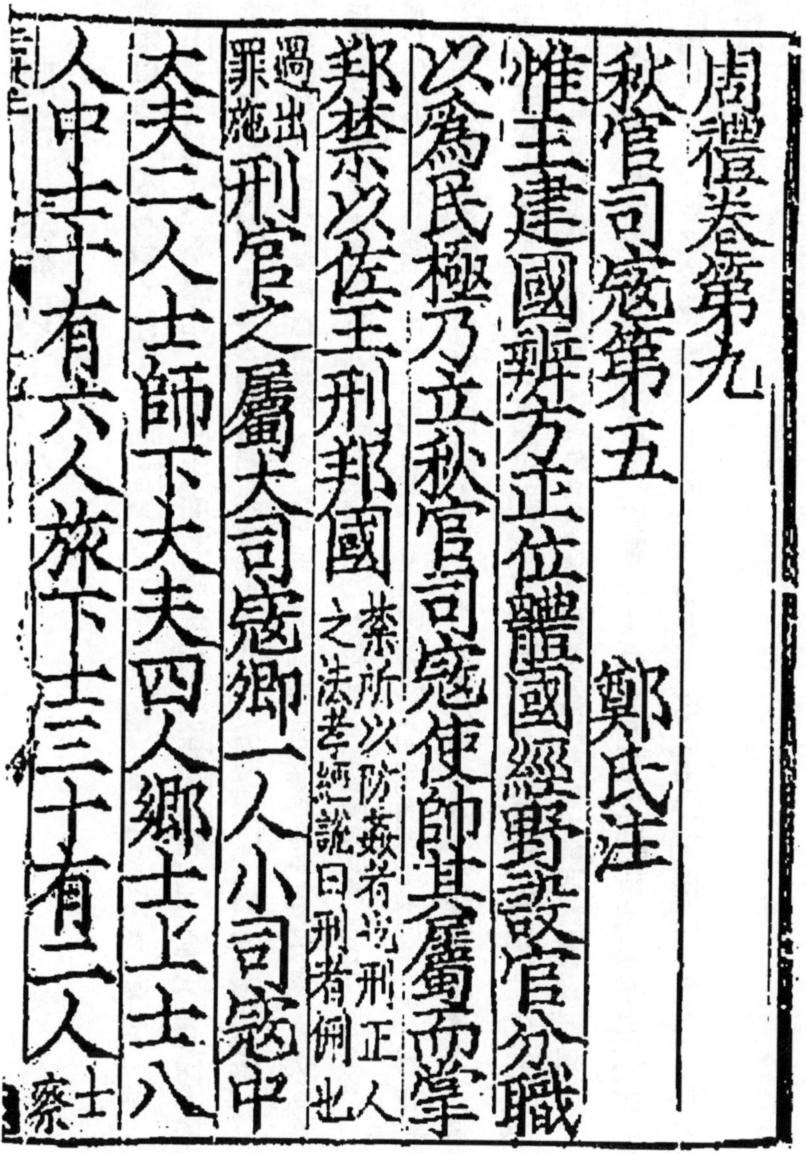

周禮卷第九

秋官司寇第五　鄭氏注

惟王建國辨方正位體國經野設官分職

以爲民極乃立秋官司寇使帥其屬而掌

邦禁以佐王刑邦國禁所以防姦者也刑正人之法孝經說曰刑者侀也過出罪施

刑官之屬大司寇卿一人小司寇中

大夫二人士師下大夫四人鄉士上士八

人中士十有六人旅下士三十有二人士察

周禮正義略例十二凡

經本以唐石經爲最古，注本以明嘉靖放宋本爲最精。此本原出北宋槧，雖明刻，而在諸宋本之上。近黃丕烈有重校刊本。今據此二本爲主，閒有譌捝，則以孟蜀石經元石久佚，今僅存宋拓秋官上下二卷，首尾亦有殘闕，拓冊臧湖州張氏。今據湖南周編修鑾詒景寫本校。又馮登府石經考異，載有夏官殘拓，今未見。此刻之佳，在兼載鄭注；惟讎勘極疏，譌睟捝衍，不可校舉，又多妄增助語，蓋沿唐季俗本，難以依據。及宋槧諸本阮元校勘記所據，有宋刻小字、大字本，余仁仲本，岳珂本。黃丕烈札記所據，有宋紹興董氏本，互注本。今所據，有陽湖費編修念慈所校宋婺州唐氏本，建陽本，附釋音本，巾箱本。又有明汪道昆放岳本，與阮、黃校岳本小異。參校補正，箸其說於疏。凡嘉靖本注譌捝顯然，它本咸不誤者，今徑補正，不箸於疏。唯衆本是非錯出及文通義短，據善本校改者，始箸之。

至版本文字異同，或形體譌別，既無關義訓，且已詳阮、黃兩記，今並不載，以袪緐宂。近胡培翬儀禮正義、阮福孝經義疏補、陳立公羊傳義疏，並全錄阮記，俗本譌文，塵穢簡牘，非例也。

陸氏釋文，成於陳隋閒，其出最先，與賈疏及石經閒有不同，所載異本異讀，原流尤古。今並詳議其是非，箸之於疏，釋文據盧文弨校本，兼以阮氏校勘記及賈昌朝羣經音辨參訂之。以存六朝舊本之崖較。

賈疏蓋據沈重義疏重修，據馬端臨文獻通攷引董逌說。隋書經籍志載沈重周官禮義疏四十卷，與賈本卷帙並同，董說不爲無據。唐修經疏大都沿襲六朝舊本。賈疏原出沈氏，全書絶無援引沈義，而其移改之跡，尚可推案。如載師疏引孝經援神契一節，本草人注「黄白宜以種禾之屬」句釋義，賈移入載師而忘删其述注之文，是其證。至董氏謂賈兼據陳劭周禮異同評，則肊揣，不足據也。在唐人經疏中，尚爲簡當。今據彼爲本，疏據阮校宋十行本。近德化李氏有宋刊八行本殘帙，遠出十行本之前，未能叚校也。訂譌補闕。凡疏家通例，皆先釋經，次述注。然鄭注本極詳博，賈氏釋經，隨文闡義，或與注複，而釋注轉多疏略；於杜鄭三君異義，但有糾駮，略無申證，故書今制，罣㲄闕如。今欲擿斯失，釋經唯崇簡要，注所已具，咸从省約，注文耑奥，則詳爲疏證。蓋注明即經明，義本一毌也。今疏於舊疏甄采精要，十存七八。雖閒有删剟移易，而絶無羼改。且皆明楬賈義，不敢攘善。唐疏多乾没舊義，近儒重修，亦或類此，胡氏儀禮正義，閒襲賈釋；郝懿行爾雅義疏，亦多沿邵義。竊所未安。非膚學所敢效也。

唐疏例不破注，而六朝義疏家則不盡然。孔氏禮記正義敍偁皇侃時乖鄭義，左傳正義敍偁劉炫習杜義而攻杜氏，是也。鄭學精毌羣經，固不容輕破。然三君之義，後鄭所譏辨者，本互有是非。乾嘉經儒攷釋此經，閒與鄭異，而於古訓古制，宣究詳塙，或勝注義。今疏亦唯以尋繹經文，博稽衆家爲主，注有牾違，輒爲匡糾。凡所發正數十百事，匪敢破壞家法，於康成不曲從杜、鄭之意，或無誖爾。

古經五篇，文緐事富，而要以大宰八灋爲綱領，衆職分陳，區畛靡越。其官屬一科，敍官備矣。至於司存攸寄，悉爲官職；總楬大綱，則曰官灋；若大宰六典八則之類。詳舉庶務，則曰官常；若大宰正月之吉始和布治于邦國都鄙以下，至職末，皆是也。而官計、官成、官刑，亦錯見焉。若大宰職末受會，則官成也。大計羣吏，則官計也。詔王廢置誅賞，則官刑也。六者自官職、官常外，餘雖或此有彼無，詳略互見，而大都分繫當職，不必旁稽。唯官聯條緒紛緐，䘑絡隱互，㪔見百職，鉤覈爲難。今略爲甄釋，雖復疏闕孔多，或亦稽古論治之資乎。

議禮羣儒，昔偁聚訟。此經爲周代法制所總萃，閎章縟典，經曲畢晐。而侯國軍賦，苞何膠於舊聞；明堂辟廱，服蔡騰其新論。兩漢大師，義詁已自舛互。至王肅聖證，意在破鄭，攻瑕索痏，偏戾尤甚。然如郊社禘祫，則鄭是而王非；廟制昏期，則王長而鄭短。若斯之倫，未容偏主。唐疏各尊其注，每多曲護，未爲閎通。今並究極諸經，求厥至當，無所黨伐，以示折衷。

此經在漢爲古文之學，與今文家師說不同。大小戴記及公羊春秋，並今文之學，故與此經義多不合。先秦古子及西漢遺文，所述古制，純駮襍陳，尤宜精擇。今廣徵羣籍，甄其合者，用資符譣。其不合者，則爲疏通別白，使不相殺捪。近儒攷釋，或綴稡古書，曲爲傅合，非徒於經無會，彌復增其紛粈，如惠士奇禮說，義證極博，而是非互陳，失在緐襍。至沈夢蘭周禮學，而新奇繆盭甚矣。又陳奐毛詩傳疏及鄒漢勛讀書偶識諸書，說禮亦多此失，學者詳之。今無取焉。

經文多存古字，注則多以今字易之。如歔漁、灋法、聯連、頒班、于於、攷考、亓祇、眂視、政征、敍序、衺邪、烖災、鱻鮮、盝染、辠罪、貍埋、劀刮、壹一、㮚栗、虣暴、覈核、毓育、眚省、媺美、㜪姻、匶柩、囏艱、馭御、毄繫、敂叩、彊強、簭筮、飌風、果祼、鬻煮、嘑呼、靁雷、磬韶、侑宥、歙吹、豳邠、虡鐻、垗兆、㝱夢、𢷎拜、䭫稽、邍原、參三，凡四十餘字，並經用古字，鄭則改用今字以通俗。今字者，漢人常用之字，不拘正叚也。考工記字例，與五官又不盡同。如殺作㮘、擊作毄之類。又五篇古字，如敍、攷、晦、于、辠諸文，記並從今字，疑故書本如是矣。宋元刻本，未通此例，或改經從注，或改注從經，遂滋歧互，非復舊觀。段玉裁漢讀考及阮、黄兩記，舉正頗多，尚有未盡。今通校經注字例，兼采衆本，理董畫一。或各本並誤，則仍之而表明於疏。經注字體，咸依唐石經、嘉靖本、岳本，參互校定。注疏中間有隋唐以來相沿俗書，如總揔、咏歎、亂亂之類，形聲省別，以承習既久，姑仍其舊。唯疏中蒙案，閒用六書正字，以崇古雅，此自是鄙書私定義例，不敢以是盡改古書也。至經注傳譌，或遠在陸、賈以前，爲段、阮諸家及王引之經義述聞所刊正者，則不敢專輒改定，並詳箸其說於疏，俾學者擇焉。

此經舊義，最古者則五經異義所引古周禮說，謂古文周禮說也。或出杜、鄭之前。次則賈逵、馬融、干寶三家佚詁，亦多存古訓。無論與鄭異同，並爲攟拾。近世所傳有唐杜牧攷工記注二卷，義恉弇陋，多襲宋林希逸考工記解說，僞託顯然，今並不取。至於六朝、唐人禮議經疏，多與此經關涉，義既精博，甄録尤詳；凡録舊説，唐以前皆備舉書名。宋元以後，迄於近代，時代未遠，篇帙見存，則唯箸某云，以省緐碎。大氐宋元明舊説，多采之王與之訂義、陳友仁集説及官饗義疏。至國朝諸儒攷釋，則以廣東學海堂經解、江蘇南菁書院續經解爲冣藪。此外如吴廷華疑義、李光坡述注、李鍾倫纂訓、方苞集注析疑、莊有可集説、蔣載康心解及林喬蔭三禮陳數求義、黄以周禮書通故之類，〔一〕唯吴書僅見傳鈔殘帙，莊書亦未有梓本，餘咸世所通行，故疏中並唯箸姓名，不詳篇目也。至如許珩注疏獻疑之疏淺，莊有可指掌之武斷，若斯之屬，雖覽涉所及，亦無譏焉。間有未允，則略爲辨證，用釋疑牾。宋元諸儒説，於周公致大平之迹，推論至詳，而於周制漢詁，或多疏繆，今所搴擇，百一而已。宋元迄今，訓釋既多，雅擇其義據通深者録之。或一條之中，是非錯出，則爲芟剟瑕纇，以歸純粹。凡有繆迕，悉不暇論也。

天筭之學，古疏今密。然此經遠出周初，鄭詁如圜率則徑一圍三，天行則四游升降，並據九章、考靈曜，雖法數疏闊，而以古術釋古經，致爲塙當。今疏惟考工一篇，輪蓋周徑，校密率於圜觚，柯欘倨句，證弧角於西筭；餘咸據古毖緯史志及唐以前筭經占經爲釋。後世新法，古所未有，不可以釋周經及漢注也。如鄒伯奇學計一得，以西法推大司徒土圭測景，謂非營雒時實測。雖據密率，然非周漢人所知也。

二鄭釋經，多徵今制，攷之馬、班史志，衞、應官儀，率多符合。良以舊典隊文，留遺因

〔一〕「書」原訛「經」，蓋筆誤，據黄氏原書名改。

襲，時代睽遥，足相比況。晉宋而降，去古彌遠，政法滋更；北周、李唐，建官頒典，雖復依放六職，而揆之禮經，多不相應。故此疏於魏晉以後儀制，槩不援證。惟州國山川，宜詳因革，故職方輿地，備釋今名，以昭徵實之學。

舉證古書，咸楬篇目，以示審塙。所據或宋元舊槧，或近儒精校，擇善而從，多與俗本不同。其文義殊別，有關恉要者，則於疏中特箸某本，非恆例也。佚書則咸詳根氏，或兩書同引，而互有省改，宜兼采者，則兩箸之。用懲肊造，兼資覆勘。近代佚書輯本甚夥，然多舛誤難據。若劉逢祿論語述何，以何晏論語集解爲何休説佚文，乃沿北堂書鈔陳禹謨本之誤。陳氏詩疏以儀禮經傳通解説五門制爲尚書大傳佚文，乃沿董豐垣輯本書傳之誤。並由討覈不審，故有兹失。昔儒説解，援據古籍，或尚沿俗本及刪改舊文，義恉未備者，今並檢元書勘正，此迺校讐，非改竄也。

周禮　目録

天官　冢宰

地官　司徒

春官　宗伯

夏官　司馬

秋官　司寇

冬官　考工記

《周禮》的詳細目録請參：

http://222.29.121.253/person/hejin/zglswx/01_jingbu/download/zhouli.doc

周禮正義卷六十六

大司寇之職，掌建邦之三典，以佐王刑邦國，詰四方。典，法也。詰，謹也。書曰：「王秏荒，度作詳刑，以詰四方。」【疏】「掌建邦之三典，以佐王刑邦國，詰四方」者，三典、五刑等，並刑官之官法也。大宰六典，「五曰刑典，以詰邦國，以刑百官」。此云「佐王刑邦國，詰四方」者，互文以見義也。　注云「典，法也」者，大宰注同。云「詰，謹也」者，布憲注同。說文言部云：「詰，問也。」大宰注云：「詰，禁也。」案：詗問禁止其爲非，卽謹敕之義。書周官孔疏引馬融注云：「詰猶窮也，窮四方之姦也。」漢書刑法志云：「昔周之法，建三典以刑邦國，詰四方。」顏注云：「詰，責也。字或作誥。誥，謹也，以刑治之令謹敕也。」案：顏所見或本與此經異，詰謹訓本爾雅釋言。易姤象傳云：「后以施命誥四方。」易釋文云：「鄭作詰，止也。」詰誥形近，義亦得通。月令「詰誅暴慢」，注謂問其罪窮治之。窮問與謹止，義亦相成，鄭各據一偏爲釋耳。引書曰「王秏荒，度作詳刑，以詰四方」者，舊本「秏」並作「耄」，今依蜀石經正。宋蜀大字本、董本、宋注疏本並作「秏」，卽「秏」之俗。呂刑云：「惟呂命，王享國百年，耄荒，度作刑以詰四方。」僞孔傳云：「言呂侯見命爲卿，時穆王以享國百年，耄亂荒忽，度時世所宜，訓作贖刑，以治天下四方之民。」此引「耄」作「秏」，又「刑」上有「詳」字，並與僞孔本異。秏，釋文作「旄」，宋附釋音本、岳本同。阮元云：「羣經音辨禾部引書『王秏荒』，鄭康成讀，蓋賈氏所據。北宋本釋文作『秏，荒也』，今釋文作『旄荒』，非。」詒讓案：司刺經注「耄」亦作「旄」，並鬈之叚字，詳司刺疏。詳刑，詳大宰疏。　**一曰刑新**

國用輕典，新國者，新辟地立君之國。用輕法者，爲其民未習於教。【疏】「一曰刑新國用輕典」者，漢書刑法志引此經「國」作「邦」，下二句並同。注云「新國者，新辟地立君之國」者，謂新建立之國。賈疏云：「趙商問：『族師職曰：「四閭爲族，八閭爲聯，使之相保相受，刑罰慶賞相及。」在康誥曰：「父不慈，子不孝，兄不友，弟不恭，不相及也。」族師之職，鄰比相坐；康誥之云，門内尚寬。不知書禮是錯，未達指趣。』荅曰：『族師之職，周公新制禮，使民相共敕之法。康誥之時，周法未定天下，又新誅三監，務在尚寬，以安天下。先後量時，各有云爲，乃謂是錯也？』」若然，言周公之時，未定天下，卽是新國；更云新誅三監，假令周法先定，新誅之國亦是新國，故此云新辟地立君也。」云「用輕法者，爲其民未習於教」者，釋文出「爲民」，無「其」字，疑所見本異。此言國既新定，其民素未習於教令，不可驟相督禁，故用輕法，以使之漸化也。

二曰刑平國用中典，平國，承平守成之國也。用中典者，常行之法。【疏】注云「平國，承平守成之國也」者，謂立國日久，承平無事者也。云「用中典者，常行之法」者，謂得輕重之中，其法可以常行，卽司刑所掌是也。故漢刑法志云：「五刑：墨罪五百，劓罪五百，宫罪五百，刖罪五百，殺罪五百，所謂刑平邦用中典者也。」書立政云：「茲式有慎，以列用中罰。」僞孔傳云：「中罰，不輕不重。」與此用中典義同。

三曰刑亂國用重典。亂國，篡弑叛逆之國。用重典者，以其化惡伐滅之。【疏】注云「亂國篡弑叛逆之國」者，弑，釋文作「殺」，云「本亦作弑」。案：漢書刑法志顔注、羣書治要注亦並作「殺」，殺卽弑之譌字，詳大司馬疏。篡弑，謂侯國君臣自相篡弑。叛逆，謂諸侯叛王，若管蔡之類。賈疏謂若滅紂叛魯，非也。云「用重典者，以其化惡伐滅之」者，謂兵刑同原，重典卽征伐之事。若其國政教大亂，民亦化而爲惡，則用重典伐滅其人，以其非中典所能治故也。漢刑法志云：「周道既衰，穆王眊荒，甫侯度時作刑，以詰四方。墨罰之屬千，劓罰之屬千，髕罰之屬五百，宫罰之屬三百，大辟之罰其屬二百。五刑之屬三千，蓋多於平邦中典五百章，所謂刑亂邦用重典者也。」案：吕刑五刑之數，雖多於司刑五百章，然宫及大辟數皆遞減，惟劓墨倍加，故司刑賈疏謂吕刑減重入輕，夏刑輕於周。班氏以司刑爲中典，而以吕刑爲重典，似失之。但依漢志説，則刑亂國五刑皆加重，與鄭伐滅之説不同，而於經義尤合。吴廷華亦云：「三典皆以施於民者言之，亂國民心乖離，非重典不足以懾服，吕刑所謂刑罰世輕世重。鄭以五刑之屬三千爲重典，五刑之屬二千爲輕典是也。此注乃以伐滅訓重典，則與經義不符。大司馬云：『賊賢害民則伐之，外内亂，鳥獸行則滅之。』非凡民俱伐滅之也。」案：吴説是也。**以五刑糾萬民**，刑亦法也。糾猶察異之。【疏】「以五刑糾萬民」者，謂糾萬民之惡，而分别施五者之刑也。注云「刑亦法也」者，爾雅釋詁云：「刑，法也。」言亦者，與上三典同義。賈疏云：「此五刑與尋常正五刑墨劓之等别，刑亦法也。此五刑者，或一刑之中而含五，或此五刑全不入五刑者。」云「糾猶察異之」者，小宰注云：「糾猶察也。」察異之，謂察其善惡而别異之。案：司諫云「掌糾萬民之德」，則糾者兼善惡之辭。但此官掌刑，所糾者似以察惡爲重，詳後疏。**一曰野刑，上功糾力**；功，農功。力，勤力。【疏】「一曰野刑」者，甸師注云：「郊外曰野。」謂六遂以外田野之刑。注云「功，農功，力，勤力」者，賈疏云：「以其言野，則國外，若鄉大夫云『野自六尺』之類。既言在野爲功，故知功是農功，力，勤力也。」詒讓案：國語周語云：「稷則徧戒百姓，紀農協功，曰：陰陽分布，雷震出滯，土不備墾，辟在司寇。」吕氏春秋上農篇云：「若民不力田，墨乃家畜。」即上功糾力之刑也。**二曰軍刑，上命糾守**；命，將命也。守，不失部伍。【疏】「二曰軍刑」者，謂師田軍旅之刑。説文耳部引司馬法云：「小罪聅，中罪刖，大罪剄。」所謂軍刑也。注云「命，將命也」者，葉鈔本釋文作「將令」。賈疏云：「以其在軍，梱外之事，將軍裁之，故知命是將命也。」云「守，不失部伍」者，左昭二十一年傳云：「干犨曰：不死伍乘，軍之大刑也。」賈疏云：「軍行必有部分卒伍，故云不失部伍也。」**三曰鄉刑，上德糾孝；**德，六德也。善父母爲孝。【疏】「三曰鄉刑」者，鄉卽六鄉，謂鄉里之刑。大司徒云：「以鄉八刑糾萬民，一曰不孝之刑，二曰不睦之刑，三曰不婣之刑，四曰不弟之刑，五曰不任之刑，六曰不恤之刑，七曰造言之刑，八曰亂民之刑。」卽其目也。 注云「德，六德也」者，賈疏云：「謂在鄉中之刑。大司徒云，以鄉三物教萬民，一曰六德，知、仁、聖、義、中、和。既言在鄉，故知德是六德，教民者，非教國子三德、咎繇九德者也。」云「善父母爲孝」者，爾雅釋訓文。大司徒注義同。八刑以不孝爲首，故云糾孝。**四曰官刑，上能糾職；**能，能其事也。職，職事修理。【疏】「四曰官刑」者，士師「官禁」注云：「官，官府也。」大宰以八灋治官府，七曰官刑以糾邦治，此與彼爲官聯也。書舜典云「鞭作官刑」，義亦與此同。墨子非樂篇云：「湯之官刑有之曰：其恆舞於宮，是謂巫風，其刑，君子出絲二衛。」此古官刑之一耑。 注云「能，能其事也」者，大宰注云：「能，多才藝者。」司諫云：「辨其能而可任于國事者。」司士云：「以能詔事。」是能卽謂多才藝、堪任事者也。云「職，職事脩理」者，廣雅釋詁云：「職，事也。」職事脩理，謂課舉其當官之職事，故大宰以官刑糾邦治。又宰夫云：「掌治灋以考百官府、羣都縣鄙之治，乘其財用之出入，凡失財用、物辟名者，以官刑詔冢宰而誅之。」卽此糾職之事也。**五曰國刑，上愿糾暴。**愿，愨慎也。「暴」當爲「恭」字之誤也。【疏】「五曰國刑，上愿糾暴」者，暴，經例用古字當作「虣」，此職作「暴」，鄭破爲「恭」，則漢時經本已如是，訝士、小行人、禁暴氏並同，皆與例不合，詳地官敍官疏。士師「國禁」注云：「國，城中也。」此國刑亦謂城郭中廛里之刑也。小宰有宮刑，司市有市刑，此並無之，蓋亦晐於國刑矣。 注云「愿，愨慎也」者，說文心部愿、愨、慎，並訓謹也。廣雅釋言云：「愿，愨也。」是愿兼愨慎二義。云「暴當爲恭字之誤也」者，賈疏云：「知爲恭不作暴者，以上四刑皆糾察其善，不糾其惡，以類言之，故知是恭。恭又似暴字，故云字之誤也。」吳廷華云：「上功，上命，上德，上能，上愿，俱是當嘉尚者。糾力，糾守，糾孝，糾職，糾暴，與上五者相反，糾則有刑，故上曰五刑耳。是所謂糾力，糾守、糾孝、糾職者，糾其不力、不守、不孝、不職也。糾暴，則直糾其暴而已。」俞樾亦駁賈云：「大司徒以鄉八刑糾萬民，一曰不孝，二曰不睦，三曰不婣，四曰不弟，五曰不任，六曰不恤，七曰造言，八曰亂民。是所糾皆是不善者。州長云：『正月之吉，各屬其州之民而讀法，以考其德行道藝而勸之，以糾其過惡而戒之。』明言糾其過惡，不得云糾察其善，不糾其惡也。」案：王安石、王昭禹、李鍾倫並讀暴如字，即吳、俞說所本，於義爲長。司市所屬市官有司虣，掌禁虣亂，即國刑之小者。荀子王制篇云「抑愿禁悍，而刑罰不過」，又議兵篇云「暴悍勇力之屬，爲之化而愿」，即此上愿糾暴之事也。**以圜土聚教罷民**，圜土，獄城也。聚罷民其中，困苦以教之爲善也。民不愍作勞，有似於罷。【疏】「以圜土聚教罷民」者，此治司圜所掌過失之罷民，有罪而未入五刑者，與司救爲官聯也。注云「圜土，獄城也」者，司救注同，詳大司徒疏。云「聚罷民其中，困苦以教之爲善也」者，國語齊語，管子曰：「罷士無伍，罷女無家，夫是故，民皆勉爲善。」案：此罷民聚教之在圜土，則當在近圜土之地役作之，不入司空。賈疏謂夜入圜土，晝則役之司空，誤。互詳司救疏。云「民不愍作勞，有似於罷」者，釋罷民之義。釋文云：「愍，尚書作暋，又作昬，皆訓强。」案：尚書盤庚云：「惰農自安，不昬作勞，不服田畝，越其罔有黍稷。」彼釋文云：「昬，馬同，本或作暋。」孔疏云：「鄭玄讀昬爲暋，訓爲勉也。」案：鄭此注正用盤庚文。愍、昬、暋，聲義並通。陸訓强者，本僞孔傳義。罷與疲同，羣書治要引此經注並作疲。國語齊語韋注云：「罷，病也，無行曰罷。」管子小匡篇尹注云：「罷謂乏於德義者。」荀子非相篇云：「君子賢而能容罷，知而能容愚。」又王霸篇云：「無國而不有賢士，無國而不有罷士。」又成相篇云：「曷謂罷，國多私；曷謂賢，明君臣。」楊注云：「罷讀曰疲，謂弱不任事者也。」說苑君道篇云：「賢者進以顯榮，罷者退而勞力。」案：荀、劉並以賢與罷相對爲文，則凡人之不賢者通謂之罷，謂其窳惰無行，若盤庚所謂「不愍作勞」。是人之疲病者。亦謂之惰游，玉藻云：「垂緌五寸，惰游之士也。」注云：「惰游，罷民也。」中論譴交篇云：「古之立國也，有四民焉，不勤乎四職者，謂之窮民，役諸圜土。」彼窮民即此罷民，散文得通。不勤四職，亦即「不愍作勞」之義也。**凡害人者，寘之圜土而施職事焉，以明刑恥之。**害人，謂爲邪惡已有過失麗於法者。以其不故犯法，寘之圜土繫教之，庶其困悔而能改也。寘，置也。施職事，以所能役使之。明刑，書其罪惡於大方版，著其背。【疏】注云「害人，謂爲邪惡已有過失麗於法者，以其不故犯法，寘之圜土繫教之，庶其困悔而能改也」者，鄭意下經嘉石之罷民，云未麗于法；此經無文，明爲已麗于法，即麗於五刑之法。蓋此過失罷民，所犯雖輕，然已入五刑下服之科；其所以不遽施刑者，以其出於過失，於情尚可原，故免其刑而以職事罰作之，以示懲艾，且冀其悔而自改也。賈疏云：「案司救職云：『凡民之有衺惡者，三讓而罰，三罰而士加明刑，恥諸嘉石，役諸司空。』即此下文者是也。此謂語言無忌，〔一〕侮慢長老，過淺，直坐之嘉石，不入圜土者也。彼下文又云：『其有過失者三讓而罰，三罰而歸於圜土。』此謂抽拔兵劍，誤以傷人，罪重，不坐嘉石，徑入圜土。此罷民本無故心，直是過誤，比入五刑者爲輕，比坐嘉石者爲重，故云已麗於法，麗於法是入圜土者也。」云「寘，置也」者，毛詩魏風伐檀傳文。段玉裁云：「寘者窴之譌。說文：『窴，塞也，从穴真聲。』東山箋云：『古者聲窴填塵同。』因毛訓置，讀之豉反，非也。」云「施職事以所能役使

〔一〕「語言」原倒，據楚本乙。

之」者，謂於近圜土之處，收聚罰作之，所役無定事，依其所能任之事役使爲之。此役使與後嘉石罷民略同，但彼罪輕，隸於司空，此罪重，隸於司圜，刑官之法嚴於事官也。毛詩小雅正月傳云：「古者有罪，不入於刑，則役之圜土，以爲臣僕是也。」案：毛説亦謂役之在圜土，足正賈疏役司空之誤。此圜土所役刑人，亦謂之胥靡。墨子尚賢下篇云：「傅説居北海之洲，圜土之上，衣褐帶索，庸築於傅巖之城。」呂氏春秋求人篇、史記殷本紀並説傅説爲胥靡，築於傅巖。書説命僞孔傳則謂傅説代胥靡刑人，築護傅巖之道。莊子則陽篇亦有胥靡築城之語。莊子釋文引司馬彪云：「胥靡，刑徒人也。」以墨子與呂覽、史記參合攷之，則圜土罰作即胥靡之刑，施職事亦即任庸築道涂之役矣。又墨子天志下篇説係累俘虜云：「丈夫以爲僕圉胥靡，婦人以爲舂酋。」此與司厲「盜賊之奴入罪隸舂槀」事相類。若然，圜土胥靡亦與罪隸略同，故毛詩傳云「以爲臣僕」。但此役於司圜，與罪隸役於司隸二者微異耳。云「明刑，書其罪惡於大方版，著其背」者，即司救注所云「書其衺惡之狀，著之背也」。方版，詳內史疏。**其能改者，反于中國，不齒三年，**反於中國，謂舍之還於故鄉里也。司圜職曰：「上罪三年而舍，中罪二年而舍，下罪一年而舍。」不齒者，不得以年次列於平民。【疏】注云「反於中國，謂舍之還於故鄉里也」者，反「於」舊本誤「于」，今據蜀石經正，注例皆作於也。士冠禮注云：「反，還也。」俞樾云：「中國者，國中也。昭二十五年公羊傳云『非中國之禽也』，哀十四年傳曰『非中國之獸也』，國語吴語曰『必不須至之會也，而以中國之師與我戰』。凡言中國者，並猶國中也。」案：俞説是也。鄭意此反中國，對出圜土言之，謂罷民本所居鄉里若國邑之中也。鄉里即六鄉之里，六鄉與城郭地相比，故經云國中，鄭即以鄉里釋之。蓋鄉士六鄉之獄在國中，圜土雖與獄異，亦當於國中爲之。中國猶言國中，反于中國，謂舍出圜土，任其往來於國中也。賈疏引舜典有五宅三居，謂彼不在中國，則似以中國對外域言之，非鄭指也。引司圜職已下者，賈疏云：「見舍之遠近。」云「不齒者，不得以年次列於平民」者，詩鄘風蝃蝀敍箋云：「不齒者，不與相長稚。」廣雅釋詁云：「齒，年也。」謂不得與平民以年齒相列敍，即齊語所云「罷士無伍」也。王制說「不帥教者，屛之遠方，終身不齒」，注云：「齒猶録也。」録亦謂以年次相列敍，與此注義相成也。

其不能改而出圜土者，殺。出謂逃亡。【疏】「其不能改而出圜土者殺」者，圜土罷民未入刑，以其怙惡不悛，又擅出圜土，則入於大辟，明其罪加重，故施以刑也。注云「出謂逃亡」者，謂繫期未滿，未當舍而擅逃亡出圜土者也。

以兩造禁民訟，入束矢於朝，然後聽之。訟，謂以財貨相告者。造，至也。使訟者兩至，既兩至，使入束矢乃治之也。不至，不入束矢，則是自服不直者也。必入矢者，取其直也。詩曰「其直如矢」。古者一弓百矢，束矢其百个與？【疏】「以兩造禁民訟，入束矢於朝，然後聽之」者，於，經例當作「于」，石經及各本並誤。賈疏云：「此并下二經，論禁民獄不使虛誣之事。言禁者，謂先令入束矢，不實則没入官，若不入，則是自服不直，是禁民省事之法也。」詒讓案：國語齊語云：「索訟者，三禁而不可上下，坐成以束矢。」韋注云：「索，求也，求訟者之情也。三禁，禁之三日，使審實其辭也。而不可上下者，辭定不可移也。坐成，訟獄之坐已成也。則訟者坐成，以束矢入於朝，乃聽其訟。」管子中匡篇云：「軍無所計而訟者，成以束矢。」又小匡篇云：「無坐抑而訟獄者，正三禁之，而不直，則入束矢以罰之。」並禁訟入束矢之遺制。據管子所云，蓋訟未斷之先，則令兩入束矢，既斷之後，則不直者，没入其矢以示罰，其直者則還其矢。故淮南子氾論訓云「齊桓公令訟而不勝者出一束箭，」明勝者不失矢矣。注云「訟謂以財貨相告者」者，大司徒注云：「爭財曰訟。」賈疏云：「以對下文獄，是相告以罪名也。此相對之法。若散文則通，是以衞侯與元咺訟，是罪名亦曰訟。」黄度云：「小曰訟，大曰獄。」案：黄說是也。鄭說訟獄之義，於經無塙證。小司徒云民訟、地訟，不必皆爭財也。士師云「凡以財獄訟者，正之以傅別約劑」，則爭財亦曰獄矣。詩召南行露次章云「何以速我獄」，末章云「何以速我訟」，非一爭罪、一爭財也。凡獄訟對文者，皆訟小而獄大，本無爭財爭罪之別。蓋凡以小事相爭者，所競既小，其罪甚輕，不必具要辭，直身至官質之而已，故經云「以兩造禁民訟」，明訟者身兩至卽足聽斷也。以大事相告者，所論既大，其罪較重，則不徒身至官，必兼具要辭，以備反覆抵冒，故下經云「以兩劑禁民獄」，明其必先入要辭文字，不徒身兩至而已也。然則獄訟者，以其事之大小爲異，束矢之人輕於鈞金，亦其證矣。云「造，至也」者，司門注義同。書呂刑云「兩造具備，師聽五辭」，僞孔傳亦同鄭義。云「使訟者兩至」者，謂相與訟者兩人同至也。呂刑僞孔傳說兩造云：「兩謂囚證。」則謂一囚一證，舉一偏爲說，非兩至之義。書「兩造」，史記周本紀集解引徐廣云：「造一作遭。」說文曰部云：「㬅，獄之兩曹也，在廷東。」造、曹、遭，並聲近字通。蓋就訟者人兩至言之，則曰造；就其聽訟之地言之，則曰曹。在廷東，蓋卽謂外朝之左，近嘉石之地也。云「既兩至，使人束矢乃治之也，不至不入束矢，則是自服不直者也」者，齊語韋注云：「兩人訟，一人入矢，一人不入則曲，曲則服。入兩矢乃治之。」與此義同。云「必入矢者，取其直也」者，欲其訟無枉曲。齊語韋注云：「矢取往而不反也。」說與鄭異。引詩曰「其直如矢」者，小雅大東文。毛傳云：「如矢，賞罰不偏也。」引之者，證矢取直義。云「古者一弓百矢」者，賈疏云：「尚書文侯之命平王賜晉文侯，及僖二十八年襄王賜晉文公，皆云『彤弓一，彤矢百』，故知一弓百矢。」云「束矢其百个與」者，說文束部云：「束，縛也。」漢書刑法志顏注云：「个讀曰箇。箇，枚也。」案：百个謂以矢百枚，聚縛爲一束。司弓矢注云「每弓者一箙百矢」，則鄭意束矢卽一箙之矢也。賈疏云：「彼是所賜，此乃入官，約同之，故云『與』以疑之。」泮水詩云「束矢其搜」，毛云：「『五十矢爲束。』彼鄭從之者，彼或據在軍矢數，與受賜者異，故從毛傳也。」詩魯頌泮水孔疏云：「荀卿議兵云：『魏氏武卒，衣三屬之甲，操十二石之弩，負矢五十箇。』是一弩用五十矢。荀則毛氏之師，故從其言，以五十矢爲束也。」詒讓案：束矢之數，毛與鄭不同，鄭箋詩不破毛，則鄭亦自無定說。至毛鄭之後異義，復有二家。齊語韋注云「十二矢爲束」，淮南子氾論訓高注，亦云「箭十二爲束也」。此據漢書匈奴傳云：「弓一張，矢四發。」顏注引服虔云：「發，十二矢也。」韋昭云：「射禮，三而止，每射四矢，故以十二爲一發也。」案：高韋説束矢數似太少，又鄉射、大射二禮，並以四矢爲束，則爲數尤少，皆非此經義。

以兩劑禁民獄，入鈞金，三日乃致于朝，然後聽之。獄，謂相告以罪名者。劑，今券書也。使獄者各齎券書，既兩券書，使入鈞金，又三日乃治之，重刑也。不券書，不入金，則是亦自服不直者也。必入金者，取其堅也。三十斤曰鈞。【疏】「入鈞金，三日乃致于朝，然後聽之」者，此亦謂獄未斷之先，兩入鈞金；既斷之後，則不直者没入金以示罰，直者仍還其金。故易噬嗑爲獄訟之象，其九四爻辭云「得金矢」，又六五云「得黃金」，即謂訟得直而歸其鈞金束矢也。

注云「獄謂相告以罪名者」者，大司徒注云：「爭罪曰獄。」今案：獄者，訟之大者也，不必告以罪名，詳前疏。云「劑今券書也」者，司約注義同。小宰注云：「質劑，今之券書也。」賈疏云：「小宰云：『聽賣買以質劑。』質人云：『大市以質，小市以劑。』鄭小宰注云：『簿書之最目，獄訟之要辭，皆曰契。』則劑謂券書者，謂獄訟之要辭，若王叔氏不能舉其契是也。」案：賈説是也。劑即獄訟之要辭，蓋與今鞫獄之責具結狀略相類。此劑爲獄要，猶遂人之下劑致甿爲役要，雖爲券書，而與小宰、司市、質人之「質劑」，司盟之「約劑」並異也。云「使獄者各齎券書，既兩券書，使入鈞金，又三日乃治之，重刑也」者，賈疏云：「此聽爭罪之事，與上聽訟有異。此則各遣持劑之書契，又入金不入矢，三日乃致於朝者，皆謂以獄事重於訟事，故鄭云重刑也。」詒讓案：既兩券書，入鈞金，仍不即治之，必待三日者，容其自審計，或悔而輟訟，則可勿治也。云「不券書，不入金，則是亦自服不直者也」者，義亦與不入束矢同。云「必入金者，取其堅也」者，物之堅者莫如金，故取其義，欲其不竄薄也，與矢取直義相成。此金與後職金之金罰並謂銅，詳彼疏。云「三十斤曰鈞」者，桌氏注義同。説文金部云：「鈞，三十斤也。」小爾雅廣衡云：「斤十謂之衡，衡有半謂之秤，秤二謂之鈞。」淮南子天文訓云：「三十日爲一月，故三十斤爲一鈞。」漢書律厤志云：「鈞者，均也。陽施其氣，陰化其物，皆得其成就平均也。三十斤爲鈞者，一月之象也。」並鄭所本。呂刑五罰最輕者墨，罰百鍰。依冶氏注，鍰爲六兩大半兩。則百鍰爲金四十一斤十兩大半兩。此治獄入鈞金，未入五刑，故視墨罰尚減四分之一也。冶氏注又引東萊或以大半兩爲鈞，則漢時俗語，非此經之義。又管子小匡篇云：「管子制小罪入金鈞分，宥薄罪入以半鈞。」尹注亦用鄭義。國語齊語作「小罪讁以金分」，韋注云：「小罪不入於五刑者，以金贖，有分兩之差。」淮南子氾論訓云「有輕罪者，贖以金分」，高注亦云「以金分出金贖罪，輕重有分兩也」。案：據小匡文，則齊罰金有一鈞半鈞之差，故亦謂之金分。此經治獄入金，則正以一鈞爲度，抑或兼用金分之制，要倍半皆以鈞計，於文亦得通也。**以嘉石平罷民**，嘉石，文石也。對之外朝門左。平，成也。成之使善。【疏】「以嘉石平罷民」者，此治衺惡之罷民，罪輕於入圜土者。亦與司救爲官聯也。以朝士所掌嘉石平罷民，肺石達窮民，事相次，故不與「圜土聚教罷民」文相屬。

注云「嘉石，文石也」者，説文壴部云：「嘉，美也。」賈疏云：「以言嘉，嘉善也。有文乃稱嘉，故知文石也。欲使罷民思其文理，以改悔自脩。」云「對之外朝門左」者，對，賈疏述注及蜀石經並作「樹」，嘉靖本同。宋附釋音本、明放岳本、宋注疏本並作「對」。案：説文木部樹，籀文作「尌」，又壴部云：「尌，立也。」經注例，凡樹字咸不從籀文，而旊人、廬人注並有對字，此注疑當與彼同。但宋本作「對」，與釋文合，今姑從之。外朝門左，謂庫門外外朝之東，即朝士云「左嘉石」是也。云「平，成也」者，大司馬注同。云「成之使善」者，猶上圜土聚教罷民，亦教之爲善，使有所成也。凡萬民之有罪過而未麗于灋，而害於州里者，桎梏而坐諸嘉石，役諸司空。重罪旬有三日坐，朞役；其次九日坐，九月役；其次七日坐，七月役；其次五日坐，五月役；其下罪三日坐，三月役。使州里任之，則宥而舍之。有罪過，謂邪惡之人所罪過者也。麗，附也。未附於法，未著於法也。木在足曰桎，在手曰梏。役諸司空，坐日訖，使給百工之役也。役月訖，使其州里之人任之，乃赦之。宥，寬也。【疏】「凡萬民之有罪過而未麗于灋，而害於州里者」者，「罪」當作「辠」，凡經例用古字作「辠」，注例用今字作「罪」，前四篇並如是。惟秋官、冬官二篇經並作「罪」，疑傳寫之誤，詳甸師疏。上「于」字石經誤「於」，今據嘉靖本正。下「於」字亦當作「于」，石經及各本並誤。州里，據六鄉言之，即鄉師、州長之州里也。不及郊里以外者，舉近足以晐遠。其六遂公邑都鄙之民，或各於長吏所治處坐役之，不必皆坐於外朝之嘉石、役於王國之司空也。云「重罪，旬有三日坐，朞役」者，王念孫云：「『旬有三日坐』，『三』當爲『二』，因下文三日坐而誤也。朞役者十二月，役以十二月，則坐當以十二日，猶下文九日坐九月役，七日坐七月役，五日坐五月役，三日坐三月役也。」案：王說是也。朞，稘之俗，經通作「期」，此疑後人所改，詳質人疏。注云「有罪過，謂邪惡之人所罪過者也」者，邪惡輕於過失，即司救所云「凡民之有衺惡者，」彼注云「衺惡謂侮慢長老，語言無忌，而未麗於罪者」是也。「所罪過」，於義難通，疑當作「近罪過」，司救注亦云「過失近罪」。近者，未麗於罪之言也。云「麗，附也」者，小司寇、鄉士注並同。論衡說日篇云：「麗者，附也。」說文鹿部云：「麗，旅行也。」艸部云：「蘼，艸木相附麗土而生也。」麗即麗之叚字。王制云「郵罰麗於事」，注亦訓麗爲附。又書呂刑云「越兹麗刑」，詩小雅正月孔疏引鄭書注云：「麗，施也。」施附義亦相近。云「未附於法，未著於法也」者，此亦注用今用作「法」也。小司寇注云：「附猶著也。」廣雅釋詁云：「麗，著也。」是麗卽附，附卽著也。司刑云：「掌五刑之灋，以麗萬民之罪。」經云未麗於法，法亦謂五刑之法。蓋前罷民入圜土者，罪已附於法，以過失不施以刑；此坐嘉石者，則尚未附於法，明其罪尤輕也。云「木在足曰桎，在手曰梏」者，掌囚注義同。彼釋文引說文云：「梏，手械也，所以告天。桎，足械也，所以質地。」案：今本說文木部文，不及陸所引之備，許說與鄭同。賈疏云：「無正文，見掌囚云『上罪梏拲而桎』，拲謂兩手共一木，梏與拲連言，故知梏在手，桎在足也。廣雅云：『手閒之梏械，足閒之桎械。』亦是手曰梏，足曰桎。易志，冷剛問：『大畜六四「童牛之梏，元吉」。注巽爲木，互體震，震爲牛之足，足在艮體之中，艮爲手持木以就足，是施梏。又蒙初六注云：「木在足曰桎，在手曰梏。」今大畜六四施梏於足，不審桎梏手足，定有別否？』荅曰：『牛無手，故以足言之。』」案：今本廣雅釋器云：「杽謂之梏，械謂之桎。」亦與賈所引異。呂氏春秋孟秋紀高注云：「械在足曰桎，在手曰梏。」左傳莊三十年杜注義同。山海經海內西經云：「危與貳負殺窫窳，帝乃梏之疏屬之山，桎其右足。」此可證桎爲足械之說。郭氏山海經注則云：「梏猶繫縛也。桎，械。」與鄭說異。又掌囚釋文引張揖云：「參著曰梏，偏著曰桎。」一切經音義引蒼頡篇同。蓋謂手足皆著械謂之梏，手著足不著，或足著手不著，則謂之桎，與廣雅義復不同，未詳所據。云「役諸司空，坐日訖，使給百工之役也」者，以司空掌百工之官，故知役諸司空，謂其坐日滿訖，則罰給百工之役也。云「役月訖，使其州里之人任之，乃赦之」者，管子大匡篇云「吾權任子以死生」，尹注云：「任，保也。」以其本爲害於州里，故役月訖，必使州里之人保任其不復爲惡，乃赦之，使得相督察，禁其怙惡也。賈疏云：

「仍恐習前爲非而不改，故使州長里宰保任乃舍之。以稍輕，入鄉即得與鄉人齒，亦無垂綏五寸之事也。」案：注云州里之人，即謂士民之同居州里者，不必州里之吏也。賈説未然。云「宥，寬也」者，説文宀部文，小司寇、司刺注並同。**以肺石達窮民**，肺石，赤石也。窮民，天民之窮而無告者。【疏】「以肺石達窮民」者，此即朝士云「右肺石，樹之庫門外，外朝之門右」者也。注云「肺石，赤石也」者，賈疏云：「陰陽療疾法，肺屬南方火，火色赤，肺亦赤，故知名肺石是赤石也。必使之坐赤石者，使之赤心不妄告也。」案：賈謂五藏肺屬火者，古尚書説也。鄭駁異義從今尚書説，肺屬金，則不以爲火藏。注訓肺石爲赤石者，蓋以肺色本赤，不謂五行屬火也。賈説非。五藏所屬，詳疾醫疏。云「窮民，天民之窮而無告者」者，據王制文。謂孤獨矜寡，下文「惸獨老幼」亦是也。詳大司徒疏。**凡遠近惸獨老幼之欲有復於上而其長弗達者，立於肺石，三日，士聽其辭，以告於上，而罪其長。**無兄弟曰惸。無子孫曰獨。復猶報也。上謂王與六卿也。報之者，若上書詣公府言事矣。長，謂諸侯若鄉遂大夫。【疏】「凡遠近惸獨老幼之欲有復於上，而其長弗達者」者，於，亦當作「于」，石經及各本並誤，下並同。賈疏云：「言遠近者，無有遠近，畿外畿内之民，皆有惸獨老幼之等。謂長官不肯通達審知其貧困者，故須復報於上，如此之類，是上窮民即來立於石也。」云「士聽其辭」者，吴廷華云：「士，朝士也。」云「以告於上而罪其長」者，罪，亦當作「辠」。管子大匡篇云：「凡庶人欲通，鄉吏不通，七日囚；士欲通，吏不通，五日囚；貴人子欲通，吏不通，三日囚。」此即其長弗達而罪之之事。注云「無兄弟曰惸」者，説文無惸字，惟兮部云：「𠧪，驚辭也。重文惸，𠧪或从心。」惸，疑惸之俗體。書洪範云「無虐煢獨」，僞孔傳云：「煢，單無兄弟也。」説文走部云：「赹，獨行也，讀若煢。」案：惸煢並赹之叚字。又作僝，方言云：「僝，特也，楚曰僝。」小爾雅廣義云「寡夫曰煢」，則與

「鰥」訓同，非此義。云「無子孫曰獨」者，王制云：「老而無子者謂之獨。」孟子梁惠王篇說同。釋名釋親屬云：「老而無子曰獨。獨，隻獨也，言無所依也。」賈疏云：「案王制唯云『老而無子曰獨』，今兼云孫者，無子有孫不爲獨，故兼云無孫也。」

云「復猶報也」者，宰夫注義同。云「上謂王與六卿也」者，司書云「凡上之用財用，必攷于司會」，注云「上謂王與冢宰」。此遠近窮民，所晐甚廣，故知通含六卿。以王統邦國，六卿長六官，通關百職，明肺石雖掌於司寇，而經窮民所復，羣士所告，不必專屬司寇也。云「報之者，若上書詣公府言事矣」者，後漢書靈帝紀李注云：「公府，三公府也。」王符潛夫論愛日篇云：「郡縣既加冤枉，州司不治，令破家遠詣公府。」蓋漢時民閒有冤獄，得詣公府上書自言，故舉以爲況。「上書」蜀石經作「上卿書」，卿謂九卿，則與詣公府爲二事，恐誤。云「長謂諸侯，若鄉遂大夫」者，大宰注云：「長，諸侯也。」其鄉遂有地治之吏，亦與所屬民爲長。賈疏云：「以畿外諸侯及畿内鄉遂大夫皆得爲長也。若然，不言三等采地之主及三公邑大夫者，在長中可知，故舉外內以包之也。」

正月之吉，始和布刑于邦國都鄙，乃縣刑象之灋于象魏，使萬民觀刑象，挾日而斂之。正月朔日，布王刑於天下，正歲又縣其書，重之。【疏】「正月之吉始和布刑于邦國都鄙」者，自此至職末，並大司寇當官專領之職事，所謂官常也。始和，和當讀爲「宣」，詳大宰疏。云「乃縣刑象之屬于象魏，使萬民觀刑象」者，凡周正，建子月朔日，大司寇布刑於天下，即於是日縣刑象之法於象魏，使萬民觀之。刑象之法，即上三典五刑及司刑五刑二千五百條之屬是也。　注云「正月朔日，布王刑於天下」者，〔一〕大宰布治注義同。云「正歲又縣其書」者，鄭以「乃縣刑象之灋」以下爲正歲夏正建寅月之事，與小司寇云「正歲則帥其屬而觀刑象」者爲一，然與經承

〔一〕「王刑」原訛「五刑」，據楚本改。

正月之吉者不合，其説非也。亦詳大宰疏。云「重之」者，謂慎重其事，故既布之，又縣之。布憲「憲刑禁」，注云「刑者，王政所重，故屢丁寧焉」是也。**凡邦之大盟約，涖其盟書，而登之于天府，**涖，臨也。天府，祖廟之藏。【疏】「凡邦之大盟約」者，封人注云：「大盟，會同之盟。」〔一〕賈疏云：「謂王與諸侯，因大會同而與盟所有約誓之辭。」云「涖其盟書而登之于天府」者，將盟，涖司盟爲其盟書，既盟，則以此盟書正本登于天府藏之。左定四年傳説，晉文公爲踐土之盟，其載書藏在周府，可覆視也。周府即謂王之天府矣。注云「涖，臨也」者，天官世婦注同。云「天府，祖廟之藏」者，天府云「掌祖廟之守藏」是也。**大史、内史、司會及六官皆受其貳而藏之。**六官，六卿之官也。貳，副也。【疏】「大史、内史、司會及六官皆受其貳而藏之」者，此與五官及大史、内史、司會爲官聯也。大史云：「凡邦國都鄙及萬民之有約劑者藏焉，以貳六官。」此盟約亦邦國約劑之一也。賈疏云：「大史、内史、司會掌事皆與六卿同，故皆有副貳盟辭而藏之，擬相勘當也。」注云「六官，六卿之官也」者，謂大宰等六官之正，大司寇即六正之一。蓋自涖登之，復同受其貳而藏之。云「貳，副也」者，詳小宰疏。**凡諸侯之獄訟，以邦典定之；**邦典，六典也。以六典待邦國之治。【疏】注云「邦典，六典也，以六典待邦國之治」者，賈疏云：「案大宰職『以典待邦國之治』，故邦國有獄訟之事來詣王府，還以邦典定之。」**凡卿大夫之獄訟，以邦灋斷之；**邦法，八法也。以八法待官府之治。【疏】「凡卿大夫之獄訟，以邦灋斷之」者，命士有獄訟，亦當以邦法斷之，經不及士者，文不具。注云「邦法，八法也，以官法待官府之治」者，此亦注用今字作「法」也。賈疏云：「案大宰云『以八法治官府』，是以卿大夫有獄訟，還以邦之八法斷之。若然，大宰有『八則

〔一〕「會」原訛「明」，據楚本改。

治都鄙』，此不言都鄙有獄訟以八則斷之者，都鄙有獄訟，都家之士告于方士治之，故此不言也。」凡庶民之獄訟，

以邦成弊之。邦成，八成也，以官成待萬民之治。故書「弊」爲「憋」。鄭司農云：「憋當爲弊。邦成，謂若今時決事比也。弊之，斷其獄訟也。故春秋傳曰『弊獄邢侯』。」【疏】注云「邦成，八成也，以官成待萬民之治」者，賈疏云：「大宰云『以官成待萬民之治』，是以庶民有獄訟，還以邦成弊之。八成者，則小宰云『一曰聽政役以比居，二曰聽師田以簡稽』已下是也。」云「故書弊爲憋，鄭司農云，憋當爲弊」者，徐養原云：「說文無憋字。此與弊皆從敝聲，故相假借。列子力命篇憋懯訓急速，方言云『鉗疲，憋惡也』，皆非此經之義。」云「邦成，謂若今時決事比也」者，賈疏云：「皆是舊法成事品式，若今律其有斷事，皆依舊事斷之，其無條，取比類以決之，故云決事比也。」詒讓案：王制云「必察小大之比以成之」，注云：「小大猶輕重，已行故事曰比。」漢之決事比，蓋若今之事例。漢書刑法志云：「律令凡三百五十九章，大辟四百九條，千八百八十二事，死罪決事比萬三千四百七十二事。」顏注云：「比，以例相比況也。」後漢書陳寵傳云：「寵爲鮑昱撰辭訟比七卷，決事科條皆以事類相從。」又寵子忠傳云：「略依寵意，奏上二十三條，爲決事比，以省請讞之敝。」惠棟云：「士師職云『掌士之八成』，先鄭云：『行事有八篇，若今之決事比。』則八成謂邦汋邦賊以下八事。」案：以先鄭兩注互證之，似當如惠說，然經義實不如是。蓋此邦典、邦灋、邦成，並據大宰、小宰所掌而言，以斷獄訟時，必據典法成以定其是非，而典法成則不專爲刑法設也。賈據小宰「八成」以釋此注，得之。先鄭似誤謂與士師「八成」爲一，後鄭所不從也。云「弊之，斷其獄訟也」者，明與上「邦法」文異義同。大宰注云：「弊，斷也。」云「故春秋傳曰，弊獄邢侯」者，左昭十四年傳：「晉邢侯與雍子爭鄐田，叔魚攝理，韓宣子命斷舊獄，叔魚蔽罪邢侯。」杜注云：「蔽，斷也。」此引「蔽罪」作「弊獄」，疑先鄭所見本異。國語

晉語說此事云：「及蔽獄之日，叔魚抑邢侯。」或先鄭兼取彼文。此引之者，證弊爲斷獄訟之義。**大祭祀，奉犬牲。**奉猶進也。【疏】「大祭祀奉犬牲」者，與五官爲聯事。大司寇奉犬者，以犬於五行屬金也。詳敘官疏。　注云「奉猶進也」者，大司徒注同。**若禋祀五帝，則戒之日，涖誓百官，戒于百族。**戒之日，卜之日也。百族，謂府史以下也。郊特牲曰：「卜之日，王立于澤，親聽誓命，受教諫之義也。獻命庫門之內，戒百官也。大廟之內，戒百姓也。」【疏】「若禋祀五帝」者，天神之大祀，大宗伯云：「以禋祀祀昊天上帝。」上帝即五帝之一也。凡祀五帝，與昊天上帝同用禋祀。大宗伯注謂五帝用實柴，與此文啎，非也。詳大宗伯疏。賈疏云：「禋祀五帝，謂迎氣於四郊及摠享五帝於明堂也。」詒讓案：當亦兼夏正南郊，詳大宰疏。云「則戒之日，涖誓百官，戒于百族」者，賈疏云：「謂餘官誓百官之時，大司寇則臨之；戒于百族者，大司寇親自戒之。其百官所戒者，當大宰爲之，是以大宰云：『祀五帝前期十日，帥執事而卜日，遂戒。』故知大宰戒百官也。若然，大宰云：『祀五帝則掌百官之誓戒。』大宰雖云『掌百官誓戒』，戒則親爲之，〔一〕誓則掌之而不親誓。何者？此司寇卑於大宰，此云涖誓百官，豈司寇得臨大宰乎？故知大宰掌之。餘小官誓之，司寇臨之也。」案：易祓、王氏詳說並謂誓百官亦大宰親爲之，是也。大宰誓，而大司寇涖其事，二官爲聯事，不得以卑涖尊爲嫌。賈謂大宰掌之，餘小官誓之，不足據。其地示、人鬼之大祀，亦當有涖誓百官及戒百族之事，故大宰說祀五帝卜戒之事，下云「祀大神示、享先王亦如之」是也。經不偏舉者，文略。　注云「戒之日，卜之日也」者，大宰云「前期十日，卜日，遂戒」，注云「既卜，又戒百官以始齊」，是戒與卜同日，事相因也。凡卜皆在祭前十日，詳大宰疏。云「百族謂府史以下也」者，鄭意百族即百姓，王祭

〔一〕「戒」原涉上而脱，據楚本補。

祀庶民不得與，府史以下諸庶人在官者與百姓同，故以爲釋。族猶言屬，國語楚語云「在中軍王族而已」，韋注云：「族，部屬也。」左成十六年傳云「欒范以其族夾公行」，孔疏引劉炫云：「族者，屬也。」府史等亦百官府之屬，故亦謂之百族。賈疏云：「以其王之百姓亦同大宰戒之，故知百族府史胥徒也。」引郊特牲云「卜之日，〔一〕王立于澤，親聽誓命，受教諫之義也」者，此即郊祀戒誓之事。鄭彼注云：「澤，澤宫也，所以擇賢之宫也。既卜，必到澤宫，擇可與祭祀者，因誓勑之以禮也。」云「獻命庫門之内，戒百官也」者，彼注云：「王自澤宫而還，重相申勑也。庫門在雉門之外，入庫門則至廟門外矣。百官，公卿以下也。」賈疏云：「王自澤宫而還，入皋門，至庫門之内，大宰獻命，命即戒百官。」云「大廟之内，戒百姓也」者，大，舊本作「太」，今據宋蜀本改。内，彼文作「命」。注云：「大廟者，祖廟也。百姓，王之親也。入廟戒，親親也。」鄭引此文者，欲見戒卜同日，又見百族即百姓。然與彼注義小異。司市先鄭注亦以百族爲百姓，與此義異而説略同。**及納亨，前王；祭之日，亦如之。**納亨，致牲。【疏】「及納亨前王」者，納亨即納牲，在祭日將明時。祀五帝無二祼，祭初，未迎尸以前即迎牲，與廟享異也。前王，謂步行在王前，爲道引也。云「祭之日亦如之」者，謂質明以後行正祭之事時。詳大宰疏。注云「納亨，致牲」者，小司寇注同。大宰云「及納亨，贊王牲事」，注云：「納亨，納牲，將告殺。謂鄉祭之晨。既殺以授亨人。凡大祭祀，君親牽牲，大夫贊之。」又充人云「碩牲則贊」，注云：「君牽牲入，將致之，助持之也。」蓋鄉祭之晨，王親迎牲而納之於庭，乃告，致之於神而後殺，而授亨人。是既致牲，乃授亨，故通謂之納亨。實則納致之時，尚未亨也。互詳大宰疏。**奉其明水火。**明水火，所取於日月者。【疏】注云「明水火所取於日月者」者，據司烜氏文義，詳彼

〔一〕原脱「日」，據楚本補。

疏。賈疏云：「奉此水火者，水以配鬱鬯與五齊，火以給爨亨也。」凡朝覲會同，前王，大喪亦如之。大喪所前或嗣王。【疏】「凡朝覲會同，前王，大喪亦如之」者，賈疏云：「朝覲不言大，則四時朝也。會同，謂時見曰會，殷見曰同。此者皆司寇在王前，爲導也。其大喪亦如之，亦導王也。」詒讓案：小司寇云：「大賓客，前王而辟，后世子之喪亦如之。」彼大賓客即朝覲會同，然則大司寇但前王而不辟，小司寇則前王又兼掌辟，職卑則事彌勞也。注云「大喪所前或嗣王」者，賈疏云：「以經云大喪是王喪，復云前王，明是嗣王也。言或者，大喪或是先后及王世子，皆是大喪。若先后及世子大喪，則王爲正王也。既言前王，明以先后世子爲正，故云或嗣王也。凡大喪之禮有三。大宰云『大喪，贊贈玉含玉』，大司馬云『大喪，平士大夫贈玉』，謂王喪。大宗伯云：『朝覲會同，則爲上相，大喪亦如之。』注云：『王、后、世子。』及此『大喪亦如之』，二者容有先后及后、世子。又宰夫云：『大喪、小喪，掌小官之戒令』。注云：『大喪，王、后、世子也。小喪，夫人以下。』然則大喪與小喪相連，則不容有王喪。」案：此經凡言大喪，有專指王喪者，有關后、世子喪者，后中又兼有先后，實止二例。賈謂有三，非也。凡經大喪，無不兼王喪者，宰夫、大宗伯兩注文同。賈意似謂宰夫注「王后」專屬后，故云不容有王喪，非鄭恉也。又案：小司寇謂后、世子之喪，亦如大賓客前王而辟，則疑大司寇專掌王喪，小司寇專掌后、世子之喪，否則不宜王喪小司寇反不前王而辟也。然則此職大喪不當有后、世子，但注意未明，或如賈說耳。大軍旅，涖戮于社。社，謂社主在軍者也。鄭司農說以書曰「用命賞于祖，不用命戮于社」。【疏】「大軍旅，涖戮于社」者，小司寇「小師涖戮」，注云「王不自出之師」，則此大軍旅，是王自出在軍也。注云「社謂社主在軍者也」者，即小宗伯「大師立軍社」是也。云「鄭司農說以書曰，用命賞于祖，不用命戮于社」者，此甘誓文。今書「不」作「弗」，詳小宗伯疏。墨子明鬼下篇云：「故聖王其賞也必於祖，其僇也必於社。賞於祖者何也？告分之均也。僇於社者何也？告聽之中也。」此戮必於社之義。凡邦之大事，使其屬蹕。屬，士師以下也。故書蹕作避，杜子春云：「避當爲辟，謂辟除姦人也。」玄謂蹕止行也。【疏】「凡邦之大事」者，卽鄉士云大祭祀、大喪紀、大軍旅、大賓客諸事，凡王親與者皆是。小司寇義同。云「使其屬蹕」者，蹕，釋文作趕，云「本亦作蹕」。阮元云：「説文走部曰：『趕，止行也。』从走爲正字，从足爲或體。」段玉裁云：「趕，今本作蹕。惟釋文從走，與説文合。周禮全書蹕字，皆轉寫失其正也。」注云「屬，士師以下也」者，賈疏云：「見士師職云：『諸侯爲賓，則帥其屬而蹕于王宮。』注云：『諸侯來朝若燕饗時。』士師云帥其屬，則士師以下上士、中士、下士皆蹕。知者，以此注云士師以下故也。」云「故書蹕作避，杜子春云，避當爲辟，謂辟除姦人也」者，段玉裁云：「杜從作避之本，而改爲辟。」丁晏云：「小司寇『前王而辟』，先鄭云：『爲王道辟除姦人。』士師『王燕出入則前驅而辟』，後鄭云：『道王且辟行人。』孟子『行辟人可也』，趙注：『辟除人，使卑辟尊，可爲也。』故杜君讀避爲辟。」詒讓案：説文辵部云：「避，回也。」辟部云：「辟，法也。」辟除爲辟法引申之義，其字當作辟；辟除而使人回避，其字當作避。左成五年傳：「晉伯宗辟重，曰辟傳。」彼釋文上辟字音匹亦反，下辟字音避，最爲分析。此經字當作辟，而故書作避，義亦得通。杜以閽人、小司寇、士師、鄉士、遂士、縣士、訝士、朝士、野廬氏、條狼氏諸職並作辟，故依全經字例校定從辟，而訓爲辟除。閽人注云：「辟，辟行人使無干也。」云「玄謂蹕止行也」者，閽人注義同。段玉裁云：「鄭君從今書作趕。小司寇職『大賓客前王而辟』，『凡國之大事，使其屬趕』。辟與趕並見，知其制不同。」案：段説是也。閽人云：「凡外内命夫命婦出入，則爲之辟。大祭祀喪紀之事，蹕宮門、廟門。」亦辟蹕並見。蓋辟者，唯辟除姦人，猶祭義云「見老者則車徒辟」，左成三年傳「齊侯戰敗，入國，辟女子」，皆是彼此相遇，禁其干犯，不干犯者自得行。蹕爲止行，則猶祭義云「八十九十者，東行西行者弗敢過，西行東行者弗敢過」。蓋凡當道者人皆不得行，二字義本異也。

小司寇之職，掌外朝之政，以致萬民而詢焉。一曰詢國危，二曰詢國遷，三曰詢立君。外朝，朝在雉門之外者也。國危，謂有兵寇之難。國遷，謂徙都改邑也。立君，謂無冢適選於庶也。鄭司農云：「致萬民，聚萬民也。詢，謀也。詩曰『詢于芻蕘』，書曰『謀及庶民』。」【疏】「掌外朝之政，以致萬民而詢焉」者，以五官正貳通例校之，「外朝之政」上，疑當有「建邦」二字，朝士亦云「掌建邦外朝之灋」，是其證也。致萬民而詢，即鄉大夫國大詢于衆庶之事。賈疏云：「外朝之職，朝士專掌。但小司寇既爲副貳長官，亦與朝士同掌之耳，故云掌外朝之政以致萬民。案：下文羣吏並在內，而此經獨云致萬民者，但羣吏在朝是常，萬民不合在朝，惟在大事及疑獄乃致之，故特言之也。」注云「外朝，朝在雉門之外者也」者，依後鄭五門三朝之説，三詢之外朝當在庫門之外，此云在雉門外，與閽人、朝士注説不合，疑誤沿先鄭五門雉門在庫門外之説，偶失刊易也。玉海禮儀引三禮義宗，謂天子三朝之外，別有此三詢之朝，云「雉門有兩觀，觀外亦有詢事之朝，在宗廟社稷之閒」，通典賓禮遂謂周制天子有四朝，蓋並爲此注所誤，不足據也。江永云：「外朝在庫門外，無宮室，平時臣民得皆往來。朝士職云：『凡得獲貨賄、人民、六畜者，委於朝，告於士，旬而舉之。』謂委於朝十日，待來識之者。是凡民皆可至外朝矣。」孔廣森云：「皋門內之庭，是爲外朝。凡民之出入城者，得由於朝。故縣法則

（五）禮記

●**書名**　「記」，是相對於「經」而言，是解經的文字。禮記即解釋禮經的書。禮學家在傳授禮的過程中，逐漸積累形成了解釋、說明或補充經文的大量資料——記，來幫助傳習者加深對經文的理解。

●**大戴禮記和小戴禮記**　西漢傳禮，由魯人高堂生傳至后倉，后倉傳至戴德、戴聖、慶普，形成二戴與慶氏三家之學。戴德、戴聖在向弟子傳授經義的過程中，各自選編了一部分記，因爲戴聖是戴德的侄子，故稱戴德所輯爲大戴禮記，戴聖所輯稱小戴禮記。

●**鄭玄注禮**　東漢末年，鄭玄爲周禮、儀禮、小戴禮記作注，由於鄭學漸盛，故小戴禮記的地位也隨之提高，到唐代側入經的行列，而禮記也成了小戴禮記的專用名稱。研讀大戴禮記的人越來越少，原本八十五篇多有散失，只有三十九篇流傳至今。

●**內容**　小戴禮記（下稱禮記），全書四十九篇，是漢代以前及漢代學者解禮之作的彙編。其內容既非一人之作，又非成於一時，內容龐雜，既記載古代日常生活習俗、禮儀制度、教育問題、孔子言行，還有解說儀禮經文的專篇，以及後學闡述儒學思想的文章。

●**相關參考論著資料**

——漢　鄭玄注，唐　孔穎達疏禮記正義

——宋　衛湜禮記集說

——元　陳澔禮記集說

——清　朱彬禮記訓纂

——清　孫希旦禮記集解

禮記正義・禮運（節選）

【導讀】

●**説明**　本文選自禮記正義，鄭玄注，孔穎達疏。據中華書局（北京）一九八〇年影印阮元刻十三經注疏本標點。

●**鄭玄**（一二七—二〇〇）　字康成，北海高密（今山東高密）人。東漢末年經學大師。曾從東漢經學家馬融學古文經，博通今、古文經學，精於天文曆算，是兩漢經學之集大成者。其經學成就及由其學術而形成的學派，後世稱之爲「鄭學」。鄭玄所注羣經，有周易、毛詩、儀禮、周禮、禮記、論語、孝經等。范曄後漢書鄭玄傳評論他的經學成就説：「鄭玄括囊大典，網羅衆家，删裁繁蕪，刊改漏失，自是學者略知所歸。」鄭玄經注詳於典章制度、名物訓詁，統一了今、古文之爭，對後世經學的發展有深遠的影響。

●**選文内容**　禮運一篇屬於禮記中通論性的内容。本書所節選的部分，爲作者假託孔子，推想叙述了古代社會不同階段的不同社會政治制度。文中摻雜有老子的一些思想。

之鼓半射節者投壺。射之細也。射謂燕射。司射庭長及冠士立者

皆屬賓黨。樂人及使者童子。皆屬主黨。庭長司正

也。使者主人所使薦羞者。樂人國子能爲樂者。此皆與於投壺。〇長丁丈反冠古亂反與

音預

魯鼓○□○○□□○○半○□○□○

○○○□○□○薛鼓○□○○○○□○

□○□○○○□○□○○□○半○□○

□○○○○□○此二者記兩家之異。故兼列之

儒行第四十一　鄭氏註

儒行

禮記正義

鄭玄 注　孔穎達 等疏

目　録

禮記注疏校勘記序

小戴禮記，隋、唐志並二十卷，唐石經所分是也。貞觀中，孔穎達等爲正義，舊、新唐志皆云七十卷，晁氏讀書志、陳氏書録解題皆同。案古人義疏，皆不附於經注而單行，猶古春秋三傳、詩毛傳不附於經而單行也。單行之疏，北宋皆有鐫本，今廑有存者，儀禮、穀梁、爾雅間存藏書家，而他經多亡。正義多附載經注之下，其始謂之「兼義」，其後直謂之「某經注疏」。其始本無釋文，其後又附以釋文，謂之「附釋音某經注疏」，最後又去「附釋音」三字，蓋皆紹興以後所爲，而北宋無此也。有在兼義之先爲之者，今所見吴中藏本有春秋、禮記二種，春秋曰「春秋正義卷第幾」，禮記曰「禮記正義卷第幾」，皆不標爲「某經注疏」。其卷數，則春秋三十六卷，禮記七十卷，皆與唐志正義卷數合。蓋以單行正義爲主，而以經注分置之，此紹興初年所爲，非如兼義、注疏之以經注爲主，而以疏附之，既不用經注之卷數，又不用正義之卷數。春秋爲六十卷，禮記爲六十三卷，遂使唐人正義之卷次不可知。蓋古今之遷變如此。禮記七十卷之本，出於吴中吴泰來家，乾隆間惠棟用以校汲古閣本，識之云：「譌字四千七百有四，脱字一千一百四十有五，闕文二千二百一十有七，文字異者二千六百二十有五，羨文九百七十有一，點勘是正，四百年來闕誤之書，犂然備具，爲之稱快。」今記中所云「惠棟校宋本」者是也。其真本今藏曲阜孔氏，近年有巧僞之書賈，取六十三卷舊刻，添注塗改，綴以惠棟跋語，鬻於人，鏤板京師者，乃鴈本耳。今屬臨海生員洪震煊以惠棟本爲主，並合元舊校本及新得各本，考其異同，元復定其是非，爲校勘記六十有三卷，釋文則别爲四卷，後之爲小戴學者，庶幾有取於是。阮元記。

引據各本目録

經本

石經　唐開成二年刻石，所謂唐國子學石經是也。其中「虎」、「淵」、「世」、「民」、「豫」、「誦」、「純」、「恒」、「湛」等字，及偏傍涉者，皆缺末一筆。惟月令經明皇更定，與本經乖違，不足據。

南宋石經　宋高宗御書。禮記只中庸一篇，今又止存一碑，自「必自邇譬如登高」起至篇末止。

經注本

岳本　宋岳珂刻本。武英殿翻刻仿宋本。

嘉靖本　此本不著刊板人姓氏，書分二十卷，每卷後記經若干字、注若干字。段玉裁定爲嘉靖時仿宋刻本，但中如曲禮上「惰不正之言」五字羼入正義，檀弓下「曹桓公依注音宣」一條羼入釋文，即宋本，當亦在附音本之後。

注疏本

附釋音本　此即所謂十行本。據十行本以校各本，故又稱十行本爲此本。此本爲南宋時原刻，中有明正德時補頁，山井鼎即據以爲正德本是也。

閩本　明嘉靖時閩中李元陽刻，每頁中縫著記疏字，尚沿十行本舊式。七經孟子考文補遺所稱嘉靖本是也。

監本　明神廟時國子監刻本，每卷首有「監臣田一儁、吴士元等校刊重脩」字樣。

毛本　即汲古閣本，書末有「明崇禎十二年歲在屠維單閼古虞毛氏鐫題」字一行。

衛氏集説　宋衛湜禮記集説通志堂刻本，其中載注疏不全，亦間有删節改次，不可盡據。惟當其未經删節改次之處，所據之本究係真宋本。

校本

惠棟校宋本　宋刊本禮記正義七十卷，不附釋音，惠棟據以校汲古閣本。

盧文弨校本

孫志祖校本　校汲古閣本。

段玉裁校本　校監本。

考文宋板　日本山井鼎、物觀七經孟子考文補遺所載宋板禮記正義，與惠棟校所據宋本是一書，間有不合處，不及千分之一，亦傳寫之譌，非二書有不同也。兹既據惠棟校宋本，凡惠棟校所有者，不復載入，必惠棟校所無者始采之。

浦鏜校本　浦鏜十三經正誤禮記正誤十五卷，其以各本校者，仍歸各本，録其以意校爲各本所無而不誤者，稱「浦鏜校」。

釋文

通志堂本　經典釋文禮記音義

葉本　明葉林宗影寫宋本。

撫州公使庫本　宋淳熙四年刊本。

附釋音禮記注疏卷第二十一

禮運第九○陸曰：「鄭云禮運者，以其記五帝三王相變易及陰陽轉旋之道。」○【疏】正義曰：按鄭目録云：「名曰禮運者，以其記五帝三王相變易、陰陽轉旋之道，此於别録屬通論。」不以子游爲篇目者，以曾子所問，事類既煩雜①，不可以一理目篇；子游所問唯論禮之運轉之事，故以禮運爲標目耳。

禮記　鄭氏注　孔穎達疏

昔者仲尼與於蜡賓②，蜡者，索也，歲十二月合聚萬物而索饗之，亦祭宗廟，時孔子仕魯，在助祭之中。○與音預。蜡，仕嫁反，祭名。夏曰「清祀」，殷曰「嘉平」，周曰「蜡」，秦曰「臘」，字林作䄍。索，所百反。事畢，出遊於觀之上，喟然而嘆。觀，闕也。孔子見魯君於祭禮有不備，於此又覩象魏舊章之處，感而嘆之。○觀，古亂反，注同。喟，去位反，又苦怪反，説文云：「大息。」處，昌慮反，下「同處」同。仲尼之嘆，蓋嘆魯也。言偃在側，曰：「君子何嘆？」言偃，孔子弟子子游。孔子曰：「大道之行也，與三代之英，丘未之逮也，而有志焉。」大道，謂五帝時也。英，俊選之尤者。逮，及也，言不及見。志，謂識古文③。不言魯事，爲其大切，廣言之。○逮音代，一音代計反。選，宣面反，下文皆同。爲，于僞反，下文「爲己」皆同。○【疏】「昔者」至「而嘆」④。○正義曰：皇氏云：「從『昔者仲尼』以下至於篇末，此爲四段。自初至『是謂小康』爲第一，明孔子爲禮不行而致發嘆。發嘆所以最初者，凡説事必須因漸，故先發嘆，後使弟子因而怪問，則因問以答也。又自『言偃復問曰：如此乎禮之急』至『天下國家，可得而正也』爲第二，明須禮之急。前所嘆之意，正在禮急，故以禮急次之也。又自『言偃復問曰：

---

① 「以曾子所問事類既煩雜」：惠棟校宋本同，閩本「所」誤「問」，「問事」二字闕。監、毛本「所問事」誤「問篇之」。

② 「昔者仲尼與於蜡賓」節：惠棟校云：「『昔者』節、『大道』節、『今大道』節宋本合爲一節。」

③ 「志謂識古文」：閩、監、毛本同，岳本同，嘉靖本同，衛氏集説同，考文引古本、足利本「古」下有「之」字。

④ 「昔者至而嘆」：惠棟校宋本無此五字。

夫子之極言禮也』至『此禮之大成也』爲第三，明禮之所起。前既言禮急，急則宜知所起之義也。又自『孔子曰：嗚呼哀哉』訖篇末爲第四，更正明孔子嘆意也。以前始發，未得自言嘆意，而言偃有問，即隨問而答，答事既畢，故更備述所懷也。」今此第一段明孔子發嘆，遂論五帝三王道德優劣之事，各隨文解之。○「昔者仲尼與於蜡賓」者，謂仲尼與於蜡祭之賓也。「事畢」者，謂蜡祭畢了。○「出遊於觀之上」者，謂出廟門，往雉門。雉門有兩觀。皇氏云：「登遊於觀之上。」熊氏云：「謂遊目看於觀之上。」「喟然而嘆」者，「喟」是嘆之形貌，言口輔喟然而爲嘆也。○注「蜡者」至「之中」。○正義曰：「蜡者，索也。歲十二月合聚萬物而索饗之」者，郊特牲文。十二月者，據周言之，若以夏正言之，則十月，以殷言之，則十一月，謂建亥之月也。以萬物功成報之。云「亦祭宗廟」者，以月令孟冬云「祈來年于天宗，大割祠于公社，及門閭，臘先祖五祀」，以臘先祖，故云「亦祭宗廟」，總而言之謂之爲蜡。若析而言之，祭百神曰「蜡」，祭宗廟曰「息民」，故鄭注郊特牲云：「息民與蜡異。」此據總而言之，故祭宗廟而云「與於蜡賓」也。廣雅云「夏曰清祀」，以清潔祭祀；「殷曰嘉平」，嘉，善也；平，成也，以歲終萬物善成，就而報功。其蜡與臘名已具於上，知此蜡是祭宗廟者，以下云「出遊於觀之上」，故知是祭宗廟也。云「時孔子仕魯，在助祭之中」者，以其與蜡祭，故知仕魯也。魯臣而稱賓者，以祭祀欲以賓客爲榮，故雖臣亦稱賓也。○注「觀闕」至「嘆之」。○正義曰：爾雅釋宮云：「觀謂之闕。」孫炎云：「宮門雙闕者，舊縣法象，使民觀之處①，因謂之闕。」熊氏云：「當門闕處，以通行路。既言雙闕，明是門之兩旁相對爲雙。」熊氏得焉。白虎通云：「闕是闕疑。」義亦相兼。案何休注公羊：「天子兩觀外闕，諸侯臺門。」則諸侯不得有闕。魯有闕者，魯以天子之禮，故得有之也。公羊傳云「設兩觀，乘大路，此皆天子之禮」是也。案定二年，「雉門災及兩觀」，魯之宗廟在雉門外左，孔子出廟門而來至雉門遊於觀。此觀又名象魏，以其縣法象魏。巍也，②其處巍巍高大，故哀三年桓宮災，「季桓子至，御公立于象魏之外，命藏象魏，曰：舊章不可亡也」。熊氏云：「天子藏舊章於明堂，諸侯藏於祖廟。」知者，以天子視朔于明堂，諸侯於祖廟故也。穀梁傳云：「天子班告朔于諸侯，諸侯受乎禰廟。」非鄭義也。云「感而嘆之」者，一感魯君之失禮，二感舊章廢棄，故爲嘆也。○「仲尼」至「何嘆」。○作記者言其所嘆之由，又言其所嘆之事，故云「仲尼之嘆，蓋嘆魯也」。言「蓋」者，謙爲疑辭，不即指正也。於時言偃在側，而問之曰：「君子何嘆？」言嘆恨何事。不云「孔子」而云「君子」者，以論語云「君子坦蕩蕩」，不應有嘆也，故云「君子何嘆」。○

---

① 「舊縣法象使民觀之處」：閩本同，惠棟校宋本同，監本「象」下衍「魏」字，衛氏集説同，毛本衍「魏」字，「舊」誤「二」。

② 「以其縣法象魏巍也」：監、毛本如此，此本一「魏」字脱，閩本同，考文引宋板同。

注「言偃」至「子游」。○正義曰：案仲尼弟子傳云：「姓言名偃，字子游，魯人也①。」○「孔子」至「志焉」。○孔子既見子游所問，若指言魯失禮，恐其大切，故廣言五帝以下及三王盛衰之事。此一經孔子自序雖不及見前代，而有志記之書，披覽可知。自「大道之行」至「是謂大同」，論五帝之善。自「大道既隱」至「是謂小康」，論三王之後。今此經云「大道之行也」，謂廣大道德之行，五帝時也②。○「與三代之英」者，「英」謂英異，並與夏、殷、周三代英異之主③，若禹、湯、文、武等。○「丘未之逮也」者，未，猶不也。逮，猶及也④。言生於周衰，身不及見上代，不能備知。雖然不見大道⑤三代之事，而有志記之書焉，披覽此書，尚可知於前代也⑥。○注「大道」至「言之」。○正義曰：以下云禹、湯、文、武、成王、周公，此大道在禹、湯之前⑦，故爲五帝時也。云「英，俊選之尤」者，案辨名記云⑧：「倍人曰茂，十人曰選，倍選曰俊，千人曰英，倍英曰賢，萬人曰傑⑨，倍傑曰聖。」毛詩傳又云：「萬人爲英。」是英皆多於俊選，是俊選之尤異者⑩。即禹、湯、文、武三王之中俊異者。云「志，謂識古文」者，「志」是記識之名，「古文」是古代之文籍，故周禮云「掌四方之志」，春秋云「其善志」，皆志記之書也。

「大道之行也，天下爲公，選賢與能，講信脩睦。公猶共也。禪位授聖，不家之。睦，親也。○禪，善面反。故人不獨親其親，不獨子其子。孝慈之道廣也。使老有所終，壯有所用，幼有所長，矜寡孤獨廢疾者⑪，皆

① 「字子游魯人也」：閩、監、毛本同，齊召南云：「『魯人』當作『吳人』，今常熟縣即子游故里。」
② 「謂廣大道德之行五帝時也」：惠棟校宋本同，閩、監、毛本「大道德」三字闕。
③ 「並與夏殷周三代英異之主」：考文引宋板同，監、毛本「殷」作「商」，閩本「殷周三」三字闕。
④ 「未猶不也逮猶及也」：監、毛本同，閩本「不也逮」三字闕。
⑤ 「雖然不見大道」：惠棟校宋本同，閩、監、毛本「不見大」三字闕。
⑥ 「尚可知於前代也」：惠棟校宋本同，閩、監、毛本「前代也」三字闕。
⑦ 「周公此大道在禹湯之前」：惠棟校宋本同，閩、監、毛本「周公此大道」五字闕。
⑧ 「案辨名記云」：惠棟校宋本同，閩、監、毛本「記云」二字闕。
⑨ 「萬人曰傑」：監、毛本同，考文引宋板同，閩本「人曰」二字闕。
⑩ 「是俊選之尤異者」：惠棟校宋本同，閩本「是」字闕，監、毛本「是」誤「而」。
⑪ 「矜寡孤獨廢疾者」：閩、監、毛本同，岳本同，嘉靖本同，石經「廢」作「癈」，衛氏集說同。○按：「癈」爲正字，「廢」爲假借字。

有所養。無匱乏也。○長，丁丈反。矜，古頑反。匱，其魏反。男有分，分，猶職也。○分，扶問反。注同。女有歸，皆得良奥之家。○奥，烏報反。貨惡其棄於地也，不必藏於己①，力惡其不出於身也，不必爲己。勞事不憚，施無吝心，仁厚之教也。○惡，烏故反，下同。憚，大旦反。吝，力刃反，又力覲反。是故謀閉而不興，盗竊亂賊而不作。尚辭讓之故也。故外户而不閉，禦風氣而已。是謂大同。」同，猶和也，平也。【疏】「大道」至「同②」。○正義曰：既云見其遺記，此以下説記中之事，故此先明五帝時也。○「天下爲公」，謂天子位也。爲公，謂揖讓而授聖德，不私傳子孫，即廢朱、均而用舜、禹是也。○「選賢與能」者，曏明不私傳天位，此明不世諸侯也，國不傳世，唯選賢與能也，黜四凶、舉十六相之類是也。鄭注鄉大夫云：「賢者，有德行者；能者，有道藝者。」四凶：共工、驩兜、鯀、三苗。十六相，八元謂伯奮、仲堪、叔獻、季仲、伯虎、仲熊、叔豹、季狸，八愷謂蒼舒、隤敳、檮戭、大臨、尨降、庭堅、仲容、叔達也。○「講信脩睦」者，講，談説也。信，不欺也。脩，習。睦，親也③。世淳無欺，談説輒有信也。故哀公問周豐云「有虞氏未施信於民，而民信之」是也。又凡所行習，皆親睦也，故孝經云「民用和睦」是也。○「故人不獨親其親，不獨子其子」者，君既無私，言信行睦，故人法之，而不獨親己親，不獨子己子。「使老有所終」者，既四海如一，無所獨親，故天下之老者皆得贍養，終其餘年也。○「壯有所用」者，壯，謂年齒盛壯者也。所用，謂不愛其力以奉老幼也。亦重任分輕任並，班白者不提挈是也。○「幼有所長」者，無所獨子，故天下之幼，皆獲養長以成人也。○「矜寡孤獨廢疾者，皆有所養」者，壯不愛力，故四者無告及有疾者，皆獲恤養也。○「男有分」者，分，職也。無才者耕，有能者仕，各當其職，無失分也。○「女有歸」者，女謂嫁爲歸。君上有道，不爲失時，故有歸也。若失時者，則詩衛女淫奔，「期我乎桑中，要我乎上宫」，是失時也。故注云：「皆得良奥之家。」○「貨惡其棄於地也，不必藏於己」者，貨，謂財貨也。既天下共之，不獨藏府庫，但若人不收録，棄擲山林，則物壞世窮，無所資用，故各收寳而藏之。是惡棄地耳，非是藏之爲己，有乏者便與也。○「力惡其不出於身也，不必爲己」者，力，謂爲事用力。言凡所事，不憚劬勞，而各竭筋力者，正是惡於相欺，惜力不出於身耳。非是欲自營贍，故云「不必爲己」也。○「是故謀閉而不興」者，興，起也。夫謀之所起，本爲鄙詐。今既天下一心，如親如子，故圖謀之事，閉塞而不起也。○「盗竊亂賊而不作」

① 「不必藏於己」：閩、監、毛本同，嘉靖本同，惠棟校宋本「已」作「己」，宋監本同，石經同，岳本同，衛氏集説同，下「爲己」並同。

② 「大道至大同」：閩、監、毛本如此，此本下「大」字脱。

③ 「脩習睦親也」：閩、監、毛本同，惠棟校宋本「習」下有「也」字。

者，有乏輒與，則盜竊焉施？有能必位，則亂賊何起作也？○「故外户而不閉」者，扉從外闔也。不閉者，不用關閉之也。重門擊柝，本禦暴客。既無盜竊亂賊，則户無俟於閉也，但爲風塵入寢，故設扉耳。無所捍拒，故從外而掩也。○「是謂大同」者，率土皆然，故曰「大同」。○注「禪位」至「親也」。○正義曰：「禪位授聖」，謂堯授舜也①。不家之者，謂不以天位爲己家之有授子也②。天位尚不爲己有，諸侯公卿大夫之位灼然與天下共之，故選賢與能也。己子不才，可舍子立他人之子，則廢朱、均而禪舜、禹是也。然己親不賢，豈可廢己親而事他人之親？但位是天位，子是卑下，可以舍子立他人之子。親是尊高，未必有位，無容廢己之親，而事他親。但事他親有德，與己親同也。案祭法：「有虞氏禘黄帝而郊嚳，祖顓頊而宗堯。」配天事重，不以瞽叟爲祖宗③。此亦不獨親之義也。○注「勞事」至「教也」。○正義曰：以經云「力惡其不出於身」，欲得身出氣力，是勞事無憚也。憚，難也。謂不難勞事。云「施無吝心」者，經云「不必藏於己」，財貨欲得施散，是無吝留之心④。先釋「力」，然後釋「財」，便文，無義例也。

「今大道既隱，隱，猶去也。天下爲家。傳位於子。○傳，丈專反。各親其親，各子其子，貨力爲己。俗狹嗇。○狹音洽。嗇音色。大人世及以爲禮，城郭溝池以爲固。亂賊繁多，爲此以服之也。大人，諸侯也。禮義以爲紀，以正君臣，以篤父子，以睦兄弟，以和夫婦，以設制度，以立田里，以賢勇知，以功爲己。故謀用是作，而兵由此起。以其違大道敦樸之本也。教令之稠⑤，其弊則然。老子曰：「法令滋章，盜賊多有⑥。」○知音智。樸，普角反。稠，直由反。禹、湯、文、武、成王、周公，由此其選也。由，用也，能用禮義以成治。○治，直吏反。此六君子者，未有不謹於禮者也。以著其義，以考其信，著有過，刑仁、講讓，示民有常。考，成也。刑，猶則也。如有不由此者，在執者去，衆以爲殃。執，執位也。去，罪退之也。殃，猶禍惡也。○執音世，本亦作勢。去，羌吕反。注

① 「禪位授聖謂堯授舜也」：閩、監本同，毛本「謂」作「是」。
② 「謂不以天位爲己家之有而授子也」：惠棟校宋本有「而」字，此本「而」字脱，閩、監、毛本同。
③ 「不以瞽叟爲祖宗」：閩、監本同，毛本「祖宗」二字倒。
④ 「是無吝留之心」：閩、毛本「留」作「惜」，監本亦作「惜」，「吝」誤「客」。
⑤ 「敦樸之本也教令之稠」：宋、監本同，毛本同，岳本同，嘉靖本同，考文引宋板同，衛氏集説同，閩本「本也教」三字闕，監本闕「本也」二字。
⑥ 「盜賊多有」：監、毛本同，岳本同，嘉靖本同，衛氏集説同，閩本「盜賊多」三字闕。

同。**是謂小康。**」康，安也。大道之人以禮於忠信爲薄，言小安者失之，則賊亂將作矣。【疏】「今大」至「小康」。○正義曰：前明五帝已竟，此明三代俊英之事。孔子生及三代之末，故稱今也。隱，去也。干戈攻伐，各私其親，是大道去也。○「天下爲家」者，父傳天位與子，是用天下爲家也，禹爲其始也。○「各親其親，各子其子」者，君以天位爲家，故四海各親親而子子也。○「貨力爲己」者，藏貨爲身，出力贍己。○「大人世及以爲禮」者，大人，謂諸侯也。世及，諸侯傳位自與家也。父子曰世，兄弟曰及，謂父傳與子，無子則兄傳與弟也，以此爲禮也。然五帝猶行德不以爲禮，三王行爲禮之禮，故五帝不言禮，而三王云「以爲禮」也。「城郭溝池以爲固」者，城，内城。郭，外也①。溝池，城之塹。既私位獨傳，則更相爭奪，所以爲此城郭溝池，以自衛固也。○「禮義以爲紀」者，紀，綱紀也。五帝以大道爲紀，而三王則用禮義爲紀也。○「以正君臣，以篤父子，以睦兄弟，以和夫婦」者，緣此諸事有失，故並用禮義，爲此以下諸事之紀也。君臣義合，故曰「正」。父子天然，故云「篤」。篤，厚也。兄弟同氣，故言「睦」。夫婦異姓，故言和，謂親迎合巹之事。○「以設制度」者，又用禮義設爲宫室、衣服、車旗、飲食、上下、貴賤，各有多少之制度也。○「以立田里」者，田，種穀稼之所。里，居宅之地，貴賤異品。○「以賢勇知」者，賢，猶崇重也。既盗賊並作，故須勇也。更相欺妄，故須知也。所以勇知之士，皆被崇重也。○「以功爲己」者，立功起事，不爲他人也。○「故謀用是作，而兵由此起」者，故姦詐之謀，用是貨力爲己而興作，而戰爭之兵，由此貨力爲己而發起。○「禹、湯、文、武、成王、周公，由此其選也」者，以其時謀作兵起，遞相爭戰，禹、湯等能以禮義成治，故云「由此其選」。由，用也。此，謂禮義也。用此禮義教化，其爲三王中之英選也。○「此六君子者，未有不謹於禮者也」，言此聖賢六人，皆謹慎於禮，以行下五事也。○「以著其義」者，此以下皆謹禮之事也。著，明也。義，宜也。民有失所，則用禮明裁斷之，使得其宜也。○「以考其信」，考，成也。民有相欺，則用禮成之使信也。○「著有過」者，著，亦明也。過，罪也。民有罪則用禮以照明之也。○「刑仁」者，刑，則也。民有仁者，用禮賞之，以爲則也。○「講讓」者，民有爭奪者，用禮與民講説之，使推讓也。○「示民有常」者，以禮行上五德是示見民下爲常法也。然此五德，即仁、義、禮、知、信也。能明有罪是知也，能講推讓即是禮也。○「如有不由此者，在執者去，衆以爲殃」者，由，用也。去，罪退之。殃，禍惡也。若爲君而不用上「謹於禮」以下五事者，雖在富貴執位②，而衆人必以爲禍惡，共以罪黜退之。○「是謂小康」者，康，安也。行禮自衛，乃得不去執位，及不爲衆所殃，而比大道爲劣，故曰「小安」也。○注「大人，諸侯也」。○正義曰：　上既云「天下爲家」，是天子之治天下也。以「大人世及而爲禮」，明大人非天子，又云

---

① 「城内城郭外城也」：監、毛本如此，衛氏集説同，無「也」字，此本「外」下「城」字脱，閩本同。考文引宋板「外城」作「城外」。

② 「雖在富貴執位」：閩、監本同，毛本「執」作「勢」。

「世及」，復非卿大夫，故以爲諸侯。凡文各有所對，易革卦「大人虎變」，對「君子豹變」，故大人爲天子。士相見禮云：「與大人言，言事君。」對士文。云「事君」，①故以大人爲卿大夫。○注「教令之稠，其弊則然」。○正義曰：以三王之時，教令稠數，徵責繁多，在下不堪其弊，則致如此。然，謂謀作兵起也。案史記「黃帝與蚩尤戰于涿鹿之野」，尚書舜征有苗，則五帝有兵。今此三王之時，而云「兵由此起」者，兵設久矣，但上代之時用之希少，時有所用，故雖用而不言也。三王之時，每事須兵，兵起煩數，故云「兵猶此起」也②。

① 「對士文云事君」：閩本同，監、毛本「文」作「又」。

② 「故云兵由此起也」：監、毛本作「由」，此本「由」誤「猶」，閩本同。

（六）左傳

●**春秋與左傳**　左傳爲春秋之傳。春秋是記載春秋時期魯國歷史的一部編年體史書，以年、時、月、日爲次記事，相傳曾經孔子删定整理。春秋一書的文句極爲簡短，記載二百多年的歷史，一共才用一萬六七千字，而且措辭也比較隱晦。後來有左傳、公羊傳、穀梁傳分別爲春秋作解釋，稱爲「三傳」。左傳大約成書於戰國初期，關於其作者尚無定論。

●**左傳的記事**　左傳記事，起自魯隱公元年（前七二二年），止於趙、魏、韓三家滅晉（前四五三年），比春秋下延二十八年。其內容，既解經，又不受春秋記事範圍的局限，既有有經無傳的情況，也有有傳無經的情況。左傳不僅記載魯國的歷史，還詳細記載了其他諸侯國的史事，內容以政治和戰爭爲主，兼及社會的各個方面，是三傳中文字最多的。

●**「經」「傳」的合一**　春秋「經」與「傳」原本分別流傳，清代嚴可均認爲，公羊傳同春秋經傳合一，是何休（一二九—一八二）在東漢完成的；而穀梁傳與經的合一，一般則認爲是范寧（三三九—四〇一）在其春秋穀梁傳集解中開始的。西晉初年，杜預將春秋經文按年拆開，分別放在各年的左傳傳文之前，爲之作注而成春秋左氏經傳集解，從此左傳經傳合一。

●**相關參考論著資料**

——晉 杜預注，唐 孔穎達疏春秋左傳正義

——清 洪亮吉春秋左傳詁

——清 劉文淇春秋左氏傳舊注疏证

——清 沈欽韓春秋左傳補注

——楊伯峻春秋左傳注

左傳正義・城濮之戰(節選)

【導讀】

●**說明**　本文節選自春秋左傳正義僖公二十七、二十八年，晉杜預注，唐孔穎達疏。據中華書局(北京)一九八〇年影印阮元刻十三經注疏本標點。城濮之戰的題目爲編者所加。

●**杜預**(二二二—二八五)　字元凱，京兆杜陵(今陝西長安東北)人。西晉軍事家，曾任鎮南大將軍，都督荆州諸軍事，鎮襄陽。太康元年，西晉大舉伐吴，杜預連克西陵、江陵等城。西晉滅吴統一全國後，以功封當陽侯。杜預博學多才，曾參與定律令，設考課，改曆法，造舟橋，重農耕，興水利，通河運等，多有建樹；且精通典籍，通曉兵法，明於籌略，故朝野譽其爲「杜武庫」，言其無所不有。杜預酷愛研讀左傳，著有春秋左氏經傳集解等。

●**選文内容**　本篇記載了晉文公圖强的過程中，與楚國在城濮的一次戰爭。此役一舉奠定了晉文公稱霸的基礎。文中對戰爭的描寫及外交辭令的展示，堪稱左傳中的典範之一。

附釋音春秋左傳注疏卷第二十九　襄元年盡四年

杜氏注　孔穎達疏

襄公○陸曰襄公名午成公子母定姒謚法因事有功曰襄辟土有德曰襄［疏］正義曰魯世家云襄公名午成公之子定姒所生以簡王十四年即位謚法因事有功曰襄是歲歲在壽星

經元年春。王正月。公即位。無傳於是公年四歲［疏］注於是公年四歲○正義曰九年傳曰會于沙隨之歲寡君以生晉侯曰十二年矣知於是公年四歲　○仲孫蔑會晉欒黶、宋華元、衛甯殖、曹人、莒人、邾人、滕人、薛人圍宋彭城。晉與謀於虛朾而書會者禀命霸主非匹敵故○與音預　○夏。晉韓厥帥師伐鄭。○仲孫蔑會齊崔杼、曹人、邾人、杞人、次于鄫。鄫鄭地在陳留襄邑縣東南魯次兵不加鄭次鄫以待晉師○鄫才

附圖表十七：左傳書影（中華書局影印阮元刻十三經注疏局部）

春秋左傳正義

杜預　注　　孔穎達　疏

目　録

春秋左傳注疏校勘記序

春秋左氏傳，漢初未審獻於何時，漢藝文志説孔壁事，祇云「得古文尚書及禮記、論語、孝經」，不言左氏經傳也。景十三王傳亦但云「得古文經傳」，所謂「傳」者，即禮之記及論語，亦未言有左氏也。楚元王傳劉歆讓太常博士，亦以逸禮三十有九、書十六篇系之魯恭王所得，孔安國所獻。而於春秋左氏所修二十餘通，則但云「藏於祕府」，不言獻自何人。惟説文解字序分別言之，曰：「魯恭王壞孔子宅，得禮記、尚書、春秋、論語、孝經。又北平侯張倉獻春秋左氏傳。」然後左氏經傳所自出，始大白於世。顧許言恭王所得有春秋，豈孔壁中有春秋經文爲孔子手定者與？北平侯所獻，蓋必有經有傳，度其經必與孔壁經大同。然則班志所云「古經十二篇」者，指恭王所得與？抑指北平所獻與？左氏傳之學，興於賈逵、服虔、董遇、鄭衆、潁容諸家，杜預因之分經比傳，爲之集解。今諸家全書不可見，而流傳間見者，往往與杜本乖異。古有吴皇象所書本，宋臧榮緒、梁岑之敬所校本，今皆不可得。蓋傳文異同可考者，亦僅矣。唐人專宗杜注，惟蜀石經兼刻經、傳、杜注文，而蜀石盡亡，世間搨本，僅存數百字。後唐詔儒臣田敏等校九經，鏤本於國子監，此亦經、傳、注兼刻者，而今多不存。至於孔穎達等依經、傳、杜注爲正義三十六卷，本自單行，宋淳化元年有刻本。至慶元間，吴興沈中賓分系諸經注本合刻之，其跋云：「踵給事中汪公之後，取國子監春秋經、傳、集解、正義精校，萃爲一書。」蓋田敏等所鏤，淳化元年所頒，皆冣爲善本，而畢集於是。後此附以釋文之本，未有能及此者。元和陳樹華即以此本遍考諸書，凡與左氏經傳文有異同可備參考者，撰成春秋内傳考證一書。考證所載之同異，雖與正義本夐然不同，然亦間有可采者。元更病今日各本之踳駁，思爲諟正。錢塘監生嚴杰熟於經疏，因授以舊日手校本，又慶元間所刻之本，並陳樹華考證及唐石經以下各本及釋文各本，精詳捃摭，共爲校勘記四十二卷，雖班孟堅所謂「多古字古言」、許叔重所謂「述春秋傳用古文」者，年代緜邈，不可究悉，亦庶幾網羅放佚，冀成注疏善本，用裨學者矣。阮元記。

引據各本目錄

唐石經春秋三十卷　首載杜氏序。每卷篇首題「春秋經傳集解某公第幾」，第二行題「左氏盡某年」。每行十字。有復經勘定處，或九字一行，十一字一行，間有十二字一行者。唐人改刊，多剗磨重鐫，後人即加于本字之上。隱公第一盡十一年，桓公第二盡十八年，莊公第三盡卅二年，閔公第四盡二年，僖上第五盡十五年，僖中第六盡廿六年，僖下第七盡卅三年，文上第八盡十年，文下第九盡十八年，宣上第十盡十二年，宣下第十一盡十八年，成上第十二盡十年，成下第十三盡十八年，襄元第十四盡九年，襄二第十五盡十五年，襄三第十六盡二十二年，襄四第十七盡廿五年，襄五第十八盡廿八年，襄六第十九盡卅一年，昭元第廿盡三年，昭二第廿一盡七年，昭三第廿二盡十二年，昭四第廿三盡十七年，昭五第廿四盡廿二年，昭六第廿五盡廿六年，昭七第廿六盡卅二年，定上第廿七盡七年，定下第廿八盡十五年，哀上第廿九盡十三年，哀下第卅盡廿七年。末載後序。宣公上、下，俱經後梁重刻，上卷原刻尚存五六行，下卷僅三之一。僖公篇亦有數段出自後人重刻，然字迹遠勝後梁所鐫。昆山顧炎武標舉誤字，此經獨多，皆非唐本之舊也。

不全宋刻春秋經傳集解三册　分卷與唐石經同。上册題「襄五第十八」，闕二十二、二十三兩頁。中册題「昭三第二十二」，闕三至八六頁，又闕十三一頁及二十一、二十二兩頁。「昭四第二十三」，闕一頁。下册題「昭五第二十四」，闕二十二、二十三、二十四三頁。每半頁十行。注文雙行，每行字數不一。卷末載經注若干字，無附釋音。宋刻經注本之最善者。書内「構」字闕筆，此避宋高宗諱。錢塘何元錫云版心有「直學王某」等字，亦南渡官名也。

不全北宋刻小字本春秋經傳集解二卷　此本惟廿四廿五兩卷，每半板十一行，行廿三四五字不一，注文雙行，約多幾字，卷末無附釋音。惜不知何人所刊也。

淳熙小字本春秋經傳集解三十卷　分卷與唐石經同。每半頁十行，行十八字，注文雙行，行廿二字，附釋音。

此宋時坊刻，有訛字俗體，大致不失其爲善本。卷末題「淳熙柔兆涒灘中夏初吉閩山阮仲猷種德堂刊」。柔兆涒灘乃宋孝宗淳熙三年丙申也。末附春秋名號歸一圖二卷，蜀馮繼先所作。

南宋相台岳氏春秋經傳集解三十卷　宋岳珂刊，分卷與唐石經同，缺十九、二十兩卷。每半頁八行，行十七字。注文雙行，附釋音。每卷之後，皆有木刻亞形「相台岳氏刻梓荆溪家塾」印，大小篆隸文楷書不一。每頁之末，上刻篇識，如隱某年、桓某年等。明代以來，翻刻有四，皆不若此本之精審。末附春秋年表一卷，春秋名號歸一圖二卷。年表不著撰人名氏。

宋纂圖本春秋經傳集解三十卷　每半頁十行。注文雙行，每行字數不一，注後附音釋。音釋後又似句、互注、重言等條，此宋時坊刻所加。

足利本春秋經傳集解　見七經孟子考文。案山井鼎云：「左傳考文稱足利本者，宋板經傳集解本也。」今以活字板驗之，是爲其原本也。

宋本春秋正義三十六卷　宋慶元間吴興沈中賓所刊。案新唐書經籍志載春秋正義三十六卷，與此合。宋王堯臣崇文總目、晁公武郡齋讀書志、陳振孫書録解題並同。分卷行款與俗本亦異。卷一序，卷二隱元年，卷三隱二年至五年，卷四隱六年至十一年，卷五桓元年二年，卷六桓三年至六年，卷七桓七年至十八年，卷八莊元年至十五年，卷九莊十六年至三十二年，卷十閔元年二年，卷十一僖元年至十五年，卷十二僖十六年至二十六年，卷十三僖二十七年至三十三年，卷十四文元年至十年，卷十五文十一年至十八年，卷十六宣元年至十一年，卷十七宣十二年至十八年，卷十八成元年至十年，卷十九成十一年至十八年，卷二十襄元年至八年，卷二十一襄九年至十二年，卷二十二襄十三年至二十二年，卷二十三襄二十三年至二十五年，卷二十四襄二十六年至二十八年，卷二十五襄二十九年至三十一年，卷二十六昭元年至三年，卷二十七昭四年至七年，卷二十八昭八年至十二年，卷二十九昭十三年至十七年，卷三十昭十八年至二十二年，卷三十一昭二十三年至二十六年，卷三十二昭二十七年至三十二年，卷三十三定元年至七年，卷三十四定八年至十五年，卷三十五哀元年至十一年，卷三十六哀十二年至二十七年。又「會於夷儀之歲」云云，在襄二十六年之首，與唐石經合。無附釋音。字無俗體，是宋刻正義中之第一善本。每半頁八行。經傳每行十六字，注及正文每格雙行，行廿二字。經傳下載注，不標「注」字，正義總歸篇末，真舊式也。今校勘記依此分卷。

附釋音春秋左傳注疏六十卷　此本雕板，南宋遞有修補，下至明末，其板猶存，在注疏中六十卷本之最善者。卷一序，卷二隱元年盡二年，卷三隱三年盡五年，卷四隱六年盡十一年，卷五桓元年盡二年，卷六桓三年盡六年，卷七桓七年盡十八年，卷八莊元年盡十年，卷九莊十一年盡二十二年，卷十莊二十三年盡三十二年，卷十一閔元年盡二年，卷十二僖元年盡五年，卷十三僖六年盡十四年，卷十四僖十五年盡廿一年，卷十五僖二十二年盡二十四年，卷十六僖二十五年盡二十八年，卷十七僖二十九年盡三十三年，卷十八文元年盡四年，卷十九上文五年盡十年，卷十九下文十一年盡十五年，卷二十文十六年盡十八年，卷二十一宣元年盡四年，卷二十二宣五年盡十一年，卷二十三宣十二年，卷二十四宣十三年盡十八年，卷二十五成元年盡二年，卷二十六成三年盡十年，卷二十七成十一年盡十五年，卷二十八成十六年盡十八年，卷二十九襄元年盡四年，卷三十襄五年盡九年，卷三十一襄十年盡十二年，卷三十二襄十三年盡十五年，卷三十三襄十六年盡十八年，卷三十四襄十九年盡二十一年，卷三十五襄二十二年盡二十四年，卷三十六襄二十五年，卷三十七襄二十六年，卷三十八襄二十七年盡二十八年，卷三十九襄二十九年，卷四十襄三十年盡三十一年，卷四十一昭元年，卷四十二昭二年盡四年，卷四十三昭五年盡六年，卷四十四昭七年盡八年，卷四十五昭九年盡十二年，卷四十六昭十三年，卷四十七昭十四年盡十六年，卷四十八昭十七年盡十九年，卷四十九昭二十年，卷五十昭二十一年盡二十三年，卷五十一昭二十四年盡二十五年，卷五十二昭二十六年盡二十八年，卷五十三昭二十九年盡三十二年，卷五十四定元年盡四年，卷五十五定五年盡定九年，卷五十六定十年盡十五年，卷五十七哀元年盡五年，卷五十八哀六年盡十一年，卷五十九哀十二年盡十五年，卷六十哀十六年盡二十七年。每半頁十行，每行十七字。注疏每格雙行，行二十三字。經傳下載注，不標「注」字。正義冠大「疏」字於上。今校正義，以此本爲據也。又案七經孟子考文補遺云「毛詩、春秋編入陸德明經典釋文，共題曰『附釋音』，蓋與正德刊本略似矣」。其實一也。考文所謂正德本，即指此本修版處而言。

閩本春秋左傳注疏六十卷　明嘉靖閩中御史李元陽、僉事江以達校刊。分卷與附釋音本同。每半頁九行，行二十一字。傳注正義低一格，每行二十字，正義雙行。以注文改作中號字，冠「注」字於上，始於李氏。非宋板舊式。其佳處多與附釋音本相合。有監本、毛本脱錯，而此本不誤，較監、毛爲優云。

監本春秋左傳注疏六十卷 明萬曆十九年刊。每卷第二三行題「皇明朝列大夫國子監祭酒盛訥等奉敕重校刊」，敕字提行。分卷與附釋音本同，行款與閩本合，惟注文用小字，空左。卷末載後序。錯字較少，非毛本可及也。

重修監本春秋左傳注疏六十卷 此本惟每卷第三行擠刊「皇明朝列大夫國子監祭酒臣吴士元、承德郎司業仍加俸一級臣黄錦等奉旨重修」，將盛訥銜改列第二行。譌字較原本爲多。記中所引，凡與原本同者，則總稱監本；其異者，則稱重修監本。

毛本春秋左傳注疏六十卷 明崇禎戊寅常熟汲古閣毛晉所刊。分卷與附釋音本同，行款與閩本合。此本世所通行，而亥豕之譌，觸處皆是。

僖公

杜氏　注　　孔穎達　疏

傳二十七年

冬，楚子及諸侯圍宋，宋公孫固如晉告急。公孫固，宋莊公孫。先軫曰：「報施救患，取威定霸，於是乎在矣。」先軫，晉下軍之佐原軫也。報宋贈馬之施。○軫，之忍反。施，式氏反，注同。【疏】注「先軫」至「之施」。○正義曰：劉炫云，下「蒐于被廬」，先軫始佐下軍，此時未爲下軍之佐。以規杜氏。知不然者，以方欲救宋，即蒐被廬。先軫此語與蒐相近，不知未蒐之前，先軫身作何官，故以蒐後下軍之佐明之。然先軫後年亦爲中軍帥。不云中軍帥者，相去既遠，又隔下軍之佐，故杜不言之。狐偃曰：「楚始得曹，而新昏於衛。若伐曹、衛，楚必救之，則齊、宋免矣。」前年楚使申叔侯戍穀以偪齊。於是乎蒐于被廬，晉常以春蒐禮，改政令，敬其始也。被廬，晉地。○蒐，所求反。被，皮義反。廬，力居反。作三軍，閔元年晉獻公作二軍，今復大國之禮。謀元帥。中軍帥。○帥，所類反，注同。【疏】「謀元帥」①。○正義曰：元，長也。謂將帥之長。軍行則重者居中，故晉以中軍爲尊，而上軍次之。其二軍則上軍爲尊，故閔元年晉侯作二軍，公將上軍。趙衰曰：「郤縠可②。臣亟聞其言矣，説禮、樂而敦詩、書。詩、書，義之府也；禮、樂，德之則也。德、義，利之本也。【疏】「説禮」至「本也」。○正義曰：説謂愛樂之，敦謂厚重之。詩之大旨，勸善懲惡。書之爲訓，尊賢伐罪，奉上以道，禁民爲非之謂義。詩、書，義之府藏也。禮者，謙卑恭謹，行歸於敬。樂者，欣喜歡娛，事合於愛。揆度於内，舉措得中之謂

---

① 「謀元帥」：宋本以下正義二節總入「德義利之本也」之下。

② 「郤縠可」：釋文「縠」作「穀」，云：「本又作縠，同」。顧炎武云：「石經誤作『穀』」。案：炎武所據乃謬刻。

德。禮、樂者，德之法則也。心説禮、樂，志重詩、書，遵禮以布德①，習詩、書以行義，有德有義，利民之本也。晉語云：「文公問元帥於趙衰，對曰：『郤縠可，年五十矣，守學彌惇。夫好先王之法者，德義之府也。夫德義，生民之本也。能敦篤，不忘百姓。請使郤縠。』公從之。」夏書曰：「賦納以言，明試以功，車服以庸。」尚書虞夏書也。賦納以言，觀其志也；明試以功，考其事也；車服以庸，報其勞也。賦，猶取也。庸，功也。○縠，本又作穀，同，胡木反。亟，欺冀反，數也。説音悦。君其試之。【疏】「夏書」至「試之」。○正義曰：夏書言用臣之法。賦，取也。取人納用以其言。察其言觀其志也。分明試用以其功，考其功觀其能也。而賜之車服，以報其庸。庸，亦功也。知其有功乃賜之。古人之法如此，君其試用之。○注「尚書」至「功也」。○正義曰：此古文虞書益稷之篇。漢、魏諸儒不見古文，因伏生之謬，從堯典至胤征凡二十篇總名曰虞夏書，以與禹對言，故傳通謂大禹謨以下皆爲夏書也。古本作「敷納以言，明庶以功」。「敷」作「賦」，「庶」作「試」，師受不同，古字改易耳。賦税者，取受之義，故爲取也。「庸，功」，釋詁文。舜典云：「敷奏以言，明試以功，車服以庸。」文雖略同，此引夏書，非舜典也。乃使郤縠將中軍，郤溱佐之；使狐偃將上軍，讓於狐毛而佐之；狐毛，偃之兄②。○將，子匠反，下將、上將皆同。溱，側巾反。【疏】注「狐毛，偃之兄」。○正義曰：晉語：偃辭曰：「毛之知，賢於臣，其齒又長，毛也不在位，不敢聞命。」命趙衰爲卿，讓於欒枝、先軫。欒枝，貞子也，欒賓之孫。欒，魯官反。使欒枝將下軍，先軫佐之。荀林父御戎，魏犨③爲右。荀林父，中行桓子。○行，户剛反。晉侯始入而教其民，二年，欲用之。二十四年入。子犯曰：「民未知義，未安其居。」無義則苟生。【疏】注「無義則苟生」。○正義曰：未知君臣之義，不作長久之圖，苟且爲生，以過朝夕，是未安其居。於是乎出定襄王，二十五年定襄王，以示事君之義。入務利民，民懷生矣。【疏】「入務」至「生矣」④。○正義曰：利民之事，非止一塗。晉語説文公爲政云：「棄責薄斂，施舍分災，救乏振滯，匡困資無，輕關易道，通賈寬農，務穡勸分，省用足財，利器

---

① 「遵禮以布德」：案：「禮」下脱「樂」字，當據宋本、閩本、監本、毛本補。
② 「狐毛偃之兄」：宋本以下正義，二節總入「未安其居」注下。
③ 「魏犨爲右」：補各本「犨」作「犫」。下並同。
④ 「入務至生矣」：宋本以下正義二節摠入「未宣其用」注下。

明德，以厚民性。」皆是利民之事。民懷生者，謂有懷義之心，不復苟且。劉炫云：「生既厚民，皆懷戀居處。」將用之，子犯曰：「民未知信，未宣其用。」宣，明也，未明於見用之信。【疏】注「未明於見用之信」。○正義曰：信是人之所用，若未伐原示信，民未明於信是人用。故傳云「未宣其用」，云見用者，言信見爲人所用。於是乎伐原以示之信。伐原在二十五年。民易資者，不求豐焉，不詐以求多①。明徵其辭，重言信。公曰：「可矣乎？」②子犯曰：「民未知禮，未生其共。」於是乎大蒐以示之禮，蒐，順少長，明貴賤。○長，丁丈反。作執秩以正其官。執秩，主爵秩之官。○秩，直乙反。民聽不惑，而後用之。出穀戍，釋宋圍，楚子使申叔去穀，子玉去宋。一戰而霸，文之教也。謂明年戰城濮③。【疏】「文之教也」。○正義曰：論語云：「上好禮則民莫敢不敬，上好義則民莫敢不服，上好信則民莫敢不用情。」今晉侯以義、信、禮教民，然後用之，是文德之教也。明年傳君子「謂晉於是役也，能以德攻」，注云：「以文德教民而後用之。」謂此役也。

傳二十八年，春，晉侯將伐曹，假道于衛，曹在衛東故。衛人弗許。還，自河南濟。從汲郡南渡，出衛南而東。○汲音急。侵曹伐衛。正月戊申，取五鹿。五鹿，衛地。二月，晉郤縠卒。原軫將中軍，胥臣佐下軍，上德也。先軫以下軍佐超將中軍，故曰上德。胥臣，司空季子。○將，子匠反，注同。胥，思徐反。晉侯、齊侯盟于斂盂。斂盂，衛地。○斂，徐音廉，又力撿反。盂音于。衛侯請盟，晉人弗許。衛侯欲與楚，國人不欲，故出其君以說于晉。衛侯出居于襄牛。襄牛，衛地。○說音悦，或如字。

○公子買戍衛，晉伐衛。衛，楚之昏姻，魯欲與楚，故戍衛。楚人救衛，不克。公懼於晉，殺子叢以說焉。

---

① 「不詐以求多」：纂圖本「多」下有「也」字，非。下句注同。

② 「公曰可矣乎」：石經「乎」字旁增，蓋初刊時脱去，覆刊增正也。

③ 「謂明年戰城濮」：纂圖本、閩本、監本、毛本「謂」作「爲」，非也。

召子叢而殺之以謝晉。○説音悦。謂楚人曰①：「不卒戍也。」謂告楚人，言子叢不終戍事而歸②，故殺之。殺子叢在楚救衛下，經在上者，救衛，赴晚至。

○晉侯圍曹，門焉，多死，攻曹城門。曹人尸諸城上，磔晉死人於城上。○磔，張宅反。晉侯患之，聽輿人之謀曰：「稱舍於墓。」輿，衆也。舍墓，爲將發冢。○輿音餘。爲如字，又于僞反。【疏】「輿人」至「於墓」③。○正義曰：此「謀」字或作「誦」，涉下文而誤耳。其云誦者皆韻如詩賦④。此稱舍於墓，直是計謀之言，不得爲「誦」。今定本作「謀」⑤。師遷焉，曹人兇懼，還至曹人墓。兇兇，恐懼聲。○兇，凶勇反。恐，丘勇反。爲其所得者棺而出之。因其兇也而攻之。三月丙午，入曹。數之，以其不用僖負羈而乘軒者三百人也，且曰：「獻狀。」軒，大夫車，言其無德居位者多⑥，故責其功狀。○棺，古患反，一音官。軒，許言反。令無入僖負羈之宮而免其族，報施也。報飧璧之施。○施，始豉反，注同。飧音孫。魏犫、顛頡怒曰：「勞之不圖，報於何有！」二子各有從亡之勞。○頡，胡詰反。從，才用反。【疏】「勞之」至「何有」。○正義曰：二子有從行之勞，未得厚賞，故言勞苦之大，不嘗圖謀其報，此小惠於何有！義恨公忘己而念彼也。爇僖負羈氏。爇，燒也。○爇，如悦反。魏犫傷於胷，公欲殺之，而愛其材，才，力。使問，且視之。病，將殺之。魏犫束胷見使者曰：「以君之靈，不有寧也。」言不以病故自安寧。○見，賢遍反。使，所吏反。距躍三百，曲踊三百。距躍，超越也。曲踊，跳踊也。百，猶勵也⑦。○距音巨。躍，羊略反。三，如字，又息暫反。百音

---

① 「謂楚人曰」：石經、宋本無「曰」字。

② 「謂告楚人言子叢不終戍事而歸」：宋本、岳本、足利本「謂」作「詐」。

③ 「與人至於墓」：宋本此節正義在「師遷焉」注下。

④ 「皆韻如詩賦」：閩本、監本、毛本「皆」作「音」。

⑤ 「今定本作謀」：監本、毛本「定」作「先」，非也。

⑥ 「言其無德居位者多」：淳熙本「居」作「車」，非也。

⑦ 「百猶勵也」：宋本、岳本「勵」作「勱」，釋文亦作「勱」字，正義同。按：「勵」者「厲」之俗，説文所無。「勱」音邁，「百」音陌，雙聲也。

陌，下放此。跳，徒彫反。勵音邁。【疏】注「距躍」至「勵也」①。○正義曰：詩稱魚躍，易言龍躍，則躍是舉身向上之名。禮記「婦人踴不絶地」。則踴亦向上之名。詩云踴躍，用兵則踴躍，二事勢相類也。説文云：「躍，迅也。②踴，跳也。」然則躍以疾生名，故以距躍爲超越，言距地向前跳而越物過也。曲踴以曲爲言，則謂向上跳而折復下，故以曲踴爲跳踴耳，言直上向下而已。以傷病之人，而再言「三百」，不可爲六百跳也。杜言「百猶勵」，亦不知勵何所謂，蓋復訓勵爲勉，言每跳皆勉力爲之。乃舍之。殺顛頡以徇于師，立舟之僑以爲戎右。舟之僑，故虢臣，閔二年奔晉。以代魏犨，爲先歸張本。○舍，如字，又音捨，下同。徇，似俊反。宋人使門尹般如晉師告急。門尹般，宋大夫。○般音班。公曰：「宋人告急，舍之，則絶。與晉絶。告楚，不許。我欲戰矣，齊、秦未可，若之何？」未肯戰。先軫曰：「使宋舍我而賂齊、秦，求救於齊、秦。○舍音捨。藉之告楚。假借齊、秦③，使爲宋請。○藉，在亦反，借也。爲，于僞反。我執曹君，而分曹、衛之田以賜宋人。楚愛曹、衛，必不許也。不許齊、秦之請。喜賂怒頑，能無戰乎？」言齊、秦喜得宋賂而怒楚之頑，必自戰也。不可告請，故曰頑。公説，執曹伯，分曹、衛之田以畀宋人。楚子入居于申，申在方城内，故曰入。○説音悦。畀，必利反。使申叔去穀，二十六年申叔戍穀。使子玉去宋，曰：「無從晉師。晉侯在外十九年矣，而果得晉國。晉侯生十八年而亡，亡十九年而反，凡三十六年④，至此四十矣。險阻艱難，備嘗之矣；民之情僞，盡知之矣。天假之年，獻公之子九人，唯文公在，故曰天假之年。而除其害。除惠、懷、吕、郤。天之所置，其可廢乎？軍志曰：『允當則歸。』無求過分。軍志，兵書。○當，丁浪反。分，扶問反。又曰：『知難而退。』又曰：『有德不可敵。』此三志者，晉之謂矣。」謂今與晉遇當用此三志。【疏】「軍志」至「謂矣」。○正義曰：「允當則歸」，謂信當

① 「注距躍至勵也」：宋本此節正義在「以徇于師」句下。

② 「説文云躍迅也」：閩本、監本、毛本「迅」作「退」，非也。

③ 「報借齊秦」：宋本、淳熙本、岳本、足利本「報」作「假」，是也。

④ 「凡二十六年」：宋本、足利本「二」作「三」，是也。

分理則須歸還，無求過分決戰取勝也。「知難而退」，謂知前敵之難，則須退辟也①。「有德不可敵」，謂必知敵彊，不須與競也。此三志者，與晉相遇之謂矣。劉炫云：「此志三云者，情有淺深。『允當則歸』，謂彼雖可勝，得當則還，言前人弱於己也。『知難而退』，謂勝不可必，早自也斂②，言前人與己敵也。『有德不可敵』，謂必知彼彊，不須與競，言前人彊於己也。三者從弱至彊，總言晉之謂矣。指言晉彊於己也。」子玉使伯棼請戰③，伯棼，子越椒也，鬬伯比之孫。○棼，扶云反；王扶粉反。曰：「非敢必有功也，願以間執讒慝之口。」間執，猶塞也。讒慝，若蔿賈之言，謂子玉不能以三百乘入。○間，間厠之間，注同。慝，吐得反。乘，繩证反。王怒，少與之師，唯西廣、東宮與若敖之六卒實從之。楚子還申，遣此兵以就前圍宋之衆。楚有左、右廣，又太子有宮甲，分取以給之。若敖，楚武王之祖父，葬若敖者，子玉之祖也。六卒，子玉宗人之兵六百人。言不悉師以益之。○廣，古曠反，注同。卒，子忽反，注同。【疏】注「楚子」至「益之」。○正義曰：宣十二年傳欒武子説楚事，云「其君之戎分爲二廣，廣有一卒，卒偏之兩。」是楚有左右廣也。周禮「車僕掌戎路之萃，廣車之萃」，鄭玄云：「廣車，横陳之車。」襄十一年鄭人賂晉侯以廣車。蓋兵車之名，名之爲廣，因即以車表兵，謂屬西廣之兵也。文元年，商臣以宮甲圍成王，是東宮兵也。周禮司馬：「凡制軍百人爲卒。」知六卒六百人也。子玉使宛春告於晉師曰：「請復衛侯而封曹，臣亦釋宋之圍。」衛侯未出竟，曹伯見執在宋，已失位，故言復衛封曹。○宛，於元反，又於阮反。竟音境。子犯曰：「子玉無禮哉！君取一，臣取二，君取一，以釋宋圍，惠晉侯。臣取二，復曹、衛爲己功。不可失矣。」言可伐。先軫曰：「子與之。【疏】「先軫曰子與之」④。○正義曰：以子犯言爲無理，故先言子與之，欲令子犯與子玉復衛封曹，既言此以答子犯，然後復言其不可之理，更别爲立計，使私許復曹、衛以攜之。定人之謂禮，楚一言而定三國，我一言而亡之，我則無禮，何以戰乎？不許楚言，是棄宋也，救而棄之，謂諸侯何？言將爲諸侯所怪。楚有三施，我有三怨。怨讎已多，將何以

① 「則須退辟也」：宋本「辟」作「避」。
② 「早自也斂」：閩本、監本、毛本「也」作「退」，亦非。宋本作「收」。
③ 「子玉使伯棼請戰」：淳熙本「玉」誤「欲」。石經此處闕，宋本、淳熙本、岳本、纂圖本、足利本「棼」作「棼」，不誤。釋文亦作「棼」，注同。
④ 「先軫曰子與之」：宋本以下正義三節摠入「退三舍」句下。

戰？不如私許復曹、衛以攜之，私許二國，使告絶于楚而後復之。攜，離也。○施，始豉反。執宛春以怒楚，既戰而後圖之。」須勝負決乃定計。公説，乃拘宛春於衛，且私許復曹、衛。曹、衛告絶於楚。子玉怒，從晉師。晉師退。軍吏曰：「以君辟臣，辱也。且楚師老矣，何故退？」子犯曰：「師直爲壯，曲爲老，豈在久矣①？微楚之惠不及此，重耳過楚，楚成王有贈送之惠。○説音悦。拘音俱。過，古禾反。退三舍辟之，所以報也。一舍，三十里。初，楚子云：「若反國，何以報我？」故以退三舍爲報。背惠食言，【疏】「背惠食言」。○正義曰：釋詁云：「食，僞也。」孫炎云：「食言之僞②。」尚書湯誓云：「爾無不信，朕不食言。」孔安國云：「食盡其言，僞不實也。」哀二十五年傳孟武伯惡郭重曰③：「何肥也？」公曰：「是食言多矣，能無肥乎？」然則食言者，言而不行，如食之消散，後終不行。則前言爲僞，通謂僞言爲食言④，故爾雅訓食爲僞也。以亢其讎，亢，猶當也，讎謂楚也。○背音佩，下及注同。亢，苦浪反。我曲楚直，其衆素飽，不可謂老。直，氣盈飽。【疏】注「直，氣盈飽」。○正義曰：素訓爲空⑤，忿怒之深，空腹不食。直氣盈飽也。我退而楚還，我將何求。若其不還，君退臣犯，曲在彼矣。」退三舍，楚衆欲止，子玉不可。夏，四月戊辰，晉侯、宋公、齊國歸父、崔夭、秦小子慭次于城濮。國歸父、崔夭，齊大夫也。小子慭，秦穆公子也。城濮，衛地。○夭，於表反。楚師背酅而舍，酅，丘陵險阻名。○酅，户圭反。【疏】注「酅，丘陵險阻名」⑥。○正義曰：兵法右背山陵，前左水澤⑦，楚師背酅而舍，知其背丘陵也。蓋所舍之處有丘陵名酅，其處有險阻也。晉侯患之，聽輿人

---

① 「豈在久矣」：石經、宋本、淳熙本、岳本、足利本「矣」作「乎」，是也。
② 「食言之爲」：宋本、閩本、監本、毛本「爲」作「僞」。
③ 「孟武伯惡都重曰」：宋本「都」作「郭」，是也。
④ 「通謂僞言爲食言」：宋本「謂」作「爲」，非。
⑤ 「素訓爲上」：宋本「上」作「空」，是也。
⑥ 「酅丘陵險阻名」：宋本以下正義二節揔入「吾且柔之矣」注下。
⑦ 「前左水澤」：浦鏜校本「左」作「阻」字。按：史記淮陰侯列傳曰：「兵法：『右倍山陵，前左水澤。』」倍，古「背」字，「背」猶後也。

之誦，恐衆畏險，故聽其歌誦。曰：「原田每每①，舍其舊而新是謀。」高平曰原。喻晉軍美盛②，若原田之草每每然，可以謀立新功，不足念舊惠。○每，亡回反，又梅對反。舍音捨。公疑焉。疑衆謂己背舊謀新。子犯曰：「戰也！戰而捷，必得諸侯。若其不捷，表裏山河，必無害也。」晉國外河而內山。公曰：「若楚惠何？」欒貞子曰：「漢陽諸姬，楚實盡之。貞子，欒枝也。水北曰陽。姬姓之國在漢北者③，楚盡滅之。思小惠而忘大恥，不如戰也。」晉侯夢與楚子搏，搏，手搏。○搏音博。楚子伏己而盬其腦，盬，唼也。○盬音古。腦，乃老反。唼，子荅反，又所荅反，又子甲反。【疏】注「盬，唼也」。○正義曰：盬之爲唼，未見正訓，蓋相傳爲然。服虔云：「如俗語相駡云：『唼女腦矣。』」是以懼。子犯曰：「吉！我得天，楚伏其罪，吾且柔之矣。」晉侯上向故得天，楚子下向地故伏其罪。腦所以柔物。子犯審見事宜④，故權言以荅夢。○向，或作嚮，許亮反，下同。子玉使鬬勃請戰，鬬勃，楚大夫。曰：「請與君之士戲，君馮軾而觀之，得臣與寓目焉。」寓，寄也。○馮，皮冰反。軾音式。與音預。寓音遇。晉侯使欒枝對曰：「寡君聞命矣。楚君之惠，未之敢忘，是以在此。爲大夫退，其敢當君乎？既不獲命矣，不獲止命。○爲，于僞反。敢煩大夫謂二三子，煩鬬勃，令戒敕子玉、子西之屬⑤。○令，力呈反。『戒爾車乘，敬爾君事，詰朝將見。』」詰朝，平旦。○乘，繩证反，下及注皆同。詰，起吉反。朝，如字，注同。見，如字，又賢遍反。晉車七百乘，韅、靷、鞅、靽⑥。五萬二千五百人。在背曰韅，在胷曰靷，在腹曰鞅，在後曰靽。言駕乘脩備。○韅，許見反；王又去見反，說文作「𩌏」，

---

① 「原田每每」：案：李善注魏都賦作「莓莓」。賈昌朝羣經音辨引作「嵱嵱」，實一字也。

② 「喻晉君美盛」：宋本、淳熙本、足利本「君」作「軍」，是也。

③ 「姬姓之國在漢北者」：山井鼎引足利本「之」作「諸」。

④ 「子犯審見事宜」：淳熙本「子」作「也」，非也。

⑤ 「令戒勑子玉子西之屬」：宋本、毛本「勑」作「敕」，不誤。案：說文：「勑，勞也，從力來聲。」陸德明云：「來旁作力，俗以爲約，勑字是也。」

⑥ 「韅靷鞅靽」：釋文云：「韅，說文作𩌏。」惠棟云：「案：㬎古文以爲顯，故傳作韅，從古文省。」

云：著掖皮。靷，以刃反；説文云，軸也。鞅，於杖反，説文云，頸皮也。靽音半，一云繫也。背，如字。【疏】注「五萬」至「脩備」。○正義曰：説文云「韅，著掖皮也」，「靷，引軸也①」，「鞅，頸皮也」。此注與説文不同，蓋以時驗而爲解也。驂馬挽車，有皮在背者，有約胷者②，有在腹爲帶者，有縶絆其足者，從馬上而下，次之在後，正謂在足是也。傳唯舉四事，文無所結，舉其小事皆具，言其駕乘脩備，明諸事皆備也。晉侯登有莘之虚以觀師，曰：「少長有禮，其可用也。」有莘，故國名。少長，猶言大小。○莘，所巾反。虚，丘魚反。少，詩照反，注同。長，丁丈反，注同。遂伐其木以益其兵。伐木以益攻戰之具，興曳柴亦是也。○攻，如字，又音貢。己巳，晉師陳于莘北，胥臣以下軍之佐當陳、蔡。子玉以若敖之六卒將中軍，曰：「今日必無晉矣。」子西將左，子上將右。子西，鬬宜申。子上，鬬勃。○陳于，直覲反。卒，子忽反，下同。將，子匠反，下及注同。胥臣蒙馬以虎皮，先犯陳、蔡。陳、蔡奔，楚右師潰。陳、蔡屬楚右師。○潰，户内反。狐毛設二旆而退之。旆，大旗也，又建二旆而退，使若大將稍却③。○旆，薄具反。欒枝使輿曳柴而僞遁，曳柴起塵，詐爲衆走。○遁，徒困反。楚師馳之。原軫、郤溱以中軍公族横擊之，公族，公所率之軍。狐毛、狐偃以上軍夾攻子西，楚左師潰。楚師敗績。子玉收其卒而止，故不敗。三軍唯中完，是大崩④。○夾，古洽反，又音頰。晉師三日館穀，館，舍也。食楚軍穀三日。及癸酉而還。甲午，至于衡雍，作王宫于踐土。衡雍，鄭地，今熒陽卷縣。襄王聞晉戰勝，自往勞之，故爲作宫。○雍，於用反。卷音權，又丘權反。勞，力報反。故爲，于僞反，下文同。鄉役之三月⑤，鄉，猶屬也，城濮役之前三月。○鄉，許亮反，本又作曏，同。屬音燭。鄭伯如楚，致其師，爲楚師既敗而懼，【疏】「鄭伯」至

---

① 「靷宏軸也」：案：當作「引軸」。
② 「有約胷者」：閩本實闕「約」字。
③ 「使若大將稍却」：纂圖本、閩本、監本、毛本「却」作「郤」，乃「卻」之譌。
④ 「是大崩」：淳熙本、纂圖本「是」上衍「不」字。
⑤ 「鄉役之三月」：釋文：「鄉，本又作曏」。案：説文引傳作「曏」，今傳作「鄉」，古文假借。

「而懼」①。○正義曰：致其師者，致其鄭國之師，許以佐楚也。戰時雖無鄭師，要本心佐楚，故既敗而懼。使子人九行成于晉。子人，氏；九，名。○爲，于僞反。【疏】注「子人，氏；九，名」。○正義曰：桓十四年「鄭伯使其弟語來盟」，傳稱「子人來盟」，杜云：「子人即弟語也，其後爲子人氏。」七年傳子華云「泄氏、孔氏、子人氏三族，實違君命」。今子人九，必是語之後也。杜譜以九爲雜人，謬矣。晉欒枝入盟鄭伯。五月丙午，晉侯及鄭伯盟于衡雍。【疏】「晉欒」至「衡雍」。○正義曰：此二盟及上文晉侯、齊侯盟于斂盂皆不書者，皆不告也。丁未，獻楚俘于王，駟介百乘，徒兵千。駟介，四馬被甲。徒兵，步卒。○駟音四。介音界。被，皮義反。卒，子忽反。鄭伯傅王，用平禮也。傅，相也②。以周平王享晉文侯仇之禮享晉侯。○相，息亮反。己酉，王享醴，命晉侯宥③。既饗，又命晉侯助以束帛，以將厚意。王命尹氏及王子虎、内史叔興父策命晉侯爲侯伯，以策書命晉侯爲伯也。周禮「九命作伯」。尹氏、王子虎④，皆王卿士也。叔興父，大夫也。三官命之以寵晉。【疏】注「以策」至「寵晉」⑤。○正義曰：周語稱「晉文公初立，襄王使大宰文公及内史叔興賜文公命」，注國語者皆以爲大宰文公即王子虎也。今尹氏又在王子虎之上，故以爲皆卿士，唯叔興是大夫，或云「皆大夫」，「皆」字妄耳。九命者，大宗伯云「一命受職，再命受服，三命受位，四命受器，五命賜則，六命賜官，七命賜國，八命作牧，九命作伯」。賜之大輅之服⑥，戎輅之服，大輅，金輅。戎輅，戎車。二輅各有服。○輅音路。【疏】注「大輅」至「有服」。○正義曰：周禮巾車：「金路，鉤，樊纓九就，建大旂以賓，同姓以封。革路，龍勒，條纓五就，建大白以即戎。」金路以封同姓，知大輅是金輅也。革路以即戎，言戎輅戎車即周禮之革路。二輅各有服者，周禮司服：「侯伯之服，自鷩冕而下。凡兵事，韋弁服。」金輅，祭祀所乘，其大輅之服，當謂鷩冕之服，

① 「鄭伯至而懼」：宋本以下正義二節揔入「注子人氏九名」之下。
② 「傅相也」：纂圖本「相」誤「規」。
③ 「命晉侯宥」：纂圖本、閩本、監本、毛本「宥」作「侑」。案：周禮多用「宥」爲「侑」，古文假借字也。
④ 「尹氏王子虎」：淳熙本「尹」作「奚」，非也。
⑤ 「注以策至寵晉」：宋本以下正義一節入「戎輅之服」注下。
⑥ 「賜之大輅之服」：石經、宋本、岳本、纂圖本、閩本、監本、毛本作「大輅」。案：後漢書袁紹傳注引作「路」，是也。「輅」乃俗字耳。

戎輅之服，當謂韋弁服也。彤弓一，彤矢百，玈弓矢千①，彤，赤弓。玈，黑弓②。弓一矢百，則矢千弓十矣。諸侯賜弓矢，然後專征伐。○彤，徒冬反。玈音盧，本或作旅字，非也。矢千，本或作玈弓十玈矢千，後人專輒加也。【疏】注「彤赤」至「征伐」③。○正義曰：彤赤，玈黑，舊説皆然。説文彤從丹，玈從玄，是赤黑之別也。周禮司弓矢：「掌六弓。王弓、弧弓，以授射甲革、椹質者④。夾弓、庾弓，以授射豻侯鳥獸者⑤。唐弓、大弓，以授學射者、使者、勞者。」鄭玄云：「勞者，勤勞王事，若晉文侯、文公受王弓矢之賜者。」考工記弓人云：「往體多，來體寡，謂之夾、庾之屬。往體寡，來體多，謂之王弓之屬。往體來體若一，謂之唐弓之屬。」然則唐、大是弓彊弱之名，彤、玈是弓所漆之色，王、弧則合九而成規，唐、大合七而成規，夾、庾合五而成規。司弓矢又有八矢，「枉矢、絜矢利火射，用諸守城、車戰。殺矢、鍭矢用諸近射、田獵⑥。矰矢、茀矢用諸弋射。恒矢、庳矢用諸散射。」鄭注約考工記云：「枉矢之屬，五分，二在前，三在後。殺矢之屬，三分，一在前，二在後。矰矢之屬，七分，三在前，四在後。恒矢之屬軒輖中。」其枉、殺、矰、恒弓所用，絜、鍭、茀、庳弩所用，彼司弓矢既云「枉矢、絜矢，用諸守城、車戰」，此天子賜諸侯弓矢，使用之以戰，則彤矢、玈矢當彼枉矢也。但弓矢相配，彊弓用重矢，弱弓用輕矢。既唐弓、大弓彊弱中，其恒矢軒輖亦中。又司弓矢云：「恒矢、庳矢用諸散射。」鄭玄云：「散射，謂禮射及習射也。」此賜弓矢則禮樂之事，彤矢、玈矢或當恒矢也。玈弓矢千具於彤而略於玈，準之，則矢千

---

① 「玈弓矢千」：監本、毛本「玈」誤「旅」，釋文云：「玈，本或作旅字，非也」。段玉裁云：「古音旅、盧，無魚模斂侈之別，如廬即盧聲，可正古字假旅爲黸。魏三體石經遺字之存於洪氏者，文侯之命篇有『旅』『荒寧』等字，而誤系之春秋傳，其『旅』二文，一篆一隸，即『盧弓盧矢』之『盧』字也。魏時邯鄲淳衛敬侯諸家去漢未遠，根據尚精，蓋左氏冣多古文。音義云：『玈，本或作旅。』此正古本之善。小雅彤弓音義亦云：『玈，或作旅字者，非。』此皆陸之疏爾。『玈』之字，魏人石經隸體不用，則起於魏以後，昧於假『旅』之指而改從玄旁也。説文無『玈』字，石經『矢千』上後人據別本旁增『十玈』二字。釋文云：『本或作玈弓十玈矢千，後人專輒加也。』」案：詩小雅彤弓正義云：「傳文直云『玈弓矢千』，定本亦然，故服虔云矢千則弓十，是本無『十玈』二字，俗本有者誤也。」

② 「彤赤弓玈黑弓」：段玉裁校本「弓」並作「也」，是也。

③ 「注彤赤至征伐」：宋本以下正義四節總入「王慝」注下。

④ 「以服射甲革椹質者」：宋本「服」作「授」，是也。

⑤ 「以授射豺侯鳥獸者」：宋本「豺」作「豻」，是也。毛本「侯」誤「猴」。

⑥ 「見諸近射田獵」：宋本、毛本「見」作「用」，是也。

弓十也。「諸侯賜弓矢，然後專征伐」，王制文。秬鬯一卣①，秬，黑黍。鬯，香酒，所以降神。卣，器名。○秬音巨。鬯，敕亮反。卣音酉，又音由；爾雅云：「卣，中尊也。」【疏】注「秬黑」至「器名」。○正義曰：「秬，黑黍」，釋草文。李巡云：「黑黍一名秬黍。」周禮鬯人「掌共秬鬯而飾之」，鄭玄云：「鬯釀秬爲酒，芬香條暢於上下也。」鬱人「掌祼器。凡祭祀之祼事，和鬱鬯以實彝而陳之。」禮：祭祀必先祼。是用之以降神也。釋器云：「彝、卣、罍，器也。」李巡曰：「卣，鬯之罇也。」孫炎曰：「罇彝爲上，罍爲下，卣居中也。」詩江漢篇述宣王賜召穆公云：「秬鬯一卣，告于文人。」鄭箋云：賜之使祭其宗廟，告其先祖也。當賜之時，實之於卣，其祭，則陳之於彝也。虎賁三百人。【疏】「虎賁三百」。○正義曰：國語云：「天子有虎賁，習武訓；諸侯有旅賁，禦災害；大夫有貳車，備承事；士有陪乘，告奔走。」周禮司馬之屬虎賁氏，下大夫二人，虎士八百人，「掌先後王而趨以卒伍②，車旅會同亦如之，舍則守王閑」。曰：「王謂叔父：『敬服王命，以綏四國，糾逖王慝。』」逖，遠也。有惡於王者，糾而遠之。○賁音奔。逖，勑歷反。慝，他得反，惡也。【疏】注「逖遠」至「遠之」○正義曰：「逖，遠」，釋詁文。糾者，繩治之名，有惡於王者，敢繩治之，而使遠於王也。晉侯三辭，從命，曰：「重耳敢再拜稽首③，奉揚天子之丕顯休命。」稽首，首至地。丕，大也。休，美也。○三，息暫反，又如字。從例放此。丕，普悲反。休，許虯反，注同。受策以出，出入三覲。出入，猶去來也。從來至去，凡三見王。○見，賢遍反。

① 「秬鬯一卣」：淳熙本「卣」誤「鹵」，注同。

② 「掌先後王而趨以卒伍」：閩本、監本「伍」作「五」，非也。

③ 「重耳敢再拜稽首」：此本「拜稽」二字誤作小字注，今訂正。

（七）孟　子

●**孟子其人**　孟子名軻，戰國時期的儒家代表人物之一。自小可能很得力於母親的教育，韓詩外傳記載有好幾個他母親盡心教育他的故事。史記說他「受業子思之門人」。孟子先後遊歷多國，均不得志，晚年退而與其徒萬章等著孟子。

●**孟子其書**　孟子一書，在體例上模仿論語，今有七篇傳世，共三萬五千多字。由於每篇比較長，故每篇又分上下兩篇。宋以代始入經，南宋朱熹作孟子集注，將其列入「四書」，成爲此後讀書人的必讀書。孟子一書主要以問對、答辯的方式展開。其書說理精辟，文字流暢，語言形象，不僅是一部儒家的經典著作，也是一部優秀的古代散文集，對後世影響很大。劉熙載評價孟子文章說：「孟子之文，至簡至易，如舟師執舵，中流自在。」

●**相關參考論著資料**

——東漢趙岐注，北宋孫奭疏孟子注疏

——南宋朱熹孟子集注

——清焦循孟子正義

——楊伯峻孟子譯註

——王業興孟子研究論文集

孟子正義·寡人之於國

【導讀】

●**説明**　本文選自孟子正義，清 焦循撰，沈文倬點校，中華書局（北京）新編諸子集成（第一輯）一九八七年十月第一版。此點校本以咸豐十年（一八六〇年）皇清經解補刊本爲底本，並參以光緒二年（一八七六年）魏綸先印行的焦氏遺書本。

●**焦循**（一七六三—一八二〇）　字里堂，江蘇 江都（今揚州 邗江）人。清代經學家、數學家、哲學家。畢生究習經書，博覽典籍，通於經、史、曆算、音韻、訓詁、詩詞、醫學、戲曲等，尤精周易、孟子。著述近二十種，收於雕菰樓集。著孟子正義三十卷，疏趙岐之注，兼採近儒數十家之説，而以己意折衷。

●**趙岐**（約一〇八—二〇一）　初名嘉，字台卿，京兆 長陵（今陝西 咸陽東北）人。東漢經學家。桓帝時曾任京兆尹功曹，靈帝時遭黨錮之禍，逃往北海賣餅爲生。通明經學，多才多藝，著有孟子章句，「述己所聞，证以經傳，爲之章句，具載本文，章别其指，分爲上、下，凡十四卷」（孟子章句 題辭）。

●**孟子正義**　清 焦循撰，共三十卷。爲焦循博採顧炎武以下六十餘家著作中有關孟子和趙岐注的論説，爲孟子和趙岐注作疏，但突破了過去「疏不破注」的成法，自言「于趙氏之説，或又所疑，不惜駁破以相規正」。中華書局版此書點校説明中説焦循此書：「理氣命性取戴震、程瑶田説，井田封建取顧炎武、毛奇齡説，天文曆算取梅文鼎、李光地説，地理水道取胡渭、閻若璩説，逸書考訂取江聲、王鳴盛説，六書訓詁取王念孫、段玉裁説，板本校勘取阮元、盧文弨説，凡釋一義，往往征引兩三家之説，對見解相似而所得有深有淺，持論分歧而所證有得有失者，無不『以己意裁成損益於其間』，以取得完善的結論。」

●**選文内容**　本篇爲孟子正義 梁惠王上之第三章。記載了孟子回答梁惠王關於治國的方略，孟子的仁政思想與論辯之風於此可見一斑。

孟子正義

目　録

「郭偃曰：夫人美於中，必播於外而越於民，民實戴之。」韋昭注云：「戴，欣戴也。」音義云：「大平，丁音泰。」〇「衆怨神怒則國滅祀絶」〇正義曰：國語周語：「內史過曰：國之將亡，其君貪冒辟邪，淫佚荒怠，麤穢暴虐；其政腥臊，馨香不登；其刑矯誣，百姓攜貳；明神弗蠲，而民有遠志，民神怨恫，無所依懷，故神亦往焉，觀其苛慝而降之禍。昔夏之興也，融降於崇山；其亡也，回祿信於聆隧。」湯誓言衆怨，趙氏兼言神怒者，以文王靈臺靈沼所以稱靈，是爲神所佑。衆樂則神佑，衆怨則神怒矣。

3 梁惠王曰：「寡人之於國也，盡心焉耳矣。【注】王侯自稱孤寡。言寡人於治國之政，盡心欲利百姓。焉耳者，懇至之辭。【疏】注「王侯自稱孤寡」〇正義曰：禮記曲禮下云：「庶方小侯，入天子之國曰某人，於外曰子，自稱曰孤。」又云：「諸侯與民言，自稱曰寡人。」注云：「謙也。於臣亦然。」呂氏春秋君守篇云「君名孤寡而不可障壅」，高誘注云：「孤寡，人君之謙稱也。」〇注「言寡」至「百姓」〇正義曰：下言移民移粟，皆是利百姓之事，故知盡心指欲利百姓。〇注「焉耳者懇至之辭」〇正義曰：焉耳當作「焉爾」。禮記三年問云：「然則何以三年也？曰：加隆焉爾也。」隱公二年公羊傳云「託始焉爾」，何休注云：「焉爾，猶於是也。」然則此言盡心焉爾者，猶云盡心於是矣。河內凶，則移其民於河東，移其粟於河內。河東凶亦然。【注】言凶年以此救民也。魏舊在河東，後爲强國，兼得河內也。【疏】「河內」至「亦然」〇正義曰：凶謂荒年，移民之壯者，就食於河東；移河東之粟，以賑河內之老稚也。亦然，則移河東之壯者於河內，而移河內之粟於河東也。〇注「魏舊」至「內也」〇正義曰：漢書地理志：「河東郡安邑，魏絳自魏徙此，至惠王徙大梁也。」是魏舊在河東。又云：「河内本殷之舊都，周既滅殷，分其畿内爲三國，詩風邶、鄘、衛國是也。周公誅之，盡以其地封弟康叔。至十六世，懿公亡道，爲狄所滅。齊桓公帥諸侯伐狄，而更封衛於河南曹楚丘。而河内殷墟，更屬於晉。」魏分晉，則河内爲魏得，故云後爲强國，兼得河内。閻氏若璩四書釋地又續云：「梁河東，今之安邑等縣。梁亦有河西，六國表『魏入河西地於秦』是也。梁河内，今之河内、濟源等縣。梁亦有河外，蘇秦傳『大王之地，北有河外』，注云：『謂河南地。』是也。河東西亦謂之河内外。左傳僖十五年：『賂秦伯以河外列城五，内及解梁城。』魏世家：『無忌曰：所亡於秦者，河外河内。』是也。至河内外，則梁之河北河南地。蘇代曰：『秦正告魏，我陸攻則擊河内，水攻則滅大梁。』是也。然則梁之地，自河西逶迤而至河南，幾將二千里。蘇秦曰：『魏地方千里。』蓋從長而横不足，絶長補短算耳。」察鄰國之政，無如寡人之用心者。【注】言鄰國之君，用心憂民，無如己也。【疏】注「用心憂民」○正義曰：用心，卽盡心。憂民，卽欲利百姓。鄰國之民不加少，寡人之民不加多，何也？」【注】王自怪爲政有此惠，而民人不增多於鄰國者何也。【疏】注「王自」至「何也」○正義曰：加多是增多，則加少是增少。鄰國之民，歸附於我，則鄰之民少而益增其少，我之民多而益增其多矣。

孟子對曰：「王好戰，請以戰喻。【注】因王好戰，故以戰事喻解王意。【疏】注「喻解王意」○正義曰：廣雅釋言云：「喻，曉也。」漢書翼奉上封事云「何聞而不諭」，顔師古云：「諭，謂曉解之。」諭與喻通。填然鼓之，兵刃既接，棄甲曳兵而走，或百步而後止，或五十步而後止。以五十步笑百步，則何如？」【注】填，鼓音也。兵以鼓進，以金退。孟子問王曰，今有戰者，兵刃已交，其負者棄甲曳兵而走，五十步而止，足以笑百步止者不。

【疏】注「填鼓」至「金退」〇正義曰：說文土部云：「填，塞也。」荀子非十二子云「填填然」，楊倞注云：「填填然，滿足之貌。」聲之滿足爲填填，猶貌之滿足爲填填。僖公十六年公羊傳云：「霣石記聞，聞其磌然。」填然亦磌然也。楚辭九歌云：「靁填填兮雨冥冥。」鼓聲之滿盛猶雷聲也。云兵以鼓進以金退者，荀子議兵篇云：「聞鼓聲而進，聞金聲而退。」哀公十一年左傳云「吾聞鼓而已，不聞金矣」，杜預注云：「鼓以進軍，金以退軍。」亦本荀子也。此兵刃交接之時，鼓聲督戰，故填填充塞而盛也。李文仲字鑑云：「鼓，說文從壴，從支持之支。五經文字云：『作皷，非。鼓，說文擊鼓也。』孟子：『填然鼓之。』從攴從壴。攴，音撲。」〇注「今有」至「者不」〇正義曰：既，即已也。接，即交也。趙氏以已交解既接。曳，拕也。棄甲拕兵，是奔敗也，故云其負者。閩、監、毛三本作「足以笑百步者否」。音義出「者不」，是舊作「不」。不、否字通也。

曰：「不可！直不百步耳，是亦走也。」【注】王曰：不足以相笑也。是人俱走，直爭不百步耳。【疏】注「不足」至「步耳」〇正義曰：不足以相笑解不可，是人解是字，指五十步而止之人。云直爭不百步者，謂爭衡其輕重也。王氏引之經傳釋詞云：「直，猶特也，但也。直、特古同聲。史記叔孫通傳云『吾直戲耳』，漢書直作特。」

曰：「王如知此，則無望民之多於鄰國也。」【注】孟子曰：王如知此不足以相笑，王之政猶此也。王雖有移民轉穀之善政，其好戰殘民，與鄰國同，而猶望民之多，何異於以五十步笑百步者乎。【疏】注「孟子曰」〇正義曰：趙氏凡於經文，但稱「曰」字必實指何人曰，如前云「王曰」，此云「孟子曰」。推之稱「樂正子曰」、「丑曰」、「薛君曰」、「大夫曰」、「賈曰」、「相曰」、「周霄曰」、「彭更曰」、「不勝曰」、「匡章曰」、「髠曰」、「克曰」、「萬章曰」、「告子曰」、「公都子曰」、「牼曰」、「白圭曰」、「高子曰」，皆然。惟云「某某以爲某某」，以者，原其意指，與云「某某曰」者爲異。又有云「某某言」、「某某問」，亦猶「某某曰」也。〇注「王雖」至「者乎」〇正義曰：閩、監、毛三本穀作「粟」，無「以」字。**不違農時，穀不可勝食也。**【注】從此以下，爲王陳王道也。使民得三時務農，不違奪其要時，則五穀饒穰，不可勝食。【疏】注「爲王陳王道也」〇正義曰：胡氏煦篝燈約旨云：「春秋時，五霸迭興，臣强君弱，漸有驅制同儕，決裂臣道，渺視周君之意。是君權將替，而臣道已亢，故孔子作春秋，寓意於尊周，所以維持臣道也。孟子時，七國雄據其地，强悍自用，君道亦已不振，而草菅人命，各圖恢擴，故孟子遊齊梁，説以王道，所以維持君道而已，與孔子非有異也。」〇注「使民得三時務農」〇正義曰：荀子王制篇云：「以春耕夏耘，秋收冬藏，四者不失時。」趙氏云三時者，春秋莊公三十一年：「秋，築臺于秦。」穀梁傳云：「不正罷民三時。」桓公六年左傳云「謂其三時不害而民和年豐也」，杜預注云：「三時，春夏秋。」**數罟不入洿池，魚鼈不可勝食也。**【注】數罟，密網也。密細之網，所以捕小魚鼈者也，故禁之不得用。魚不滿尺不得食。【疏】注「數罟」至「得用」〇正義曰：毛詩豳風「九罭之魚」，傳云：「九罭緵罟，小魚之網也。」釋文云：「緵，又作『總』。」小雅「魚麗于罶」，毛傳云：「庶人不數罟，罟必四寸，然後入澤梁。」釋文云：「數，七欲反。又所角反。」陳氏云：「數，細也。」孔氏正義云：「庶人不總罟，謂罟目不得總之使小，言使小魚不得過也。集本總作『緵』，依爾雅定本作『數』，義俱通也。」按詩召南「素絲五總」，毛傳云：「總，數也。」陳風「越以鬷邁」，毛傳云：「鬷，數也。」商頌「鬷假無言」，毛傳云：「鬷，總也。」鬷、緵同聲，緵、總、數三字同。趨數即迫促。文公十六年左傳云「無日不數於六卿之門」，杜預注云：「數，不疏。」不疏是密也。説文糸部云：「總，聚束也。」聚束即促速，促束即趨數也。倪氏思寬二初齋讀書記云：「周禮言『羅襦』，猶孟子言『數罟』。蜡則作羅襦，明非蜡則不用羅襦矣。周禮取禽，孟子取魚，其實是一例。」韓非子説林云：「君聞大魚乎，網不能止，繳不能絓也。」是繳所以取小魚。鹽鐵論散不足篇：「賢良曰：鳥獸魚鼈，不中殺不食，故繳網不入於澤。」說文糸部云：「緐，生絲縷也。」蓋以生絲縷作網，則其目小，繳網卽數罟也。今俗猶以細密者爲絲網是也。○注「魚不滿尺不得食」○正義曰：吕氏春秋具備篇云：「宓子賤治亶父三年，巫馬旗往觀化，見夜漁者，得則舍之。巫馬旗問焉，對曰：『宓子不欲人之取小魚也，所舍者小魚也。』」高誘注云：「古者魚不尺不升於俎。宓子體聖人之化爲盡類也，故不欲人取小魚。」淮南子主術訓云：「魚不長尺不得取，彘不期年不得食。」斧斤以時入山林，材木不可勝用也。【注】時，謂草木零落之時。使林木茂暢，故有餘。【疏】注「時謂」至「有餘」○正義曰：禮記王制云：「草木零落，然後入山林。」毛詩小雅「魚麗于罶」，傳云：「太平而後，微物衆多，取之有時，用之有道，則物莫不多矣。古者草木不折，不操斧斤，不入山林。」翟氏灝考異云：「鹽鐵論通有章引孟子曰：『不違農時，穀不可勝食。蠶麻以時，布帛不可勝衣也。斧斤以時入，材木不可勝用。佃魚以時，魚肉不可勝食。』荀子王制篇云：『春耕夏耘，秋收冬藏，四者不失時，故五穀不絶，而百姓有餘食也。網罟毒藥不入澤，洿池淵沼，謹其時禁，故魚鼈優多，而百姓有餘用也。斬伐長養，不失其時，故山林不童，而百姓有餘材也。』逸周書大聚解云：『禹之禁，春三月，山林不登斧斤，以成草木之長。夏三月，州澤不入網罟，以成魚鼈之長。且以并農力，執成男女之功。夫然，則有生而不失其宜。』孟荀之言，並本如此。」穀與魚鼈不可勝食，材木不可勝用，是使民養生喪死無憾也。【注】憾，恨也。民所用者足，故無恨。【疏】注「憾恨也」○正義曰：論語「敝之而無憾」孔氏注、淮南子本經訓高誘注，皆如此訓。養生喪死無憾，王道之始也。【注】王道先得民心，民心無恨，故言王道之始。五畝之宅，樹之以桑，五十者可以衣帛矣。【注】廬井邑居，各二畝半以爲宅，冬入保城二畝半，故爲五畝也。樹桑牆下。古者年五十，乃衣帛矣。【疏】注「廬井」至「畝也」〇正義曰：漢書食貨志云：「六尺爲步，步百爲畮，畮百爲夫，夫三爲屋，屋三爲井，井方一里，是爲九夫。八家共之，各受私田百畮，公田十畮，是爲八百八十畮，餘二十畮以爲廬舍。春令民畢出在壄，冬則畢入於邑。」趙氏所本也。毛氏奇齡四書賸言補云：「『廬井邑居，各二畝半』，則已五畝。又云『冬入保城二畝半』，何解？漢書食貨志云『在野曰廬』，則廬井者，井間之廬也。又云『在邑曰里』，則邑居者，里邑之居也。爾雅『里，邑也』，鄭康成稱里居，與趙稱邑居，並同。蓋廬井二畝半在公田中，一名廬舍。何休云：『一夫受田百畝，又受公田十畝，廬舍二畝半。』謂一夫受田一百十畝，又分受公田之二十畝，各得二畝半作廬居也。此易曉也。至在邑之二畝半，以國城當之，則大謬不然。管子内政云：『四民勿使雜處，處工就官府，處商就市井，處農就田野。』而韋昭謂『國都城郭之域，惟士工商而已，農不與焉。』則二畝半在邑，只在井邑，與國邑無涉。蓋古王量地制邑，其在國邑外，如公邑、家邑、丘邑、都邑，類凡所屬井地，皆可置宅。然且諸井邑中，亦惟無城者可處農民；若有城如費邑、郈邑所稱都邑者，則農不得入。管子與韋氏之言稍可據。然而趙邠卿乃有『冬入保城』之説，或係衍文，或有脱簡，且或原有師承。如周禮『夫一廛』，鄭康成所謂『城邑之居』者，則或諸邑有城者亦置里居，事未可知。若在國城，則周禮載師氏明有『國宅無征，園廛二十而一』之文，鄭司農注云：『國宅，國城中宅也。』而鄭康成卽云：『國宅者，凡官所有之宫室，與吏所治者，又名國廛。』與園宅園廛農民所居者，正相分別，安可以農民園廛，溷當之官吏之國宅乎？則此二畝半當云『在井邑』，不問有城與無城，並得入保。此舉近地井里而言，如四井爲邑，則必邑中有里居，可爲保守之地，故其居名里居，又名邑居。」倪氏思寬二初齋讀書記云：「晉語：『尹鐸請於趙簡子曰：以爲繭絲乎，抑爲保鄣乎？』韋昭注：『小城曰保。』引禮記遇入保者以爲證。然則趙注當亦指井邑中小城言之。若既無城，何云入保？毛氏說未免於率。」周氏柄中辨正云：「季彭山讀禮疑圖言：農民所宅，必是平原可居之地，別以五畝爲一處，不占公田，取於便農，功邇饋餉，去田亦不宜遠，其所聚居，或止八家，或倍八家以上，各隨便宜，聚爲一邑，置堡以相守望。故舉成數言，則有十室之邑，千室之邑，非必都邑然後爲邑，而都邑亦豈可寓農民哉？農民之宅，鄉里也，即制里以導其妻子養老者也。國中之廛，市廛也。但爲士旅寄居之所，工商懋遷之區而已。」段氏玉裁說文解字注云：「説文：『廬，寄也。秋冬去，春夏居。』『廛，二畝半也。一家之居。』大雅『于時廬旅』，毛傳云：『廬，寄也。』小雅『中田有廬』，箋云：『中田，田中也。農人作廬焉，以便其田事。』春秋宣十五年公羊傳注云：『一夫受田百畝，公田十畝，廬舍二畝半，凡爲田一頃十二畝半。八家而九頃，共爲一井。在田曰廬，在邑曰里。春夏出田，秋冬入保城郭。』按許『廬』義與下『廛』義互相足，在野曰廬，在邑曰廛，皆二畝半也。趙氏尤明里即廛也。詩伐檀毛傳云：『一夫之居曰廛。』遂人『夫一廛』，先鄭云：『廛，居也。』後鄭云：『廛，城邑之居。』載師『以廛里任國中之地』，後鄭云：『廛里者，若今云邑居。廛，民居之區域也。里，居也。』毛、鄭皆未明言二畝半，要其意同也。許於『廬』不曰『二畝半』，於『廛』曰『二畝半』，以錯見互足。」〇注「古者年五十乃衣帛」〇正義曰：任氏大椿深衣釋例云：「大司徒『六曰同衣服』，注：『民雖有富者，衣服不得獨異。』按雜記注：『麻衣，白布深衣。』深衣注：『庶人吉服深衣。』管子立政篇云：『刑餘戮民，不敢服絲。』然則非刑餘戮民，可以服絲矣。春秋繁露服制篇：『散民不敢服采，刑餘戮民不敢服絲。』然則散民不敢服采耳，絲得服也。又繁露度制篇：『古者庶人衣縵。』縵，無文帛也。尚書大傳：『命民得乘飾車駢馬，衣文錦。未有命者，不得衣，不得乘。庶人墨車單馬，衣布帛。』然則命民亦得衣文，不命之民亦得衣帛，與鄭注庶人白布深衣異說。今考士昏禮

注：『士而乘墨車，攝盛。』蓋士庶人往往有攝盛之事，鄭注深衣爲庶人之服，言其常服皆布也。若行盛禮，或當攝盛則衣絲也。刑餘戮民，並不得攝盛矣。周禮閭師『凡庶民不蠶者不帛』，疏引孟子曰：『五十可以衣帛。』以不蠶故，身不得衣帛。然則不蠶雖五十不得衣帛，蠶而未五十亦不得衣帛，則庶人布深衣，其常也。鹽鐵論：『古者庶人，耋老而後衣絲，其餘則麻枲而已，故命曰布衣。』雞豚狗彘之畜，無失其時，七十者可以食肉矣。【注】言孕字不失時也。七十不食肉不飽。【疏】注「七十不食肉不飽」○正義曰：禮記王制云：「五十始衰，六十非肉不飽，七十非帛不煖。」此云七十不食肉不飽者，六十宿肉，已非肉不飽矣，至七十益可知。五十可以衣帛，或不衣帛尚可煖，至七十則非帛不煖矣。詩無羊正義引孟子曰「七十者可以食雞豚」，蓋撮孟子之文。如遂人注引孟子「五畝之宅，樹之以桑麻」。古人引經不拘，往往增損，非孟子經文有作此本也。百畝之田，勿奪其時，數口之家可以無飢矣。【注】一夫一婦，耕耨百畝。百畝之田，不可以徭役奪其時功，則家給人足。農夫上中下所食多少各有差，故總言數口之家也。【疏】「可以無飢矣」○正義曰：監本、毛本作「無饑」。阮氏元校勘記云：「飢餓之字當作『飢』，饑乃饑饉字，此經當以『飢』爲正。」按下文「黎民不飢不寒」，毛本正作「飢」。謹庠序之教，申之以孝悌之義，頒白者不負戴於道路矣。【注】庠序者，教化之宫也。殷曰序，周曰庠。謹脩教化，申重孝悌之義。頒者，班也。頭半白班班者也。壯者代老，心各安之，故曰頒白者不負戴於道路也。【疏】注「庠序」至「之義」○正義曰：爾雅釋宫云：「宫謂之室，室謂之宫。」劉熙釋名釋宫室云：「宫，穹也。屋見於垣上，穹隆然也。」凡有屋皆通稱宫，故云教化之宫。教化不脩，則弛廢。謹，嚴也。振起其廢弛而謹嚴之，故云謹脩教化。「申重」，爾雅釋詁文。○注「頒者」至「路也」○正義曰：阮氏元校勘記云：「『頭半白班班者也』，閩、監、

毛三本同。宋本白下有『曰』字。岳本、廖本、韓本者上並有『然』字。孔本作『頭半白曰頒，斑斑然者也』。以斑爲班，古字假借。毛本、孔本、韓本班作『斑』，非也。」段氏玉裁說文解字注云：「說文：『𩑺，須髮半白也。』此孟子『頒白』之正字也。趙注云：『頒者，斑也。頭半白斑斑者也。』卑與斑雙聲，是以漢地理志卑水縣，孟康音斑。蓋古𩑺讀如斑，故亦假大頭之頒。藉田賦『士女頒斌』，李注：『頒斌，相雜之貌也。』其引申之義也。」禮記王制云「道路輕任并，重任分，斑白不提挈」，注云：「皆謂以與少者。雜色曰斑。」祭義云「斑白者不以其任，行乎道路」，注云：「斑白者，髮雜色也。任，所擔持也。不以任，少者代之。」負謂負於背，戴謂戴於首。漢書東方朔傳顏師古注云：「窶藪，戴器也。以盆盛物戴於頭者，則以窶數薦之。」此戴之謂也。提挈以手，頒白之老，一身俱宜安佚，可互見矣。毛本作「故頒白者不負戴也」。周氏廣業古注考云：「宋本作『故斑白者』。」七十者衣帛食肉，黎民不飢不寒，然而不王者，未之有也。【注】言百姓老稚温飽，禮義脩行，積之可以致王也。孟子欲以風王何不行此，可以王天下，有率土之民。何但望民多於鄰國。【疏】注「然而不王者」○正義曰：王氏引之經傳釋詞云：「然，詞之轉也。然而者，亦詞之轉也。孟子公孫丑篇：『夫二子之勇，未知其孰賢。然而孟施舍守約也。』今人用然而二字，皆與此同義。然而者，詞之承上而轉者也，猶言如是而也。梁惠王篇『然而不王者未之有也』，謂如是而也。今人用然而二字，則與此異義矣。」○注「有率土之民」○正義曰：詩小雅北山「率土之濱，莫非王臣。」天下之民，皆歸附於梁，何止鄰國。狗彘食人食而不知檢，塗有餓莩而不知發；【注】言人君但養犬彘，使食人食，而不知以法度檢斂也。塗，道也。餓死者曰莩。詩曰：「莩有梅。」莩，零落也。道路之傍有餓死者，不知發倉廩以用振救之也。【疏】注「言人」至「斂也」○正義曰：漢書食貨志贊云：「孟子亦非狗彘食人之食不知斂，野有餓芆而弗知發。」應劭云：「養狗彘者使食人之食，而不知以法度斂之也。」顔師古云：「孟子，孟軻之書。言歲豐孰，菽粟饒多，狗彘食人之食，此時可斂之也。」趙氏之義，同於應氏。師古不從者，食貨志云：「李悝爲魏文侯作盡地力之教，云糴甚貴傷民，甚賤傷農。民傷則離散，農傷則國貧。善平糴者，必謹觀歲有上中下孰。上孰其收自四，餘四百石；中孰自三，餘三百石；下孰自倍，餘百石。小飢則收百石，中飢七十石，大飢三十石。故大孰則上糴三而舍一，中孰則糴二，下孰則糴一，使民適足，賈平則止。小飢則發小孰之所斂，中飢則發中孰之所斂，大飢則發大孰之所斂，而糶之。故雖遇飢饉水旱，糴不貴而民不散，取有餘以補不足也。」此斂發正用孟子。則斂指豐年，發指凶歲。管子國蓄篇云：「歲適美，則市糶無與，而狗彘食人食；歲適凶，則市糴釜十鏹，而道有餓民。故人君斂之以輕，散之以重。」食貨志贊既引孟子，卽承云管氏之輕重，李悝之平糴，固以孟子與管、李之義同也。羅大經鶴林玉露云：「孟子『狗彘食人食而不知檢』，檢字一本作『斂』，蓋狗彘食人食，粒米狼戾之歲也，法當斂之。塗有餓莩，凶歲也，法當發之。」此皆用管子以明孟子。趙氏雖以斂釋檢，而義同於應，則與管、班不合。閻氏若璩釋地三續云：「古雖豐穰，未有以人食予狗彘者。狗彘食人食，卽下章庖有肥肉意，謂厚斂於民，以養禽獸者耳，不必泥班志也。」錢氏大昕養新録則從漢書之説云：「發斂之法，豐歲則斂之於官，凶歲則糶之於民。記所謂『雖遇凶旱水溢，民無菜色』者，用此道也。惠王不修發斂之制，豐歲任其狼戾，一遇凶歉，食廩空虛，不得已爲移民移粟之計，自以爲盡心，惑矣。」閩、監、毛三本，犬彘作「狗彘」。陸宣公奏議云「犬彘厭人之食而不知檢」，蓋用注以參經文。○注「塗道」至「之也」○正義曰：論語陽貨篇「遇諸塗」，集解孔氏云：「塗，道也。」高誘注呂氏春秋、王逸注楚辭，皆以塗爲道。漢書食貨志贊引孟子莩作「芆」，注引鄭氏云：「芆音『蔈有梅』之蔈。芆，零落也。人有餓死零落者，不知發倉廩貸之也。」此注頗與趙同。顏師古云：「芆音頻小反。諸書或作『殍』字，音義亦同。」說文𠬪部云：「𠬪，物落上下相付也。讀若詩摽有梅。」毛詩傳云：「摽，落也。」爾雅釋詁云：「落，死也。」然則餓芆猶云餓落。楚辭離騷「惟草木之零落兮。」王逸注云：「零，落，皆墜也。」人生則縱立，死則横墜。方其行於道，尚能縱立，以餓而横墜於地，故云餓芆。趙既以餓死者釋芆字，又以芆爲零落之名，因連餓字，乃爲餓死，故引詩以明芆字本義也。段氏玉裁說文解字注云：「毛詩摽字，正𠬪之假借。孟子作『芆』者，芆之字誤。」丁公著云：「『芆有梅』，韓詩也。」阮氏元校勘記云：「『以用賑救之也』，廖本、考文古本、足利本同。宋本、孔本、韓本賑作『振』，閩、監、毛三本用『周』。按振卽古之賑字，作『賑』者非。」

人死，則曰：『非我也，歲也。』是何異於刺人而殺之，曰：『非我也，兵也。』【注】人死，謂餓疫死者也。王政使然，而曰非我殺之，歲殺之也。此何以異於用兵殺人，而曰非我也，兵自殺之也。【疏】注「用兵殺人」〇正義曰：顧氏炎武日知録云：「古之言兵，非今日之兵，謂五兵也。故曰天生五材，誰能去兵。世本：『蚩尤以金作兵，一弓，二殳，三矛，四戈，五戟。』周禮司右『五兵』，注引司馬法云：『弓矢圍，殳矛守，戈戟助。』是也。『詰爾戎兵』，詰此兵也。『踊躍用兵』，用此兵也。『無以鑄兵』，鑄此兵也。秦漢以下，始謂執兵之人爲兵，五經無此語也。以執兵之人爲兵，猶之以被甲之人爲甲。」

王無罪歲，斯天下之民至焉。」【注】戒王無歸罪於歲，責己而改行，則天下之民皆可致也。【疏】注「皆可致也」〇正義曰：致，猶至也。故以致明至。

章指言：王化之本，在於使民。養生送死之用備足，然後導之以禮義，責己矜窮，則斯民集矣。【疏】「導之」至「矜窮」〇正義曰：國語晉語云：「禮賓矜窮，禮之宗也。」

（八）爾雅

●爾雅　爾雅是一部解釋古代經典詞語的詞典，也是第一部按照詞義系統和事物分類編纂的詞典。初步成形約在戰國晚期。其書非成於一時一人。是古代儒生們讀書通經的重要工具書。唐文宗時列爲經書。在宋代列入十三經。

●體例與內容　全書分爲十九個類别（見後目録），前三篇相當於普通的詞典，而後十六篇則是分類編録的百科性的詞典。共收詞語約四千多個。

●相關參考論著資料

——晉　郭璞注，北宋　邢昺疏爾雅注疏

——清　邵晉涵爾雅正義

——清　郝懿行爾雅義疏

——馮漢驥中國親屬稱謂指南

爾雅注疏·釋親

【導讀】

●説明　本文選自爾雅注疏，晉　郭璞注，北宋　邢昺疏。據中華書局（北京）一九八〇年影印阮元刻十三經注疏本標點。

●郭璞（二七六—三二四）　字景純，河東　聞喜（今山西　聞喜）人。晉代著名文學家、訓詁學家、博物學家。通於文字和訓詁，又精於曆算及術數。曾注釋周易、山海經、爾雅、方言及楚辭等書。他花十八年的時間研究和注解爾雅，以當時通行的方言名稱，解釋了古老的動植物名稱，並爲它注音、作圖。

●**邢昺**（九三二—一〇一〇） 字叔明，宋代濟陰郡（今山東）人。北宋初年著名的經學家、訓詁學家，曾參與校訂三禮、三傳等，著有論語注疏、孝經注疏、爾雅注疏。

●**選文內容** 本篇是關於古代親屬稱謂的解釋。分爲宗族、母黨、妻黨、婚姻四類。蘊涵著豐富的民俗學資料。

附圖表十八：《爾雅》書影

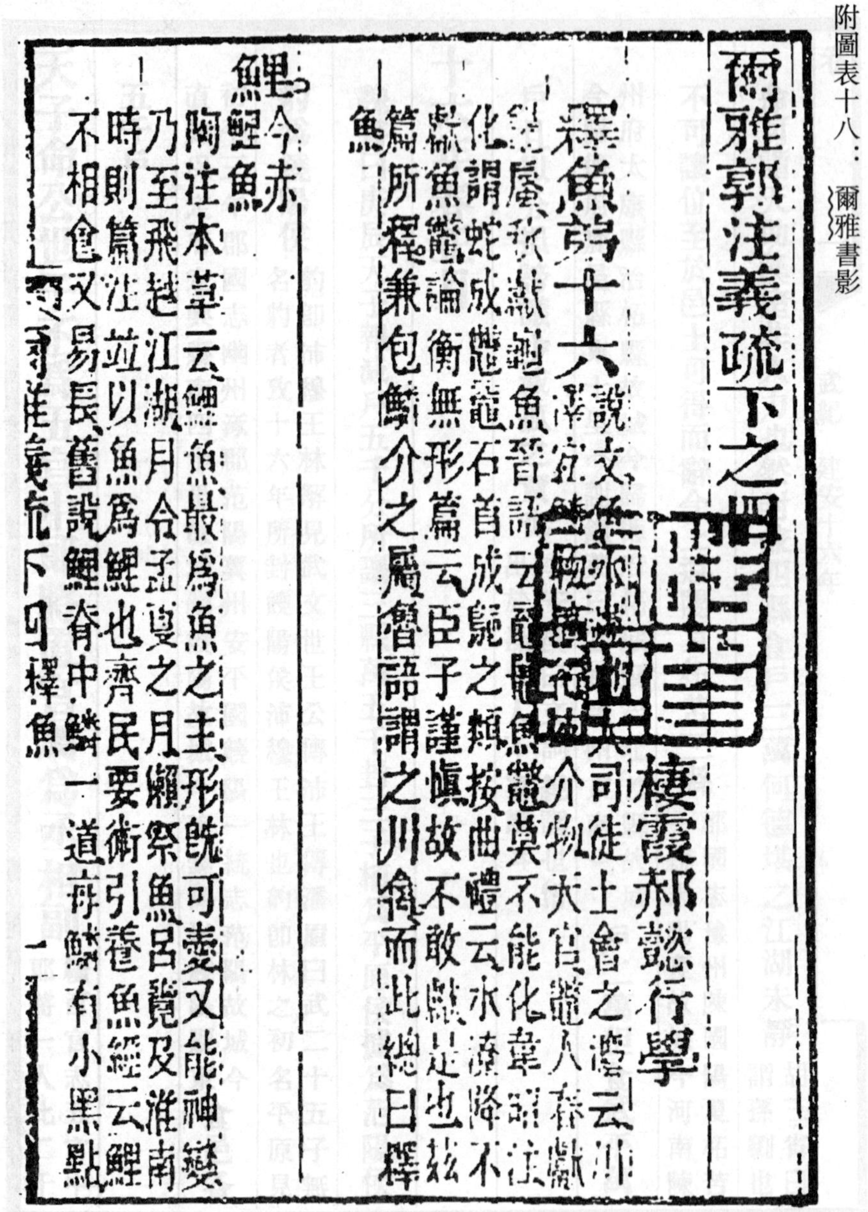

爾雅郭注義疏下之四

棲霞郝懿行學

釋魚第十六 說文魚[illegible]司徒上會之瀆云川 澤宜[illegible]介物大宮鼈人春獻

鼈蜃秋獻龜魚晉語云黿鼉龜魚莫不能化韋昭注

化謂蛇成鼈黿石首成鮫之類按曲禮云水潦降不

獻魚鼈論衡無形篇云臣子謹慎故不敢獻是也茲

篇所釋兼包鱗介之屬晉語謂之川禽而此總曰釋

魚

鯉 今赤鯉魚

陶注本草云鯉魚最為魚之主形既可愛又能神變

乃至飛越江湖月令孟夏之月獺祭魚呂覽及淮南

時則篇注並以魚為鯉也齊民要術引養魚經云鯉

不相食又易長舊說鯉脊中鱗一道每鱗有小黑點

爾雅郭注義疏下之四 釋魚 一

爾雅注疏

郭璞 注　邢昺 疏

目 録

爾雅注疏校勘記序

阮元撰　盧宣旬敬録

爾雅一書，舊時學者苦其難讀，今則三家村書塾鮮不讀者，文教之盛，可云至矣。爾雅注郭氏後出，不必精審，而從前古注之散見者，通儒多愛惜攈拾之，若近日寶應劉玉麐、武進臧庸，皆采輯成書可讀。邢昺作疏，在唐以後，不得不綷唐人語爲之。近者翰林學士邵晉涵改弦更張，别爲一疏，與邢並行，時出其上。顧邢書列學官已久，士所共習，而經、注、疏三者皆譌舛日多，俗間多用汲古閣本，近年蘇州翻版尤劣。元搜訪舊本，於唐石經外，得明吴元恭仿宋刻爾雅經注三卷，元槧雪窗書院爾雅經注三卷，宋槧爾雅邢疏未附合經注者十卷，皆極可貴。授武進監生臧庸，取以正俗本之失，條其異同，纖悉畢備。元復定其是非，爲爾雅注疏校勘記六卷（上、中、下三卷，各分上、下卷）。後之讀是經者，於此不無津梁之益。陸德明經典釋文，此經爲最詳，仍别爲校訂譌字，不依注疏本，與經注相淆。若夫爾雅經文之字，有不與經典合者，轉寫多岐之故也。有不與説文解字合者，説文於形得義，皆本字本義，爾雅釋經，則假借特多，其用本字本義少也。此必治經者深思而得其意，固非校勘之餘所能盡載矣。阮元記。

引據各本目録

單經本

唐石經爾雅三卷　首載郭序，每卷標篇目，下題郭璞注，每行十字，卷上釋詁第一、釋言第二、釋訓第三、釋親第四，卷中釋宫第五、釋器第六、釋樂第七、釋天第八、釋地第九、釋丘第十、釋山第十一、釋水第十二，卷下釋草第十三、釋木第十四、釋蟲第十五、釋魚第十六、釋鳥第十七、釋獸第十八、釋畜第十九。大致與今本同，非特較陸氏釋文迥然不侔，即與邢疏本亦有異，如釋天石經作「析木謂之津」，而邢本作「析木之津」，云「定本有『謂』字，因注誤。」釋地，石經作「下者曰濕」，而邢本作「下者曰隰」，云「本作濕，誤」。舉此，知今本承石經之誤者多矣。

國朝石經考文提要爾雅一卷　乾隆五十六年校刊石經，據宋元舊刻多所訂正。尚書彭元瑞撰輯此篇，每經爲一卷。

經注本

明吳元恭仿宋刻爾雅經注三卷　嘉靖十七年秋七月東海吳元恭校刊，有後序，每葉十六行，每行十七字，卷首標目同唐石經，卷末總計經若干字，注若干字，間有一二小誤，絶無私意竄改處，不附釋文，而郭注中之某音某，完然無闕，爲經注本之最善者，必本宋刻無疑。今以此爲據，間參用陳本，以證其同。陳本者，明陳深十三經解詁本也。較此多印合而微有删改處。如釋詁注云：「其餘義皆通見詩、書」，陳本作「其餘義見詩、書」。「嗟、咨，蹉也」，注云「音免罝」，陳本删此三字，不若吴本之可據也。今作校勘記，以此本爲據。凡摘書經注皆用此本，凡札記經注云此本者，謂此也。

元槧雪窗書院爾雅經注三卷　無年代可考，首署「雪窗書院校正新刊」八字，故稱雪窗本。字體與唐石經同，每葉二十行，每行經十九字，注二十六字，注下連附音切於本字上，加圈爲識，較諸注疏本獨爲完善。釋畜「駷牝驪牝」，與經義雜記合。釋蟲注「蟗蠽桑樹」，與釋文合。而今本釋文亦誤，若「女桑，桋桑」之作「姨」，「四蹢皆白，首」之作「騚」，釋草注「音纏綣」之作「音丘阮」，皆其私改，又不可不知者。然較之俗所行郎奎金、鍾人傑等刊本，則遠勝之矣。郎、鍾等本，隨意增删竄易，更不可據。

單疏本

宋槧爾雅疏十卷　宋史藝文志、玉海皆十卷，俗本注疏分十一卷，非。卷一釋詁，卷二釋詁下，卷三釋言，卷四釋訓、釋親，卷五釋宫、釋器、釋樂，卷六釋天，卷七釋地、釋丘、釋山、釋水，卷八釋草，卷九釋木、釋蟲、釋魚，卷十釋鳥、釋獸、釋畜。每卷標目，首署邢氏名銜。每葉三十行，每行三十字，或多少一字。經注或載全文，或標起止，皆空一格，下稱「釋曰」。此當脱胎北宋本。中有明人刊補者，最劣。今作校①勘記，以此本爲據。凡摘書疏本

①「校」原作「按」。依文義當作「校」，據改。

皆用此本，凡札記疏文云此本者，謂此也。

注疏本

元槧爾雅注疏十一卷　卷一釋詁，分上、中、下，卷二釋言，分卷下，卷三釋訓、釋訓下、釋親，卷四釋宮、釋器下、釋器，卷五釋樂、釋天下、釋天，卷六釋地、釋丘，卷七釋山、釋水，卷八釋草，分卷下，卷九釋木下、釋木、釋蟲，卷十釋魚、釋鳥下、釋鳥，卷十一釋獸、釋畜，分卷極無理。閩本正襲此。每葉十八行，經每行二十字，注及疏低一格，亦每行二十字。經下載注，雙行，不標注字。疏標陰文，疏字内多明人補刻板，其佳者往往與單疏本、雪窗本印合，而訛字極多，不勝指摘。今第取其是者，及與閩、監、毛三本有相涉者，證其同異云。

明閩本爾雅注疏十一卷　明嘉靖間閩中御史李元陽刊。分卷及疏文脱落處悉與元板同，知此本出於元板也。其佳者多與單疏本元本合，而增補之字多不得當，剜擠之痕灼然可考。監、毛本則照此排勻矣。每半葉九行，每行經二十一字，注及疏低一格，每行二十字。經下載注，單行居中，標陰文注字，分經注疏爲大中小三等字。

明監本爾雅注疏十一卷　萬曆二十一年刊。每卷首署「皇明朝列大夫國子監祭酒臣曾朝節、司業臣周應賓等奉勅重較刊，皇明朝列大夫國子監祭酒臣吴士玉、承德郎司業仍加俸一級臣黄錦等奉旨重修」，行數、字數與閩本同。惟分「印吾台予」以下爲釋詁下，餘篇不分上下。注用小字，單行偏右，較閩本爲完善，誤字亦較毛本爲少。

明汲古閣毛本爾雅注疏十一卷　崇禎庚辰古虞毛晉刊。經注疏亦分大中小三等字，合釋詁爲一篇，其餘行款與監本同。此世所通行者，而錯誤極多。

國朝浦鏜爾雅注疏正誤三卷　嘉善浦鏜撰。據毛本及他書徵引之文以意參校，其所改正之字多未可信。

國朝惠棟爾雅注疏校本十一卷　元和惠棟校本，多以説文、釋文、唐石經等訂俗本之訛。

國朝盧文弨爾雅注疏校本十一卷　餘姚盧文弨校本，以釋文及衆家説參校。

經典釋文

明葉林宗影抄宋本經典釋文　爾雅音義共二卷，上、中一卷，下一卷。

國朝盧文弨爾雅音義考證二卷　盧文弨撰。

釋親第四

【疏】釋曰：案禮記大傳云：「聖人南面而聽天下①，所最先者五，民不與焉。一曰治親。」蒼頡曰：「親，愛也，近也。」然則親者，恩愛狎近、不疏遠之稱也。書曰：「克明俊德，以親九族。」喪服小記曰：「親親以三爲五，以五爲九，上殺、下殺、旁殺，而親畢矣。」以九族之親，其名謂非一，此篇釋之，故曰「釋親」。

父爲考，母爲妣。禮記曰：「生曰父、母、妻，死曰考、妣、嬪。」今世學者從之。案尚書曰：「大傷厥考心」，「事厥考厥長」，「聰聽祖考之彝訓」，「如喪考妣」。公羊傳曰：「惠公者何？隱之考也。仲子者何？桓之母也。」蒼頡篇曰：「考妣延年。」書曰：「嬪于虞。」詩曰：「聿嬪于京。」周禮有九嬪之官，明此非死生之異稱矣。其義猶今謂兄爲晜、妹爲媦，即是此例也。○妣音比。

父之考爲王父，父之妣爲王母。如王者尊之。王父之考爲曾祖王父，王父之妣爲曾祖王母。曾猶重也。曾祖王父之考爲高祖王父，曾祖王父之妣爲高祖王母。高者言最在上。父之世父叔父爲從祖祖父，父之世母叔母爲從祖祖母。從祖而別世統異故。父之晜弟，先生爲世父，後生爲叔父。世有爲嫡者，嗣世統故也。男子先生爲兄，後生爲弟。謂女子先生爲姊，後生爲妹。父之姊妹爲姑，父之從父晜弟爲從祖父，父之從祖晜弟爲族父。族父之子相謂爲族晜弟，族晜弟之子相謂爲親同姓。同姓之親無服屬。兄之子弟之子，相謂爲從父晜弟。從父而別。子之子爲孫，孫猶後也。孫之子爲曾孫，曾猶重也。曾孫之

①「聖人南面而聽天下」：注疏本脱「而」。

子爲玄孫，玄者言親屬微昧也。玄孫之子爲來孫，言有往來之親。來孫之子爲晜孫①，晜，後也。汲冢竹書曰：「不窋之晜弟。」晜孫之子爲仍孫，仍亦重也。仍孫之子爲雲孫。言輕遠如浮雲。王父之姊妹爲王姑，曾祖王父之姊妹爲曾祖王姑，高祖王父之姊妹爲高祖王姑，父之從父姊妹爲從祖姑。父之從祖姊妹爲族祖姑。父之從父晜弟之母爲從祖王母，父之從祖晜弟之母爲族祖王母。父之兄妻爲世母，父之弟妻爲叔母。父之從父晜弟之妻爲從祖母，父之從祖晜弟之妻爲族祖母。父之從祖祖父爲族曾王父，父之從祖祖母爲族曾王母。父之妾爲庶母。祖，王父也。晜，兄也。今江東人通言晜。○從，並才用切。晜音昆。宗族②。【疏】「父爲」至「宗族」。○釋曰：此別同宗親族。白虎通曰：「父，矩也，以度教子也③。」又爲考。考，成也，言有成德。廣雅云：「母，牧也。」言育養子也。又爲妣。妣，媲也，媲匹於父。廣雅又云：「兄，況也。」況於父。又謂之晜。弟，悌也。言順於兄。子，孜也。以孝事父，常孜孜也。孫，順也。順於祖。男，任也，任家事也④。女，如也。白虎通曰：「言如人也。」徐鍇曰：「女子從父之教，從夫之命，故曰如。」姑，故也，言尊如故也。又謂之威。徐鍇曰：「土盛於戌。土，陰之主也。故字從戌。」漢律曰：「婦告威姑。」是也。姊，咨也。以其先生，言可咨問。說文云：「妹，女弟也。」又謂之媦。妾，接也。鄭注禮記云：「聞彼有禮，走而往焉，以得接見於君子也。庶母者，父之妾也。」此皆同宗之族也。白虎通云：「宗者何謂也？宗者尊也⑤，

---

① 「來孫之子爲晜孫」：唐石經、雪窗本、注疏本同。按：史記索隱孟嘗君列傳、漢書惠帝紀師古注皆引爾雅：「來孫之子爲昆孫，昆孫之子爲仍孫。」是唐初本爾雅作「昆孫」。開成石經始誤爲「晜弟」字，猶「晜弟」字釋文及後漢書注亦誤作「昆」也。郭注：「晜，後也」及「不窋之晜孫」，二「晜」字皆當作「昆」。邢疏云：「晜，後也，釋言文。」今釋言作「昆，後也」可證。

② 「宗族」：唐石經、單疏本此題同在「晜，兄也」後。雪窗本、注疏本移在「釋親第四」下，非也。下「母黨」、「妻黨」、「婚姻」準此。

③ 「以度教子也」：浦鏜云：「以」下脱「法」。

④ 「男任也任家事也」：注疏本脱「任也」。

⑤ 「宗者尊也」：注疏本「者」誤「有」。

爲先祖主也。宗，人之所尊也。禮記①曰：宗人將有事，族人皆侍。侍②所以必有宗，何也？所以長和睦也。族者何也？族者湊也，聚也。謂恩愛相流湊，生相親愛，死相哀痛，有會聚之道，故謂之族也。」注「禮記」至「此例也」。○釋曰：云「禮記曰：生曰父、母、妻，死曰考、妣、嬪」者，曲禮下篇文也。云「今世學者從之」者，謂從禮記，以父、母、妻爲生之稱，以考、妣、嬪爲死之稱。彼乃記者一家之説爾，學者膠柱，遂爲生死定稱，非也。故郭氏引諸文以證之。云「尚書曰：大傷厥考心」，康誥文也。云「事厥考厥長」、「聰聽祖考之彝訓」者，皆酒誥文也。云「如喪考妣」者，舜典文也。此皆生稱考妣也。云「公羊傳曰：惠公者何？隱之考也。仲子者何？桓之母也」者，隱元年傳文也。此即死稱母也。云「蒼頡篇曰：考妣延年」者，此亦生稱考妣也。云「書曰：嬪于虞」者，堯典文也。云詩曰：「聿嬪于京」」，大雅大明篇文也。云「周禮有九嬪之官」者，屬天官掌婦學之法者也。此皆生稱嬪者也。云「明此非死生之異稱矣」者，所以破先儒之説也。云「其義猶今謂兄爲晜、妹爲媦，即是此例也」者，舉類以曉人也。○注「從祖而別世統異故」。○釋曰：解所以稱從之理也。從祖而別，繼世分宗，其統各異，故曰從祖③。○注「世有爲嫡者，嗣世統故也」。○釋曰：解所以稱世之義也。繼世以嫡長，先生於父則繼者也，故曰世父。説文叔作尗，許慎曰：「從上小。」言尊行之小也。○注「同姓之親無服屬者」。○釋曰：禮記大傳云：「親者屬也。」鄭注云：「有親者服，名以其屬親疏。」此經言親同姓者，謂五世之外，比諸同姓猶親，但無服屬爾。○注「孫猶後也」。○釋曰：言繼後嗣也。廣雅云：「孫，順也。」許慎云：「從子從系。」系，續也。言順續也，言順續先祖之後也。○注「玄者言親屬微昧也」。○釋曰：玄者緅緇之間色，色之微昧者也。親屬微昧，故曰玄孫。○注「晜，後也。汲冢竹書曰：不窋之晜孫」。○釋曰：「晜，後也」，釋言文。束皙傳曰：「大康元年，汲郡民盜發魏安釐王塚，得竹書漆字科斗之文④。」科斗文者，周時古文也。其字頭粗尾細，似科斗之蟲，故俗名之焉。不窋，后稷之子也。晜孫，謂毀榆也⑤。

母之考爲外王父，母之妣爲外王母。母之王考爲外曾王父，母之王妣爲外曾王母。異姓，故言外。

---

① 「禮記曰」，元本同，閩本剜去「記」字，監、毛本承之。

② 「族人皆侍侍」：元本同，監本、毛本「侍侍」上衍「待」，閩本作「族人皆待聖者」，「聖者」二字剜擠。

③ 「故曰從祖」：元本同，閩本、監本、毛本下衍「別」。

④ 「科斗之文」：注疏本脱「之」。

⑤ 「晜孫謂毀榆」：注疏本下有「也」。

母之晜弟爲舅，母之從父晜弟爲從舅，母之姊妹爲從母。從母之男子爲從母晜弟，其女子子爲從母姊妹。母黨。【疏】「母之」至「母黨」。○釋曰：此一節別母之族黨也。黨是鄉之細也。此外族屬母，若黨之屬鄉，故云母黨。云舅者，孫炎云：「舅之言舊，尊長之稱。」詩秦風云「我送舅氏，曰至渭陽」是也。

妻之父爲外舅，妻之母爲外姑。謂我舅者，吾謂之甥。然則亦宜呼婿爲甥。孟子曰：「帝館甥于二室」是①。姑之子爲甥，舅之子爲甥，妻之晜弟爲甥，姊妹之夫爲甥。四人體敵，故更相爲甥。甥猶生也。今人相呼皆依此。妻之姊妹同出爲姨。同出謂俱已嫁。詩曰：「邢侯之姨。」女子謂姊妹之夫爲私。詩曰：「譚公維私。」男子謂姊妹之子爲出。公羊傳曰：「蓋舅出。」女子謂晜弟之子爲姪，左傳曰：「姪其從姑。」謂出之子爲離孫，謂姪之子爲歸孫，女子子之子爲外孫。女子同出，謂先生爲姒，後生爲娣。同出謂俱嫁事一夫。公羊傳曰：「諸侯娶一國，二國往媵之，以姪娣從。娣者何？弟也。」此即其義也②。女子謂兄之妻爲嫂③，弟之妻爲婦。猶今言新婦是也。長婦謂稚婦爲娣婦，娣婦謂長婦爲姒婦。今相呼先後，或云妯娌。○姪，徒結反。姒音似。娣音第。妻黨。【疏】「妻之」至「妻黨」。○釋曰：此一節別妻之親黨也。內則云：「聘則爲妻。」白虎通云：「妻者齊也，與夫齊體。自天子下至庶人，其義一也。」○注「孟子曰：帝館甥于二室」。○釋曰：孟子云：舜尚見帝，帝館甥于貳室。亦饗舜，迭爲賓主，是天子而友匹夫也。」彼注云：「尚，上也。舜在畎畝之時，堯友禮之。舜上見堯，舍之於貳室。貳室，副宮也。堯亦就饗舜之所設，更迭

---

① 「帝館甥于二室是」：單疏本、雪窗本同，元本「二」作「貳」，閩本「是」下剜擠「也」字，監本、毛本承之。按：「副貳」字多作「貳」，然釋文無「貳」字音，邢疏引孟子作「貳」，引爾雅注作「二」。

② 「此即其義也」：注疏本同。雪窗本無「即」字，此蓋衍。單疏本標起止云：「注公羊至弟也」，並無此五字。

③ 「女子謂兄之妻爲嫂」：唐石經、雪窗本同，釋文：「嫂，素早反。本今作嫂。」

爲賓主。禮記：『妻父曰外舅①。』謂我舅者，吾謂之甥。堯以女妻舜，故謂堯甥②。卒與之天位，是天子之友匹夫也③。」○注「四人」至「依此」。○釋曰：「四人」謂姑之子、舅之子、妻之昆弟、姊妹之夫是也。此四人尊卑體敵，更相爲甥。云「甥猶生也」者，取相親之意也。○注「詩曰：邢侯之姨，譚公維私」。○釋曰：皆衛風碩人篇文也。孫炎曰：「私，無正親之言。」然則謂吾姨者，我謂之私。邢侯、譚公，皆莊姜姊妹之夫。互言之耳。春秋：「譚子奔莒④」，則譚是子爵。言公者，蓋依臣子稱便文耳。○注「公羊傳曰：蓋舅出」。○釋曰：案春秋襄五年「夏，叔孫豹、鄫世子巫如晉」。公羊傳曰：「外相如不書，此何以書？爲叔孫豹率而與之俱也。叔孫豹則曷爲率而與之俱？蓋舅出也。」何休云：「巫者，鄫前夫人襄公母姊夫之子也⑤，俱莒外孫，故曰舅出。」是也。○注「左傳曰：姪其從姑」。○釋曰：案僖十五年傳云：初，晉獻公筮嫁伯姬於秦，遇「歸妹」之「睽」。史蘇占之曰：「不吉。其繇曰：『姪娣從姑。』」杜注云：「震爲木，離爲火。火從木生離爲震，妹於火爲姑。謂我姪者，我謂之姑。謂子圉質秦。」是也。○注「公羊」至「弟也」。○釋曰：春秋莊十九年「秋，公子結媵陳人之婦于鄄，遂及齊侯、宋公盟」。公羊傳曰：「媵者何？諸侯娶一國，則二國往媵之，以姪娣從。姪者何？兄之子也。娣者何？弟也。諸侯壹聘九女⑥，諸侯不再娶。」何休云：「必以姪娣從之者，欲使一人有子，二人喜也。所以防嫉妬，令重繼也。因以備尊尊親親也。九者，極陽數也。不再娶者，所以節人情開媵路。」○注「猶今言新婦是也」。○釋曰：儀禮喪服傳云：「夫之昆弟，何以無服也？其夫屬乎父道者，妻皆母道也。其夫屬乎子道者，妻皆婦道也。謂弟之妻婦者，是嫂亦可謂之母乎？故名者，人治之大者也。可無慎乎？」鄭注云：「道猶行也。言婦人棄

---

① 「禮記妻父曰外舅」：注疏本同。浦鏜改「禮記」作「禮謂」，云：「謂」誤「記」。按：今孟子注作「禮謂」者誤也。孟子疏云：「注：妻父曰外舅。此蓋按禮記而云也。」則作疏時所據趙注本是「禮記」，風俗通引釋樂篇稱「禮樂記」，白虎通引釋親篇稱禮親屬記，張揖上廣雅表所云「叔孫通撰置禮記」是也，故漢人多稱爾雅爲「禮記」。

② 「故謂堯甥」：浦鏜云：「舜」誤「堯」。

③ 「是天子之友匹夫也」：注疏本同，浦鏜改作「而友」，云：「而」誤「之」。按：今本孟子作「而」，誤也，元本孟子注作「之」，與此合。

④ 「春秋譚子奔莒」：注疏本「奔」誤「伐」。

⑤ 「襄公母姊夫之子也」：注疏本「姊」作「妹」，按公羊注作「姊妹之子」，與此經合。「夫」當作「妹」。

⑥ 「諸侯壹聘九女」：元本同，閩本、監本、毛本「壹」作「一」。

姓，無常秩①，嫁於父行則爲母行，嫁於子行則爲婦行，謂弟之妻爲婦者，卑遠之，故謂之婦②。嫂者，尊嚴之稱，是嫂亦可謂之母乎？嫂猶叟也，叟，老人稱也，是爲叙男女之别爾。若己以母婦之服服兄弟之妻，兄弟之妻以舅子之服服己，則是亂昭穆之叙也。治猶理也。父母兄弟夫婦之理，人倫之大者，可不慎乎！」大傳曰：「同姓從宗，合族屬；異姓主名，治際會。名著而男女有别。」是别嫂婦之名也。郭云「猶今言新婦」者，以時驗而知也。至今猶然。○注「今相呼先後。或云妯娌」。○釋曰：廣雅云：「娣姒妯娌。娣姒，先後也。」世人多疑娣姒之名③，皆以爲兄妻呼弟妻爲娣，弟妻呼兄妻爲姒，因即惑於斯文，不知何以爲説。今謂母婦之號，隨夫尊卑。娣姒之名，從身長幼，以其俱來夫族，其夫班秩，既同尊卑，無以相加，遂從身之少長。喪服，小功章曰：「娣姒婦報。」傳曰：娣姒婦者，弟長也。」以弟長解娣姒，言娣是弟，姒是長也。公羊傳亦云：「娣者何？弟也。」是其以弟解娣，自然以長解姒。長謂身之年長，非夫之年長也。此云「長婦謂稚婦爲娣婦，娣婦謂長婦爲姒婦」者止言婦之長稚，不言夫之大小。左傳成十一年④，穆姜謂聲伯之母爲姒；昭二十八年傳⑤，叔向之嫂謂叔向之妻爲姒。二者皆呼夫弟之妻爲姒，豈計夫之長幼乎？上云「女子同出，謂先生爲姒，後生爲娣」。郭云：「同出謂俱嫁事一夫」也。事一夫者，以己先後爲娣姒，則知娣姒以己之年，非夫之年也。故賈逵、鄭玄及杜預皆云兄弟之妻相謂爲姒，言兩人相謂，長者爲姒⑥，知娣姒之各不計夫之長幼也。

婦稱夫之父曰舅，稱夫之母曰姑。姑舅在，則曰君舅、君姑；没，則曰先舅、先姑。國語曰：「吾

---

① 「言婦人棄姓無常秩」：元本同，閩本「秩」剜改作「稱」，監本、毛本遂衍作「無常秩稱」。
② 「故謂之婦」：注疏本「婦」誤「娣」。
③ 「娣姒先後也世人多疑娣姒之名」：注疏本上句脱「娣」，下句脱「世」。
④ 「左傳成十一年」：注疏本「成」下增「公」字，考元本始擠入。
⑤ 「昭二十八年傳」：注疏本「昭」下增「公」脱「二十」。
⑥ 「言兩人相謂謂長者爲姒」：注疏本脱一「謂」。

聞之先姑。」謂夫之庶母爲少姑，夫之兄爲兄公①，今俗呼兄鍾，語之轉耳②。夫之弟爲叔，夫之姊爲女公，夫之女弟爲女妹③。今謂之女妹是也。子之妻爲婦，長婦爲嫡婦，衆婦爲庶婦。女子子之夫爲壻。壻之父爲姻，婦之父爲婚。父之黨爲宗族，母與妻之黨爲兄弟。婦之父母、壻之父母相謂爲婚姻。兩壻相謂爲亞。詩曰：「瑣瑣姻亞。」今江東人呼同門爲僚壻。婦之黨爲婚兄弟，壻之黨爲姻兄弟。古者皆謂婚姻爲兄弟。嬪，婦也。書曰：「嬪于虞。」謂我舅者，吾謂之甥也。○公音鍾。嫡音的。嬪音頻。婚姻。【疏】「婦稱」至「婚姻」。釋曰：此別夫婦婚姻之名也。說文云：「婦，服也。從女持帚灑掃也④。」白虎通云：「夫婦者何謂也？夫者扶也，以道扶接。婦者服也，以禮屈服。」「謂之舅姑者何？舅者舊也。姑者故也。舊、故，老人稱也。夫之父母謂舅姑何？尊如父而非父者舅也，親如母而非母者姑也。」鄭注喪服傳云：「女子子者，子女也，別於男子也。」說文云：「壻，女之夫也，從士從胥。」聞一知十爲

---

① 「夫之兄爲兄公」：唐石經、雪窗本、注疏本同。釋文：「兄妐，音鍾，本今作公。」禮記奔喪注：「兄公，於弟之妻」，正義曰：「釋親：『婦人謂夫之兄爲兄公。』郭景純云：『今俗呼兄鍾，語之轉耳。』今此記俗本皆女旁置公，轉誤也。皇氏云：『婦人稱夫之兄爲公者，須公平，尊稱也。』」按：禮記俗本女旁置公，與爾雅釋文合，下文「夫之姊爲女公」，昏義注亦作「女妐」，然劉熙釋名作「兄公」，云：「公，君也。君者，尊稱也。」合之皇侃云「公者須公平」，然則此經及奔喪注本不作「妐」字，唐石經、今本作「公」，是也。

② 「今俗呼兄鍾語之轉耳」：雪窗本、注疏本同，或疑「鍾」當爲「妐」，釋文「兄妐」本爲註音，經則作「兄公」。按：釋名：「夫之兄曰公，俗間曰兄忪。俗或謂舅曰章，又曰忪。」一切經音義卷十三引釋名云：「俗謂舅章曰忪。」言是己所敬，見之忪，遽齊肅也。漢書景十三王傳「背尊章」師古曰：「尊章猶舅姑也，今關中俗婦呼舅姑爲鍾。」鍾者，章聲之轉也。然則公、忪、妐、鍾、章五字，聲互相轉，婦人於夫之父及兄，皆有妐鍾之稱，爾雅注與漢書注合，可證「鍾」字之非誤矣。

③ 「夫之女弟爲女妹」：唐石經、雪窗本、注疏本同。袁廷檮云：「『女妹』當作『女叔』」。按禮記昏義「和於室人」注：「室人謂女妐、女叔，諸婦也。」正義曰：「女叔謂壻之姊也，夫之弟爲叔，故女弟爲女叔。」以經作「女叔」，故注云：「今謂之女妹是也。」若經作「女妹」，郭氏必不如此下注矣。段玉裁云：嫂妹，見曹大家女誡。是漢人始有女妹之稱，亦名不正之一也。

④ 「持帚灑埽也」：注疏本「埽」改「掃」。

士①。胥者，有才知之稱。故謂婦之夫爲壻。廣雅云：「壻謂之倩。」方言云：「東齊之間，壻謂之倩。」白虎通云：「婚姻者何謂？昏時行禮，故曰婚，婦人因夫而成，故曰姻。」○注「國語曰：吾聞之先姑」。○釋曰：魯語：季康子問於公文伯之母曰：「主亦有以語肥也？」對曰：「吾能老而已，何以語子。」康子曰②：「雖然，肥願有聞於主。」對曰：「吾聞諸先姑曰：『君子能勞，後世有繼。』」子夏聞之曰：「善哉！商聞之曰：『古之嫁者，不及舅、姑，謂之不幸。』夫婦，學於舅姑者也。」是矣。○注「詩曰：瑣瑣姻亞」。○釋曰：小雅節南山文也。劉熙釋名云：「『兩壻相謂爲亞』者，言每一人取姊，一人取妹，相亞次也。又竝來女氏，則姊夫在前，妹夫在後，亦相亞也。」注「古者皆謂婚姻爲兄弟」。○釋曰：禮記：「曾子問曰：『昏禮既納幣，有吉日，女之父母死，則如之何？』孔子曰：『壻使人弔，如壻之父母死，則女之家亦使人弔。』」鄭注云：「必使人弔者，未成兄弟。」又云：「父喪稱父，母喪稱母，父母不在，則稱伯父、世母，壻已葬，壻之伯父致命女氏曰：『某之子有父母之喪，不得嗣爲兄弟，使某致命。』女氏許諾而弗敢嫁，禮也。」是古者謂昏姻爲兄弟③，以夫婦有兄弟之義。或據壻於妻之父母有緦服，故得謂之兄弟也。○注「書曰嬪于虞」。○釋曰：案堯典：「羣臣共舉舜於帝，「帝曰：『我其試哉！女于時，觀厥刑于二女。』釐降二女于嬀汭，嬪于虞。」孔安國注云：「降，下。嬪，婦也。舜爲匹夫，能以義理下帝女之心於所居嬀水之汭，使行婦道於虞氏。」是也。

① 「聞一知十爲士」：此邢疏語耳。浦鏜據説文改作「推十合一爲士」，非。
② 「何以語子康子曰」：元本脱「以語子」，閩本、監本、毛本脱「子康」。
③ 「是古者謂昏姻爲兄弟」：元本同，閩本、監本、毛本「昏」作「婚」。

附圖表十九：爾雅釋親稱謂示意圖（改製自馮漢驥中國親屬稱謂指南）

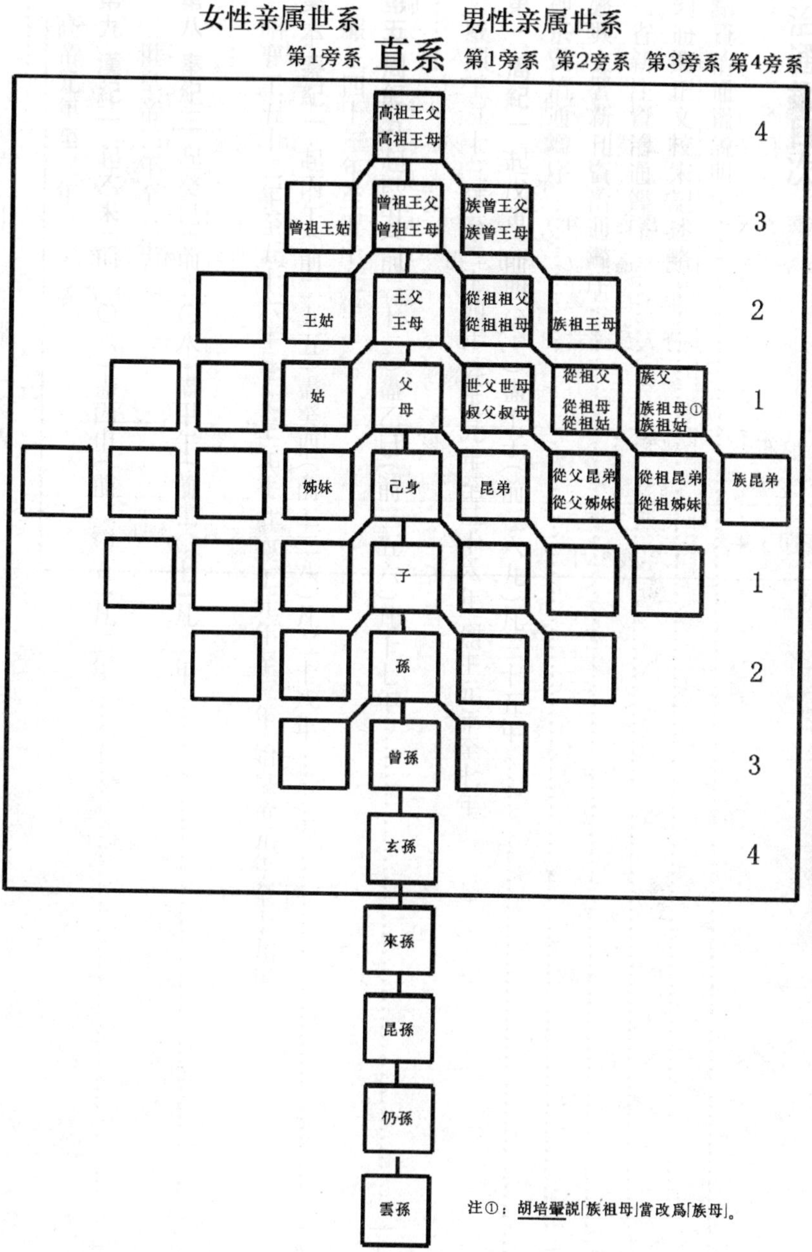

注①：胡培翬説「族祖母」當改爲「族母」。

附圖表二十：「五服」一覽表

五服				
斬衰	齊衰	大功	小功	緦麻
子爲父 父爲長子 妻妾爲夫 諸侯爲天子 等等	父卒爲母(3年) 母爲長子(3年) 父在爲母(1年) 夫爲妻(1年) 男子爲伯叔(1年) 男子爲兄弟 庶人爲國君(3月) 等等	男子爲出嫁的姊妹和姑母 爲堂兄弟 女子爲丈夫的祖父母 女子爲自己的兄弟 等等	男子爲叔祖父、伯祖父、堂叔、外祖父母等等	男子爲族曾祖父、族祖母、族兄弟爲外孫、外婿、妻之父母、舅父等等
生麻布 不縫邊	熟麻布 縫邊整齊	熟麻布 較爲精細		
喪期3年	喪期3年、1年或3月	喪期9月	喪期5月	喪期3月

三　史部文獻

夫史官者，必求博聞强識，疏通知遠之士，使居其位，百官衆職，咸所貳焉。是故前言往行，無不識也；天文地理，無不察也；人事之紀，無不達也。内掌八柄，以詔王治，外執六典，以逆官政。書美以彰善，記惡以垂戒，範圍神化，昭明令德，窮聖人之至賾，詳一代之亹亹。自史官廢絶久矣，漢氏頗循其舊，班、馬因之。魏、晉已來，其道逾替。南、董之位，以禄貴遊，政、駿之司，罕因才授。故梁世諺曰：「上車不落則著作，體中何如則祕書。」於是尸素之儔，盱衡延閣之上，立言之士，揮翰蓬茨之下。一代之記，至數十家，傳説不同，聞見舛駁，理失中庸，辭乖體要。致令允恭之德，有闕於典墳，忠肅之才，不傳於簡策。斯所以爲蔽也。班固以史記附春秋，今開其事類，凡十三種，别爲史部。（隋書經籍志）

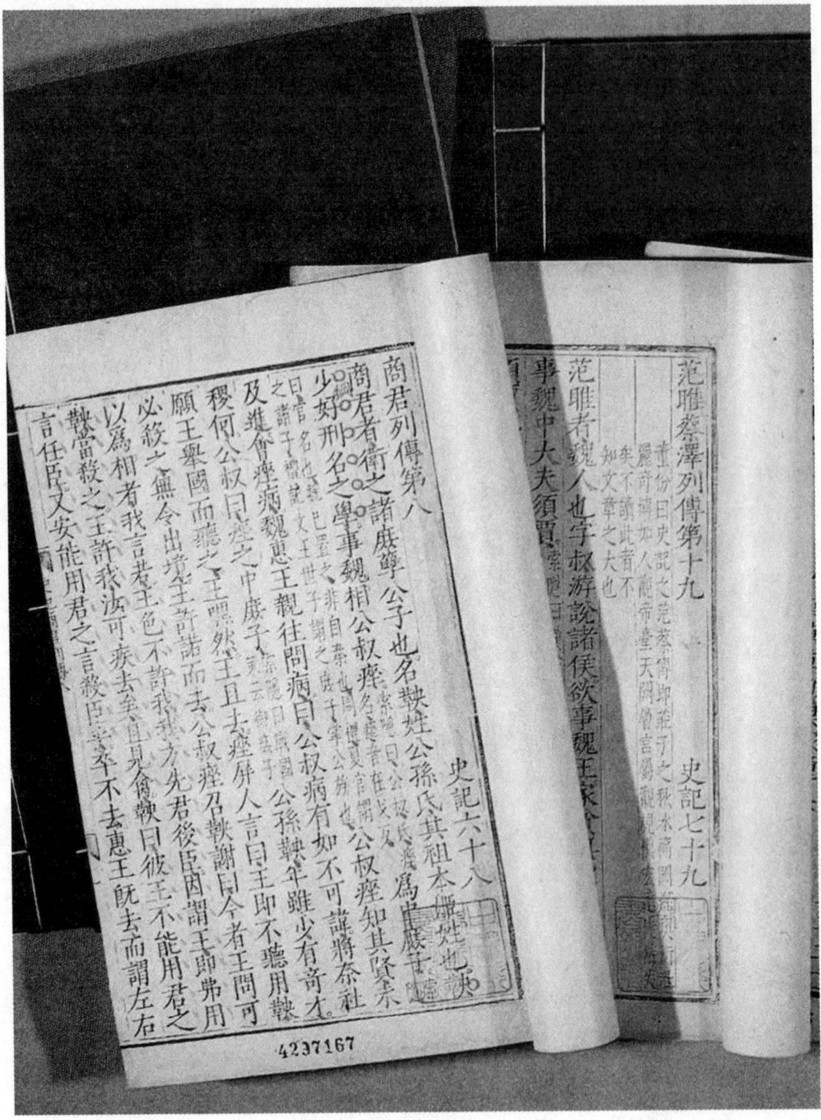

附圖表二十一：《史記》書影

史部作爲中國傳統目録學中的一個分類，主要著録史學及其相關著作。東漢班固漢書藝文志中把天下圖書分爲六大類，史學類文獻還没有專門著録的大類，而是歸入「六藝略」中的「春秋」類；西晉開始以甲、乙、丙、丁四部分類著録圖書，其中丙部著録史書；隋書經籍志正式確立了「史部」的名稱，並且依據此前的七録分爲十三個類别：⑴正史、⑵古史、⑶雜史、⑷霸史、⑸起居注、⑹舊事、⑺職官、⑻儀注、⑼刑法、⑽雜傳、⑾地理、⑿譜系、⒀簿録，基本涵蓋了當時的史書類别，並基本爲後世所沿用。僅據四庫全書總目和清史稿藝文志著録的史部圖書進行粗略統計，至清末，史部圖書約有三千九百部，八萬多卷。

（一）紀傳體

●**史記與紀傳體** 西漢司馬遷著史記，在已有史書體例的基礎上加以發揮和創新，開創了「紀傳體」這一史書體例。此後在中國長時期裏，這一體裁成爲官方編定史書的主流。在隋書經籍志「史部」的「正史」類中，即著録這一類史書。後世經過官方組織編撰並認可的紀傳體史書亦稱爲「正史」。

●**紀傳體的特點** 在體例上以紀、傳爲主體，並輔以表、志等，各部分各有側重，又互相補充。這種體裁是以帝王爲中心，以人物爲主體來記載歷史的。

史記會注考證·商鞅列傳

【導讀】

●**説明** 本文選自史記會注考證，瀧川龜太郎著，日本東京東方文化學院東京研究所昭和九年（一九三四年）版。

●**史記** 司馬遷等撰。是一部貫穿古今的通史，從傳説中的黄帝開始，一直寫到漢武帝時期，敘述了我國三千年左右的歷史。全書有本紀十二篇，表十篇，書八篇，世家三十篇，列傳七十篇，共一百三十篇。錢穆説：「讀史記可長一套聰明，一套見識。……你有了這一套聰明和見識，隨便學哪一段時代的歷史，總是有辦法。」(中國史學名著)

●**司馬遷** 字子長，左馮翊夏陽(今陝西韓城)人，西漢史學家。曾跟着儒學大師董仲舒、孔安國學習公羊春秋、古文尚書。繼其父任太史令，後遭李陵之禍而被腐刑。

●**史記會注考證** 史記在東漢時就有學者爲它作注，後來比較有名的是南朝裴駰的集解和唐代司馬貞的索隱、張守節的正義，是爲「三家注」。現代日本學者瀧川龜太郎史記會注考證，彙集衆家之説，有時也附以己意，此外還收録了一些據他稱在中國已經佚失而在一些日本古本中還保留下來的史記正義的佚文。

●**瀧川龜太郎(一八六五—一九四六)** 號資言，日本學者。四十八歲時開始編撰史記會注考證，在編修期間不斷廣採博搜，彙集了在中、日兩地流傳的史記各家注釋百餘種，並加以考證。到了他七十歲時(昭和九年)，才完成這部巨著，凡歷二十二年。

●**相關參考論著資料**

—日 瀧川龜太郎史記會注考證

—中華書局點校本史記

●**選文内容** 本文是一篇記述戰國時期著名法家人物商鞅的傳記。

史記　目録

本　紀

卷一　五帝本紀第一
卷二　夏本紀第二
卷三　殷本紀第三
卷四　周本紀第四
卷五　秦本紀第五
卷六　秦始皇本紀第六
卷七　項羽本紀第七
卷八　高祖本紀第八
卷九　呂太后本紀第九
卷十　孝文本紀第十
卷十一　孝景本紀第十一
卷十二　孝武本紀第十二

表

卷十三　三代世表第一
卷十四　十二諸侯年表第二
卷十五　六國年表第三
卷十六　秦楚之際月表第四
卷十七　漢興以來諸侯王年表第五
卷十八　高祖功臣侯者年表第六
卷十九　惠景閒侯者年表第七
卷二十　建元以來侯者年表第八
卷二十一　建元已來王子侯者年表第九
卷二十二　漢興以來將相名臣年表第十

書

卷二十三　禮書第一
卷二十四　樂書第二
卷二十五　律書第三
卷二十六　曆書第四
卷二十七　天官書第五
卷二十八　封禪書第六
卷二十九　河渠書第七
卷三十　平準書第八

世家

卷三十一　吴太伯世家第一
卷三十二　齊太公世家第二

卷三十三　魯周公世家第三
卷三十四　燕召公世家第四
卷三十五　管蔡世家第五
卷三十六　陳杞世家第六
卷三十七　衛康叔世家第七
卷三十八　宋微子世家第八
卷三十九　晉世家第九
卷四十　楚世家第十
卷四十一　越王句踐世家第十一
卷四十二　鄭世家第十二
卷四十三　趙世家第十三
卷四十四　魏世家第十四
卷四十五　韓世家第十五
卷四十六　田敬仲完世家第十六
卷四十七　孔子世家第十七
卷四十八　陳涉世家第十八
卷四十九　外戚世家第十九
卷五十　楚元王世家第二十
卷五十一　荆燕世家第二十一
卷五十二　齊悼惠王世家第二十二
卷五十三　蕭相國世家第二十三
卷五十四　曹相國世家第二十四
卷五十五　留侯世家第二十五
卷五十六　陳丞相世家第二十六
卷五十七　絳侯周勃世家第二十七
卷五十八　梁孝王世家第二十八
卷五十九　五宗世家第二十九
卷六十　三王世家第三十

列傳

卷六十一　伯夷列傳第一
……
卷一百二十九貨殖列傳第六十九
卷一百三十　太史公自序第七十

史記「列傳」的詳細目録請參：
http://222.29.121.253/person/hejin/zglswx/download/Classics/shr00.htm

史記會注考證卷六十八

漢　太　史　令　司　馬　遷　撰
宋　中　郎　外　兵　曹　參　軍　裴　駰　集　解
唐　國　子　博　士　弘　文　館　學　士　司　馬　貞　索　隱
唐　諸　王　侍　讀　率　府　長　史　張　守　節　正　義
日　本　出　雲　瀧　川　資　言　考　證

商君列傳第八　史記六十八

考證　史公自序云、鞅去衞適秦、能明其術、彊霸孝公、後世遵其法、作商君列傳、第八、凌稚隆曰、太史公首言鞅好刑名之學、則鞅所以說君而君說者刑名也、故通篇以法

字爲骨、曰鞅欲變法、曰卒定變法之令、曰於是太子犯法、曰將法太子、而終之曰嗟乎爲法之敝、一至此、血脉何等串貫、

商君者、衞之諸庶孼子也。【正義】秦封於商、故號商君、【考證】各本孼下有公字、今從楓山三條本、王念孫曰、文選注引史記無公字、按後人所加、愚按呂不韋傳、子楚、秦諸庶孼孫、名鞅、姓公孫氏。其祖本姬姓也。【考證】楓山三條本、無本字、鞅少好刑名之學、事魏相公叔痤、【索隱】公叔、氏、痤、名也、痤、音在戈反、【考證】刑名、解在韓非傳、痤、各本作座、今從殿本、魏策及呂覽長見篇亦作痤、座痤、古通用、爲中庶子。【索隱】官名也、魏已置之、非自秦也、周禮夏官、謂之諸子、禮記文王世子、謂之庶子、掌公族也、【考證】梁玉繩曰、魏策及呂覽、中庶子作御庶子、中井積德曰、魏相之家非公族、中庶子、舍人之稍貴者、岡白駒曰、自戰國以來、大夫之家、有中庶子、有舍人、公叔痤知其賢、未及進。會痤病。魏惠王親往問病。【索隱】即魏侯之子、名罃、後徙大梁而稱梁也、【考證】楓山三條本無親字、曰。公叔病。有如不可諱、將柰社稷何。公叔曰。痤之中庶子公孫鞅、【索隱】戰國策云、衞庶子也、【考證】家臣、故曰痤之中庶子、與藺相如傳、臣舍人藺相如語意正同、年雖少有奇才。願王舉國而聽之。王嘿然。王且去。痤屛人

言曰。王即不聽用鞅、必殺之、無令出境。王許諾而去。【考證】公叔痤知其賢以下、本魏策、呂覽長見篇、公叔痤召鞅謝曰。今者王問可以爲相者。【考證】三條本、今下無者字、我言若。王色不許我。我方先君後臣。因謂王。即弗用鞅、當殺之。王許我。汝可疾去矣。且見禽。鞅曰。彼王不能用君之言任臣、又安能用君之言殺臣乎。卒不去。惠王既去、而謂左右曰。公叔病甚。悲乎、欲令寡人以國聽公孫鞅也。豈不悖哉。【索隱】疾重而悖亂也、【正義】悖、音背、【考證】惠王既去以下、本魏策、呂覽長見篇、公叔既死。公孫鞅聞秦孝公下令國中求賢者、將修繆公之業、東復侵地、迺遂西入秦、因孝公寵臣景監以求見孝公。【索隱】景姓、楚之族也、監、音去聲平聲竝通、【正義】監、甲暫反、閹人也、楚族、孝公既見衛鞅、語事良久。孝公時時睡、弗聽。【考證】楓、三本、不重時字、聽作應、御覽亦作應、罷而孝公怒景監曰。子之客妄人耳。安足用邪。考證此及下文罷而下、御覽有去字、景監以讓衛鞅。衛鞅曰。吾說公以帝道。其志不開悟矣。後五日、復求見鞅。考證岡白駒曰、鞅說已不可用矣、而使孝公求復見、此其說有機也、鞅復見孝公、益愈。然而未中旨。考證岡白駒曰、反覆前日之論、故云益愈、蓋自帝道漸入王道也、罷而孝公復讓景監。景監亦讓鞅。鞅曰。吾說公以王道、而未入也。請復見鞅。考證鞅言至此、鞅復見孝公。孝公善之、而未用也。罷而去。孝公謂景監曰。汝客善。可與語矣。考證御覽、善作蓋、鞅曰。吾說公以霸道。其意欲用之矣。誠復見我。我知之矣。考證楓、三本、欲下無用字、王若虛曰、皇降而帝、帝降而王、名號之異耳、堯舜揖讓、湯武征誅、世變之殊耳、若夫其道則未嘗不一、而商鞅乃謂、初以帝道、再以王道、魏徵亦云、行帝道而帝、行王道而王、鄭厚又云、王道備而帝德銷、皆淺陋之見也、愚按帝之與王、號異聖一、韓昌黎已言之矣、孟子云、以德行仁者王、以力假仁者霸、王之與霸、截然有別、不可不知、衛鞅復見孝公。公與語不自知膝之前於席也。語數日不厭。景監曰。子何以中吾君。吾君之驩甚也。鞅曰。吾說君以帝王之道比三代。索隱說、音稅、下同、比三、比者頻也、謂頻三見孝公言帝王之道也、比、音必耳反、正義比、必寐反、說者以五帝三王之事比至孝公、以三代帝王之道方興、孝公曰、太久遠、吾不能、考證楓、三本、帝王之道比三代、作五帝三王比三、司馬貞所見之本亦同、故出比三二字解比爲頻、愚按今本得之、比、猶竝也、與下文比德於殷周之比同、而君曰。久遠、吾不能待。且賢君者各及其身顯名天下。安能邑邑待數十百年以成帝王乎。故吾以彊國之術說君。君大說之耳。然亦難以比德於殷・周矣。索隱說、音悅、考證邑邑、與悒悒通、心不安也、孝公既用衛鞅、鞅欲變法。恐天下議己。考證王念孫曰、欲上鞅字、因上文而衍、此言孝公欲從鞅之言而變法、恐天下議己、非謂鞅恐天下議己也、故鞅有疑事無功之諫、商子更法篇、孝公曰、今吾欲變法以治、更禮以敎百姓、恐天下議我也、公孫鞅曰、疑行無成、疑事無功、云云、是其明證矣、新序善謀篇同、衛鞅曰。疑行無名、疑事無功。考證名功、韻、且夫有高人之行者、固見非於世。

索隱商君書、非作負、考證商君書、無名作無成見非、與史文同、與司馬貞所見之本異、有獨知之慮者、必見敖於民。索隱商君書、作必見訾於人也、正義敖、五到反、考證今本商君書與史文同、新序善謀篇作訾、敖訾通、毀也、愚者闇於成事、知者見於未萌。民不可與慮始、而可與樂成。論至德者、不和於俗。成大功者、不謀於衆。考證商君書、新序、愚者上有語曰二字、論至德者上有郭偃之法曰四字、是以聖人苟可以彊國、不法其故。索隱言救弊爲政之術、所爲苟可以彊國、則不必要須法於故事也、正義言聖人救弊之政、苟有可以彊國、不法故國之舊也、苟可以利民、不循其禮。孝公曰。善。甘龍曰。不然。索隱孝公之臣、甘姓、龍名也、甘氏、出春秋時甘昭公王子帶後、考證秦惠王將伐蜀、司馬錯張儀爭論王前、始皇將郡縣海內、王綰李斯、各上其議、蓋軍國大事、付之廷議、秦家法爲然、聖人不易民而教。知者不變法而治。因民而教、不勞而成功。緣法而治者、吏習而民安之。考證商君書更法、新序善謀、教下不上有者字、衛鞅曰。龍之所言、世俗之言也。常人安於故俗、學者溺於所聞。以此兩者居官守法可也。非所與論於法之外也。三代不同禮而王。五伯不同法而霸。智者作法、愚者制焉。賢者更禮、不肖者拘焉。【索隱】言賢智之人作法更禮、而愚不肖者、不明變通而輒拘制、不使之行、斯亦信然矣、杜摯曰。利不百不變法。功不十不易器。【正義】言利倍百、乃可變舊也、功倍十、乃可新器也、【考證】李笠曰、漢書韓安國傳、安國曰、利不十者不易業、功不百者不變常、用此語而少變、法古無過、循禮無邪。【考證】楓三本、過下、邪下、有者字、衛鞅曰。治世不一道。便國不法古。故湯·武不循古而王。【索隱】商君書、作脩古、夏·殷不易禮而亡。【索隱】指殷紂夏桀也、反古者不可非、而循禮者不足多。孝公曰。善。【考證】孝公欲變法以下、采商君書更法篇、新序善謀上、略同、以衛鞅爲左庶長、【正義】長、展兩反、【考證】梁玉繩曰、秦紀以鞅爲左庶長、在變法後、當孝公五年、此在變法前、則是孝公三年矣、恐非、愚按左庶長秦第十二爵、卒定變法之令。令民爲什伍、【索隱】劉氏云、五家爲保、十保相連、【正義】或爲十保、或爲五保、【考證】中井積德曰、五家爲伍、十家爲什、什猶保也、伍猶鄰也、鄰與保有親疎、則連坐亦必有輕重、註四家九家、宜竝揭、不當特擧什而沒伍也、**而相牧司連坐。**【索隱】牧司、謂相糾發也、一家有罪、而九家連擧發、若不糾擧、則十家連坐、恐變令不行、故設重禁、【考證】牧、各本作收、今從索隱本、王引之曰、收當牧字之誤也、方言曰、監牧、察也、鄭注周官禁殺戮曰、司猶察也、凡相禁察謂之牧司、周官禁暴氏曰、凡奚隸聚而出入者、則司牧之、戮其犯禁者、酷吏傳曰、置伯格長以牧司姦盜賊、皆其證也、索隱本作牧、中井積德曰、收司連坐、亦變令中之一條矣、非爲令不行而爲之、索隱謬、愚按周官司徒爲比閭族黨、使民相保相受、孟子說滕文公云、鄉田同井、出入相友、守望相助、疾病相扶持、鄰里相保之法、自古有之、但彼以親睦爲主、此以司察爲先、

不告姦者腰斬。告姦者、與斬敵首同賞。【索隱】案謂告姦一人、則得爵一級、故云與斬敵首同賞也、【正義】謂告姦之人、賜爵一級、**匿姦者、與降敵同罰。**【索隱】案律、降敵者、誅其身、沒其家、今匿姦者、言當與之同罰也、【正義】謂隱匿奸人、人身被刑、家口沒官、【考證】中井積德曰、降敵之罰、秦國自有此例、不得援漢律作解、**民有二男以上不分異者、倍其賦。**【正義】民有二男、不別爲活者、一人出兩課、【考證】賈誼治安策云、商君行政、其民富、子壯則出分、家貧子壯則出贅、卽此事、**有軍功者、各以率受上爵。**【集解】率、音律、**爲私鬭者、各以輕重被刑。大小僇力、本業耕織、致粟帛多者復其身。事末利及怠而貧者、擧以**

爲收孥。【索隱】末、謂工商也、蓋農桑爲本、故上云本業耕織也、怠者懈也、周禮謂之疲民、以言懈怠不事事之人而貧者、則糾舉而收錄其妻子、沒爲官奴婢、蓋其法特重於古也、【考證】中井積德曰、以爲收孥者、指末利怠貧者當身而言、以爲奴役也、非指其妻子、愚按孥讀爲奴、宗室非有軍功論不得爲屬籍。【索隱】謂宗室若無軍功、則不得入屬籍、謂除其籍、則無功不及爵秩也、【正義】屬籍、謂屬公族宗正籍書也、宗室無事功者、皆須論言不得入公族籍書也、明尊卑爵秩等級、各以差次。【考證】以差次、與以家次對言、差、猶等也、次、次第也、名田宅臣妾衣服、以家次。【索隱】謂各隨其家爵秩之班次、亦不使僭侈踰等也、【考證】通典注、名田、占田也、各立限、不使過制、如漢時王侯公主、皆得名田、吏民名田、毋過三十頃、是也、有功者顯榮、無功者雖富無所芬華。令既具未布。恐民之不信己、乃立三丈之木於國都市南門募民。有能徙置北門者予十金。民怪之、莫敢徙。【考證】楓、三本、徙下有者字、復曰。能徙者予五十金。有一人徙之。輒予五十金、以明不欺。卒下令。【考證】韓非子內儲篇云、吳起之爲西河守、倚一車轅於北門之外、而令之曰、有能徙此南門之外者、賜之上田上宅、人莫之徙也、及有徙之者、旋賜之如初、俄又置一石赤菽東門之外、而令之曰、有能徙此於西門之外者、賜之如初、人爭徙之、乃下令、事又見呂覽慎小篇、商鞅初遊魏、豈襲吳起故智乎、抑一事兩傳、亦未可知也、令行於民朞年。秦民之國都言初令之不便者以千數。索隱謂鞅新變之法令爲初令、正義初令、謂鞅之新法、考證初字、疑因下文衍、索隱正義本既多初字、據秦紀、鞅以孝公元年入秦、三年說變法、於是太子犯法。衞鞅曰。法之不行、自上犯之。考證楓、三本、自作因、鞅言止于此、將法太子。太子君嗣也。不可施刑。刑其傅公子虔、黥其師公孫賈。考證後劓公子虔、則此時不知施何刑、明日秦人皆趨令。索隱趨、音七踰反、趨者、向也、附也、行之十年、秦民大說、道不拾遺、山無盜賊、家給人足、民勇於公戰、怯於私鬭。鄉邑大治。考證中井積德曰、據秦紀、十年、當作七年、是變法七歲、當孝公卽位之十年、而以鞅爲大良造也、秦民初言令不便者、有來言令便者。衞鞅曰。此皆亂化之民也。盡遷之於邊城。其後民莫敢議令。於是以鞅爲大良造。索隱卽大上造也、秦之第十六爵名也、今云良造者、或後變其名耳、將兵圍魏安邑降之。考證顧炎武曰、下文魏遂去安邑、徙都大梁、乃是自安邑徙都之事耳、安邑、魏都、其王在焉、豈得圍而便降、秦本紀、昭王二十一年、魏獻安邑、若已降、於五十年之後、何煩再獻乎、梁玉繩曰、安邑、當作固陽、說在秦紀、居三年、作爲築冀闕宮庭於咸陽。索隱冀闕、卽魏闕也、冀、記也、出列教令、當記於此門闕、正義爲宮殿朝廷也、考證桃源鈔云、正義本、庭作廷、董份曰、既云爲、又云築、恐有衍字、梁玉繩引王孝廉曰、疑是築冀闕、作爲宮庭於咸陽、愚按作爲、謂造作營爲也、原文自通、冀、魏通、大也、高也、莊子讓王篇、公子牟謂瞻子曰、身在江海之上、心居乎魏闕之下、秦自雍徙都之。而令民父子兄弟同室內息者爲禁。考證不啻倍其賦、而集小都鄉邑聚爲縣、置令丞。凡三十一縣。爲田開阡陌封疆、正義南北曰阡、東西曰陌、按謂驛塍也、疆、音彊、封、聚土也、疆、界也、謂界上封記也、考證開阡陌、許民墾田也、井田之制、至此全壞、蔡澤傳、商君決裂阡陌、卽此事、說在秦紀、而賦稅平。平斗桶權衡丈尺。集解鄭玄曰、桶音勇、今之斛也、索隱音統、量器名、考證愚按、田仲任曰、桶、徙總切、說文、桶、木方器、受六斗、古通作甬、愚按同律度量衡、是民政之始、商君亦有見乎此、行之四年、公子虔復犯約。劓之。居五年、秦人富彊、天子致胙於孝公、諸侯畢賀。【正義】脃、音左故反、【考證】紀表、致脃、作致伯、其明年、齊敗魏兵於馬陵、虜其太子申、殺將軍龐涓。【考證】張文虎曰、中統、游本、將軍上有其字、其明年、衛鞅說孝公曰。秦之與魏、譬若人之有腹心疾。非魏并秦、秦即并魏。何者魏居嶺阨之西、都安邑、【索隱】蓋即安邑之東、山領險阨之地、即今蒲州之中條已東、連汾晉之嶮嶝也、【考證】三條本、嶺作領、與秦界河、而獨擅山東之利。利則西侵秦、病則東收地。今以君之賢聖、國賴以盛。而魏往年大破於齊、諸侯畔之。可因此時伐魏。魏不支秦、必東徙。東徙、秦據河山之固、東鄉以制諸侯。此帝王之業也。孝公以爲然、使衛鞅將而伐魏。魏使公子卬將而擊之。【正義】卬、五郎反、軍既相距。衛鞅遺魏將公子卬書曰。吾始與公子驩。今俱爲兩國將。不忍相攻。可與公子面相見盟、樂飲而罷兵，以安秦魏。魏公子卬以爲然，會盟已飲。【考證】胡三省曰、盟已而飲也、而衛鞅伏甲士而襲虜魏公子卬，因攻其軍，盡破之以歸秦。【考證】使衛鞅將而伐魏以下、採呂覽無義篇、魏惠王兵數破於齊秦，國內空，日以削，恐乃使使割河西之地獻於秦以和。【考證】秦紀、惠文王八年、魏納河西地、則事在商鞅死後、史將言其功、故併及後事、而魏遂去安邑，徙都大梁。【索隱】紀年曰、梁惠王二十九年、秦衛鞅伐梁西鄙、則徙大梁在惠王之二十九年也、【正義】從蒲州安邑、徙汴州浚儀也、梁惠王曰：寡人恨不用公叔痤之言也。【考證】凌稚隆曰、應前卬不用鞅卒殺之、衛鞅既破魏還，秦封之於商十五邑，號爲商君。【集解】徐廣曰、弘農商縣也、【索隱】於商、二縣名、在弘農、紀年云、秦封商鞅、在惠王三十年、與此文合、【正義】於商、在鄧州內鄉縣東七里、古於邑也、商洛縣、在商州東八十九里、本商邑、周之商國、案十五邑、近此三邑、【考證】秦策云、衛鞅入秦、孝公以爲相、封之於商、號曰商君、張文虎曰、正義、三邑疑當作二邑、商君相秦十年，【索隱】戰國策云、孝公行商君法十八年而死、與此文不同者、案此直云相秦十年耳、而戰國策乃云、行商君法十八年、蓋連其未作相之年耳、【考證】梁玉繩曰、鞅以孝公元年入秦、三年變法、五年爲左庶長、十年爲大良造、廿二年封商君、廿四年孝公卒、鞅死、則十年以何者爲始、索隱引秦策作十八年、亦不合、疑當作二十年、自爲左庶長數之也、中井積德曰、自爲大良造至死、得十五年、相秦十年、擧大數者邪、抑大良造之後、商君之前、別有相國之命、而記錄漏脫邪、宗室貴戚、多怨望者。趙良見商君。商君曰。鞅之得見也、從孟蘭皋。索隱 孟蘭皋、人姓名也、言鞅前因蘭皋得與趙良相見也、今鞅請得交。可乎。考證 楓、三本、交上有侍、趙良曰。僕弗敢願也。孔丘有言曰。推賢而戴者進、聚不肖而王者退。考證 崔適曰、王字不可解、疑誤、愚按斷章取義、崔說拘、俞樾曰、趙良本秦人、而能稱述闕里緒言、蔡澤亦云、不義而富且貴、於我如浮雲、國有道則仕、無道則隱、知戰國之世、已家有孔氏之書矣、僕不肖。故不敢受命。僕聞之。曰。非其位而居之曰貪位。非其名而有之曰貪名。僕聽君之義、則恐僕貪位貪名也。故不敢聞命。考證 楓、三本、義上有德字、商君曰。子不說吾治秦與。索隱 說、音悅、與、音予、趙良曰。反聽之謂聰。內視之謂明。自勝之謂彊。索隱 謂守謙敬之人、是爲自勝、若是者乃爲强、若爭名得勝、此非强之道、【考證】聽明彊、韻、楓、三本、反聽作外聽、內視、自省也、自勝、克己也、韓非子外儲篇引申子曰、獨視者謂明、獨聽者謂聰、能獨斷者、可以爲天下主、語似而意反、

虞舜有言曰。自卑也尚矣。【考證】尚、尊也、君不若道虞舜之道。【考證】若道之道、由也、無爲問僕矣。商君曰。始秦戎翟之敎、父子無別、同室而居。今我更制其敎、而爲其男女之別、大築冀闕、營如魯·衛矣。子觀我治秦也、孰與五羖大夫賢。【考證】百里奚、自賣以五羖羊之皮、爲人養牛、秦穆公擧以爲相、秦人謂之五羖大夫、趙良曰。千羊之皮、不如一狐之掖。千人之諾諾、不如一士之諤諤。武王諤諤以昌、殷紂墨墨以亡。【正義】以殷紂比商君、【考證】掖、讀爲腋、墨、讀爲嘿、諤諤、謇直也、掖諤昌亡、韻、趙世家、趙簡子曰、吾聞千羊之皮、不如一狐之腋、諸大夫朝、徒聞唯唯、不聞周舍之諤諤、說苑正諫篇、孔子曰、武王諤諤而昌、紂嘿嘿而亡、蓋古有此語、趙良稱之也、君若不非武王乎、則僕請終日正言、而無誅可乎。商君曰。語有之矣。貌言、華也。至言、實也。苦言、藥也。甘言、疾

也。【考證】貌言、飾辭也、實疾誚、夫子果肯終日正言、鞅之藥也。鞅將事子。子又何辭焉。趙良曰。夫五羖大夫、荊之鄙人也。【正義】百里奚、南陽宛人、屬楚、故云荊、【考證】梁玉繩曰、百里奚虞人、非荊人、正義謂宛人、亦非、聞秦繆公之賢、而願望見。行而無資、自粥於秦客、被褐食牛。期年繆公知之、擧之牛口之下、而加之百姓之上。秦國莫敢望焉。【考證】岡白駒曰、人莫怨望者、相秦六七年、【考證】梁玉繩曰、奚之爲相、未知的在秦穆何年、然以伐鄭楚三置晉君言之、則首尾已二十年、何云六七年也、愚按困學紀聞亦疑之、而東伐鄭、三置晉國之君、【索隱】謂立晉惠公懷公文公也、一救荊國之禍、【索隱】案六國年表、穆公二十八年、會晉救楚朝周、是也、【考證】救荊國之禍、未詳、梁玉繩曰、救、謂救晉、錢大昕曰、秦穆公之時、楚未有禍、秦亦無救楚事、趙良所謂救荊禍者、卽指城濮之役也、謂宋有荊禍而秦救之、非謂荊有禍也、愚按此說亦未得、發敎封內、而巴人致貢。施德諸侯、而八戎來服。由余聞之、款關請見。【集解】韋昭曰、款、叩也、【考證】陳仁錫引史珥曰、由余聞之一語、已隱隱自薦、不說盡、下又宕開、文心極巧、五羖大夫之相秦也、勞不坐乘。暑不張蓋。【考證】胡三省曰、古者車立乘、惟安車卽坐乘耳、蓋所以覆車上也、行於國中、不從車乘、不操干戈。功名藏於府庫、德行施於後世。五羖大夫死、秦國男女流涕、【正義】音體、童子不歌謠、舂者不相杵。【集解】鄭玄曰、相、謂送杵聲以聲音自勸也、【正義】相、謂送杵以音聲、曲禮、不舂不相、此五羖大夫之德也。【考證】田汝成曰、歷誦五羖大夫之德、俱本虞舜有言自卑意、今君之見秦王也、因嬖人景監以爲主。非所以爲名也。【考證】孟子觀近臣以其所爲主、觀遠臣以其所主、注、主、舍於其家、以之爲主人也、相秦、不以百姓爲事、而大築冀闕。非所以爲功也。刑黥太子之師傅、殘傷民以駿刑。是積怨畜禍也。【正義】駿、刑、上音峻、教之化民也、深於命。【索隱】劉氏云、教、謂商鞅之令也、命、謂秦君之命也、言人畏鞅甚於秦君、【正義】言鞅受孝公命行之、更添加命、民之效上也、捷於令。【索隱】上謂鞅之處分、令、謂秦君之令、【正義】言民放效君上之命、須捷急遁之、畏商鞅也、【考證】二句、蓋古語、命令、韻、命令二字、異文同意、中井積德曰、教者躬行率先之謂也、謂以躬之教、深於號令、而下民效上人之所爲、亦捷於號令也、謂君上之行己、爲政之本也、注大謬、今君又左建外易。非所以爲教也。[索隱]左建、謂以左道建立威權也、外易、謂在外革易君命也、[考證]中井積德曰、外字與左字相似、左建、其所建之事、陪道理也、外易、其所變之法、違道理也、君又南面而稱寡人、[考證]封於商、日繩秦之貴公子。詩曰。相鼠有體。人而無禮。人而無禮、何不遄死。[考證]詩鄘風相鼠篇、以詩觀之、非所以爲壽也。公子虔杜門不出、已八年矣。[考證]恥失鼻也、君又殺祝懽而黥公孫賈。[考證]祝懽、蓋亦太子師傅、詩曰。得人者興、失人者崩。[考證]逸詩、興崩、韻、或云、詩當作書、此數事者、非所以得人也。君之出也、後車十數、從車載甲、多力而騈脅者爲驂乘、[考證]騈脅、肋骨相比、如一骨也、晉文公騈脅、見左傳、此言肌肉豐滿、不復見肋骨之條痕也、中井積德曰、騈脅者、多力之相、故以爲言、非實擇騈脅人也、持矛而操闟戟者、旁車而趨。[集解]闟、所及反、徐廣曰、戟、一作戣、屈盧之勁矛、干將之雄戟、[索隱]闟亦作鈒、同、所及反、鄒誕音吐蒞反、戣、音逵、屈、音九勿反、按屈盧干將、竝古良匠造矛戟者名、[正義]顧野王云、鋋也、方言云、矛、吳揚江淮南楚五湖之閒謂之鋋、其柄謂之矜、釋名云、戟、格也、旁有格、考證中井積德曰、集解賚、撩同、取持也、鈒、小矛也、梁玉繩曰、文選吳都賦注引史、亦作賚屈盧之勁矛、干將之雄戟、此一物不具、君固不出。考證唐順之曰、出盛車從、明與五羖大夫行于國中相反、書曰。恃德者昌。恃力者亡。索隱此是周書之言、孔子所刪之餘、正義周書、晉五經博士孔晁序錄、有九卷、考證昌亾韻、今本周書無此文、君之危若朝露。尚將欲延年益壽乎。則何不歸十五都、索隱衛鞅所封商於二縣、以爲國、其中凡有十五都、故趙良勸令歸之、正義公孫鞅封商於十五邑、故云十五都、考證正義是、灌園於鄙、勸秦王顯巖穴之士、養老存孤、敬父兄、序有功、尊有德。可以少安。考證楓、三本、灌園於鄙、作灌菲於園、秦王非當時語、孝公未嘗稱王、君尚將貪商於之富、寵秦國之教、畜百姓之怨、考證胡三省曰、言以專秦國之政爲寵也、秦王一旦捐賓客而不立朝、秦國之所以收君者、豈其微哉。索隱謂鞅於秦無仁恩、故秦國之所以將收錄鞅者、其效甚明、故云、豈其微哉、考證中井積德曰、收、捕也、愚按、微、少也、輕也、言秦國收君、必不以輕罪也、死在目前、亾可翹足而待。商君弗從。

後五月、而秦孝公卒、太子立。公子虔之徒、告商君欲反。考證秦策、孝公疾且不起、欲傳商君、辭不受、孝公已死、惠王代後蒞政、有頃、商君告歸、人說惠王曰、大臣太重國危、今秦婦人嬰兒、皆言商君之法、莫言大王之法、是商君反爲主、大王更爲臣也、且夫商君固大王仇讎也、願大王圖之、商君歸還、惠王車裂之、當時情事、蓋如此、足以補史文、發吏捕商君。商君亡、至關下、欲舍客舍。客舍人不知其是商君也。考證各本、人上無舍字、今依楓、三本補、曰。商君之法、舍人無驗者坐之。考證驗、印信傳引之類、商君喟然歎曰。嗟乎、爲法之敝一至此哉。考證中井積德曰、敝者以己之困而言、非不知法如此也、去之魏。魏人怨其欺公子卬而破魏師、弗受。考證呂覽無義篇云、秦惠王疑公孫鞅欲加罪、鞅以其私屬與母歸魏、襄疵不受、曰以君之反公子卬也、史公蓋本於此、呂覽注、襄疵、魏人、商君欲之他國。魏人曰。商君、秦之賊。秦彊而賊入魏。弗歸不可。遂內秦。考證楓、三本、無商君秦之賊五字、遂下有送字、歸、送還也、商君既復入秦走商邑、索隱走、音奏、走、向也、與其徒屬發邑兵、北出擊鄭。集解徐廣曰、京兆鄭縣

也、索隱地理志、京兆有鄭縣、秦本紀云、初縣杜鄭、按其地是鄭桓公友之所封、考證楓、三本、邑上有商字、

秦發兵攻商君、殺之於鄭黽池。集解徐廣曰、黽或作彭、索隱鄭黽池者、時黽池屬鄭故也、而徐廣云、黽或作彭者、按鹽鐵論云、商君困於彭池故也、黽、音亾忍反、正義黽池、去鄭三百里、蓋秦兵至鄭破商邑兵、而商君東走至黽、乃擒殺之、考證中井積德曰、鄭國存時黽池屬鄭國、故稱鄭黽池、以別於他黽池耳、

秦惠王車裂商君以徇曰。莫如商鞅反者。考證莫下、添或字看、襄二十三年左傳、將盟臧氏、季孫召外史掌惡臣、而問盟首、對曰、盟東門氏也、曰、毋或如東門遂不聽公命殺適立庶、盟叔孫氏也、曰、毋或如叔孫僑欲廢國常蕩覆公室、季孫曰、臧孫之罪、皆不及此、孟椒曰、盍以犯門斬關、季孫用之、乃盟曰、無或如臧孫紇干國之紀、犯門斬關、誓盟之辭、皆有或字、無者字、

遂滅商君之家。

太史公曰。商君其天資刻薄人也。索隱謂天資其人爲刻薄之行、刻謂用刑深刻、薄謂弃仁義不悃誠也、考證其字疑因下文衍、天資、猶言天性、中井積德曰、刻薄甚無恩情也、言殘忍不仁、出於天質也、跡其欲干孝公以帝王術、挾持浮說、非其質矣。索隱說、音如字、浮說即虛說也、謂鞅得用、刑政深刻、又欺魏將、是其天資自有狙詐、則初爲孝公論帝王之術、是浮說耳、非本性也、考證古鈔本、三條本、質作實、中井積德曰、鞅之帝王是驅孝公入功利之序引、非實知之而欲實行之也、故曰浮說非實也、岡白駒曰、非其質、原非其意

所欲爲、且所因由嬖臣。及得用、刑公子虔、欺魏將卬、不師趙良之言。亦足發明商君之少恩矣。余嘗讀商君開塞耕戰書、與其人行事相類。

【索隱】按商君書、開、謂刑嚴峻則政化開、塞、謂布恩賞則政化塞、其意本於嚴刑少恩、又爲田開阡陌、及言斬敵首賜爵、是耕戰書也、【正義】商君書、有農戰篇、有開塞篇、五卷三十六篇、開、謂峻法嚴刑、政化開則行也、塞、謂布恩、則政化杜塞也、耕、謂開阡陌封疆則農爲耕也、戰、謂斬敵首、等級賜爵則士卒勇於公戰也、【考證】漢志云、商君書二十九篇、隋志云、商君書五卷、新唐志作商子、正義曰三十六篇者、不知何本、今本二十六篇、佚其二篇、第三爲農戰、史公所謂耕戰、或斥此篇、開塞亦篇名、第七、晁公武曰、司馬貞蓋未見鞅書、妄爲之說耳、今考其書、開塞篇、謂道塞久矣、今欲開之、必刑九而賞一、刑用於將過、則大邪不生、賞施於告姦、則細過不失、大邪不生、細過不失、則國治矣、由此觀之、鞅之術無他、特恃告訐而止耳、故其治不告姦者、與降敵同罰、告姦者、與殺敵同賞、此秦俗所以日壞、至於父子相夷、而鞅不能自脫也、沈欽韓曰、商君書第十三來民篇云、今三晉不勝秦四世矣、自魏襄王以來、野戰不勝、城必拔、又云、周軍之勝、華軍之勝、秦斬首而東之、又弱民篇、秦師至鄢郢、舉若振槁、唐蔑死於垂沙、莊蹻發於內、楚、則皆在秦昭王時、非商君本書也、

卒受惡名於秦。有以也夫。

【集解】新序論曰、秦孝公保崤函之固、以廣雍州之地、東幷河西、北收上郡、國富兵彊、長雄諸侯、周室歸籍、四方來賀、爲戰國霸君、秦遂以彊、六世而幷諸侯、亦皆商君之謀也、夫、商君極身無二慮、盡公不顧私、

使民內急耕織之業以富國、外重戰伐之賞以勸戎士、法令必行、內不阿貴寵、外不偏疏遠、是以令行而禁止、法出而姦息、故雖書云、無偏無黨、詩云、周道如砥、其直如矢、司馬法之勵戎士、周后稷之勸農業、無以易此、此所以并諸侯也、故孫卿曰、四世有勝、非幸也、數也、然無信、諸侯畏而不親、夫霸君若齊桓晉文者、桓不倍柯之盟、文不負原之期、而諸侯畏其彊而親信之、存亾繼絕、四方歸之、此管仲舅犯之謀也、今商君倍公子卬之舊恩、弃交魏之明信、詐取三軍之衆、故諸侯畏其彊而不親信也、藉使孝公遇齊桓晉文、得諸侯之統、將合諸侯之君、驅天下之兵以伐秦、秦則亾矣、天下無桓文之君、故秦得以兼諸侯、衞鞅始自以爲知霸王之德、原其事不諭也、昔周召施善政、及其死也、後世思之、蔽芾甘棠之詩、是也、嘗舍於樹下、後世思其德、不忍伐其樹、況害其身乎、管仲奪伯氏邑三百戶、無怨言、今衞鞅內刻刀鋸之刑、外深鈇鉞之誅、步過六尺者有罰、弃灰於道者被刑、一日臨渭而論囚七百餘人、渭水盡赤、號哭之聲、動於天地、畜怨積讎、比於丘山、所逃莫之隱、所歸莫之容、身死車裂、滅族無姓、其去霸王之佐亦遠矣、然惠王殺之、亦非也、可輔而用也、使衞鞅施寬平之法、加之以恩、申之以信、庶幾霸者之佐哉、【索隱】新序、是劉歆所撰、其中論商君、故裴氏引之、藉音胙、字合作胙、誤爲藉耳、按本紀、周歸文武胙於孝公者、是也、說苑云、秦法弃灰於道者刑、是其事也、【考證】索隱劉歆當作劉向、

【索隱】述贊、衞鞅入秦、景監是因、王道不用、霸術見親、政必改革、禮豈因循、既欺魏將、亦怨秦人、如何作法、逆旅不賓、

商君列傳第八　史記六十八

史記考證引用書目舉要

索隱正義以後，宋王應麟·洪邁，明柯維騏·陳仁錫·徐孚遠·顧炎武·清方苞·王鳴盛·趙翼·錢大昕·梁玉繩·王念孫·沈家本·錢泰吉·張文虎·李笠各有著作，訂補漸精。在我邦中井積德甄采尤詳，發明甚多。其餘可資於參考者數百種。今揭其要。

日本

恩田仲任 稱新治，號蕙樓，尾張人。　史記考

村尾元融　讀史記稿本

岡白駒 字千里、號龍洲、播磨人、居京都、	史記觽
皆川愿 字伯恭、號淇園、京都人、	史記戾柁
中井積德 字處叔、稱德三、號履軒、大阪人、	史記左傳雕題
近藤守重 號正齋、稱重藏、江戶人、	右文故事、正齋書籍考
龜井昱 字元鳳、號昭陽、稱昱太郎、福岡人、	左傳纘考、國語考
豬飼彥博 字文卿、號敬所、京都人、	史記三書管窺
古賀煜 字季曄、稱小太郎、江戶人、	史記匡謬稿本
安藤維寅 尾張人、	扁鵲倉公傳割解
多紀元堅 字廉夫、號桂山、江戶人、元簡 字安叔、號茝亭、	扁鵲倉公傳補注
僧瑞仙 號桃源、	史記桃源抄

僧壽桂（號幻雲、）　史記幻雲抄

編者未詳　博士家本史記異字

又題曰天朝傳本史記說、天朝傳本史記異文、引楓山本、三條本、中彭本、南化本、中韓本、以校今本、其曰楓山本者、文章生京房所手校、三條本、永正中三條西實隆手寫、南化本、僧南化所藏、中彭本、蓋彭寅翁本、中韓本、蓋朝鮮刊本、天保十三年、松崎明復贈林大學頭書云、去今二十七年前、加賀藩有校刊二十一史之議、使藩儒大島忠藏當其事、徧校各本、遂請及楓山文庫本、此書蓋忠藏手錄、

岡本保孝（稱縫殿介、號況齋、江戶人、）　史記傳本考

安井朝衡（字仲平、號息軒、日向人、居江戶、）　左傳輯釋、論語集說

竹添光鴻（字漸卿、稱進一郎、號井井、天草人、居東京、）　左氏會箋

新城新藏（福島人、居京都、）　東洋天文學史研究

禹域

唐、劉知幾 字子玄、彭城人、　史通

洪邁 字景廬、號容齋、鄱陽人、　容齋五筆

王觀國 長沙人、　學林

吳仁傑 字斗南、崑山人、　兩漢刊誤補遺

鄭樵 字漁仲、號夾際、莆田人、　通志

倪思 字正甫、歸安人、　班馬異同

婁機 字彥發、嘉興人、　班馬字類

王應麟 字伯厚、祥符人、　困學紀聞、藝文志考證、通鑑地理通釋、玉海、

金、王若虛 字從之、藁城人、　滹南遺老集

元、馬端臨 字貴與、樂平人、　文獻通考

胡三省 字身之、天台人、	資治通鑑注
明、楊愼 字用修、號升庵、新都人、	丹鉛總錄
柯維騏 字奇純、莆田人、	史記考要 依評林所引、
程一枝 字仲木、號巢父、休寧人、	史詮 依志疑所引、與陳氏史記考略同、
凌稚隆 字以棟、吳興人、	史記評林
胡應麟 字元瑞、蘭谿人、	少室山房筆叢
焦竑 字弱侯、江寧人、	焦氏筆乘
陳子龍 字臥子、 徐孚遠 字闇公、華亭人、	史記測義
陳仁錫 字明卿、	史記考 與史詮略同、
顧炎武 字甯人、號亭林、崑山人、	日知錄

清、高宗 乾隆皇帝、　御批通鑑輯覽

馬驌 字宛斯、鄒平人、　繹史

全祖望 字紹衣、號謝山、鄞縣人、　經史問答

方苞 字靈臯、號望溪、桐城人、　史記注補正、望溪文集

何焯 字屺瞻、號義門、長洲人、　義門讀書記

顧祖禹 字景范、號宛溪、崑山人、　讀史方輿紀要

顧棟高 字震范又復初、無錫人、　春秋大事表

汪越 字師退、春穀人、　讀史記十表

王懋竑 字予中、號白田、寶應人、　白田山房雜著

趙翼 字崧松、號甌北、陽湖人、　廿二史劄記、陔餘叢考

王鳴盛 字鳳喈、號西莊、嘉定人、　十七史商榷

查慎行 字悔餘、號初白、海寧人、　得樹樓雜鈔

張照 字得天、華亭人、　館本史記考證

杭世駿 字太宗、號堇浦、仁和人、　史記考證

趙一清 字誠夫、仁和人、　水經注釋

沈濤 字西雍、嘉興人、　銅熨斗軒隨筆

錢大昕 字曉徵、號辛楣、一號竹汀、嘉興人、　廿二史考異、三史拾遺、十駕齋養新錄、

錢大昭 大昕弟、字晦之、號竹廬、　漢書辨疑

王元啓 字惺齋、嘉興人、　三書正譌、月表正譌

崔述 字武承、號東壁、大名人、　補上古唐虞夏商豐鎬洙泗考信錄、孟子事實錄、

梁玉繩　字曜北、錢塘人、　史記志疑、瞥記、

洪頤煊　字筠軒、臨海人、　讀書叢錄

王昶　字德甫、號述菴、一字蘭皋、松江人、　金石萃編

洪亮吉　字稚存、號北江、陽湖人、　四史發伏

桂馥　字未谷、曲阜人、　晚學集、札樸

姚範　字南青、號薑塢、桐城人、　援鶉堂筆記

姚鼐　字姬傳、範姪、桐城人、　惜抱軒筆記

汪中　字容甫、江都人、　述學

盧文弨　字紹弓、號抱經堂、杭州人、　龍城札記、鍾山札記、

孫星衍　字淵如、陽湖人、　問字堂岱南閣諸集

戴震字慎修、號東原、休寧人、　東原文集

王念孫字懷祖、高郵人、　讀書雜志

惲敬字子居、陽湖人、　大雲山房文集

章宗源字逢之、會稽人、　隋書經籍志考證

沈欽韓字文起、號小宛、吳縣人、　漢書疏證

林春溥字鑑塘、號三山居士、閩中人、　竹柏山房十五種

包世臣字慎伯、涇人、　藝舟雙楫

俞正燮字理初、黟人、　癸巳存稿、類稿、

黃式三字薇香、號儆居、定海人、　周季編年、儆居集、

黃以周式三子、字儆季、定海人、　儆季雜著

沈家本 字子惇、號枕碧樓、歸安人、　史記漢書瑣言、刑法總考、分考、赦考、

吳裕垂 字以燕、涇縣人、　史案

吳熙載 字讓之、儀徵人、　資治通鑑地理今釋

李兆洛 字申耆、武進人、　歷代地理韻編

張愓愉 儀徵人、　史記功比說

成孺 寶應人、　史漢駢枝

丁晏 字儉卿、山陽人、　史記毛本正譌

曾國藩 字伯涵、號滌笙、湘鄉人、　求闕齋讀書錄

俞鴻漸 號印雪軒、德清人、　印雪軒文鈔

俞樾 字蔭甫、號曲園、德清人、　湖海筆談

周壽昌 字荇農、長沙人、 漢書注補正

梁章鉅 字閎中、號退菴、福州人、 退菴隨筆

錢泰吉 字輔宜、號警石、嘉興人、 甘泉鄉人稿 曝書雜記、

張文虎 字孟彪、又字嘯山、南匯人、 校史記札記、舒藝室隨筆

孫詒讓 字仲容、瑞安人、 述林

王先謙 字益吾、號葵園、長沙人、 漢書補注

李慈銘 字炁伯、會稽人、 越縵堂日記

丁謙 字益甫、仁和人、 漢書匈奴西南夷兩粵西域傳地理考證、

朱錦綬 字建侯、吳縣人、 讀史記漢書日記

查德基 字南鄉、長洲人、 讀史記日記

徐鴻鈞 字圭菴，吳縣人，

崔適 字觶甫，歸安人，

李笠 瑞安人，

梁啓超 字任公，新會人，

讀漢書日記

史記探源

史記訂補

史傳今義

史記總論終

書史記會注考證後

大正二年，予得史記正義遺佚於東北大學，始有纂述之志。編摩多年。仙臺齋藤報恩會，捐財以充資料採訪之費，久保得二君校古鈔於祕閣，藤塚鄰君購新刊於燕京以贈，服部宇之吉·市村瓚次郎二君，謀之東方文化學院，刷印行世。校讎之勞，前則阿部吉雄君，後則勝又憲治郎君當之。諸君子之誼，不可諼也。

昭和九年孟春　君山瀧川資言識。時年七十。

漢書補注·食貨志(上)

【導讀】

●**説明** 本文選自漢書補注,清 王先謙補注,商務印書館「國學基本叢書」一九四一年版。

●**漢書** 東漢 班固等撰。是一部記載西漢一代歷史的紀傳體斷代史,記事從漢高祖 劉邦元年(前二〇六年)至王莽 新朝 地皇四年(二三年)。全書分爲紀、表、志、傳四個部分,共一百篇。

●**班固(三二—九二)** 字孟堅,扶風 安陵(今陝西 咸陽東北)人。父親班彪是一位史學家,曾作後傳多篇來續補史記。漢書即班固繼承父志並在後傳的基礎上寫成。後因事入獄,永元四年(九二年)死在獄中。此時漢書還有八表和天文志没有寫成,漢和帝叫班固的妹妹班昭補作,馬續協助班昭作了天文志。

●**漢書補注** 漢末魏晉以來已有許多人爲漢書作注,其中最重要帶有總結性的注釋有兩次,一是唐初顏師古的漢書注,彙集了隋以前二十多家注;二是清末王先謙的漢書補注,廣泛搜羅並徵引顏注之後六十多家的研究成果,成爲目前閱讀漢書最重要的注本。

●**王先謙(一八四二—一九一七)** 字益吾,號葵園。清末史學家、實業家。湖南 長沙(今湖南 長沙)人。同治進士。曾任國子監祭酒,雲南、江西、浙江鄉試正副考官,以及江蘇學政等職。著有詩三家義集疏、漢書補注、後漢書集解等。

●**相關參考論著資料**

——清 王先謙漢書補注

——中華書局點校本漢書

——金少英漢書食貨志集釋

●**選文内容** 漢書 食貨志以上古至王莽 新朝時期的經濟爲主要内容,作了專題性論述。漢書 食貨志分上、下兩篇,上篇記食,下篇記貨。本書所選爲上篇,内容是對食、貨進行總論,並記述春秋至王莽時期的農業發展情況。

漢書目録

卷二十五下	郊祀志第五下
卷二十六	天文志第六
卷二十七上	五行志第七上
卷二十七中之上	五行志第七中之上
卷二十七中之下	五行志第七中之下
卷二十七下之上	五行志第七下之上
卷二十七下之下	五行志第七下之下
卷二十八上	地理志第八上
卷二十八下	地理志第八下
卷二十九	溝洫志第九
卷三十	藝文志第十
列傳	
卷三十一	陳勝項籍傳第一
……	
卷九十九下	王莽傳第六十九下
卷一百上	叙傳第七十上
卷一百下	叙傳第七十下

漢書「列傳」的詳細目録請參：

http：//222. 29. 121. 253/person/hejin/zglswx/download/Classics/hb0. htm

前漢補注序例

賜進士出身前翰林院編修國子監祭酒加五級王先謙撰

自顏監注行。而班書義顯。卓然號爲功臣。然未發明者固多。而句讀譌誤。解釋踳駁之處。亦迭見焉。良由是書義蘊宏深。通貫匪易。昔在東漢之世。朝廷求爲其學者。以馬季長一代大儒。尙命伏閣下。從孟堅女弟曹大家受讀。卽其難可知矣。宋明以來。校正板本之功爲多。國朝右文興學。精栞諸史。海內耆古之士。承流嚮風。研窮班義。考正注文。箸述美富。曠隆往代。但以散見諸書。學者罕能通習。先謙自通籍以來。卽究心班書。博求其義。薈最編摩。積有年歲。都爲一集。命曰漢書補注。臧之篋笥。時有改訂。忽忽六旬。炳燭餘明。恐不能更有精進。忘其固陋。舉付梓人。自顧材識駑下。無以踰越古賢。區區寸心。頗謂盡力。疏譌之咎。仍懼未免。匡我不逮。敬俟君子。

據敍例。顏監以前注本五種。服虔、應劭、晉灼、臣瓚、蔡謨也。大氐晉灼於服應外。增伏儼、劉德、鄭氏、李斐、李奇、鄧展、文穎、張揖、蘇林、張晏、如淳、孟康、項昭、韋昭十四家。臣瓚於晉所采外。增劉寶一家。顏監於五種注本外。增荀悅漢紀、崔浩漢紀音義、郭璞注司馬相如傳三家。說本王鳴盛。顏注發明駁正。度越曩哲。非印入鼻息者也.其中或引舊文.據爲已說.以史記索隱證之.張蒼傳柱下方書注.乃姚察說.淮南王安傳會有詔卽訊太子注.乃樂產說.郊祀志周始與秦國合而別別五百載當復合注.乃顏游秦說(本洪頤煊.)以文選李善注證之.枚乘傳注隱匿謂僻處於東南也.乃韋昭說.梁下屯兵方十里.乃張晏說.(本朱一新.)以詩王風譜疏證之.地理志內雒邑與宗周通封畿注.乃臣瓚說.舊唐書顏籀傳.叔父游秦撰漢書決疑十二卷.爲學者所稱.師古注漢書.多取其義.今書中未見.(本王鳴盛.)此外注文.閒用舊說.皆爲證明.以資識別.原其本意.非必掩襲前賢.或因己說冥符.不復割捨.尙非巨累.至游秦行輩文學.歸然在前.盜實遺名.有懟德矣.今補注所采.悉出其人.家世儒素.昆弟相師.先後三人.慘歸黃土.脊令原隰.垂老增唏.片羽可珍.敢忘護惜.宗族講肄.朋好往還.賞析所存.皆登斯輯.亦公善之義也.

顏注漢書.至宋仁宗景祐二年.詔州余靖(宋史本傳.字安道.曲江人.)爲祕書丞.奏言文字舛譌.命與王洙同校.靖撰刊誤一書.增入江南張佖校說六條.(宋祁云.漢書中有臣佖者.乃張佖.江南人.歸本朝.太祖收諸僞國圖籍實館閣.或召京朝官校對.皆題名卷末.)所謂景祐刊誤本也.嗣又有宋景文公祁.合十六家校本.至寧宗慶元中.建安劉之問.又取宋校本.更別用十四家本參校.又

采入蕭該音義。司馬貞索隱。孫巨源經綸集學官。考異章衡編年通載。楊侃兩漢博文。漢書刊誤。楚漢春秋。史義宗本西京雜記。朱子文辨正。孔武仲筆記。三劉刊誤。紀年通譜。刻之爲建安本。周壽昌云。劉之問號元起。書前題云。建安劉元起刊於家塾之敬室。余購得之。今存湘潭袁漱六同年芳瑛家。顧千里析劉元起與之問爲兩人。又訛作之罔。南監本又作之同。明南監本。即用建安本者也。但於注文刊落甚多。汲古閣本注文完足。而去其敍例。又於藝文志張良、司馬相如、東方朔、揚雄、賈誼傳後附臣佖校語六條。即張佖也。而三劉刊誤及景祐刊誤皆未之采。國朝文教昌明。圖書大備。乾隆四年。武英殿校刊漢書。用監本精校付梓。別加考證。今補注以汲古本爲主。佖說併入注文。遵用官本校定。詳載文字異同。備錄諸人考證。顏監敍例。宋劉校語。粲然具列。庶覽者無遺憾焉。

監本列宋景文參校諸本。一古本。顏師古未注以前本。二唐本。張唐公家所得唐本。三江南本。金坡遺事云。太祖平江南。賜本院書三千卷。皆紙札精好。東原槃氏私記云。江南本。宣和間尚在御府。四舍人院本。江南本在舍人院。亦曰舍人院本。劉之問云。景文所據爲十五家。按其目實十六。殆因舍人院本即江南本之藏舍人院者。一本二目。故併稱之。五湻化本。國朝會要云。湻化五年七月。詔選官分校史記前後漢。命陳充、阮思道、尹少連、趙況、趙安仁、孫何校前後漢。畢。遣內侍裴愈齎本就杭州鏤板。六景德監本。國朝會要云。咸平中。眞宗命刁衎、晁迥與丁遜覆校兩漢書板本。迥知制誥。以陳彭年司其事。景德二年七月。衎等上言。

漢書歷代名賢注釋。至有章句不同。名氏交錯。除無考據外。博訪羣書。徧觀諸本。校定凡三百四十九卷。籤正三千餘字。錄爲六卷以進。七景祐刊誤本。景祐元年九月。祕書丞余靖上言。國子監所印兩漢書文字舛譌。恐誤後學。臣謹參括衆本。旁據它書。列而辨之。望行刊正。詔送翰林學士張觀等詳定聞奏。又命國子監直講王洙與靖偕赴崇文院讎對。二年九月校書畢。凡增七百四十一字。損二百一十二字。改正一千三百三十九字。八我公本。今不詳何人。九燕國本。十曹大家本。十一陽夏公本。十二晏本。十三郭本。十四姚本。十五浙本。十六閩本。又列建安本。參校諸本。用宋景文本校定。復用諸家參校。一熙甯本。熙甯七年。參知政事趙抃奏新校漢書五十册。及陳繹所著是正文字七卷。二卷子古本。古字。三史館本。舊本。四國子監本。宣和六年本。五陳和叔本。熙甯中所校。六邵文伯本。用宋景文本校。七謝克念本。用景文本校。八楊伯時本。用謝本校。九李彥中本。用楊本校。十張集賢本。張瓌得唐世本校。十一王性之本。用景德中監本校。十二趙德莊本。用祕閣本校。十三沈公雅本。用祕閣本校。十四王宣子本。用祕閣本校。景文校本。近儒錢大昕王鳴盛等皆信之。惟全祖望以爲南渡末年。麻沙坊中不學之徒依託爲之。非出景文。列有五證。見鮚埼亭集外編第四十六卷。今案宋說淺陋。誠所未免。惟劉之問輩曾用以校定。則固嘗有是書。不出南渡末也。國朝諸儒。講求板本之學。致力漢書者。多用南監本。此外如景祐本。王念孫父子校。閩本。錢大昭校。明按察司按察使周采、提學副使周珫、巡海副使柯喬等刊。汪本。朱一新校明汪文盛刊。德藩本。葉德輝校明德王刊。乾道本。宋乾道中刊。

北監本。以上三本。先謙校。並備搜羅。間有甄采。良由文軌同塗。衆善咸萃。內府精槧。前無以加云

三劉刊誤。出劉敞與其弟攽、子奉世撰。宋史敞傳云。字原父。臨江新喻人。不言有此書。惟攽傳云。字貢父。邃史學。作東漢刊誤。爲人所稱。司馬光修資治通鑑。專職漢史。奉世傳云。字仲馮。精漢書學而已。其實兩漢皆有三劉評論。今書已亡。賴監本存之。斗南補遺。援引蕪雜。說詳王氏十七史商榷。頗有芟取。未從割棄。蕭該音義。采自監本。雖非瑰寶。亦資印證。明代史評大暢。競逐空疏。國朝碩學雲興。考訂精能。超踰前古。茲編廣羅衆家。去取務慎。沈文起疏證一書。以後事稽合前言。自爲別派。今但取有關書義者。餘屛不錄。

顏監敍例言曲覈古本。歸其眞正。史記正義論例云。史漢文字。相承已久。若悅字作說。閑字作閒。智字作知。汝字作女。早字作蚤。緣古字少。通共用之。史漢本有此古字者。乃爲好本。劉之問跋建安本漢書云。自顏氏後又幾百年。向之古字日益改易。書肆所刊。祇今之世俗字耳。識者恨之。今得宋景文公所校善本。雌黃所加。字一從古。愚案從古之字。如供爲共。伺爲司。蹤爲縱。藏爲臧。廂爲箱。慰爲尉。屢爲婁。嗜爲耆。屍爲死。讓爲攘之類。或係最初正文。或出聲近通假。非由古字之少。既展轉借寫。彌久失眞。故

東京文字不正．流弊斯極．而許氏說文出焉．刊本存眞．不宜輒改．若概目爲古字．其蔽也愚．或乃以爲六書假借之恉．則去之愈遠矣．

汲古本文字無定．如以字作㠯．後多作以．桓字作栢．閒亦作桓．及公孫賀等傳贊淵聖御名．悉仍其舊．或有譌脫乖誤之處．並依前式．加以注正．書雖增新．板如逢故．惟官本劉宋注文．有隔斷顏注者．輒爲移易舊處．俾免違滯．

顏監於雜家傳記．擇取綦嚴．如太公名字．四皓姓氏．雖登史志．並就棄落．可謂愼矣．西京雜記．亦在屏除之列．沈文起詆之．引見傳中．愚謂雜記不知撰人．初無妄說．又古事雅語．並資多識．師古棄而不取．而稱引顯相牴牾之楚漢春秋．不悟其僞託．抑又何也．今依沈說．仍采雜記．此外如飛燕外傳之類．概不闌入．

王子功臣外戚恩澤侯表所列．皆受國封．而司馬貞之徒．或云名號．此大謬矣．其不見地志者．皆因免侯併省．亦有侯表相符．而地志不言侯國．則班氏失書也．其有先國而後縣．或一國而前後兩封．取覈表志．原委咸在．疑訟已久．特爲揭明．

班志地理。存前古之軌迹。立來史之準繩。兼詳水道源流。使後人水地相資。以求往蹟。可謂功存千古者也。元魏酈道元水經注一書。於漢世水道曲折具存。實爲疏證班志而作。前人引用。不得要領。兹編於酈注諸水。顛末畢備。同郡之水。則云自某縣來。下入某縣。隔郡之水。則云自某郡某縣來。下入某郡某縣。脈絡畢貫。臚載無遺。更取歷代水地諸書。爲之疏通發明。訂正譌謬。讀者因酈證班。卽漢考古。然後遞推諸史。上下數千年地理。可以了然胸中。律厤天文。顏監無注。國朝錢李諸儒。洞貫劉術。更迭推衍三統。以明天文。圖籍紛陳。管窺積歲。補苴闕漏。藉竟全功。其餘得失之林。開卷卽了。遠俟百世。不煩贅論。

光緒二十六年歲次庚子二月初吉識於長沙城北葵園

引用諸書姓氏 非注本書者不列

蕭該 蘭陵人。隋國子博士。山陰縣公。著漢書音義。引見官本。

張佖 見上。有校説。引見官本。

宋祁 字子京。安州安陸人。宋翰林學士承旨。謚景文。有校説。引見官本。

劉敞 字原父。臨江新喻人。宋集賢院學士。有刊誤。引見官本。

劉攽 字貢父。敞弟。宋中書舍人。有刊誤。引見官本。

劉奉世 字仲馮。敞子。宋端明殿學士。有刊誤。引見官本。

吳仁傑 字斗南。崑山人。宋淳熙進士。國子學錄。著兩漢刊誤補遺。

王應麟 字伯厚。河南祥符人。宋淳祐進士。禮部尚書。著藝文志考證。

前漢補注卷首

九

漢書補註

張照　字得天.江蘇華亭人.官檢討.刑部尚書.諡文敏.
見官本考證.

勵宗萬　直隸靜海人.官編修.刑部侍郎.
見官本考證.

陳浩　官詹事府詹事.
見官本考證.

齊召南　字次風.浙江天台人.官檢討.禮部侍郎.
見官本考證.

杭世駿　字大宗.號堇甫.浙江仁和人.官編修.
見官本考證.

張永祚　官欽天監博士.
見官本考證.

顧炎武　字甯人.一字亭林.江蘇崑山人.諸生.
著日知錄.

閻若璩　字百詩.山西太原人.諸生.
著潛邱劄記.

何焯　字屺瞻.江蘇長洲人.官編修.
著讀書記.

一〇

全祖望 字紹衣。一字謝山。浙江鄞縣人。官庶吉士。
著經史問答。地理志稽疑。

王鳴盛 字鳳喈。號西莊。晚號西沚。江蘇嘉定人。官光祿寺卿。
著十七史商榷。

錢大昕 字曉徵。號辛楣。一號竹汀。江蘇嘉定人。官詹事府詹事。
著廿二史考異。三史拾遺。三統術衍。三統術鈐

錢大昭 字晦之。一字竹廬。大昕弟。舉孝廉方正。
著漢書辨疑。

陳景雲 字少章。江蘇長洲人。縣學生。
著兩漢訂誤。

李銳 字尚之。江蘇元和人。諸生。
著三統術注。

錢坫 字獻之。大昕姪。副貢生。
著新斠注地理志。

姚鼐 字姬傳。安徽桐城人。官刑部郎中。
著惜抱軒筆記。

王念孫 字懷祖。江蘇高郵人。直隸永定河道。
著讀書雜志。

漢書補註

洪亮吉　字稚存．江蘇陽湖人．官編修．
著四史發伏．

段玉裁　字若膺．一字懋堂．江蘇金壇人．舉人．四川巫山縣知縣．
著地理志校正．

劉台拱　字端臨．江蘇寶應人．官訓導．
著漢學拾遺．

李賡芸　字生甫．號許齋．江蘇嘉定人．官福建布政使．
著炳燭編．

沈濤　字西雍．浙江嘉興人．
著銅熨斗齋四史隨筆．

洪頤煊　字筠軒．浙江臨海人．
著讀書叢錄．

汪遠孫　字小米．浙江錢塘人．
著地理志校本．

吳卓信　字立峯．一字頊儒．江蘇常熟人．
著地理志補注．

梁玉繩　字曜北．浙江錢塘人．諸生．
著人表考證．

王引之字伯申念孫子官禮部尙書謚文簡見讀書雜志

沈欽韓字文起江蘇吳縣人著漢書疏證

何若瑤廣東番禺人

徐松字星伯直隸大興人官編修內閣中書著西域傳補注地理志集釋

翟云升字文泉山東萊州人舉人著校正古今人表

周壽昌字荇農湖南長沙人官內閣學士著漢書注補正

汪士鐸字梅村江蘇上元人舉人著漢志釋地略

陳澧字蘭甫廣東南海人舉人著地理志水道圖說

李光廷字恢垣廣東番禺人官吏部主事著漢西域圖考

漢書補註

張文虎 字嘯山．江蘇南匯人．著舒藝室隨筆．

成蓉鏡 字芙卿．江蘇寶應人．舉人．著史漢駢枝．

俞樾 字蔭甫．浙江德清人，官編修．著湖樓筆談．

一四

同時參訂姓氏

郭嵩燾 字筠仙．湖南湘陰人．官編修侍郎．

朱一新 字蓉生．浙江義烏人．官編修．御史．著漢書管見．參訂時書尚未成．

李慈銘 字炁伯．浙江會稽人．進士．官御史．

繆荃孫 字筱珊．江蘇江陰人．官編修．

沈曾植 字子培．浙江嘉興人．進士，官戶部主事．

王闓運 字壬秋．湖南湘潭人．舉人．

瞿鴻禨 字子久．湖南善化人．官編修．侍郎．

杜貴墀 字仲丹．湖南巴陵人．舉人．

王啟原 字理菴．湖南湘潭人．官江華訓導．

李楨 字佐周．湖南善化人．附貢生．

葉德輝字奐彬.湖南湘潭人.進士.官吏部主事.
皮錫瑞字鹿門.湖南善化人.舉人.
蘇輿字厚康.湖南平江人.舉人.
陶憲曾字伯成.湖南安化人.廩生.
陶紹曾字仲甫.湖南安化人.縣學生.
王文彬字蓮生.湖南長沙人.縣學生.
王先和字蕙庭.湖南長沙人.
王先惠字敬吾.湖南長沙人.廩生.
王先恭字禮吾.湖南長沙人.附貢生.分省補用知府.
王先慎字慧英.湖南長沙人.官道州訓導.

汲古閣本卷首

先謙補注不別立目錄。即用此本卷首目錄。以便檢閱。惟地理志上旁注一二三。地理志下旁注一二。共新增五字。雖卷帙加多。無改舊式。

班固前漢書凡百篇總一百二十卷

〔補注〕洪頤煊曰。敘傳。班氏原目百卷。今本一百二十卷。蓋師古集注。分高紀、王子侯表、百官公卿表、律厤志、食貨志、郊祀志、地理志、司馬相如傳、嚴安以下傳、揚雄傳、匈奴傳、外戚傳、敘傳爲二卷。王莽傳爲三卷。五行志爲五卷。隋書經籍志漢書一百一十五卷。太山太守應劭集解。顏注視應本又多五卷。梁書陸倕傳。嘗借人漢書失五行志四卷。視顏本五卷又異。

十二帝紀一十三卷

八表一十卷

十志一十八卷

七十列傳七十九卷

顏師古注

皇明崇禎十有五年歲在橫艾敦牂如月初吉琴川毛氏開雕

索隱曰．橫艾、壬也．爾雅作玄黓．今從史記厤書．

〔補注〕王鳴盛曰．常熟毛氏汲古閣刻本．字密行多．篇帙縮減．簡便可喜．但前明南監板有師古敍例．此削去不存．則來歷不明．

前漢書目錄

〔補注〕盧文弨曰史記漢書書前之有目錄。自有板本以來卽有之。爲便於檢閱耳。然於二史之本旨。所失多矣。史公之自序卽史記之目錄。班氏之敍傳卽漢書之目錄。乃後人以其艱於尋求。而復爲之條列以繫於首。後人又誤認書前之目錄。卽以爲作者所自定。致有據之妄訾謷本書者。史記孟荀列傳以兩大儒總括之。何嘗齒淳于髡、愼到、騶奭於其閒哉。貨殖等傳以事名篇。與八書相類。未嘗一一標姓名也。譏漢書者以范蠡子貢白圭非漢人而入漢書爲失於限斷。其實班氏何嘗爲范蠡諸人立傳。卽彼蜀卓宛孔閭里猥瑣之流。亦豈屑屑爲之標目。與因人立傳者同乎。明毛氏梓史記集解。葛氏梓漢書正文。其前卽據自序敍傳爲目錄。亦爲便於觀者而尚不失其舊。在諸本中爲最善矣。朱一新曰漢書目錄刊書者以意爲之。故各本詳略不同。

帝紀一十二卷

年表八卷

本志一十卷

列傳七十卷

顏師古注

食貨志第四上

漢　蘭　臺　令　史班　固　撰

唐正議大夫行祕書少監琅邪縣開國子顔師古注

賜進士出身前翰林院編修國子監祭酒加三級臣王先謙補注

洪範八政。一曰食。二曰貨。食謂農殖嘉穀可食之物。師古曰。殖、生也。嘉、善也。貨謂布帛可衣。師古曰。衣、音於既反。及金刀龜貝。所㠯分財布利通有無者也。師古曰。金、謂五色之金也。黃者曰金。白者曰銀。赤者曰銅。青者曰鉛。黑者曰鐵。刀、謂錢幣也。龜㠯卜占。貝㠯表飾。故皆爲寶貨也。二者生民之本。〔補注〕先謙曰。日本影唐寫卷子本食貨志民字、治字皆鈌末筆。見黎刻古逸叢書。興自神農之世。斲木爲耜。煣木爲耒。耒㠯之利㠯教天下。而食足。師古曰。斲、斫也。煣、屈也。耒、手耕曲木也。耜、耒端木所㠯施金也。耨、耘田也。耜音似。煣音人九反。耒音來內反。耨音乃搆反。〔補注〕宋祁曰。煣木當爲揉木。煣、玉篇曰。而九切。以火屈木曲。案易作揉。張照曰。案揉者必以火熨。則其字從火。亦未爲非古字不傳于今者甚多。他書引經。與本文異者具有。當存之以爲經文古今異同之攷。不得据今經而駁古史也。宋說未必然。又案宋本宋祁語至當爲揉木而止。無玉篇以下云云。今據浚本添。錢大昕曰。說文煣、屈申木也。揉字說文不收。當以煣爲正。史漢多古字。率爲校書人妄改。子京猶不免爾。何況餘子。錢大昭曰。耒㠯、南雍本、閩本作耒耨。先謙曰。官本㠯作耨。據顔注作耨是。日中爲市。致天下之民。聚天下之貨。交易而退。各得其所。而貨通。師古曰。自斲木爲耜㠯至於此事。見易上繫辭。食足貨通。然後國實民富。而教化成。黃帝㠯下通其變。使民不倦。李奇曰。器幣有不便於時。則變更通利之。使民樂其業而不倦也。堯命四子㠯敬授民時。師古曰。四子。謂羲仲、羲叔、和仲、和叔也。事見虞書堯典也。〔補注〕宋祁曰。堯典也。姚本删去也字。先謙曰。唐寫本無也字。舜命后稷㠯黎民祖飢。孟康曰。祖、始也。黎民始飢。命棄爲稷官也。古文言阻。師古曰。事見舜典。〔補注〕宋祁曰。祖饑。古文言阻。先謙曰。五帝紀作黎民始飢。徐廣注。今文尚書作祖飢。孟康本馬融說也。宋說與注複出。唐寫本事見下有虞書二字。是爲政首。禹平洪水。定九州。師古曰。九州。謂冀、沇、青、徐、揚、荆、豫、梁、雍。〔補注〕先謙曰。謂禹復九州之舊。說詳地理志。制土田。各因所生遠近。賦入貢棐。應劭曰。棐。竹器也。所㠯盛。方曰筐。隋曰棐。師古曰。棐讀與匪同。禹貢所謂厥貢漆絲。厥篚織文之類是也。隋。圜而長也。隋音他果反。〔補注〕先謙曰。注禹貢所謂。唐寫本作貢篚。謂若。楙遷有無。萬國作乂。師古曰。楙、與茂同。勉也。言勸勉天下。遷易有無。使之交足。則萬國皆治。殷周之盛。

詩書所述要在安民。富而教之。故易稱天地之大德曰生。聖人之大寶曰位。何㠯守位曰仁。何㠯聚人曰財。師古曰。下繫之辭。財者帝王所㠯聚人守位。養成羣生。奉順天德。治國安民之本也。故曰。不患寡而患不均。不患貧而患不安。〔補注〕先謙曰。唐寫本無兩而字。蓋均亡貧。和亡寡。安亡傾。師古曰。論語載孔子之言。是㠯聖王域民。師古曰。爲邦域。築城郭㠯居之。制廬井㠯均之。師古曰。井田之中爲屋廬。開市肆㠯通之。師古曰。肆、列也。設庠序㠯教之。師古曰。庠序、禮宜養老之處。士、農、工、商、四民有業。〔補注〕宋祁曰。姚本民作人。學㠯居位曰士。闢土殖穀曰農。作巧成器曰工。通財鬻貨曰商。師古曰。鬻、賣也。鬻、音弋六反。〔補注〕葉德輝曰。公羊成元年傳作邱甲。注云。古者有四民。一曰德能居位曰士。二曰闢土殖穀曰農。三曰巧心勞手以成器物曰工。四曰通財粥貨曰商。疏云。四民之言出齊語也。卽彼云處士就閒宴。處農就田野。處工就官府。處商就市井是也。聖王量能授事。四民陳力受職。故朝亡廢官。邑亡敖民。地亡曠土。師古曰。敖、謂逸游也。曠、空也。理民之道。地著爲本。師古曰。地著、謂安土也。著音直略反。〔補注〕周壽昌曰。地著、劉宋時謂之土著。孝武帝大明初。公卿博議有云。土著之人。習翫日久。通攷田賦二云。自東晉寓居江左。百姓南奔者竝謂之僑人。往往散居。無有土著。南齊時。亦稱土斷。皆地著二字變文也。故必建步立畮。正其經界。師古曰。畮、古畝字也。〔補注〕先謙曰。官本注在上句下。六尺爲步。〔補注〕先謙曰。司馬法云。六尺爲步。釋宮疏引白虎通云。人踐三尺。法天地人。人一舉足爲跬。再舉足爲步。踐三尺者半步。然則六尺爲步。蓋通義也。步百爲畮。畮百爲夫。夫三爲屋。屋三爲井。井方一里。是爲九夫。八家共之。各受私田百畮。公田十畮。是爲八百八十畮。餘二十畮。㠯爲廬舍。師古曰。廬、田中屋也。春夏居之。秋冬則去。〔補注〕宋祁曰。則去當作卽去。齊召南曰。井田畮數。何休注公羊。趙岐注孟子。范甯注穀梁。皆本此志之說。惟鄭康成毛詩箋。稍爲不同。詳見甫田孔疏。先謙曰。古卽則字同。宋說非。出入相友。守望相助。疾病則救。〔補注〕先謙曰。官本則作相。是。民是㠯和睦。而教化齊同。力役生產可得而平也。民受田。上田夫百畮。中田夫二百畮。下田夫三百畮。歲耕種者爲不易上田。休一歲者。爲一易。中田休二歲者。爲再易。下田三歲更耕之。自爰其處。孟康曰。爰、於也。師古曰。更、互也。音工衡反。〔補注〕錢大昕曰。春秋左傳。晉於是乎作爰田。服虔。孔晁皆云。爰易也。說文爰作趄。趄田易居也。張湯傳。傅爰書。師古訓爰爲換。與易同義。先謙曰。大司徒。不易之地家百畮。一易之地家二百畮。再易之地家三百畮。先鄭注。不易之地歲種之。地美。一易之地休一歲乃復種。再易之地休二歲乃復種。賈疏。家百畮者。此謂上地。年年佃之。家二百畮者。謂年別佃百畮。廢百畮。家三百畮者。以其地薄。年年佃百畮。廢二百畮。三年再易乃徧。據此則爰訓易甚明。農民戶人。〔補注〕王念孫曰。案農民戶人。本作農民戶一人。一人二字。對下衆男爲餘夫言之。下文士工商家受田。五口乃當農夫一人。又承此農民戶一人言之。今本脫一字。則文義不明。通典食貨一無一字。亦後人依誤本漢志刪之。周官載師注及疏。引此竝作農民戶一人。陳氏禮書引同。則北宋本尙未誤。己受田。其家衆男爲餘夫。亦㠯口受田如比。師古曰。比、例也。音必寐反。〔補注〕先謙曰。馬端臨文獻通考云。志言受田之法。與大司徒遂人所言略同。但言餘夫受田如比。孟子言餘夫二十五畝。朱子注。俟其壯有室。然後更受百畝之地。則此二十五畝者。十六以後。十九以前。所受田也。士工商家受田。五口乃當農夫一人。此謂平土可㠯爲法者也。若山林藪澤原陵淳鹵之地。晉灼曰。淳、盡也。舄鹵之田。不生五穀也。各㠯肥磽多少爲差。師古曰。磽、礉确也。謂瘠薄之田也。音口交反。〔補注〕沈欽韓曰。左襄二十五年傳正義。賈逵云。山林之地。九夫爲度。九度而當一井。藪澤之地。九夫爲鳩。八鳩而當一井。京陵之地。九夫爲辨。七辨而當一井。淳鹵之地。（淳、鹹也。）九夫爲表。六表而當一井。彊潦之地。（稻人職。彊檃用蕡。鄭云。彊堅也。此彊字亦同。謂非彊卽潦。杜云彊界。謬。）九夫爲藪。五藪而當一井。偃豬之地。九夫爲規。四規而當一井。原防之地。九夫爲町。三町而當一井。隰皋之地。九夫爲牧。二牧而當一井。先謙曰。官本顏注磽字不重。有賦有稅。稅謂公田什一。及工商衡虞之入也。師古曰。賦、謂計口發財。稅、謂收其田入也。什一、謂十取其一也。工商衡虞。

雖不墾殖，亦取其稅者，工有技巧之作，商有行販之利，衡虞取山澤之材產也。賦共車馬甲兵士徒之役。師古曰：徒，衆也。共讀曰供。充實府庫賜予之用。稅給郊社宗廟百神之祀，天子奉養百官祿食庶事之費。民年二十受田，六十歸田。〔補注〕沈欽韓曰：案志言六十歸田，疑非也。一夫受田，其長男則爲永業矣。苟非戶絕與遷徙，不得還於公家。餘夫壯有室，猶受百畝之田，豈老者不得還授其子，而官更追入之乎？魏齊以下有還受之限者，原以墾荒招亡，使定土著之籍，公田有限，既集其事，則任其營生，意非主乎養民也。葉德輝曰：六十歸田，謂歸公田，非歸私田也。故下文云：七十以上，上所養也，正謂六十歸田以後，則上養之；十歲以下，十一以上，正謂二十以內，此時未授田，故上所長、所強。沈說非。七十已上，上所養也；十歲已下，上所長也；十一已上，上所強也。師古曰：勉強勸之，令習事也。強音其兩反。種穀必雜五種，已備災害。師古曰：歲月有宜，及水旱之利也。種即五穀，謂黍、稷、麻、麥、豆也。〔補注〕先謙曰：唐寫本注種上有兩五字，當衍一字，存一字，各本無五字，非也。田中不得有樹，用妨五穀。〔補注〕錢大昭曰：齊民要術注云：五穀之田，不宜樹果。諺曰：桃李不言，下自成蹊。匪直妨耕種，損禾苗，抑亦惰夫之所休息，豎子之所嬉游。沈欽韓曰：管子國軌篇：田中有木者，謂之穀賊。力耕數耘，收穫如寇盜之至。師古曰：力謂勤作之也。如寇盜之至，謂促遽之甚，恐爲風雨所損。還廬樹桑。師古曰：還，繞也。〔補注〕錢大昕曰：還與環同。錢大昭曰：說文：廬，寄也，秋冬去，春夏居。釋名：寄止曰廬，廬，慮也，取自覆慮也。廬在田中，故詩曰：中田有廬。農功已畢，乃居於里。菜茹有畦，瓜瓠果蓏。應劭曰：木實曰果，草實曰蓏。張晏曰：有核曰果，無核曰蓏。臣瓚曰：案木上曰果，地上曰蓏也。師古曰：茹，所食之菜也。畦，區也。茹音人豫反。畦音胡圭反。蓏音來果反。〔補注〕葉德輝曰：齊民要術引氾勝之書有種桑、種芋區、種瓜瓠諸法，尹都尉書有種芥、種葵、種薤、種蔥諸法。二書，藝文志入農家，知以上爲農家本業也。殖於疆易。張晏曰：至此易主，故曰易。師古曰：詩小雅信南山云中田有廬疆場有瓜即謂此也〔補注〕先謙曰注場當作場易古字雞豚狗彘毋失其時師古曰彘即豕女修蠶織則五十可㠯衣帛七十可㠯食肉在壄曰廬在邑曰里師古曰廬各在其田中而里聚居也五家爲鄰五鄰爲里四里爲族五族爲黨五黨爲州五州爲鄉鄉萬二千五百戶也鄰長位下士自此㠯上稍登一級至鄉而爲卿也〔補注〕先謙曰地官序官云里宰每里下士一人鄰長五家則一人族師每族上士一人黨正每黨下大夫一人州長每州中大夫一人鄉大夫每鄉卿一人鄉老二鄉則公一人鄭注王置六鄉則公有三人也賈疏六鄉則卿六人各主一鄉之事又鄉大夫下云各掌其鄉之政教禁令正月之吉受教灋于司徒退而頒之于其鄉吏使各以教其所治於里有序而鄉有庠〔補注〕宋祁曰於里有序於字下當添是字先謙曰御覽五百三十五引五經通義云殷曰庠周曰序周家又兼用之鄉爲庠里爲序家爲塾序㠯明教〔補注〕先謙曰白虎通云序者序長幼也又云古之教民者里皆有師里中之老有道德者爲里右師其次爲左師教里中之子弟以道藝孝悌仁義庠則行禮而視化焉師古曰視讀爲示也〔補注〕宋祁曰注末也字當刪先謙曰說文庠禮官養老也白虎通庠者庠禮義盧文弨云下庠當作詳春令民畢出在壄冬則畢入於邑其詩曰四之日舉止同我婦子饁彼南畮師古曰此豳詩七月之章也饁饋也四之日周之四月夏之二月也農人無不舉足而耕也則其婦與子同㠯食來至南畮治田之處而饋之也饁音于輒反〔補注〕錢大昭曰詩七月篇作舉趾士昏禮皆有枕北止鄭注止足也古文止作趾說文止下基也象艸木出有址故以止爲足周壽昌曰本書刑法志趾皆作止又曰十月蟋蟀入我牀下嗟我婦子聿爲改歲入此室處師古曰亦七月之章也蟋蟀蛬也今謂之促織聿曰也言寒氣既至蟋蟀漸來則婦子皆曰歲

將改矣。而去田中入室處也。𢀜、音拱。〔補注〕錢大昭曰。詩七月篇聿作曰。曰聿古通。

所㠯順陰陽。備寇賊。習禮文也。春秋出民。〔補注〕張文虎曰。學本秋作將，是。荀紀作春則出民。先謙曰。官本作將。

里胥平旦坐於右塾。鄰長坐於右塾。孟康曰。里胥。如今里吏也。師古曰。門側之堂曰塾。坐於門側者。督促勸之。知其早晏。防怠惰也。塾、音孰。〔補注〕沈欽韓曰。里宰職以歲時合耦於耡。注云。耡者里宰治處。若今街彈之室。（疏云。漢時在街置室。檢彈一里之民於此。金石錄有都鄉正街彈碑。右塾、左塾。卽漢街彈室也。）公羊傳注。其耆老有高德者。名曰父老。有辨護伉健者。爲里正。皆受倍田。得乘馬。田作之時。春。父老及里正旦開門。坐塾上。晏出後時者不得出。莫不持樵者不得入。先謙曰。官本下右塾作左塾。是。

畢出然後歸。夕亦如之。師古曰。言里胥鄰長亦待入畢。然後歸也。〔補注〕先謙曰。通考引書大傳云。距冬至四十五日。始出學傳農事。上老平明坐於右塾。庶老坐於左塾。餘子畢出。然後皆歸。夕亦如之。餘子皆入。父之齒隨行。兄之齒雁行。白虎通云。立春而就事。朝則坐於里之門。餘子皆出就農而後罷。夕亦如之。皆入而後罷。

入者必持薪樵。輕重相分。班白不提挈。師古曰。班白者、謂髮雜色也。不提挈者、所以優老人也。〔補注〕先謙曰。官本斑作班。通用字。大傳又云。輕任並。重任分。斑白者不提挈。出入皆如之。此之謂造士。

冬民既入。婦人同巷相從夜績。〔補注〕葉德輝曰。說文。巷。里中道。从𨛜从共。同巷謂同里耳。

女工一月得四十五日。服虔曰。一月之中。又得夜半爲十五日。凡四十五日也。

必相從者。所㠯省費燎火。同巧拙而合習俗也。師古曰。省費燎火。省燎之費也。燎所㠯爲明。火所㠯爲溫也。燎音力召反。〔補注〕王念孫曰。案景祐本燎作寮。毛晃增脩禮部韻略。黃公紹古今韻會所引竝與景祐本同。又引顏注。寮以爲明。火以爲溫。今則正文注文皆改爲燎矣。

男女有不得其所者。因相與歌詠。各言其傷。師古曰。怨刺之詩也。〔補注〕周壽昌曰。公羊宣十四年傳何注。男女有所怨恨。相從而歌。饑者歌其食。勞者歌其事。此顏注意所本。又案爾雅。悠、傷、憂。思也。詩卷耳傳。澤陂、隻、傷思也。各言其傷。蓋各述其憂勞之思。所謂歌也。有思田家作苦。歌詠寫懷。雖不得所。亦未必皆怨刺。輶軒美刺并錄。似不容過泥爲刺詩。是月。餘子亦在于序室。蘇林曰。餘子、庶子也。或曰。未任役爲餘子。師古曰。未任役者是也。幼童皆當受業。豈論嫡庶乎。〔補注〕先謙曰。大傳又云。耰耡已藏。新穀已入。歲時事已畢。餘子皆入學。白虎通曰。若既收藏。皆入教學。八歲入小學。學六甲五方書計之事。蘇林曰。五方之異書。如今祕書學外國書也。臣瓚曰。辨五方之名及書藝也。師古曰。瓚說是也。〔補注〕顧炎武曰。六甲者。四時六十甲子之類。五方者。九州嶽瀆列國之名。書者六書。計者九數。瓚說未盡。周壽昌曰。此禮記內則之言。禮九年教之數日。鄭注。朔望與六甲也。猶言學數干支也。六年教之數與方名。鄭注。方名東西。即所云五方也。以東西該南北中也。十年出就外傅。居宿於外。學書記。即書計也。書文字。計籌算也。六書九數。皆古人小學之所有事也。始知室家長幼之節。十五入大學。學先聖禮樂。而知朝廷君臣之禮。〔補注〕先謙曰。黨正注。三時務農。將闕於禮。至此農隙而教之尊長養老。見孝弟之道也。白虎通云。其有賢才美質知學者。足以開其心。頑鈍之民。亦足以別於禽獸而知人倫。故無不教之民。其有秀異者。移鄉學于庠序。庠序之異者。移國學于少學。〔補注〕何焯曰。諸侯之國學爲少學、不敢擬天子之大學也。先謙曰。官本攷證云。案少學即小學也。下文諸侯歲貢少學之異者亦然。諸侯歲貢少學之異者於天子。〔補注〕先謙曰。白虎通。諸侯三年一貢士者。治道三年有成也。諸侯所以貢士於天子者。進賢勸善者也。學于大學。命曰造士。李奇曰。造、成也。行同能偶。則別之以射。師古曰。以射試之。〔補注〕先謙曰。射義。天子將祭。必先習射于澤。澤者、所以擇士也。白虎通云。二人爭勝。樂以德養也。勝負俱降。以崇禮讓。故可以選士。然後爵命焉。孟春之月。〔補注〕先謙曰。官本孟春作春秋。羣居者將散。師古曰。謂各趣農畝也。行人振木鐸徇于路。以采詩。師古曰。行人、遒人也。主號令之官。鐸、大鈴也。以木爲舌。謂之木鐸。徇、巡也。采詩、采取怨刺之詩也。〔補注〕周壽昌曰。公羊宣十四年傳何注。男年六十。女年五十無子者。官衣食之。使之民間求詩。鄉移於邑。邑移於國。國以聞於天子。故王者不出戶牖而知天下所苦。 獻之大師。比其音律。以聞於天子。師古曰。大師、掌音律之官。教六詩。以六律爲之音者。比、謂次之也。比、音頻二反。〔補注〕宋祁曰。比謂下當添調字。先謙曰。宋說是也。唐寫本有調字。 故曰王者不窺牖戶而知天下。此先王制土處民。富而教之之大略也。故孔子曰。道千乘之國。敬事而信。節用而愛人。使民以時。師古曰。論語載孔子之言。道、治也。舉事必敬。施令必信。不爲奢侈。愛養其民。無奪農時。〔補注〕先謙曰。官本注民作萌。是唐寫本並同。 故民皆勸功樂業。先公而後私。其詩曰。有渰淒淒。興雲祁祁。雨我公田。遂及我私。師古曰。小雅大田之詩也。渰、陰雲也。淒淒、雲起貌也。祁祁、徐也。言陰陽和。風雨時。民庶慶悅。喜其先雨公田。乃及私也。〔補注〕宋祁曰。興雲當改興雨。錢大昕曰。韓詩外傳引詩亦作興雲祁祁。漢無極山碑亦有興雲祁祁。雨我公田。遂及我私之文。蓋漢世經師傳授皆然。顏之推家訓云。詩有渰淒淒。興雲祁祁。毛傳。渰、陰雲貌。萋萋、雲行貌。渰已是陰雲。何勞復云興雲。雲當爲雨。俗寫誤爾。班固靈臺詩云。習習祥風。祁祁甘雨。此其證也。之推仕南北朝。雖疑雲爲誤字。不聞据他本以正之。則六朝本亦皆作興雲矣。大雅韓奕篇云。祁祁如雲。可證祁祁爲雲行貌。非轉寫之誤。後書左雄傳作興雨祁祁。或後人校改。先謙曰。官本民作萌。 民三年耕。則餘一年之畜。師古曰。畜、讀曰蓄。其下並同。 衣食足而知榮辱。廉讓生而爭訟息。故三載考績。師古曰。績、功也。言主治民者三年一考其功也。〔補注〕先謙曰。官本民作萌。 孔子曰。苟有用我者。期月而已可也。三年有成。成此功也。師古曰。論語載孔子之言也。用、謂使爲政。期月可以易俗。三年乃得成功也。〔補注〕先謙曰。白虎通論三考黜陟義云。所以三載一考績何。三年有成。故

於是賞有功黜不肖　三考黜陟餘三年食進業曰登鄭氏曰進上百工之業也或曰進上農工諸事業名曰登〔補注〕沈欽韓曰此謂農功畢上場論語新穀既升喪服注升字當為登登成也此專言五穀成熟耳注非　再登曰平餘六年食三登曰泰平二十七歲遺九年食然後王德流洽禮樂成焉〔補注〕先謙曰官本王德作至德引宋祁曰邵本王德作至德先謙案至德是也　故曰如有王者必世而後仁師古曰亦孔子之言也解在刑法志　繇此道也師古曰繇讀與由同由用也從也　周室既衰暴君汙吏慢其經界師古曰汙、謂貪穢也　繇役橫作師古曰繇、讀曰傜橫音胡孟反　政令不信上下相詐公田不治故魯宣公初稅畮〔補注〕劉攽曰稅畮所謂二也　春秋譏焉孟康曰春秋謂之履畮履踐民所種好者而取之譏其貪也　於是上貪民怨災害生而禍亂作陵夷至於戰國貴詐力而賤仁誼先富有而後禮讓是時李悝為魏文侯作盡地力之教師古曰李悝文侯臣也悝音恢〔補注〕周壽昌曰史記作魏用李克藝文志法家有李子三十二篇注云名悝相魏文侯富國強兵儒家有李克七篇注云子夏弟子為魏文侯相此志後云行之魏國國以富強則作李悝為是先謙曰人表李悝三等李克四等　以為地方百里提封九萬頃〔補注〕先謙曰提封解詳刑法志　除山澤邑居參分去一為田六百萬畮治田勤謹則畮益三升服虔曰與之三升也臣瓚曰當言三斗謂治田勤則畮加三斗也師古曰計數而言字當為斗瓚說是也〔補注〕宋祁曰治田勤謹當作勸謹下不勤同先謙曰唐寫本作勸謹下作不勸　不勤則損亦如之地方百里之增減輒為粟百八十萬石矣

〔補注〕姚鼐曰古人大抵計米以石權此志亂錯云百畮之收不過百石是也計粟以斛量此志趙過代田一歲之收常過縵田畝一斛以上是也惟李悝法以石計粟云百畝歲收畮一石半爲粟百五十石此卽亂錯之百石也蓋粟百五十石得二百斛爲米百石矣

又曰糴甚貴傷民韋昭曰此民謂士工商也〔補注〕先謙曰官本謂士下多民字甚賤傷農民傷則離散農傷則國貧故甚貴與甚賤其傷一也善爲國者使民毋傷而農益勸今一夫挾五口治田百畮歲收畮一石半爲粟百五十石除十一之稅十五石餘百三十五石食人月一石半五人終歲爲粟九十石餘有四十五石石三十爲錢千三百五十〔補注〕沈欽韓曰管子國蓄篇中歲之穀糶石十錢大男食四石月有四十之籍大女食三石月有三十之籍吾子食二石月有二十之籍注云古之石准今之三斗三升三合（唐志三升爲大升三斗爲大斗三兩爲小兩合湯藥及冠冕則用小升小兩自餘公私用大升大兩）以李悝說考之則戰國公量大已倍半穀價亦倍於管子時（沈彤云一石當今二升此錢乃景王大錢其重半兩當今錢二枚）除社閭嘗新春秋之祠用錢三百〔補注〕先謙曰荀子非十二子注引周禮說二十五家爲社說文閭、里門也周禮五家爲比五比爲閭閭、侶也二十五家相羣侶也立土神於里門里人共祀之嘗新則薦春則祈秋則報皆有祠也餘千五十衣人率用錢三百五人終歲用千五百不足四百五十師古曰少四百五十不足也不幸疾病死喪之費及上賦斂又未與此師古曰與、讀曰豫此農夫所㠯常困有不勸耕之心而令糴至於甚貴者也是故善平糴者必謹觀歲有上中下孰上孰其收自四．餘四百石．張晏曰．平歲百畮收百五十石．今大孰四倍．收六百石．計民食終歲長四百石．官糴三百石．此爲糴三舍一也．中孰自三．餘三百石．張晏曰．自三．四百五十石也．終歲長三百石．官糴二百石．此爲糴二而舍一也．下孰自倍．餘百石．張晏曰．自倍收三百石．終歲長百石．官糴其五十石．云下孰糴一．謂中分百石之一．小飢則收百石．張晏曰．平歲百畮之收．收百五十石．今小飢．收百石、收三分之二也．中飢七十石．張晏曰．收二分之一．大飢三十石．張晏曰．收五分之一也．以此準之．大小中飢之率也．〔補注〕王鳴盛曰．何校飢俱改饑．飢饑不同．穀不熟曰饑．人無食曰飢．亦可通用．但有飢餓無饑渴．先謙曰．官本竝作饑．

故大孰則上糴三而舍一．中孰則糴二．下孰則糴一．使民適足．賈平則止．師古曰．賈、讀曰價．小飢則發小孰之所斂．李奇曰．官以斂臧出糶也．〔補注〕宋祁曰．糶也．姚改也作之字．先謙曰．唐寫本也作之．官本糶作糴．中飢則發中孰之所斂．大飢則發大孰之所斂而糶之．故雖遇饑饉水旱．糴不貴而民不散．取有餘吕補不足也．行之魏國．國吕富彊．及秦孝公用商君．壞井田．開仟伯．師古曰．仟伯、田閒之道也．南北曰仟．東西曰伯．伯音莫白反．〔補注〕宋祁曰．仟伯、王本伯作陌．吳仁傑曰．張晏云．商鞅開立阡陌．令民各有常制．其說誤也．阡陌開而井田壞．正以無常制耳．董仲舒云．商鞅除井田．民得買賣．富者田連阡陌．貧者無立錐之地．故欲限民名田．蓋爲是也．案井田之制．受之於公．毋得粥賣．故王制有田里不粥之文．一夫所耕．不出百畝．故受田吕此爲率．二者之制．所吕使民力均一．而無貧富之殊．至秦不然．民田既得買賣．又戰得甲首者益田宅．五甲首而隸役五家．兼幷之患．自是而起．民田多者至吕千畝爲畔．少者乃以百畝爲畔．無復限制．而井田壞矣．先謙曰．據吳說．此處脫張注一條．官本考證云．朱子開阡陌辨曰．說者皆吕開爲開置之開．言秦廢井田．而始置阡陌．非也．案阡陌舊說．謂田閒之道．蓋卽周禮所云遂上之徑．溝上之畛．洫上之涂．

澮上之道也。其水陸占地不爲田者頗多。先王非不惜而虛棄之。所以正疆界。止侵爭。時蓄洩。備水旱。爲永久之計也。商君行苟且之政。但見田爲阡陌所束而耕者限於百畝。是以奮然開之。以盡人力地利。故秦紀鞅傳皆云爲田開阡陌封疆而賦稅平。蔡澤亦曰決裂阡陌。以靜生民之業也。急耕戰之賞。〔補注〕沈欽韓曰、商子外內篇、爲國者邊利盡歸於兵。市利盡歸於農。邊利歸於兵者強。市利歸於農者富。又愼法篇、民之欲利者非耕不得。避害者非戰不免。境內之民莫不先觸耕戰而後得其所樂。又刑賞篇、貴富之家必出於兵。是故民聞戰而相賀也。雖非古道。猶以務本之故。傾鄰國而雄諸侯。然王制遂滅。僭差亡度。庶人之富者累鉅萬。師古曰、鉅、大也。大萬、謂萬萬也。累者、兼數非止一也。言其貲財積累萬萬也。而貧者食糟糠。有國彊者兼州域。而弱者喪社稷。至於始皇。遂并天下。內興功作。外攘夷狄。收泰半之賦。師古曰、泰半、三分取其二。發閭左之戍。應劭曰、秦時以適發之。名適戍。先發吏有過及贅壻賈人。後以嘗有市籍者發。又後以大父母父母嘗有市籍者戍者曹輩盡。復入閭取其左發之。未及取右而秦亡。師古曰、閭、里門也。言居在閭門之左者一切發之。此閭左之釋應最得之。諸家之義煩穢舛錯。故無所取也。〔補注〕先謙曰、官本閭門作里門。男子力耕不足糧饟。師古曰、饟、古餉字也。〔補注〕先謙曰、官本注無也字。女子紡績不足衣服。竭天下之資財以奉其政。猶未足以澹其欲也。師古曰、澹、古贍字也。贍、給也。其下並同。〔補注〕宋祁曰、也字當刪。葉德輝曰、文選謝靈運石壁精舍還湖中詩注引許愼注、澹、猶足也。知澹贍古義通。先謙曰、注其下並同、官本作下同。海內愁怨。遂用潰畔。師古曰、下逃其上曰潰。漢興。

〔補注〕先謙曰、唐寫本此處及宣帝卽位、元帝卽位、成帝時、哀帝卽位、王莽因漢承平之業、俱提行。惟文帝卽位、至武帝之初二處、又不一律。蓋後人轉寫改之。此唐本猶可想見當日班志面目。各卷不異。至宋本改爲首尾相銜。非復舊式。禮樂志、今海內更始、官本提行。猶其痕迹之未盡泯者也。接秦之敝。諸侯竝起。民失作業。而大饑饉。凡米石五千。〔補注〕周壽昌曰。沈彤云。前石五十者。周景王大錢也。重半兩。此石五千者。莢錢也。視李悝時米價已十六七倍。壽昌案志明云漢興以爲秦錢重難用。更令民鑄莢錢。此是接秦之敝。恐尙用秦錢。未鑄莢錢也。人相食。死者過半。高祖乃令民得賣子。就食蜀漢。天下既定。民亡蓋臧。蘇林曰。無物可蓋臧。自天子不能具醕駟。師古曰。醕、不雜也。無醕色之駟。謂四馬雜色也。〔補注〕宋祁曰。越本醕作醇。先謙曰。平準書作鈞駟。索隱。鈞色之駟馬。漢書作醇駟。醇與純一色也。或作騂非。案作騂者醇之字誤耳。而將相或乘牛車。師古曰。以牛駕車也。上於是約法省禁。輕田租。什五而稅一。量吏祿。度官用。以賦於民。師古曰。纔取足。而山川園池市肆租稅之入。自天子以至封君湯沐邑。皆各爲私奉養。不領於天子之經費。師古曰。言各收其所賦稅以自供。不入國朝之倉廩府庫也。經、常也。〔補注〕宋祁曰。自天子當作自天下。齊召南曰。案文如作自天下以至封君湯沐邑。甚爲不協。宋意因下文言不領於天子之經費。遂疑此作自天下耳。又案平準書原文云自天子以至封君湯沐邑皆各爲私奉養不領於天下之經費。文義甚順。蓋大司農掌天下之經費。若畿輔以內之山川園池市肆租稅。則盡入少府爲天子私藏。其封君湯沐邑又各收以自供。俱不領於大司農也。此志作天子之經費。子字係傳寫之訛。漕轉關東粟。以給中都官。歲不過數十萬石。師古曰。中都官、京師諸官府也。〔補注〕先謙曰。平準書關東作山東。索隱。說文云。漕、轉穀也。一曰車運曰轉。水運曰漕。中都。猶都內也。皆天子之倉府。以給中都官者。卽今太倉以畜官儲者也。孝惠高后之閒。衣食滋殖。文帝卽位。躬修儉節。思安百姓。時民近戰國。皆背本趨末。賈誼說上曰。筦子曰。倉廩實而知禮節。師古曰。筦、與管同。管子。管仲之書也。〔補注〕先謙曰。賈子無而字。下又有衣食足知榮辱六字。唐寫本亦無而字。民不足而可治者。自古及今。未之嘗聞。古之人曰。一夫不耕。或受之飢。一女不織。或受之寒。〔補注〕沈欽韓曰。呂覽神農之教曰。士有當年而不耕者。則天下或受其饑矣。女有當年而不績者。則天下或受其寒矣。亦見文子。先謙曰。賈子受竝作爲。生之有時。而用之亡度。則物力必屈。師古曰。屈、盡也。音其勿反。古之治天下。至孅至悉也。師古曰。孅、細也。悉、盡其事也。孅與纖同。〔補注〕錢大昭曰。說文。孅、銳細也。先謙曰。賈子無至孅二字。故其畜積足恃。今背本而趨末。食者甚衆。是天下之大殘也。師古曰。本、農業也。末、工商也。言人已棄農而務工商矣。其食米粟者又甚衆。殘、謂傷害也。〔補注〕先謙曰。官本注無謂字。賈子作今背本而以末食者甚衆十字爲句。淫侈之俗。日日㠯長。是天下之大賊也。殘賊公行。莫之或止。大命將泛。孟康曰。泛、音方勇反。泛、覆也。師古曰。字本作覂。此通用也。〔補注〕宋祁曰。勇當作濫。錢大昕曰。案方勇卽泛之轉聲。說文。風从凡聲。而汎亦有馮音。今人呼帆爲篷。亦聲之轉也。宋不知古音。故疑其誤。先謙曰。賈子將泛作泛敗。案泛者如舟之隨流。欲覆酒正疏引泛泛楊舟。意同。故下文云然。唐寫本勇作腫。用也作用耳。莫之振救。師古曰。振、舉也。生之者甚少而靡之者甚多。師古曰。靡、散也。音縻。〔補注〕先謙曰。唐寫本縻作糜。天下財產何得不蹷。應劭曰。蹷、傾竭也。師古曰。蹷音厥。漢之爲漢幾四十年矣。師古曰。幾、近也。音鉅衣反。公私之積猶可哀痛。師古曰。言年載已多而無儲積。〔補注〕先謙曰。唐寫本痛下有也字。失時不雨。民且狼顧。鄭氏曰。民欲有畔意。若狼之顧望也。李奇曰。狼性怯。走憙還顧。言民見天不雨。今亦恐也。師古曰。李說是也。〔補注〕先謙曰。官本意作喜。歲惡不入。請賣爵子。如淳曰。賣爵級。又賣子也。〔補注〕先謙曰。賈子作請賣爵鬻子。旣聞耳矣。如淳曰。聞於天子之耳。〔補注〕沈欽韓曰。如說非也。窮匱之狀。毫不動心。僅聞之耳。耳者且止之辭。曹操謂耳非佳語。卽此意。周壽昌曰。聞自是聞於耳。何煩贅辭。耳是語助。猶云旣聞之矣。先謙曰。賈子旣下有或字。安有爲天下阽危者若是而上不驚者。師古曰。阽危。欲墜之意也。音閻。又音丁念反。〔補注〕先謙曰。注阽危官本作阽危者。引宋祁曰注阽危當刪危者。案賈子阽危下無者字。是也。此者字當緣下者字而誤衍。世之有飢穰。天之行也。李奇曰。天之行氣。不能常孰也。或曰。行道也。師古曰。穰、豐也。音人常反。〔補注〕宋祁曰。人常當作人掌。王念孫曰。或說是也。世猶歲也。史記貨殖傳曰。六歲穰。六歲旱。十二歲一大饑。是歲之有飢穰。乃天之道也。（剝彖傳曰。君子尙消息盈虛。天行也。天行卽天道。說見經義述聞乾行也下。）曲禮。去國三世。釋文。盧王云。世、歲也。萬物以歲爲世。晏子春秋雜篇曰。以世之不足也。免粟之食飽。謂歲之不足也。史記淮南王傳曰。萬世之後。吾寧能北面臣事豎子乎。謂萬歲之後也。（楚策曰。寡人萬歲千秋之後。）荀子非相篇。千世之傳。韓詩外傳。世作歲。是世與歲同義。故漢紀孝文紀。作歲有飢餓。天之常行。葉德輝曰。穰字平上兩讀。廣韻。一汝陽切。一汝兩切。先謙曰。賈子作世之有饑荒。天下之常也。禹湯被之矣。師古曰。謂禹遭水而湯遭旱也。卽不幸有方二三千里之旱。國胡吕相恤。師古曰。胡、何也。卒然邊境有急。數十百萬之衆。國胡吕餽之。師古曰。卒、讀曰猝。餽、亦饋字也。〔補注〕先謙曰。官本十作千。兵旱相乘。天下大屈。師古曰。屈、音其勿反。有勇力者聚徒而衡擊。師古曰。衡、橫也。〔補注〕先謙曰。賈子作橫。罷夫羸老易子而齩其骨。師古曰。罷、讀曰疲。齩、齧也。音五巧反。〔補注〕宋祁曰。姚本而齩刪而字。齩、下狡反。先謙曰。賈子子下有孫字。政治未畢通也。遠方之能疑者。竝舉而爭起矣。師古曰。疑、讀曰擬。擬、僭也。謂與天子相比擬。〔補注〕先謙曰。賈子無能字。文義自明。此能字誤衍。顏讀疑爲擬。能擬二字甚爲不詞。又賈子服疑篇云衣服疑者是謂爭先。澤厚疑者是謂爭賞。權力疑者是謂爭強。彼人者近則冀幸。疑則比爭。與此遠方疑者爭起文義相發明。唐寫本注擬竝作儗。廼駭而圖之。豈將有及乎。師古曰。圖、謂謀也。〔補注〕先謙曰。賈子作爲人上者乃試而圖之。此用無蓄篇校憂民篇語。亦有同者。唐寫本無謂字。汪本謂作亦。夫積貯者。天下之大命也。苟粟多而財有餘。何爲而不成。〔補注〕先謙曰。賈子作何嚮而不濟。㠯攻則取。㠯守則固。㠯戰則勝。懷敵附遠。何招而不至。師古曰。懷、來也。安也。〔補注〕先謙曰。賈子懷敵作懷柔。無蓄篇夫積貯至此在篇首。今下闕末三句。同。今敺民而歸之農。皆著於本。師古曰。敺、亦驅字。著、音直略反。〔補注〕先謙曰。官本敺作毆。字同。使天下各食其力。末技游食之民轉而緣南晦。師古曰。言皆趨農作也。則畜積足而人樂其所矣。〔補注〕先謙曰。今敺民下賈子又在瑰瑋篇。此句作則民安性勸業而無縣愆之心。無苟得之志。行恭儉蓄積而人樂其所矣。可㠯爲富安天下。而直爲此廩廩也。李奇曰。廩廩、危也。師古曰。言務耕農厚畜積。則天下富安。何乃不爲而常不足廩廩若此。竊爲陛下惜之。於是上感誼言。始開籍田。〔補注〕先謙曰。唐寫本籍作藉。汪本作耤。躬耕㠯勸百姓。〔補注〕劉台拱曰。事見前二年春正月丁亥詔書。漢興裁二十九年耳。而誼疏云漢之爲漢幾四十年。遠在其後。非由感誼言而然。鼂錯復說上曰。〔補注〕先謙曰。錯傳錯言守邊備塞勸農力本。當世急務二事。傳止載守邊備塞一事。而以勸農力本之奏分載於此。聖王在上而民不凍飢者。非能耕而食之。織而衣之也。師古曰。食讀曰飤。衣、音於旣反。爲開其資財之道也。故堯禹有九年之水。湯有七年之旱。〔補注〕沈欽韓曰。墨翟七患篇夏書曰禹七年水殷書曰湯五年旱然而民不凍飢者其生財寡用之節也管子權數篇湯七年旱禹五年水民無饘賣子荀子王霸篇禹十年水湯七年旱莊子秋水篇湯之時八年七旱皆與此異賈子新篇禹有十年之畜故免九年之水湯有十年之積故勝七年之旱與此同而國亡捐瘠者孟康曰肉腐爲瘠捐骨不埋者或曰捐謂民有飢相棄捐者或謂貧乞者爲捐蘇林曰瘠音漬師古曰瘠瘦病也言無相棄捐而瘦病者耳不當音漬也貧乞之釋尤疏僻焉〔補注〕先謙曰唐寫本謂民下無有字捐者作捐也㠯畜積多而備先具也今海內爲一土地人民之衆不避湯禹〔補注〕劉奉世曰不避湯禹避字未詳宋祁曰言土地人民之衆不讓湯禹也加㠯亡天災數年之水旱而畜積未及者何也〔補注〕先謙曰官本畜作蓄地有遺利民有餘力生穀之土未盡墾山澤之利未盡出也游食之民未盡歸農也民貧則姦邪生貧生於不足不足生於不農不農則不地著不地著則離鄉輕家民如鳥獸雖有高城深池嚴法重刑猶不能禁也夫寒之於衣不待輕煖師古曰㠯禦風霜不求靡麗也煖音乃短反飢之於食不待甘旨師古曰旨美也飢寒至身不顧廉恥人情一日不再食則飢終歲不製衣則寒夫腹飢不得食〔補注〕先謙曰唐寫本腹作腸膚寒不得衣雖慈母不能保其子君安能㠯有其民哉〔補注〕王念孫曰慈母當依景祐本作慈父此以父喻君子喻民則作慈父者是也通典食貨一通鑑漢紀七竝作慈父明主知其然也故務民於農桑薄賦斂廣畜積㠯實倉廩備水旱故民可得而

有也。民者在上所𠂔牧之。趨利如水走下。四方亡擇也。師古曰。走音奏。夫珠玉金銀。飢不可食。寒不可衣。然而衆貴之者。𠂔上用之故也。其爲物輕微易臧。在於把握。可𠂔周海內而亡飢寒之患。師古曰、周謂周徧而游行。此令臣輕背其主。而民易去其鄉。盜賊有所勸。亡逃者得輕資也。〔補注〕先謙曰。輕資、卽輕齎也。說文、齎、持遺也。霍去病傳約輕齎。古資齎字通。見周禮注。粟米布帛。生於地。長於時。聚於力。〔補注〕王念孫曰。粟米布帛之生長與聚。皆由人力。不當專以聚言之。力當爲市。市者、粟米布帛之所聚。故曰聚於市。言始而生於地。繼而長於時。終而聚於市。其爲時甚久。故曰非可一日成也。力字本作市。與力相似而誤。太平御覽百穀部一引此。已誤作力。漢紀孝文紀正作市。非可一日成也。數石之重。中人弗勝。師古曰。中人者。處强弱之中也。不爲姦邪所利。一日弗得而飢寒至。是故明君貴五穀而賤金玉。今農夫五口之家。其服役者不下二人。師古曰。服、事也。給公事之役也。其能耕者不過百晦。百晦之收。〔補注〕先謙曰。唐寫本百晦百晦四字作百百晦晦。古人雙疊之字多如此例。詩委蛇委蛇與委委佗佗同也。不過百石。春耕夏耘。秋穫冬臧。伐薪樵。治官府。給繇役。春不得避風塵。夏不得避暑熱。秋不得避陰雨。冬不得避寒凍。四時之閒亡日休息。又私自送往迎來。弔死問疾。養孤長幼在其中。勤苦如此。尚復被水旱之災。急政暴虐。〔補注〕王念孫曰。景祐本𧕦虐作𣘊賦。案景祐本是也。政讀爲征。（周官通以政爲征。）征賦斂。其義同。言急其征。𣘊其賦。而斂之又不以時也。下文賣田宅鬻子孫。皆承急征𣘊賦言之。作政者借字耳。政字師古無音。則已誤讀爲政令之政。後人不達。而改𣘊賦爲𣘊虐。失之遠矣。白帖八十四引此正作急政𣘊賦。漢紀及通典食貨一。通鑑漢紀七。竝同。先謙曰。唐寫本作𣘊賦。賦斂不時。朝令而暮改。〔補注〕王念孫曰。改本作得。言急征𣘊賦。朝出令而暮已得。非謂其朝令而暮改也。今作改者。後人不曉文義而妄易之耳。通典已誤作改。漢紀正作朝令暮得。當具有者半賈而賣。師古曰。本直千錢者。止得五百也。賈讀曰價。亡者取倍稱之息。如淳曰。取一償二爲倍稱。師古曰。稱、舉也。今俗所謂舉錢者也。於是有賣田宅鬻子孫。㠯償責者矣。而商賈大者積貯倍息。小者坐列販賣。師古曰。行賣曰商。坐販曰賈。列者。若今市中賣物行也。賈音古。操其奇贏。日游都市。師古曰。奇贏、謂有餘財而畜聚奇異之物也。一說。字謂殘餘物也。音居宜反。〔補注〕先謙曰。官本字作奇。是。乘上之急。所賣必倍。師古曰。上所急求。則其價倍貴。故其男不耕耘。女不蠶織。衣必文采。食必粱肉。師古曰。粱、好粟也。卽今之粱米。〔補注〕先謙曰。官本粱作粱。是。下同。亡農夫之苦。有仟伯之得。師古曰。仟謂千錢。伯謂百錢也。伯音莫白反。今俗猶謂百錢爲一伯。〔補注〕吳仁傑曰。此亦田畝之仟佰耳。蓋百畝之收。不過百石。千畝之收。不過千石。而商賈操奇贏。取倍息。其所入豈止百石千石之得哉。過秦論。起仟佰之中。言其拔起於隴畝。正前所謂仟佰。而史記索隱。乃以爲千人百人之長。亦非也。周壽昌曰。吳說是也。言商賈無農夫之苦。有農夫之利。卽下所云商人兼幷農人也。因其富厚。交通王侯。力過吏埶。㠯利相傾。千里游敖。冠蓋相望。乘堅策肥。履絲曳縞。師古曰。堅、謂好車也。縞、皓素也。繒之精白者也。此商人所㠯兼幷農人。農人所㠯流亡者也。今法律賤商人。商人人已富貴矣。尊農夫。農夫已貧賤矣。故俗之所貴。主之所賤也。吏之所卑。法之所尊也。上下相反。好惡乖迕。師古曰、迕違也。好音呼到反。惡音烏故反。迕音五故反。而欲國富法立。不可得也。方今之務。莫若使民務農而已矣。欲民務農。在於貴粟。貴粟之道。在於使民吕粟爲賞罰。今募天下入粟縣官。得吕拜爵。得吕除罪。如此。富人有爵。農民有錢。粟有所渫。師古曰、渫散也。音先列反。此下亦同也。〔補注〕宋祁曰、有所渫下脫矣字。先謙曰、官本作下同。無此亦也三字。夫能入粟吕受爵。皆有餘者也。取於有餘。吕供上用。則貧民之賦可損。師古曰、損減也。所謂損有餘補不足。令出而民利者也。順於民心。所補者三。一曰主用足。二曰民賦少。三曰勸農功。今令民有車騎馬一匹者。復卒三人。如淳曰、復三卒之算錢也。或曰、除三夫不作甲卒也。師古曰、當爲卒者。免其三人。不爲卒者。復其錢耳。復音方目反。車騎者。天下武備也。故爲復卒。師古曰、爲音于僞反。神農之教曰。有石城十仞。應劭曰、仞五尺六寸也。師古曰、此說非也。八尺曰仞。取人申臂之一尋也。湯池百步。師古曰、池、城邊池也。以沸湯爲池。不可輒近。喻嚴固之基。〔補注〕先謙曰、官本邊下脫池字。基作甚。是。唐寫本亦作甚。帶甲百萬。而亡粟。弗能守也。吕是觀之。粟者。王者大用。政之本務。令民入粟受爵至五大夫吕上。廼復一人耳。師古曰、五大夫、第九等爵也。復音方目反。此其與騎馬之功相去遠矣。爵者。上之所擅出於口而亡窮。師古曰。擅專也。粟者。民之所種。生於地而不乏。夫得高爵與免罪。人之所甚欲也。使天下入粟於邊。㠯受爵免罪。不過三歲。塞下之粟必多矣。於是文帝從錯之言。〔補注〕先謙曰。唐寫本無之字。令民入粟邊。六百石。爵上造。師古曰。上造。第二等爵也。稍增至四千石。爲五大夫。師古曰。五大夫第九等爵。萬二千石。爲大庶長。師古曰。大庶長第十八等爵也。〔補注〕先謙曰。平準書。於是募民能輸及轉粟於邊者拜爵。爵得至大庶長。是輸者轉者皆得拜也。各㠯多少級數爲差。〔補注〕先謙曰。爲官本作有。錯復奏言陛下幸使天下入粟塞下㠯拜爵。甚大惠也。〔補注〕先謙曰。錯傳又載錯復言陛下幸募民相徙以實塞下。使屯戍之事益省。輸將之費益寡。甚大惠也。案此志使天下入粟塞下以拜爵句。元文當在募民相徙以實塞下句下。屯戍之事益省。指募民徙塞下言。輸將之費益寡。指入粟塞下以拜爵言。此下奏文皆與傳中所奏爲一篇。而班氏分載入志者。竊恐塞卒之食不足用。大渫天下粟。邊食足㠯支五歲。可令入粟郡縣矣。師古曰。入諸郡縣以備凶災也。足支一歲㠯上。可時赦。勿收農民租。如此。德澤加於萬民。民俞勤農。師古曰。俞。進也。音踰。又音愈。〔補注〕錢大昕曰。俞古愈字。下文貧弱俞困。民俞貧困之俞竝同。先謙曰。唐寫本勤作勸。是。時有軍役。若遭水旱。民不困乏。天下安寧。歲孰且美。則民大富樂矣。上復從其言。廼下詔賜民十二年租稅之半。明年。遂除民田之租稅。後十

三歲。孝景二年令民半出田租。三十而稅一也。其後。上郡以西旱。復修賣爵令。而裁其賈以招民。師古曰。賈、
讀曰價。裁、謂減省之也。〔補注〕先謙曰。平準書裁作賤。官本無賈讀曰價四字。及徒復作。得輸粟於縣官以除罪。師古曰。復、音房目反。解在宣紀。〔補注〕沈欽韓曰。宣帝時張敞亦理此議。而蕭望之駮之。語詳
望之傳。先謙曰。官本房作方。在作見。始造苑馬以廣用。師古曰。苑馬、謂爲苑以牧馬。〔補注〕錢大昭曰。邊郡有六牧師苑。養馬三十萬匹。宮室列館車馬益增修矣。然婁敕有
司以農爲務。師古曰。婁、古屢字也。〔補注〕先謙曰。官本無也字。民遂樂業。至武帝之初七十年間。國家亡事。非遇水旱，則民人給家
足。〔補注〕先謙曰。平準書則民作民則。都鄙廩庾盡滿。而府庫餘財。京師之錢累百鉅萬。貫朽而不可校。師古曰。累百鉅萬。謂數百萬萬也。校、謂計數也。
〔補注〕先謙曰。平準書作累巨萬。無百字。集解引韋昭云。巨萬、今萬萬。唐寫本計數下有之字。太倉之粟。陳陳相因。師古曰。陳、謂久舊也。充溢露積於外。腐敗不可食。衆庶街
巷有馬。仟伯之間成羣。師古曰。謂田中之阡陌也。乘牸牝者擯而不得會聚。孟康曰。皆乘父馬。有牝馬閒其間則踶齧。故斥出不得會同。師古曰。言時富饒。故恥乘牸牝。不必以其踶
齧也。踶、蹋也。音大奚反。〔補注〕先謙曰。平準書牸作字。廣雅釋言。字、乳也。又釋獸。牸、雌也。據此字牸義同。即謂牝馬之乳子者耳。集解引孟說。則下有相字。出在會字上。此作斥出。文義較順。守閭閻者食粱肉。爲吏者長
子孫。如淳曰。時無事。吏不數轉。至於長子孫而不轉職也。〔補注〕先謙曰。官本長生作生長。居官者以爲姓號。如淳曰。貨殖傳倉氏庾氏是也。人人自愛而重犯法。師古曰。重、難也。先

行誼而黜媿辱焉。師古曰。㠯行誼爲先。㠯媿辱相黜也。行音下更反。〔補注〕先謙曰。平準書作而後絀恥辱焉。絀黜字同也。又太史公贊云。先本絀末。是先與絀對文明。史記後字淺人妄加。於是罔疏而民富。役財驕溢。或至并兼豪黨之徒。㠯武斷於鄉曲。師古曰。恃其饒富則擅行威罰也。斷音丁喚反。〔補注〕先謙曰。索隱。鄉曲豪富無官位而以威勢主斷曲直。故曰武斷也。宗室有土。公卿大夫㠯下。爭於奢侈。師古曰。有土、謂國之宗姓受封邑土地者也。室廬車服。僭上亡限。物盛而衰。固其變也。是後外事四夷。內興功利。役費竝興。而民去本。董仲舒說上曰。春秋它穀不書。至於麥禾不成則書之。㠯此見聖人於五穀最重麥與禾也。今關中俗不好種麥。是歲失春秋之所重。而損生民之具也。願陛下幸詔大司農。使關中民益種宿麥。令毋後時。師古曰。宿麥、謂其苗經冬。又言古者稅民不過什一。其求易共。師古曰。共讀曰供。次下亦同。使民不過三日。其力易足。民財內足㠯養老盡孝。外足㠯事上共稅。下足㠯畜妻子極愛。故民說從上。師古曰。說、讀曰悅也。〔補注〕先謙曰。唐寫本說下有而字。當據補。官本無也字。至秦則不然。用商鞅之法。改帝王之制。除井田。民得賣買。富者田連仟伯。貧者亡立錐之地。又顓川澤之利。管山林之饒。師古曰。顓與專同。管、主也。荒淫越制。踰侈㠯相高。邑有人君之尊。里有公侯之富。小民安得不困。又加月爲更卒。已復爲正。一歲屯戍。一歲力役。三十倍於古。師古曰。更卒謂給郡縣一月而更者也。正卒謂給中都官者也。率計今人一歲之中屯戍及力役之事。三十倍多於古也。更音工衡反。田租口賦鹽鐵之利。二十倍於古。如淳曰。秦賣鹽鐵貴。故下民受其困也。師古曰。既收田租。又出口賦。而官更奪鹽鐵之利。率計今人一歲之中失其資產二十倍多於古也。或耕豪民之田。見稅什五。如淳曰。十稅其五。師古曰。言下戶貧人自無田而耕墾豪富家田。十分之中以五輸本田主也。故貧民常衣牛馬之衣。而食犬彘之食。重以貪暴之吏。刑戮妄加。師古曰。重、音直用反。民愁亡聊。亡逃山林。轉爲盜賊。赭衣半道。斷獄歲以千萬數。漢興。循而未改。〔補注〕先謙曰。馬端臨云。史既言高祖省賦。而復言鹽鐵之賦仍秦者。蓋當時封國至多。山澤之利在諸侯王國者。皆循秦賦法。取以自豐。非縣官經費所領也。古井田法。雖難卒行。宜少近古。師古曰。卒讀曰猝。近音其靳反。限民名田。以澹不足。師古曰。名田、占田也。各爲立限。不使富者過制。則貧弱之家可足也。塞并兼之路。鹽鐵皆歸於民。去奴婢。除專殺之威。服虔曰。不得專殺奴婢也。〔補注〕宋祁曰。專當改作顓字。薄賦斂。省繇役。以寬民力。然後可善治也。仲舒死後。功費愈甚。〔補注〕先謙曰。唐寫本愈作俞。案官處作俞。此不應獨用愈。當據正。天下虛耗。人復相食。師古曰。耗、音呼到反。〔補注〕先謙曰。官本注在天下虛耗下。武帝末年。悔征伐之事。廼封丞相爲富民侯。韋昭曰。沛蘄縣也。師古曰。欲百姓之殷實。故取其嘉名也。〔補注〕先謙曰。田千秋也。見本傳。下詔曰。方今之務。在於力農。以趙過爲搜粟都尉。〔補注〕先謙曰。官本考證云。搜、監本訛挴。今改正。案百官表作騪。過能爲代田。一晦三甽。師古曰。甽、壟也。音工犬反。字或作畎。〔補注〕吳仁傑曰。案鄭氏注考工記曰。古者甽遂之間通水。又曰。甽上高土謂之代。其壟中曰甽。繇是言之。壟者、甽上高土。甽者、壟中通水之道。而非壟也。顏於劉向傳忠臣雖在甽畝。釋云。甽者田中之溝也。此以爲壟。何哉。疑有脫文。當云甽壟中溝也。沈欽韓曰。呂覽辨士篇。晦欲廣以平。甽欲小以深。歲代處。故曰代田。師古曰。代、易也。古法也。后稷始甽田。以二耜爲耦。師古曰。併兩耜而耕。廣尺深尺曰甽。長終晦。一晦三甽。一夫三百甽。而播種於甽中。師古曰。播、布也。種、謂穀子也。〔補注〕先謙曰。官本甽中上有三字。引宋祁云。三甽中。姚刪去三字。苗生葉以上。稍耨隴草。師古曰。耨、鉏也。〔補注〕王念孫曰。苗生葉以上。稍耨隴草。本作苗生三葉以上。稍壯。耨隴草。言自生三葉以上。禾苗稍壯。乃耨去隴草。而隤其土以附苗根也。苗生三葉以上。故曰稍壯。今本脫三字。則以上二字義不可通。下文云。言苗稍壯。每耨輒附根。則此文之作稍壯耨隴草甚明。今本脫壯字。則稍字可刪矣。左傳昭元年正義引此正作苗生三葉以上。稍壯。張文虎曰。案三字宜有。壯字則疑因下文稍壯而衍。稍耨云者。卽下文所云每耨輒附根。蓋以漸隤其土。（說文稍出物有漸也。）故下云比盛暑隴盡平而根深。先謙曰。唐寫本鉏下有之字。當據補。因隤其土以附根苗。師古曰。隤、謂下之也。音穨。〔補注〕先謙曰。官本根苗作苗根。是。故其詩曰。或芸或芓。黍稷儗儗。師古曰。小雅甫田之詩。儗儗。盛貌。芸、音云。芓、音子。儗、音擬。芸。除草也。耔。附根也。〔補注〕先謙曰。官本耔作芓。是。言苗稍壯。每耨輒附根。比盛暑。隴盡而根深。師古曰。比、音必寐反。〔補注〕王念孫曰。本作隴盡平而根深。言每耨輒隤隴土以附苗根。及盛暑之時。則隴與甽平。而苗根深固也。今本脫平字。則文義不明。小雅甫田正義所引與今本同。亦後人依誤本漢書刪之。左傳昭元年正義引此。正作隴盡平而根深。先謙曰。官本注八字在比盛暑下。能風與旱。

師古曰。能讀曰耐也。〔補注〕先謙曰。官本注末無也字。故儗儗而盛也。其耕耘下種田器。皆有便巧。率十二夫爲田一井一屋。故畮五頃。鄧展曰。九夫爲井。三夫爲屋。夫百畮。於古爲十二頃。古百步爲畮。漢時二百四十步爲畮。古千二百畮。則得今五頃。用耦犂。二牛三人。〔補注〕齊召南曰。案周禮里宰賈疏曰。周時未有牛耕。至漢時趙過始教民牛耕。今鄭云。合牛耦可知者。或周末兼有牛耕。至趙過乃絕人耦。又案葉少蘊云。古耕而不犂。後世變爲犂法。耦用人。犂用牛。過特爲增損其數耳。非用牛自過始也。周必大云。疑耕犂起於春秋之世。孔子有犂牛之言。冉耕字伯牛。月令出土牛示農耕早晚。案葉周二說是。但謂古耕而不犂。耕犂起於春秋。亦恐未確。古藉田之禮曰三推。不用犂。安用推乎。葉德輝曰。齊民要術引崔寔書云。武帝以趙過爲搜粟都尉。教民耕殖。其法三犂共一牛。一人將之。下種挽耬皆取備焉。日種一頃。至今三輔猶賴其利。說與志不同。一歲之收。常過縵田畮一斛㠯上。師古曰。縵田。謂不爲畮者也。縵音莫幹反。〔補注〕先謙曰。官本爲畮作爲甽。是。善者倍之。師古曰。善爲甽者。又過縵田二斛以上也。過使教田太常三輔。蘇林曰。太常主諸陵。有民。故亦課田種也。大農置工巧奴與從事。爲作田器。二千石遣令長三老力田。〔補注〕周壽昌曰。力田。農官之屬。漢時與孝弟並舉。有孝弟力田科。及里父老善田者受田器。學耕種養苗狀。蘇林曰。爲法意狀也。民或苦少牛。亡㠯趨澤。師古曰。趨讀曰趣。趣、及也。澤、雨之潤澤也。故平都令光教過㠯人輓犂。師古曰。輓、引也。音晚。〔補注〕何焯曰。以人輓犂。似始於此。齊召南曰。唐夏州都督王方翼爲耦耕法。張機鍵。力省而見功多。宋武允成獻踏犂。不用牛。以人力運之。皆人輓犂之遺式也。過奏光㠯爲丞。教民相與庸輓犂。師古曰。庸、功也。言換功共作也。義亦與庸賃同。〔補注〕王念孫曰。庸者、更也。迭也。代也。方言曰。庸、佽、比、佽、更、佚（與迭同）代也（廣雅同）。齊曰佚。江淮陳楚之間曰佽。餘四方之通語也。說文。庸、用也。从用庚。庚更事也。又曰。代、更也。然則庸輓犂者。猶言更輓犂代輓犂也。昭十六年左傳云。昔我先君桓公與商人庸次（卽方言佽字。）比耦以艾殺此地。斬其蓬蒿藜藋而共處之。是也。上文代田二字已明著其訓矣。師古謂換功共作與庸貫同義。是矣。而仍訓庸爲功。則未考方言也。先謙曰。官本注挽作換。是。率多人者田日三十晦。少者十三晦。以故田多墾闢。過試以離宮卒田其宮壖地。師古曰。離宮。別處之宮。非天子所常居也。壖、餘也。宮壖地。謂外垣之內。內垣之外也。諸緣河壖地。廟垣壖地。其義皆同。守離宮卒閑而無事。因令於壖地爲田也。壖音而緣反。課得穀皆多其旁田晦一斛以上。（補注）顧炎武曰。蓋壖地乃久不耕之地。地力有餘。其收必多。所以作代田之法也。令命家田三輔公田。李奇曰。令。使也。命者、教也。令離宮卒教其家田公田也。韋昭曰。命謂爵命者。命家謂受爵命一爵爲公士以上。令得田公田。優之也。師古曰。令、音力成反。又教邊郡及居延城。韋昭曰。居延。張掖縣也。時有甲卒也。是後邊城河東弘農三輔太常民皆便代田。用力少而得穀多。至昭帝時。流民稍還。田野益闢。頗有畜積。宣帝卽位。用吏多選賢良。百姓安土。歲數豐穰。師古曰。數、音所角反。穰、音人常反。（補注）宋祁曰。人常當作人掌。穀至石五錢。農人少利。時大司農中丞耿壽昌以善爲算能商功利得幸於上。師古曰。商、度也。（補注）周壽昌曰。九數。五曰商功。九章算術注。求積尺法。既得積尺。功乃可商。先謙曰。官本注在利下。五鳳中奏言。故事。歲漕關東穀四百萬斛以給京師。師古曰。漕、水運。（補注）宋祁曰。水運下當添也字。用卒六萬人。宜糴三輔弘農河東上黨太原郡穀。足供京師。可以省關東漕卒過半。（補注）何焯曰。此卽後代和糴所本。又白增海租三倍。〔補注〕周壽昌曰。海租稅漁戶。卽今漁課。漢有海丞。官主海稅。屬少府。故有海租。此特增三倍耳。王莽初設六筦之令。論采取名山澤衆物者稅之。由海租推廣也。天子皆從其計。御史大夫蕭望之奏言。故御史屬徐宮。李奇曰。御史大夫屬。家在東萊。言往年加海租。魚不出。長老皆言武帝時。縣官嘗自漁。海魚不出。後復予民。魚迺出。夫陰陽之感。物類相應。萬事盡然。今壽昌欲近糴漕關內之穀。築倉治船。費直二萬萬餘。服虔曰。萬萬。億也。〔補注〕先謙曰。官本服虔作師古。引宋祁曰。邵本師古作服虔。有動衆之功。恐生旱氣。民被其災。壽昌習於商功分銖之事。其深計遠慮。誠未足任。宜且如故。上不聽。漕事果便。壽昌遂白令邊郡皆築倉。以穀賤時增其賈而糴。以利農。穀貴時減賈而糶。名曰常平倉。師古曰。賈讀曰價。〔補注〕王念孫曰。穀貴時減其賈而糶。今本脫其字。宜依上文及御覽引補。而糶下有以利民三字。上文載李悝說云。糴甚貴傷民。甚賤傷農。故壽昌請以穀賤時增賈而糴以利農。穀貴時減賈而糶以利民。（此民字對農而言。下文民便之三字則兼農而言）今脫去以利民三字。則語意不完。通典食貨十二無此三字。亦後人依誤本漢書刪之。白帖十一、御覽居處部十八引此。並作減其賈而糶以利民。漢紀作減賈而糶。以贍貧民。義亦同也。民便之。上迺下詔。賜壽昌爵關內侯。而蔡癸以好農使勸郡國。至大官。師古曰。爲使而勸郡國也。使音山吏反。〔補注〕先謙曰。癸、邯鄲人。官弘農太守。見藝文志。官本史作吏。唐寫本同。元帝卽位。天下大水。關東郡十一尤甚。二年。齊地飢。

穀石三百餘。民多餓死。琅邪郡人相食。在位諸儒。多言鹽鐵官及北假田官常平倉可罷。孟康曰、北假、地名也。〔補注〕先謙曰。始皇紀。使蒙恬渡河取高闕。據陽山北假中。築亭障以逐戎人。集解。北假。地名。近五原。水經河水注。河水南屈逕河目縣在北假中。地名也。自高闕以來。夾山帶河。陽山以往。皆北假也。董祐誠云。陽山當卽今鄂爾多斯右翼後旗北河外翁金碩隆迤東達爾德爾諸山。河目漢屬五原。自阿爾坦山迤東至烏喇特。南至黃河。皆古北假地。毋與民爭利。上從其議。皆罷之。又罷建章甘泉宮衞角抵齊三服官。省禁苑。㠯予貧民。減諸侯王廟衞卒半。又減關中卒五百人。轉穀振貸窮乏。其後用度不足。獨復鹽鐵官。成帝時。天下亡兵革之事。號爲安樂。然俗奢侈。不㠯畜聚爲意。永始二年。梁國平原郡。比年傷水災。師古曰、比、頻也。〔補注〕先謙曰。官本注在人相食下。人相食。刺史守相坐免。哀帝卽位。師丹輔政。建言古之聖王。莫不設井田。然後治迺可平。師古曰、建、立也。立其議也。孝文皇帝承亡周亂秦兵革之後。天下空虛。故務勸農桑。帥㠯節儉。民始充實。未有并兼之害。故不爲民田及奴婢爲限。師古曰、不爲作限制。上爲音于僞反。今累世承平。豪富吏民訾數鉅萬。而貧弱俞困。蓋君子爲政。貴因循而重改作。師古曰、重、難也。然所㠯有改者。將㠯救急也。〔補注〕宋祁曰、王本所㠯上無然字。亦未可詳。宜略爲限。師古曰、詳、謂悉盡也。

天子下其議．丞相孔光．大司空何武奏請．諸侯王列侯皆得名田國中．列侯在長安．公主名田縣道．及關內侯吏民名田．皆毋過三十頃．諸侯王奴婢二百人．列侯公主百人．關內侯吏民三十人．期盡三年．犯者沒入官．時田宅奴婢賈爲減賤．丁傅用事．董賢隆貴．皆不便也．師古曰．丁傅及董賢之家皆不便此事也．〔補注〕先謙曰．唐寫本無事字．詔書且須後．師古曰．須、待也．遂寢不行．宮室苑囿府庫之臧已侈．百姓訾富雖不及文景．然天下戶口最盛矣．〔補注〕洪亮吉曰．元始二年．戶一千二百三十三萬三千．故地理志戶口皆取元始二年以爲準．平帝崩．王莽居攝．遂篡位．王莽因漢承平之業．匈奴稱藩．百蠻賓服．舟車所通．盡爲臣妾．府庫百官之富．天下晏然．莽一朝有之．其心意未滿．師古曰．謂愛惜之意未厭飽也．陋小漢家制度．以爲疏闊．師古曰．莽以漢家制度爲泰疏闊．而更之令陿小．〔補注〕宋祁曰．而更下當添改字．陿小下當添也字．張照曰．顏注非也．蓋陋小者即鄙陋之意．言鄙陋漢制．謂爲疏闊．不詳備也．宣帝始賜單于印璽．與天子同．而西南夷鉤町稱王．師古曰．鉤、音鉅于反．町、音大鼎反．莽乃遣使易單于印．貶鉤町王爲侯．二方始怨．侵犯邊境．莽遂興師．發三十萬衆．欲同時十道竝出．一舉滅匈奴．募發天下囚徒丁男甲卒轉委輸兵器．自負海江淮而至北邊。如淳曰、負、背也。〔補注〕先謙曰、官本注在自負海下。使者馳傳督趣。師古曰、傳音張戀反。趣讀曰促。海內擾矣。又動欲慕古、不度時宜。師古曰、度、音大各反。分裂州郡。改職作官。下令曰、漢氏減輕田租、三十而稅一。常有更賦、罷癃咸出。晉灼曰、雖老病者皆復出口算。師古曰、更音工衡反。罷讀曰疲。而豪民侵陵、分田劫假。師古曰、分田、謂貧者無田而取富人田耕種、共分其所收也。假亦謂貧人賃富人之田也。劫者、富人劫奪其稅、侵欺之也。厥名三十、實什稅五也。富者驕而爲邪。〔補注〕先謙曰、驕官本作質。貧者窮而爲姦。俱陷於辜、刑用不錯。師古曰、錯、置也。今更名天下田曰王田、奴婢曰私屬、皆不得賣買。其男口不滿八、而田過一井者、分餘田與九族鄉黨。犯令、法至死。制度又不定、吏緣爲姦、天下謷謷然、陷刑者衆。師古曰、謷謷、衆口愁聲也。音敖。後三年、〔補注〕先謙曰、官本年作歲。莽知民愁、下詔諸食王田及私屬皆得賣買、勿拘以法。然刑罰深刻、它政誖亂。師古曰、誖、乖也。音布內反。邊兵二十餘萬人仰縣官衣食。師古曰、仰、音牛向反。用度不足、數橫賦斂。師古曰、數音所角反。橫因胡孟反。〔補注〕先謙曰、官本因作音、是。民俞貧困。常苦枯旱、亡有平歲、穀賈翔貴。晉灼曰、翔音常。師古曰、晉說非也。翔、言如鳥之回翔、謂不離于貴也。若槩貴稱騰踊也。末年、盜賊羣起、發軍擊之、將吏放縱於外。北邊及青徐地人相食、雒陽以東米石二千。

莽遣三公將軍。開東方諸倉。振貸窮乏。又分遣大夫謁者。教民煮木爲酪。（服虔曰。煮木實。或曰。如今餌朮之屬也。如淳曰。作杏酪之屬也。師古曰。如說是也。〔補注〕周壽昌曰。木不皆有實。朮亦不多有。杏酪更非饑歲所常服也。王莽傳分教民煮草木爲酪。多一草字。是也。蓋猶近世饑歲民屑榆樹爲粥。取穀樹汁爲虀之類。）酪不可食。重爲煩擾。（師古曰。重、音直用反。）流民入關者數十萬人。置養澹官以稟之。（〔補注〕先謙曰。莽傳澹作贍。）吏盜其稟。（師古曰。稟、給也。盜其稟者。盜所給之物。稟音彼甚反。〔補注〕先謙曰。官本無盜其稟者四字。）飢死者什七八。莽恥爲政所致。迺下詔曰。予遭陽九之阨。百六之會。（師古曰。此歷法應有災歲之期也。事在律歷志。〔補注〕張文虎曰。案律歷志以平帝元始三年（癸亥）入中統弟六章之十二年。自此至王莽建國三年（辛未）是爲陽九。故莽云然。而莽傳建國五年書則云陽九之阨既度。百六之會已過也。傳贊云餘分閏位。亦指此。（歷志孟注初入元百六歲有阨者。則前元之餘氣也。若餘分爲閏也。））枯旱霜蝗。饑饉荐臻。蠻夷猾夏。寇賊姦軌。百姓流離。予甚悼之。害氣將究矣。（師古曰。究、竟盡也。〔補注〕先謙曰。唐寫本作究。竟也。謂盡也。是。）歲爲此言。以至於亡。

三國志集解・武帝紀建安十五年

【導讀】

●**説明**　本文選自三國志集解，盧弼著，中華書局（北京）一九八二年十二月第一版，是根據一九五七年古籍出版社的排印本影印出版。

●**三國志**　西晉陳壽撰。是一部記載三國時期近一百年历史的紀傳體史書，共六十五卷，包括魏書三十卷，蜀書十五卷，吳書二十卷，主要記載魏、蜀、吳三國鼎立時期的歷史，記事從東漢末年黄巾起義直到三國結束。在古代紀傳體正史中，三國志與史記、漢書和後漢書稱爲「前四史」。三國志只有紀、傳而没有表、志。

●**陳壽**（二三三—二九七）　字承祚，巴西安漢（今四川南充）人。他在蜀漢做過官，早年受學於古史學家譙周。三十歲時，蜀漢政權滅亡，入晉後做過晉平令、著作郎。陳壽根據此前已有的一些關於魏、吳的史書，並利用自己搜集掌握的關於蜀漢的材料，著成三國志。陳壽是晉臣，這使他不能不尊晉，進而尊魏，在記載司馬氏與曹魏的爭鬥中，也常常曲筆阿時回護司馬氏。

●**裴松之注**　三國志的撰寫受當時風尚影響，文筆簡潔，叙述精簡。到南朝宋時有裴松之爲之作注，其注「務在周悉」，廣徵博引，引魏晉人的著作多達二百多種，且引書時往往首尾完整。此後陳志和裴注就總是合刻，裴注成了三國志一個不可缺少的部分。

●**裴松之**（三七二—四五一）　字世期，出身於士族官僚家庭，先世原爲河東聞喜（今山西聞喜）人，永嘉南遷後移居江南。東晉、劉宋之際的史學家，奉詔注有三國志。

●**三國志集解**　受到清末王先謙漢書補注、後漢書集解的影響，民國時期盧弼撰有三國志集解六十五卷，收集、整理了裴注之後研究、考訂三國志的成果，對三國志正文和裴注進行注釋、校勘和考證，並附以己見（其中關於地理疆域方面頗多創見），可以説是一部集大成之作。

●盧弼（一八七六—一九六七） 字慎之，號慎園。湖北沔陽人。曾受學於楊守敬、鄒代鈞。後留學日本。學成歸國後曾任國務院秘書等要職。撰有三國志集解、慎園文選及慎園筆記等。

●相關參考論著資料

——清 趙一清三國志注補
——清 梁章鉅三國志旁證
——盧弼三國志集解
——中華書局點校本三國志
——吴金華三國志校詁
——吴金華三國志叢考
——易培基三國志補注
——趙幼文三國志校箋

●選文內容 本選文的主體部分爲三國志武帝紀中裴松之注所引魏武故事中的內容，爲曹操在漢獻帝建安十五年（二一〇年）發佈的一篇令文，在此文中曹操剖明心跡，概述了自己一生的主要經歷及在各個時期的思想心態。

三國志目録

三國志詳細目録請參：
http://222.29.121.253/person/hejin/zglswx/download/Classics/3k.htm

陳壽三國史凡六十五篇總六十五卷毛氏汲古閣本（後省稱毛本）卷首所題如是金陵局覆刻毛本（後省稱局本）改題陳書三國志六十五卷余是書雖依據毛本然局本校改之善者多從之復以歷朝官私刊本及各家評校本參校分注於下

魏志三十卷局本改作魏書蜀書吳書

蜀志一十五卷

吳志二十卷

裴松之注

三國志集解序例

昔杜元凱專精左傳其集解序云古今言左氏春秋者多矣今其遺文可見者十數家大體轉相祖述預今所以爲異專修丘明之傳以釋經其有疑錯則備論而闕之以俟後賢分經之年與傳之年相附比其義類各隨而解之名曰經傳集解何平叔論語集解序云所見不同互有得失今集諸家之善記其姓名有不安者頗爲改易名曰論語集解裴世期上三國志注表云事宜存錄畢取以補其闕辭有乖雜抄內以備異聞言不附理矯正以懲其妄續事以衆色成文蜜蠭以兼采爲味故能使絢素有章甘逾本質其子龍駒史記集解序云采經傳百家並先儒之說删其游辭取其要實或義在可疑則數

家兼列時見微意有所裨補譬畤星之繼朝陽飛塵之集華嶽號曰集解未詳則闕諸氏所論玉律金科注家所宜奉爲圭臬者也

自晉灼集注班書 見顔師古漢書序例 顔監得所依據李賢招集諸儒同注范史菁英薈萃蔚然鉅觀松之父子注解馬陳 松之注三國志子駰著史記集解 網羅放失出自一門一爲龍門功臣一爲承祚諍友兩代閎儒千秋盛業師古章懷同垂不朽洵紹述之美譚藝林之佳話矣

近代纂輯羣推葵園兩漢注解裨益來學其郡國志注云國志栞補曾有私願設天假之年當已成書惜留闕遺全功未竟不佞治陳志有年爰踵前規纂成三國志集解六十五卷區區之愚亦猶葵園之意也

或謂陳志簡絜注釋宜詳裴注明通奚事詮解不知世期所採都爲
魏晉名編流傳到今悉成故書雅記溫公通鑑擷取頗多身之音註
亦極暢達（通鑑多採裴注胡氏於所採者多有注）理宜蒐羅藉便瀏覽注家有疏已成先
例曲折剖判不厭求詳亦有裴注偶誤闕存商搉疑滯埽除敷暢厥
指亦學者所有事也
不佞所據國志各本及徵引各注略見覆胡綏之先生書中（見本書附錄）
王注兩漢身當清代推崇官本別具苦衷實則官本沿明北監之誤
遠遜毛本盧抱經續考證抨擊官本之短洵爲諍臣當時顧忌竟未
流布宋元舊刊可資參證閒有誤失貴能鑒別衢本初印已難饜意
三朝修補益失廬山馮氏精校世稱善本（明南監馮夢禎校刊本沈家本校勘記即據此本）俗

書破體訛奪亦多西爽無足齒數陳本紕繆百端金陵翻雕汲古後勝於前世人貴遠賤近淺識盲從第悅皮相無足取焉

諸家箋注東潛最爲繁富然秕稗留遺愆違盈目隨文糾正無所隱飾推之衆說亦復云然或謂既知乖舛即宜芟除奚爲存錄徒穢篇章不知摭拾不周人疑闕漏匡矯不力慮失眞詮雖云辭費實非貿然

各家採錄羣籍悉冠以某氏所云其未加者皆不佞所徵引也古人謂文必己出者謂論著之文也注家吸納衆流援引患不徵實耳不必盡出之己也不佞無似遠稽杜何二裴之說近仿葵園之例黽勉以赴願竭寸心

拙稿纂成承紱之先生審閱十餘卷紱之按語具錄書中秋間紱之南歸不獲
質疑不佞才質駑鈍誤謬良多見聞狹隘采輯未詳異日續有所獲
擬仿王氏范書集解校補例別本單行顏監班書注成時年六一不
佞卒業是書齒亦相若自慚固陋何敢妄附前賢積歲編摩竊願希
蹤曩哲大雅閎達幸匡不逮中華民國二十五年丙子重九日沔陽
盧弼撰

水上承淝水東北逕白芍亭東積而爲湖謂之芍陂陂周百二十許里在壽春縣南八十里言楚相孫叔敖所造魏太尉王淩與吳將張休戰於芍陂卽此處也陂有五門吐納川流陂水北逕孫叔敖祠下謂之芍陂瀆郡國志當塗縣注引皇覽云楚大夫子思造芍陂李賢曰芍陂今在壽州安豐縣東陂徑百里灌田萬頃華夷對境圖芍陂周回三百二十四里與陽泉大業並孫叔敖所作開溝引淠水爲子午渠開六門灌田萬頃何焯曰由此淮南遂爲重鎭一統志芍陂水在壽州南一名期思陂壽州志西自六安州龍穴山東自濠州横石東南自龍池山其水悉會於陂 十二月軍還譙

十五年春下令曰自古受命及中興之君曷嘗不得賢人君子與之共治天下者乎 文館詞林治作化避唐諱 及其得賢也曾不出閭巷豈幸相遇哉上之人不求之耳 不求文館詞林作求取 今天下尙未定此特求賢之急時也孟公綽爲趙魏老則優不可以爲滕薛大夫 此論語記孔子之言集解云公綽魯大夫趙魏皆晉卿家臣稱老公綽性寡欲趙魏貪賢家老無職故優滕薛小國大夫職煩故不可爲 若必廉士而後可用則齊桓其何以霸世 文館詞林世作乎亦避唐諱 今天下得無被褐懷玉而釣於渭濱者乎又得

無盜嫂受金而未遇無知者乎

文館詞林懷下有珠字未遇無知作未逢知遇史記齊太公世家呂尚以魚釣奸周西伯西伯遇於渭之陽載與俱歸立爲師陳丞相世家絳侯灌嬰等咸讒陳平曰臣聞平家居時盜其嫂受諸將金金多者得善處金少者得惡處漢王以讓魏無知無知曰楚漢相距臣進奇謀之士顧其計誠足以利國家不耳盜嫂受金何足疑乎

二三子其佐我明揚仄陋

書堯典曰明明揚仄陋揚舉也文館詞林仄作側

唯才是舉吾得而用之

是年初置丞相徵事二人以邴原王烈選補見邴原傳注引獻帝起居注顧炎武日知錄論兩漢風俗云漢自孝武表章六經之後師儒雖盛而大義未明故新莽居攝頌德獻符者徧於天下光武有鑒於此故尊崇節義敦厲名實所舉用者莫非經明行脩之人而風俗爲之一變至其末造朝政昏濁國事日非而黨錮之流獨行之輩依仁蹈義舍命不渝風雨。如晦雞鳴不已三代以下風俗之美無尚於東京者而孟德既有冀州崇獎跅弛之士觀其下令再三至於求負汙辱之名見笑之行不仁不孝而有治國用兵之術者（建安二十二年八月令十五年春令十九年十二月令意皆同）於是權詐迭進姦逆萌生風俗又爲之一變夫以經術之治節義之防光武明章數世爲之而不足毀方敗常之俗孟德一人變之而有餘後之人君將樹之風聲納之軌物以善俗而作人不可不察乎此矣何焯曰王莽謂諸有藏及內惡未發者不以小疵妨大材此莽羅致屏棄不齒之人被以望外過恩使爲己用耳曹操亦謂若必廉士而後可用則齊桓其何以伯世纂賊所求往往必於其類以爲此屬皆計不反顧不得不奮効鳴吠以圖富貴一時乃可惟我所使也周壽昌曰漢制雜霸而求賢諸詔猶知以孝弟仁義爲重故黨錮之餘風節彌厲魏武此令專務狡詐蔑棄廉隅宜乎華歆王朗從逆諸臣靦然以老成自重幼安諸老屢徵不至亦早見其本顛而枝必壞也卒之立國甫及二世而廢篡相尋旋即亡滅謂非魏武之有以啓之哉弼按顧何周諸說於風俗人心極有關繫誠爲名論然據毛玠傳云玠與崔琰並典選舉其所舉用皆清正之士雖於時有盛名而行不由本者終莫得進由是天下之士莫不以廉節自勵文帝爲五官將屬所親眷玠不奉命先賢行狀云玠典選舉拔貞實斥華僞四海翕然莫不勵行和洽傳云毛玠崔琰並以忠清幹事其選用先尚儉節據諸傳所載則當時選用之風尚可知似有不可以概論者然當羣雄割據之時不能不網羅倜儻不羈之士造端不慎流弊無窮魏武此令遂爲世所詬病矣

冬作銅爵臺水經濁漳水注漢高帝十二年置魏郡治鄴縣後分魏郡置東西部都尉故曰三魏魏武又以郡國之舊引漳流自城西東入逕銅雀臺下伏流入城東注謂之長明溝也城之西北有三臺皆因城爲之基巍然崇舉其高若山建安十五年魏武所起平坦略盡春秋古地云葵丘地名今鄴西三臺是也謂臺已平或更有見意所未詳中曰銅雀臺高十丈有屋百一間臺成命諸子登之並使爲賦陳思王下筆成章美捷當時南則金虎臺高八丈有屋百九間北曰冰井臺亦高八丈有屋百四十五間左思魏都賦曰三臺列峙而崢嶸者也御覽一百七十七引魏志曰武帝建安十五年作銅雀臺十八年作金虎臺又作冰井臺河南通志云銅雀臺在彰德府臨漳縣西魏曹操築并金虎冰井二臺相去各六十步其上複道樓閣相通中央懸絕鑄大銅雀高一丈五尺置之樓頂臨終遺令施繐帳於上朝脯使宮人歌吹帳中望吾西陵西陵操葬處也後樓臺俱毀土人掘

地得瓦色頗青内平瑩印工人姓名皆八分隸書硯譜云人得此瓦爲硯數日不滲

魏武故事見建安四年注載公十二月己亥令曰嚴可均全三國文題曰讓縣自明本志令孤始舉孝廉年少年二十舉孝廉爲郎注見卷首自以本非巖穴知名之士恐爲海内人之所見凡愚通鑑作恐爲世人之所凡愚胡注恐時人以凡愚待之也欲爲一郡守好作政教以建名立譽各本均作建立名譽通鑑作以立名譽使世士明知之故在濟南始除殘去穢平心選舉違迕諸常侍以爲彊豪所忿通鑑以下有是字恐致家禍故以病還去官之後年紀尚少顧視同歲中同舉孝廉稱同歲魏武與韓遂父同歲孝廉是也盧文弨曰同歲如今同年也年有五十未名爲老内自圖之從此卻去二十年待天下淸乃與同歲中始舉者等耳故以四時歸鄉里四疑作是胡玉縉曰四字似不誤觀下文欲秋夏讀書冬春射獵可見於譙東五十里築精舍注見卷首水經陰溝水注城東有曹太祖舊宅負郭對廛側隍臨水文帝延康元年幸譙大饗父老立壇於故宅壇前樹大饗碑碑之東北濄水南有譙定王碑據酈注所云負郭對廛則魏武故宅似不在譙東五十里所云側隍臨水卽濄水也又按元和志寰宇記俱云魏武築室於譙縣東五里與此言譙東五十里不

合似以五里爲是抑或居宅在譙東五里而精舍在譙東五十里耶欲秋夏讀書冬春射獵求底下之地欲以泥水自蔽絕賓客往來之望然不能得如意後徵爲都尉遷典軍校尉注見卷首意遂更欲爲國家討賊立功欲望封侯作征西將軍然後題墓道言漢故征西將軍曹侯之墓此其志也而遭値董卓之難興舉義兵是時合兵能多得耳然常自損不欲多之所以然者兵多意盛與強敵爭倘更爲禍始故汴水之戰數千後還到揚州更募亦復不過三千人見前初平元年林國贊曰操初起兵但鮑信一人已舉兵二萬助之衞茲曹仁曹洪亦共合兵得七千餘人然後進攻滎陽纘到揚州更募又得四千餘人焉得如魏武故事所説此其本志有限也後領兖州破降黃巾三十萬衆見前初平三年又袁術僭號於九江下皆稱臣名門曰建號門衣被皆爲天子之制兩婦預爭爲皇后建安二年術僭號置公卿百官郊祀天地見范書術傳志計已定人有勸術使遂即帝位露布天下答言曹公尚在未可也後孤討禽其四將謂術將橋蕤李豐梁綱樂就也獲其人衆遂使術窮亡解沮發病而死在建安四年及至

袁紹據河北兵勢强盛孤自度勢實不敵之但計投死爲國以義滅身足垂於後幸而破紹梟其二子（建安五年破紹十年斬譚十二年斬尚）又劉表自以爲宗室包藏奸心乍前乍卻（盧文弨曰當作却）以觀世事據有當州（吳本官本當作荆）孤復定之遂平天下（何焯曰孫劉方睦而云遂平天下蓋其器限之也史家評操攻伐至克紹而止過此卽鼎足虎爭非復所能戡定矣）身爲宰相（漢書百官公卿表有相國丞相而無宰相之名然曹參傳始參微時與蕭何善及爲宰相有隙何武傳武爲郡吏太守何壽知武有宰相器後漢書李通傳自爲宰相謝病不視事是當時三公已有宰相之稱又漢書鮑宣傳宣鉤止丞相掾史摧辱宰相事下御史公孫賀等傳贊云若夫丞相御史兩府之士不能正議以輔宰相朱博傳何武建言今政事繁多宰相之材不能及古而丞相獨兼三公之事所以久廢不治宜建三公官此皆爲漢三公稱宰相之證錢大昭曰御史大夫亦稱宰相）人臣之貴已極意望已過矣今孤言此若爲自大欲人言盡故無諱耳設使國家無有孤不知當幾人稱帝幾人稱王或者人見孤彊盛又性不信天命之事恐私心相評言有不遜之志（胡三省曰言其將篡也）妄相忖度每用耿耿（胡三省曰毛公云耿耿猶儆儆也又憂也）齊桓晉文所以垂稱至今日者以其兵勢廣大

猶能奉事周室也論語云三分天下有其二以服事殷周之德可謂至德矣夫能以大事小也昔樂毅走趙趙王欲與之圖燕樂毅伏而垂泣對曰臣事昭王猶事大王臣若獲戾放在他國沒世然後已不忍謀趙之徒隸況燕後嗣乎（姚範曰此事未詳所本）胡亥之殺蒙恬也恬曰自吾先人及至子孫積信於秦三世矣今臣將兵三十餘萬其勢足以背叛然自知必死而守義者不敢辱先人之教以忘先王也（史記蒙恬傳以下有不字）孤每讀此二人書未嘗不愴然流涕也孤祖父以至孤身皆當親重之任可謂見信者矣以及子桓兄弟過於三世矣（元本馮本桓作植官本攷證何焯曰文類作子桓植字乃桓字傳寫之訛對臣下不以稱子之字爲嫌觀陳思王傳中諸令屢稱子建則此爲子桓決也錢大昕曰陳景雲云此令言前朝恩封三子爲侯固辭不受今更欲受之及明年三子並封植爲之首則分封植等在下令之先朝廷已有成命故自述世受漢恩有至於子植兄弟之語也封植等而不及丕者丕爲家嗣當襲父爵如桓階三子皆賜爵關內侯其長子祐以嗣子不封卽其證也或疑舍丕舉植紊長幼之序據陳思王傳注中載太祖令屢稱子建以證子植當爲子桓之譌殆不然矣潘眉曰張溥漢魏名家文集作子桓此義門所本然攷是時方

封曹植曹據曹豹爲侯所謂前朝恩封三子爲侯是也植字不誤曹丕於十五年未受朝職至十六年始爲五官中郎將張何二家改子植爲子桓但據兄弟之次序不攷受爵之先後皆似是而實非者也周壽昌曰令中固有稱子號者然此正指子植兄弟卽植爲平原侯據爲范陽侯豹爲饒陽侯見十六年春正月注可證蓋操意丕以世子襲爵爲固然惟子植兄弟恩封出常制外故云及子植兄弟爲三世也沈家本曰曹操此令在十五年十二月己亥而曹植等封侯在十六年正月庚辰注中前朝恩封三子爲侯明指前事潘氏誤會其語遂謂是時方封非也何據兄弟次序改植爲桓其說正未可非且何云文類作子桓考三國文類乃宋人所作（不著名氏）皆採三國志之文故何據以訂正潘氏謂何本張書亦誤弼按諸說皆泥於下文封三子爲侯之語遂多不能自圓其說鄙意令言自孤祖父以至孤身以及子桓兄弟過於三世乃歷序累世承恩之語應指子桓言舉子桓可以概餘人亦與上文引蒙恬積信於秦三世之語相應至下文封三子爲侯固辭不受與介推避封申胥逃賞相應別爲一事文義兩不相蒙據此推論以作桓爲是 孤非徒對諸君說此也嘗以語妻妾皆令深知此意孤謂之言顧我萬年之後汝曹皆當出嫁欲令傳道我心使它人皆知之欲明心迹何至令妻妾改嫁擇言不愼一至於此然臨終遺令賣履分香登臺奏伎閨房戀戀至死不忘乃知汝曹出嫁之言爲奸雄欺人之語 孤此言皆肝鬲之要也胡三省曰鬲胷鬲也 所以勤勤懇懇敘心腹者見周公有金縢之書以自明

馮本監本毛本滕作謄誤武王有疾周公欲以身代史錄其册祝之文藏於金縢之匱因以金縢名篇恐人不信之故然欲孤便爾委捐所典兵衆以還執事歸就武平侯國武平見建安元年實不可也何者誠恐已離兵爲人所禍也上文但計投死爲國以義滅身之言皆欺人語耳既爲子孫計又已敗則國家傾危是以不得慕虛名而處實禍此所不得爲也黃恩彤曰方操夷袁紹下荊州天下大勢駸駸乎折而入於己惟其喪師赤壁十年精銳付之一炬孫權既雄據江東劉備復奄有荆楚鼎足勢成始知大物不能驟致鄴中下令鰓鰓以臣節自明其令中所云人見孤彊盛言有不遜之志此乃其肝鬲至言欲蓋彌彰者也陳志削而不錄亦惡其言不由衷耳前朝恩封三子爲侯固辭不受今更欲受之非欲復以爲榮欲以爲外援爲萬安計孤聞介推之避晉封申胥之逃楚賞左傳晉侯賞從亡者介之推不言祿祿亦弗及楚子賞申包胥胥曰吾爲君非爲身也遂逃賞未嘗不捨書而歎有以自省也奉國威靈仗鉞征伐推弱以克强處小而禽大意之所圖動無違事心之所慮何向不濟然則汴水之戰何以爲流矢所中濮陽之圍何以墜馬燒掌淯水之難何以喪昂及安民烏林之役何以狼狽北歸潼關北渡何以爲馬超所困志驕氣盈言大而夸遂蕩平天下不辱主

命可謂天助漢室非人力也然封兼四縣食戶三萬何德堪之江湖未靜胡三省曰謂孫劉也不可讓位至於邑土可得而辭今上還陽夏柘苦三縣郡國志豫州陳國陽夏柘苦一統志陽夏故城今河南陳州府太康縣治柘縣故城今歸德府柘城縣治北苦縣故城今歸德府鹿邑縣東十里（謝鍾英曰當在亳州東南）戶二萬但食武平萬戶且以分損謗議少減孤之責也李安溪曰文詞絕調也惜出於操令人不喜讀耳

十六年春正月

魏書曰庚辰天子報減戶五千分所讓三縣萬五千封三子植爲平原侯據爲范陽侯豹爲饒陽侯豹即沛穆王林解見武文世王公傳沛王傳潘眉曰武二十五子無名豹者攷十六年所封饒陽侯沛穆王林也豹即林之初名平原見初平三年郡國志幽州涿郡范陽冀州安平國饒陽一統志范陽故城今直隸保定府定興縣南四十里故城鎭饒陽故城今直隸深州饒陽縣東食邑各五千戶

天子命公世子丕爲五官中郎將置官屬爲丞相副續百官志五官中郎將一人比二千

（二）編年體

●**編年體**　編年體是按照年、月、時、日順序編排史事的史書體裁。錢穆説："事情的複雜性，變化性，定要從編年裏去看，才懂得這事之本末與常變。"（中國史學名著）這種史書體裁從先秦就開始流行，春秋就是當時比較有名的編年體史書。漢晉以來亦多有修撰，至北宋司馬光等修撰資治通鑑，又一次把這種體例發揚光大。編年體的史書在隋書經籍志「史部」中，被著録在「古史」這一類别之下。

●**分支**　編年體史書在發展過程中，還産生了一些分支，其中較重要的有「綱目」、「起居注」和「實録」等。「綱目」爲朱熹改編資治通鑑而成通鑑綱目所創，在體例上「大書以提要，分注以備言」。「起居注」是我國古代皇帝的編年言行録。「實録」是以皇帝爲中心，記載一個皇帝統治期間史事的編年體史料長編。

資治通鑑·肥水之戰

【導讀】

●**説明**　本文節選自資治通鑑之晉紀二十六、二十七，卷一〇四、一〇五，宋司馬光編集，元胡三省音注，中華書局（北京）一九五六年六月第一版。此本以清代胡克家翻刻的元刊胡三省注本爲底本，並加入了章鈺胡刻通鑑正文校宋記的校勘成果。本選文題目爲編者所加。

●**資治通鑑**　宋司馬光等人修撰。是一部上起周威烈王二十三年（前四〇三年）韓、趙、魏三家爲諸侯，下至五代後周世宗顯德六年（九五九年）的編年體通史，記載了一千三百六十二年的中國歷史，全書分爲周、秦、魏、晉、宋、齊、梁、陳、隋、唐、後梁、後唐、後晉、後漢、後周十六紀，共二百九十四卷，另有目録三十卷，考異三十卷，總計三百五十四卷。其書本名編集歷代君臣事迹，主要内容正如其原來書名所指示的那樣，偏重於記載政治事件與軍事活動，神宗賜名資治通鑑。本書注本，以宋末元初胡三省的資治通鑑音注最爲詳備。

●**司馬光**（一〇一九—一〇八六）　字君實，陝州夏縣（今山西夏縣）人，世稱「涑水先生」，北宋政治家、文學家、史學家。歷仕宋仁宗、英宗、神宗、哲宗四朝，官至相職。因反對王安石變法，出知永興軍（今陝西西安）。不久又退居西京洛陽。歷任閑職，以書局自隨，專志修史。前后歷時十九年方成資治通鑑。

●**胡三省**（一二三〇—一三〇二）　字身之，世稱梅磵先生，晚號知安老人，浙江寧海（今浙江寧海）人。寶祐四年（一二五六年）進士。一生未作元朝的官，隱居著述。專研通鑑，主要著有通鑑音注、通鑑釋文辨誤、通鑑小學等。

●**選文内容**　本選文主要記載了前秦與東晉之間的肥水之戰。此役，東晉以少勝多、以弱勝强，是歷史上著名的戰例之一。

標點資治通鑑說明

資治通鑑是我國著名的古典編年史。作者司馬光（一〇一九—一〇八六年）和他的重要助手劉恕、劉攽、范祖禹等人根據大量的史料，通鑑採用資料，除正史以外，所採雜史多至二百二十二種。花了十九年的時間，才把從戰國到五代（公元前四〇三—公元九五九年）這段錯綜複雜的歷史編寫成年經事緯的巨著。

通鑑一向爲歷史學者所推崇，有很多人摹倣它，寫成同樣體裁的編年史；它在祖國的歷史編纂學上曾起過巨大的影響。固然由於時代局限，這部古典歷史著作已不能滿足我們現在的要求，但司馬光等人畢竟在收集史料、考訂事實、編排年月以及文字的剪裁、潤色等方面下過一番工夫，它仍然是祖國文化遺產裏的重要典籍，因此有必要把它標點重印出來，以供學習歷史的人們做參考。

通鑑自從宋朝以來，有很多刻本。這次標點排印的是根據清胡克家翻刻的元刊胡注本。因原刊本已不易購得，只好用胡刻本來代替。原因是：這個本子有元朝著名學者胡三省的注文，對於閱讀通鑑有很大的幫助；它把司馬光的考異散注在正文之下而不單獨刊行，閱讀起來也比較方便。而且章鈺曾根據胡刻本校過宋、明各本，並參考了以前人校過的宋、元、明本記錄，寫成胡刻通鑑正文校宋記，現在我們根據同一刻本標點排印，便於把章鈺的校記擇要附注在正文之下，這樣，宋、元、明各本的長處就彙集在一起了。

標點之外，我們也增添了一些校注以及其他方面的加工，茲分述如下。

一、標點、分段

除破折號（——）、曳引號（～～）和疑嘆號（?!）以外，其餘一般現在通用的標點符號，在標點這部書時都使用了。有些用法，需要在這裏說明。

（一）人名標號

凡謚號、尊號，不論名詞長短，一律加標號，如「太祖高皇帝」、「文惠皇后」、「從天生大突厥天下賢聖元子伊利居盧設莫何沙鉢略可汗」。

非眞實姓名而習慣上已用作一人私名者，加標號，如「圯上老人」、「角里先生」、「赤松子」、「南郭先生」。

爵名如「齊王」、「魏公」、「淮陰侯」、「新沓伯」、「貢符子」、「奉春君」之類，在爵銜之上有的冠以地名，有的冠以封號，爲求統一起見，一律於爵銜之旁加標號。惟如「魏主燾」、「燕主儁」之類，因「主」字爲泛稱，故不加標號。

有的人名和官名，習慣上往往連在一起稱呼，則作爲一個名詞，連同官名加標號，如

「師尚父」、「王子比干」、「司馬穰苴」等是。也有在人名之上加封爵的，則分別在封爵與名字之旁加標號，如「屈侯鮒」、「鬼王訶」等是。

(二)地名標號

凡地名，不論所指區域大小，一律加標號，如「中華」、「浙江」、「山南道行臺」、「廣通渠」、「臨春閣」、「南內」。

「河」如果專指「黃河」，「江」如果專指「長江」，也加上標號，一般泛稱江河，則不加標號。

凡民族專名，同地名一樣的加標號；但有時民族專用名詞變爲普通名詞，則不加標號。如「胡」專指匈奴，「蕃」專指吐蕃，加標號；一般泛稱的胡番，不加標號。

(三)代名標號

朝代名有時加次序、方位及統治者的姓氏以示區別於其他同名的朝代，則連同所添之字加標號，如「前漢」、「後漢」、「西晉」、「東晉」、「曹魏」、「拓跋魏」、「李唐」、「後唐」、「南唐」。

(四)書名標號

凡簡稱的書名，如「五代志」、指隋書中的某一志。「舊傳」，指舊唐書中的某列傳。仍加書名標號；簡稱書的作者及其所作之書，如「班書」、指班固漢書。「班志」，指漢書中的某一志。則加人名標號及書名標號。

歌舞名詞,加書名標號,如「五夏:昭夏、皇夏、誠夏、需夏、肆夏。二舞:文、武二舞。」

(五)引號

凡比較特殊的事物加引號,如「楊素造大艦,名曰『五牙』,上起樓五層,容戰士八百人;次曰『黃龍』,置兵百人。」

一般人常說的成語也加引號,如「文士元萬頃等常於北門候進止,時人謂之『北門學士』。」

通鑑正文及考異引書,均加引號;胡三省注引書,一般不加引號。

「臣光曰」、「漢紀曰」、「班固曰」等議論按語,低兩格排,不加引號;論中引文,則加用引號。

(六)分段

原書一卷中每年提行,一年中依事分段,各空一格。現將年份獨立成一行,頂格排印。年下紀事,每段一律提行,首行低兩格排印,加標「1」「2」「3」「4」等號碼,藉以保存原來分段面目。至每事細爲分段,則不標號碼,表示是此次標點者所加。但胡刻分段,間有應空格而不空格,也有不應空格而誤空格處,現在都糾正過來。

二、選錄章鈺胡刻通鑑正文校宋記作注

章鈺以胡刻通鑑爲底本，曾校勘過宋刊本通鑑九種，章鈺簡稱爲十二行本，甲、乙十五行本、十四行本，甲、乙十六行本，甲、乙十一行本，傅校北宋本。參校過明刊本通鑑一種，即孔天胤本，章鈺簡稱爲孔本。並參閱張敦仁資治通鑑刊本識誤、張瑛資治通鑑校勘記章鈺以張校、退齋校代表以上二書。及熊羅宿胡刻資治通鑑校字記等書，寫成胡刻通鑑正文校宋記三十卷，校出胡刻通鑑中的很多錯處；據章鈺統計，胡刻「二百九十四卷中，脫、誤、衍、倒四者，蓋在萬字以上，內脫文五千二百餘字，關係史實爲尤大。」

我們把章鈺書中的重要校勘都收入本書做注文（用新五號鉛字排印，加一「章」字，並用括號【】括出，以示注文爲此次所加，非胡刻原有），如卷一，頁二五，周安王八年「齊伐魯，取最」句下，章鈺根據宋、明刊本、張敦仁識誤及張瑛校勘記諸書校出有「韓救魯」三字，因在「最」字下括注：

章：十二行本「最」下有「韓救魯」三字；乙十一行本同；孔本同；張校同；退齋校同。

這是校出脫漏的例子。

卷一八三，頁五七〇八，隋煬帝大業十二年十月，「李密……亡去，抵其妹夫雍丘令丘君明……密自雍州亡命，往來諸帥間……」章鈺據宋、明刊本及張敦仁識誤校出「雍州」爲

「雍丘」之誤，因在「雍州」下括注：

章：十二行本「州」作「丘」；乙十一行本同；孔本同；張校同。

這是校出錯字的例子。

卷二六，頁八五七，漢宣帝神爵二年，「匈奴虛閭權渠單于將十餘萬騎旁塞獵，欲入邊爲寇，未至，會其民題除渠堂亡降漢言狀，漢以爲言兵鹿奚鹿盧侯。」「言兵鹿奚鹿盧侯」漢書匈奴傳作「言兵鹿奚盧侯」，章鈺校宋刊本及張瑛校勘記也作「言兵鹿奚盧侯」，因在「鹿盧」下括注：

章：甲十五行本無「鹿盧」「鹿」字；乙十一行本同；退齋校同。

這是校出衍文的例子。

卷二四，頁七九九八，漢宣帝本始三年，女醫淳于衍夫「謂衍『可過辭霍夫人(顯)，行爲我求安池監。』衍如言報顯，顯因心生，辟左右，字謂衍曰：『少夫幸報我以事……』」，「心生」二字不辭，章鈺據宋、明刊本及張敦仁、張瑛二書校出應作「顯因生心辟左右」，因在「心生」下括注：

章：甲十五行本二字互乙；乙十一行本同；孔本同；張校同；退齋校同。

這是校出顛倒錯誤的例子。

凡章鈺所謂「脫誤衍倒」的錯誤，我們一般只是把校文注在正文之下，並不改正原文。只有比較重要的遺漏，才把它補作正文。如卷五，頁一六五，胡刻於周赧王「五十一年」下脫「秦武安君伐韓，拔九城，斬首五萬。田單爲齊相。五十二年」二十二字，這樣，正文便少了一年的歷史，並把五十二年的事錯爲五十一年的事。章鈺據宋、明刊本及張敦仁識誤校出這段脫文是非常重要的，故本書據以補入正文，並注明：

以上二十二字，胡刻本缺，據章校補；章氏係據十二行本、乙十一行本及孔本。

章鈺把張敦仁識誤、張瑛校勘記及嚴衍資治通鑑補校勘通鑑的異文而無別本可資印證處，列爲附錄，我們也選錄了一些作注文（用「張」、「退」、「嚴」等字代表上舉三書）。章鈺書裏有一篇胡刻通鑑正文校宋記述略，我們把它放在第一册的前面，以便明瞭他的校勘過程和他用的是些什麼本子。

還得指出，章鈺校記和他所列的附錄，有很多異文是不關重要甚而是錯誤的，需要大量删汰，例如：

卷二七三，頁八九一七，後唐同光二年三月，「李存審……屢表求退」，章鈺在「屢表」下的校文是：「十二行本『屢』作『累』」。這兩個字在這句話裏，意義沒什麼大差別，故不選錄。

卷一〇六，頁三三六七，晉太元十一年七月，狄道長苻登「秦主丕之族子也」，章鈺附錄嚴衍的改訂是：「秦主堅之族孫也」。苻丕是苻堅的兒子，苻登既是苻丕的族子，自然就是苻堅的族孫。故不選錄。

卷二一〇，頁六六七五，唐先天元年八月，「乙巳，於鄭州北置渤海軍」，章鈺在「鄭」字下的校文是：「十二行本『鄭』作『漠』……」，按唐代河北並無漠州，但有鄭州，「鄭」字不誤，十二行本作「漠」反而錯了。故不選錄。

卷一三三，頁四一七七，劉宋元徽二年「夏五月壬午，桂陽王休範反……庚寅，大雷戍主杜道欣馳下告變；……辛卯，休範前軍已至新林。」章鈺附錄張敦仁識誤說「寅」作「辰」。按通鑑這一段敍事，日期排得很清楚，由壬午而庚寅而辛卯，順序也對。假如把「庚寅」改成「庚辰」，那就錯了，因爲庚辰是在壬午的前兩天。故不選錄。

我們在選錄章鈺書時，經過一番斟酌去取，因此，不少校文被删去了。

三、其他的加工

我們作了以下的加工：

(一)根據四部叢刊影宋本通鑑考異並參考了胡元常據萬曆刊本所作的校記，將胡刻本所附考異校勘了一遍，校出遺文十一條，並改正了若干誤字和錯簡。考異原爲單刊本，元刊胡注本散入正文，有的地方放得不合適，現在都依據宋本改正。

(二)凡胡刻一般明顯的錯字，如「刺史」誤爲「剌史」、「段規」誤爲「叚規」，以及「羨」、「羡」不分，「汜」、「氾」無別等，均爲改正；其字體寫法歧異者，如「強」或作「彊」，「法」或作「灋」之類，都改歸一律。又所有帝王名諱缺筆及封建性的抬頭、空格之類，也統加更正。

(三)凡胡注誤文，不爲擅改，而括注正字於誤字之下，如卷一四，頁四五七，胡注將長安志的作者「宋敏求」誤爲「沈敏求」，則括注「宋」字於「沈」字之下。其有衍文、脱漏，也括注出來。如卷一〇四，頁三二七九，胡注：「北人謂父爲鮮卑母爲鐵弗，因以爲姓。」文義不明。考胡三省此段文字是採自李延壽北史，北史夏赫連氏傳「謂」下有「胡」字，但文義仍不很通曉。再考北史是鈔自魏收魏書，魏書鐵弗劉虎傳原文爲「北人謂胡父鮮卑母爲鐵弗」。因在「謂」下括「胡」字，「爲」下括「衍」字，意思才明白。

(四)凡胡注缺文，可以據書增補的，則概加增補，並加括弧。如卷八五，頁二六八〇，「劉昫曰：義陽……唐爲」以下有空白數字，今據舊唐書於「爲」字下括補「申州義陽縣」五字。其無法增補的，則依據原書空格的多少，括注「原缺若干字」。

（五）胡三省音注間有錯誤處，就我們所能知道的加以改正，並括注所改之字於原字下。音注有時錯放了地方，也改正了。

（六）通鑑以爾雅釋天中歲陽、歲陰諸名詞作紀年符號，但這些名詞早已不通用。因此注上干支。如在卷一，頁一，周紀一「著雍攝提格」下括注「戊寅」二字，於「玄黓困敦」下括注「壬子」二字。又在每年之下括注干支和公曆，如周威烈王二十三年下注出「戊寅、前四〇三」等字；這樣，對於讀者比較方便些。

這次標點是由十二位同志分擔的，另由其中四位同志組成校閱小組，每卷標點完，一般都經過兩次的校閱（標點及校閱者姓名列在各卷之末）。本書付排時，承古籍出版社校閱的同志提出一些意見，又加以修改，同時校閱小組中的聶崇岐同志校看了全書的校樣，又作了若干修正。雖然我們努力使它沒有錯誤，可是限於能力，又因爲時間倉促，沒有來得及廣泛地參考書籍，標點及校勘的錯誤一定還很不少，希望讀者們多提意見，以便再版時更正。

標點資治通鑑委員會

資治通鑑目次

標點資治通鑑説明……一
胡刻通鑑正文校宋記述略……一一
胡三省新注資治通鑑序……二七
王磐興文署新刊資治通鑑序……三一
宋神宗資治通鑑序……三三
卷第一 周紀一 起戊寅(前四〇三)盡壬子(前三六九)凡三十五年……一
威烈王二十三年至二十四年 安王元年至二十六年 烈王元年至七年
……
卷第五 周紀五 起己丑(前二七二)盡乙巳(前二五六)凡十七年……一五四
赧王四十三年至五十九年
卷第六 秦紀一 起丙午(前二五五)盡癸酉(前二二八)凡二十八年……一八六
昭襄王五十二年至五十六年 孝文王元年 莊襄王元年至三年 始皇帝元年至十九年
……
卷第八 秦紀三 起癸巳(前二〇八)盡甲午(前二〇七)凡二年……二六五
二世皇帝二年至三年
卷第九 漢紀一 起乙未(前二〇六)盡丙申(前二〇五)凡二年……二九六
高帝元年至二年
……

和帝中興元年
卷第一百四十五 梁紀一 起壬午（五〇二）盡甲申（五〇四）凡三年……四五一二
武帝天監元年至三年
……
卷第一百六十六 梁紀二十二 起乙亥（五五五）盡丙子（五五六）凡二年……五一二五
敬帝紹泰元年 太平元年
……
卷第一百六十七 陳紀一 起丁丑（五五七）盡己卯（五五九）凡三年……五一五七
武帝永定元年至三年
……
卷第一百七十六 陳紀十 起甲辰（五八四）盡戊申（五八八）凡五年……五四七三
長城公至德二年至四年 禎明元年至二年
卷第一百七十七 隋紀一 起己酉（五八九）盡辛亥（五九一）凡三年……五五〇三
文帝開皇九年至十一年
……
卷第一百八十四 隋紀八 起丁丑（六一七）六月盡十二月不滿一年……五七三七
恭帝義寧元年
卷第一百八十五 唐紀一 起戊寅（六一八）正月盡七月不滿一年……五七七一
高祖武德元年
……
卷第二百六十五 唐紀八十一 起甲子（九〇四）五月盡丙寅（九〇六）凡二年有奇……八六三三
昭宗天祐元年 昭宣帝天祐二年至三年

卷第二百六十六 後梁紀一 起丁卯(九〇七)盡戊辰(九〇八)七月凡一年有奇……八六六六
太祖開平元年至二年
……
卷第二百七十一 後梁紀六 起己卯(九一九)十月盡壬午(九二二)凡三年有奇……八八五〇
均王貞明五年至六年 龍德元年至二年
卷第二百七十二 後唐紀一 癸未(九二三)一年……八八七九
莊宗同光元年
……
卷第二百七十九 後唐紀八 起甲午(九三四)二月盡乙未(九三五)凡一年有奇……九一〇三
潞王清泰元年至二年
卷第二百八十 後晉紀一 丙申(九三六)一年……九一三八
高祖天福元年
……
卷第二百八十五 後晉紀六 起乙巳(九四五)八月盡丙午(九四六)凡一年有奇……九二九五
齊王開運二年至三年
卷第二百八十六 後漢紀一 起丁未(九四七)正月盡四月不滿一年……九三二七
高祖天福十二年
……
卷第二百八十九 後漢紀四 庚戌(九五〇)一年……九四一八
隱帝乾祐三年
卷第二百九十 後周紀一 起辛亥(九五一)盡壬子(九五二)八月凡一年有奇……九四五〇

資治通鑑卷第一百四

端明殿學士兼翰林侍讀學士朝散大夫右諫議大夫集賢殿修撰權判西京留司御史臺上柱國河內郡開國侯食邑一千三百戶食實封四百戶賜紫金魚袋臣司馬光　奉敕編集
後學天台胡三省　音註

晉紀二十六 起柔兆困敦(丙子)，盡玄黓敦牂(壬午)，凡七年。

烈宗孝武皇帝上之中

太元元年(丙子、三七六)

1春，正月，壬寅朔，帝加元服；皇太后下詔歸政，太后攝政，見上卷上年。復稱崇德太后。甲辰，大赦，改元。丙午，帝始臨朝。朝，直遙翻。以會稽內史郗愔爲鎮軍大將軍、都督浙江東五郡諸軍事；浙江東五郡，會稽、東陽、臨海、永嘉、新安也。會，工外翻。郗，丑之翻。愔，挹淫翻。徐州刺史桓沖爲車騎將軍、都督豫、江二州之六郡諸軍事，豫州之歷陽、淮南、廬江、安豐、襄城及江州之尋陽，共六郡。騎，奇寄翻。自京口徙鎮姑孰。謝安欲以王蘊爲方伯，故先解沖徐州。乙卯，加謝安中書監、錄尚書事。

2二月，辛卯，秦王堅下詔曰：「朕聞王者勞於求賢，逸於得士，齊桓公用管仲之言。斯言何其得不補失。謂漢武伐之〔大〕宛，破樓蘭、姑師，田車師也。今勞師萬里之外，以踵漢氏之過舉，臣竊惜之。」不聽。

8 桓沖使揚威將軍朱綽擊秦荊州刺史都貴于襄陽，焚踐沔北屯田，掠六百餘戶而還。沔，彌兗翻。

9 冬，十月，秦王堅會羣臣于太極殿，議曰：「自吾承業，垂三十載，堅以升平元年自立，至是凡二十六年。惟年之久長，懼于不終，倘庶幾焉；乃欲疲民以逞，宜其亡也。四方略定，唯東南一隅，未霑王化。今略計吾士卒，可得九十七萬，吾欲自將以討之，將，即亮翻。何如？」祕書監朱肜曰：「陛下恭行天罰，必有征無戰，晉主不銜璧軍門，則走死江海，陛下返中國士民，使復其桑梓，謂永嘉之末避亂南渡之子孫也。然後回輿東巡，告成岱宗，杜佑曰：岱宗，東岳也。特謂太山爲岱宗者，以其處東北，居寅丑之間，萬物終始之地，陰陽交代之所，爲衆山之宗，故曰岱宗。此千載一時也。」載，子亥翻。堅喜曰：「是吾志也。」

尚書左僕射權翼曰：「昔紂爲無道，三仁在朝，武王猶爲之旋師。論語：微子去之，箕子爲之奴，比干諫而死。孔子曰：「殷有三仁焉。」史記：武王即位九年，東觀兵至于盟津，諸侯不期而會者八百，皆曰：「紂可伐矣。」武王曰：「未可也，」乃還師。居二年，紂暴虐滋甚，殺王子比干，囚箕子，微子奔周。武王告諸侯曰：「殷有重罪，不可不伐！」遂滅之。朝，直遙翻。猶爲，于僞翻。今晉雖微弱，未有大惡；謝安、桓沖皆江表偉人，君臣輯睦，內外同心，以臣觀之，未可圖也！」堅嘿然良久，曰：「諸君各言其志。」

太子左衞率石越曰：「今歲鎮守斗，福德在吳，歲，木星。鎮，土星。斗、牛、女，吳、越、揚州分。伐之，必有天殃。且彼據長江之險，民爲之用，殆未可伐也！」堅曰：「昔武王伐紂，逆歲違卜。荀子曰：武王之誅紂也，東面而迎太歲。楊倞註曰：迎，謂逆太歲也。尸子曰：武王伐紂，魚辛諫曰：「歲在北方，不可北征。」武王不從。史記齊世家：武王將伐紂，卜龜，兆不吉，風雨暴至，羣公盡懼。唯太公強之，勸武王，武王遂行。天道幽遠，未易可知。易，以豉翻。夫差、孫晧皆保據江湖，不免於亡。今以吾之衆，投鞭於江，足斷其流，斷，丁管翻。又何險之足恃乎！」對曰：「三國之君皆淫虐無道，三國之君，謂紂、夫差、孫晧。故敵國取之，易於拾遺。易，以豉翻。今晉雖無德，未有大罪，願陛下且按兵積穀，以待其釁。」於是羣臣各言利害，久之不決。堅曰：「此所謂築舍道傍，無時可成。詩曰：如彼築室于道謀，是用不潰于成。吾當內斷於心耳！」斷，丁亂翻。

羣臣皆出，獨留陽平公融，謂之曰：「自古定大事者，不過一二臣而已。今衆言紛紛，徒亂人意，吾當與汝決之。」對曰：「今伐晉有三難：天道不順，一也；晉國無釁，二也；我數戰兵疲，數，所角翻。民有畏敵之心，三也。羣臣言晉不可伐者，皆忠臣也，願陛下聽之。」堅作色曰：「汝亦如此，吾復何望！復，扶又翻。吾強兵百萬，資仗如山；吾雖未爲令主，亦非闇劣。劣，弱也。乘累捷之勢，擊垂亡之國，何患不克，豈可復留此殘寇，使長爲國家之憂哉！」

漢魏相有言：恃國家之大，矜人民之衆，欲見威於敵者，謂之驕兵。兵驕者滅。其苻堅之謂歟！復，扶又翻；下復留同。

融泣曰：「晉未可滅，昭然甚明。今勞師大舉，恐無萬全之功。且臣之所憂，不止於此。陛下寵育鮮卑、羌、羯，布滿畿甸，此屬皆我之深仇。太子獨與弱卒數萬留守京師，臣懼有不虞之變生於腹心肘掖，不可悔也。臣之頑愚，誠不足采；王景略一時英傑，陛下常比之諸葛武侯，諸葛亮謚武侯。獨不記其臨沒之言乎！」見上卷寧康三年。堅不聽。於是朝臣進諫者衆，堅曰：「以吾擊晉，校其強弱之勢，猶疾風之掃秋葉，而朝廷內外皆言不可，誠吾所不解也！」朝，直遥翻；下同。解，戶買翻，曉也。

太子宏曰：「今歲在吳分，分，扶問翻。又晉君無罪，若大舉不捷，恐威名外挫，財力內竭，此羣下所以疑也！」堅曰：「昔吾滅燕，亦犯歲而捷，天道固難知也。秦滅六國，六國之君豈皆暴虐乎！」

冠軍、京兆尹慕容垂冠軍，即冠軍將軍也。晉書載記所書，率書將軍號而不繫將軍；通鑑因之。冠，古玩翻。言於堅曰：「弱併於強，小併於大，此理勢自然，非難知也。以陛下神武應期，威加海外，虎旅百萬，韓、白滿朝，韓、白，謂韓信、白起。言秦多良將也。而蕞爾江南，蕞，徂外翻，小也。獨違王命，豈可復留之以遺子孫哉！復，扶又翻。遺，于季翻。詩云：『謀夫孔多，是用不集。』詩小旻之辭。陛下斷自聖心足矣，斷，丁亂翻。何必廣詢朝衆！晉武平吳，所仗者張、杜二三臣而已，若從朝衆之言，豈有混壹之功！」謂張華、杜預也。事見八十卷武帝咸寧五年。朝，直遙翻。堅大悅曰：「與吾共定天下者，獨卿而已。」賜帛五百匹。

堅銳意欲取江東，寢不能旦。陽平公融諫曰：「『知足不辱，知止不殆。』老子德經立戒篇之辭。自古窮兵極武，未有不亡者。且國家本戎狄也，正朔會不歸人。會，要也，言大要中國正朔相傳，不歸夷狄也。江東雖微弱僅存，然中華正統，天意必不絕之。」堅曰：「帝王曆數，豈有常邪，惟德之所在耳！劉禪豈非漢之苗裔邪，終爲魏所滅。汝所以不如吾者，正病此不達變通耳！」

堅素信重沙門道安，道安在襄陽，堅破襄陽，輿而致之。羣臣使道安乘間進言。間，古莧翻。十一月，堅與道安同輦遊于東苑，堅曰：「朕將與公南遊吳、越，泛長江，臨滄海，不亦樂乎！」樂，音洛。安曰：「陛下應天御世，居中土而制四維，自足比隆堯、舜；何必櫛風沐雨，經略遐方乎！且東南卑濕，沴氣易構，沴，音戾。五行之氣相克勝則爲沴氣。虞舜遊而不歸，大禹往而不復，虞舜南巡狩，崩于蒼梧之野。禹東巡狩，至于會稽而崩。何足以上勞大駕也！」堅曰：「天生烝民而樹之君，使司牧之，朕豈敢憚勞，使彼一方獨不被澤乎！被，皮義翻。必如公言，是古之帝王皆無征伐也！」道安曰：「必不得已，陛下宜駐蹕洛陽，遣使者奉尺書於前，諸將總六師於後，彼必稽首入臣，不必親涉江、淮也。」稽，音啓。堅不聽。

堅所幸張夫人諫曰：「妾聞天地之生萬物，聖王之治天下，治，直之翻。皆因其自然而順之，故功無不成。是以黃帝服牛乘馬，因其性也；言因牛馬之性，故可引重而致遠。禹濬九川，障九澤，因其勢也；言因高下之勢，故可滌源而陂澤。后稷播殖百穀，因其時也；因天時而播殖，則百穀成。湯、武帥天下而攻桀、紂，因其心也；因人心而用兵，則天下服。帥，讀曰率。皆有因則成，無因則敗。今朝野之人皆言晉不可伐，陛下獨決意行之，妾不知陛下何所因也。書曰：『天聰明自我民聰明，』書皋陶謨之辭。天猶因民，而況人乎！妾又聞王者出師，必上觀天道，下順人心。今人心既不然矣，請驗之天道。諺云：『雞夜鳴者不利行師，犬羣嗥者宮室將空，嗥，戶刀翻。兵動馬驚，軍敗不歸。』自秋、冬以來，衆雞夜鳴，羣犬哀嗥，廄馬多驚，武庫兵器自動有聲，此皆非出師之祥也。」堅曰：「軍旅之事，非婦人所當預也！」

堅幼子中山公詵最有寵，亦諫曰：「臣聞國之興亡，繫賢人之用捨。今陽平公，國之謀主，而陛下違之；晉有謝安、桓沖，而陛下伐之，臣竊惑之！」堅曰：「天下大事，孺子安知！」

秦劉蘭討蝗，經秋冬不能滅。十二月，有司奏徵蘭下廷尉。下，遐稼翻。秦王堅曰：「災降自天，非人力所能除，此由朕之失政，蘭何罪乎！」

是歲，秦大熟，上田畝收七十石，下者三十石，蝗不出幽州之境，不食麻豆，上田畝收百石，下者五十石。物反常爲妖。蝗之爲災尚矣，蝗生而不食五穀，妖之大者也。農人服田力穡，至於有秋，自古以來，未有畝收百石、七十石之理，而畝收五十石、三十石，亦未之聞也。使其誠有之，又豈非反常之大者乎！使其無之，則州縣相與誣飾以罔上，亦不祥之大者也，秦亡宜矣！

王崇武標點　容肇祖　聶崇岐覆校

資治通鑑卷第一百五

端明殿學士兼翰林侍讀學士朝散大夫右諫議大夫充集賢殿修撰權判西京留司御史臺上柱國河內郡開國侯食邑一千三百戶食實封四百戶賜紫金魚袋臣 司馬光 奉敕編集

後學 天台 胡三省 音註

晉紀二十七起昭陽協洽(癸未)，盡閼逢涒灘(甲申)，凡二年。

烈宗孝武皇帝上之下

太元八年(癸未、三八三)

1春，正月，秦呂光發長安，以鄯善王休密馱、車師前部王彌窴爲鄉導。鄯，上扇翻。馱，唐何翻。窴，徒賢翻，又唐見翻。鄉，讀曰嚮。

2三月，丁巳，大赦。

3夏，五月，桓沖帥衆十萬伐秦，攻襄陽；帥，讀曰率。遣前將軍劉波等攻沔北諸城；沔，彌兗翻。輔國將軍楊亮攻蜀，拔五城，進攻涪城；涪，音浮。鷹揚將軍郭銓攻武當。六月，沖別將攻萬歲、筑陽，拔之。萬歲，城名，蓋近筑陽。筑陽縣，漢屬南陽郡，晉屬順陽郡；春秋穀伯之國也；唐爲襄州穀城縣。師古曰：筑，音逐。秦王堅遣征南將軍鉅鹿公叡、冠軍將軍慕容垂等帥步騎五萬救襄陽，冠，故玩翻。騎，奇寄翻。兗州刺史張崇救武當，後將軍張蚝、步兵校尉姚萇救涪城；蚝，七吏翻。萇，仲良翻。叡軍于新野，垂軍于鄧城。鄧城縣，屬襄陽郡，蓋晉置也。桓沖退屯沔南。秋，七月，郭銓及冠軍將軍桓石虔敗張崇于武當，敗，補邁翻。掠二千戶以歸。鉅鹿公叡遣慕容垂爲前鋒，進臨沔水。垂夜命軍士人持十炬，繫于樹枝，光照數十里。沖懼，退還上明。沖鎭上明見上卷二年。張蚝出斜谷；斜，余遮翻。谷，音浴，又古祿翻。楊亮引兵還。沖表其兄子石民領襄城【張：「城」作「陽」。】太守，戍夏口。沖自求領江州刺史；詔許之。

4 秦王堅下詔大舉入寇，民每十丁遣一兵；其良家子年二十已下，有材勇者，皆拜羽林郎。又曰：「其以司馬昌明爲尚書左僕射，謝安爲吏部尚書，桓沖爲侍中；勢還不遠，謂以勢言之，克晉之期，近在旦夕，還師不遠也。還，音旋，又如字。可先爲起第。」爲，于僞翻。良家子至者三萬餘騎，騎，奇寄翻；下同。拜秦州主簿【章：十二行本「簿」下有「金城」二字；乙十一行本同；孔本同；張校同。】趙盛之爲少年都統。都統官名，起於此。少，詩照翻；下同。是時，朝臣皆不欲堅行，朝，直遙翻。獨慕容垂、姚萇及良家子勸之。陽平公融言於堅曰：「鮮卑、羌虜，我之仇讎，慕容垂，鮮卑也；姚萇，羌也；其國皆爲秦所滅，雖曰臣服，其實仇讎。常思風塵之變以逞其志，所陳策畫，何可從也！良家少年皆富饒子弟，不閑軍旅，苟爲諂諛之言以會陛下之意。會，會合也。今陛下信而用之，輕舉大事，臣恐功既不成，仍有後患，悔無及也！」堅不聽。

八月，戊午，堅遣陽平公融督張蚝、慕容垂等步騎二十五萬爲前鋒；以兗州刺史姚萇爲龍驤將軍、督益·梁州諸軍事。堅謂萇曰：「昔朕以龍驤建業，堅以龍驤將軍殺苻生，得秦國。驤，思將翻。未嘗輕以授人，卿其勉之！」左將軍竇衝曰：「王者無戲言，此不祥之徵也！」堅默然。

慕容楷、慕容紹言於慕容垂曰：「主上驕矜已甚，叔父建中興之業，在此行也！」垂曰：「然。非汝，誰與成之！」至此，垂知堅必敗，方與兄子明言之。

甲子，堅發長安，戎卒六十餘萬，騎二十七萬，旗鼓相望，前後千里。九月，堅至項城，涼州之兵始達咸陽，蜀、漢之兵方順流而下，幽、冀之兵至于彭城，東西萬里，水陸齊進，運漕萬艘。艘，蘇遭翻。陽平公融等兵三十萬，先至潁口。潁水入淮之口也。地理志：潁水出陽城縣陽乾山，東至下蔡入淮。

詔以尚書僕射謝石爲征虜將軍、征討大都督，以徐、兗二州刺史謝玄爲前鋒都督，與輔國將軍謝琰、西中郎將桓伊等衆共八萬拒之；使龍驤將軍胡彬以水軍五千援壽陽。琰，安之子也。

是時秦兵既盛，都下震恐。謝玄入，問計於謝安，安夷然，夷，坦也，平也。言坦然無異平日也。答曰：「已別有旨。」既而寂然。玄不敢復言，乃令張玄重請。復，扶又翻。重，直用翻。安遂命駕出遊山墅，墅，承與翻，園廬也。親朋畢集，與玄圍棋賭墅。安棋常劣於玄，是日，玄懼，便爲敵手而又不勝。敵手，謂下子爭行劫，智算相敵也。玄意不在棋，故不能勝安。安遂游陟，至夜乃還。還，從宣翻，又如字。桓沖深以根本爲憂，遣精鋭三千入衛京師；謝安固卻之，曰：「朝廷處分已定，處，昌呂翻。分，扶問翻。兵甲無闕，西藩宜留以爲防。」沖對佐吏歎曰：諸藩府參佐爲佐吏。「謝安石有廟堂之量，不閑將略。將，即亮翻。今大敵垂至，方遊談不暇，遣諸不經事少年拒之，衆又寡弱，天下事已可知，吾其左衽矣！」

5 以琅邪王道子錄尚書六條事。錄尚書六條事，始於劉聰。

6 冬，十月，秦陽平公融等攻壽陽；癸酉，克之，執平虜將軍徐元喜等。融以其參軍河南郭褒爲淮南太守。淮南郡本治壽陽，秦既得之，以郭褒爲太守。慕容垂拔鄖城。杜預曰：江夏雲杜縣東南有鄖城。鄖，于分翻。胡彬聞壽陽陷，退保硤石，水經註：淮水東過壽春縣北，右合肥水；又北逕山峽中，謂之峽石，對岸山上結二城，以防津要。杜佑曰：硤石，今汝陰郡下蔡縣。融進攻之。秦衛將軍梁成等帥衆五萬屯于洛澗，柵淮以遏東兵。水經註：洛澗上承死馬塘水，北歷秦墟，下注淮，謂之洛口。帥，讀曰率；下同。謝石、謝玄等去洛澗二十五里而軍，憚成不敢進。胡彬糧盡，潛遣使告石等曰：「今賊盛糧盡，恐不復見大軍！」復，扶又翻。秦人獲之，送於陽平公融。融馳使白秦王堅曰：「賊少易擒，但恐逃去，宜速赴之！」使，疏吏翻；下同。融持議以爲晉不可伐，今臨敵乃輕脫如此，亦天奪其鑒也。少，詩沼翻。易，以豉翻。堅乃留大軍於項城，引輕騎八千，兼道就融於壽陽。遣尚書朱序來說謝石等，以爲：「強弱異勢，不如速降。」三年，堅執朱序於襄陽，拜爲度支尚書。說，輸芮翻。降，戶江翻。序私謂石等曰：「若秦百萬之衆盡至，誠難與爲敵。今乘諸軍未集，宜速擊之；若敗其前鋒，敗，補邁翻。則彼已奪氣，可遂破也。」

石聞堅在壽陽，甚懼，欲不戰以老秦師。謝琰勸石從序言。十一月，謝玄遣廣陵相劉牢之帥精兵五千趣洛澗，趣，七喻翻。未至十里，梁成阻澗爲陳以待之。陳，讀曰陣；下同。牢之直前渡水，擊成，大破之，斬成及弋陽太守王詠；曹魏分西陽、蘄春，置弋陽郡；秦未能有其地也，王詠領太守耳。弋陽，唐爲光、蘄、黃三州之地。又分兵斷其歸津，斷，丁管翻。秦步騎崩潰，爭赴淮水，士卒死者萬五千人，執秦揚州刺史王顯等，盡收其器械軍實。於是謝石等諸軍，水陸繼進。秦王堅與陽平公融登壽陽城望之，見晉兵部陣嚴整，又望八公山上草木皆以爲晉兵，八公山在今壽春縣北四里。世傳漢淮南王安好神仙，忽有八公皆鬚眉皓素，詣門求見。門者曰：「吾王好長生，今先生無駐衰之術，未敢以聞。」八公皆變成童。遂立廟於山上。或言今廟食于此山者，乃左吳、朱驕、伍被、雷被等八人，皆淮南王客，世以八公爲仙，誤也。顧謂融曰：「此亦勍敵，何謂弱也！」勍，渠京翻，強也。憮然始有懼色。憮，罔甫翻，悵然失意貌。

秦兵逼肥水而陳，晉兵不得渡。謝玄遣使謂陽平公融曰：「君懸軍深入，而置陳逼水，此乃持久之計，非欲速戰者也。若移陳少卻，少，詩沼翻；下同。使晉兵得渡，以決勝負，不亦善乎！」秦諸將皆曰：「我衆彼寡，不如遏之，使不得上，上，時掌翻。可以萬全。」堅曰：「但引兵少卻，使之半渡，我以鐵騎蹙而殺之，蔑不勝矣！」融亦以爲然，遂麾兵使卻。秦兵遂退，不可復止。兩陳相向，退者先敗，此用兵之常勢也。復，扶又翻。謝玄、謝琰、桓伊等引兵渡水擊之。融馳騎略陳，欲以帥退者，帥，讀曰率。馬倒，爲晉兵所殺，秦兵遂潰。玄等乘勝追擊，至于青岡；青岡去今壽春縣三十里。秦兵大敗，自相蹈藉而死者，蔽野塞川。言敗兵自相蹈踐，枕藉而死也。藉，慈夜翻。塞，悉則翻。其走者聞風聲鶴唳，皆以爲晉兵且至，晝夜不敢息，草行露宿，草行者，涉草而行，不敢由路；露宿者，宿於野次，不敢入人家；皆懼追兵也。重以飢凍，重，直用翻。死者什七、八。初，秦兵少卻，朱序在陳後呼曰：呼，火故翻。「秦兵敗矣！」衆遂大奔。序因與張天錫、徐元喜皆來奔。獲秦王堅所乘雲母車。【章：十二行本「車」下有「及儀服、器械、軍資、珍寶、畜產不可勝計」十五字；乙十一行本同；孔本同；張校同；退齋校同。】晉制：雲母車，以雲母飾犢車；臣下不得乘，以賜王公耳。趙彥經續古今註：石虎皇后乘輦，以純雲母代紗，四望皆通徹。復取壽陽，執其淮南太守郭褒。晉復取壽陽，故秦所置太守見執。

堅中流矢，中，竹仲翻。單騎走至淮北，飢甚，民有進壺飧、豚髀者，飧，蘇昆翻。熟食曰飧。字林曰：水澆飯也。堅食之，賜帛十匹，綿十斤。辭曰：「陛下厭苦安樂，樂，音洛。自取危困。臣爲陛下子，陛下爲臣父，安有子飼其父而求報乎！」弗顧而去。飼，祥吏翻。堅謂張夫人曰：「吾今復何面目治天下乎！」復，扶又翻。治，直之翻。潸然流涕。潸，所姦翻，涕流貌，又所版翻，所晏翻。

是時，諸軍皆潰，惟慕容垂所將三萬人獨全，垂別擊鄖城，不與淝水之戰，且持軍嚴整，故諸軍皆潰而垂軍獨全。將，即亮翻。堅以千餘騎赴之。世子寶言於垂曰：「家國傾覆，天命人心皆歸至尊，但時運未至，故晦迹自藏耳。今秦主兵敗，委身於我，是天借之便以復燕祚，此時不可失也，願不以意氣微恩忘社稷之重！」意氣微恩，謂堅厚禮垂父子也。垂曰：「汝言是也。然彼以赤心投命於我，若之何害之！天苟棄之，不患不亡。不若保護其危以報德，徐俟其釁而圖之，既不負宿心，且可以義取天下。」慕容垂此言，猶有君人之度。奮威將軍慕容德曰：「秦強而幷燕，秦弱而圖之，此爲報仇雪恥，非負宿心也；兄柰何得而不取，釋數萬之衆以授人乎？」垂曰：「吾昔爲太傅所不容，置身無所，逃死於秦，見一百二卷海西公太和四年。秦主以國士遇我，恩禮備至。後復爲王猛所賣，復，扶又翻；下尙復、德復同。無以自明，秦主獨能明之，見太和五年。此恩何可忘也！若氐運必窮，吾當懷集關東，以復先業耳，關西會非吾有也。」冠軍行參軍趙秋曰：「明公當紹復燕祚，著於圖讖；冠，古玩翻。讖，楚譖翻。今天時已至，尙復何待！若殺秦主，據鄴都鼓行而西，三秦亦非苻氏之有也！」垂親黨多勸垂殺堅，垂皆不從，悉以兵授堅。平南將軍慕容暐屯鄖城，聞堅敗，棄其衆遁去；至滎陽，慕容德復說暐起兵以復燕祚，尙復、德復，扶又翻。說，輸芮翻。暐不從。

資治通鑑卷一百五　晉紀二十七　孝武帝太元八年(三八三)　三三一三

謝安得驛書，知秦兵已敗，時方與客圍棋，攝書置牀上，了無喜色，攝，收也。圍棋如故。客問之，徐答曰：「小兒輩遂已破賊。」既罷，還內，過戶限，不覺屐齒之折。言其喜甚也。史言安矯情鎮物。人臣以安社稷爲悅者也，大敵壓境，一戰而破之，安得不喜乎！屐齒之折，亦非安之瞢也。

丁亥，謝石等歸建康，得秦樂工，能習舊聲，於是宗廟始備金石之樂。永嘉之亂，伶官樂器皆沒於劉、石。江左初立，宗廟以無雅樂及伶人，省太樂幷鼓吹令；是後頗得登歌食舉之樂，猶有未備。太寧末，明帝又訪阮孚等增益之。咸和中，成帝乃復置太樂官，鳩集遺工，而尙未有金石也。及慕容儁平冉閔，兵戈之際，鄴下樂人頗亦有來者。謝尙鎮壽陽，採拾樂人以備太樂，幷制石磬，雅樂始頗具。而王猛平鄴，慕容氏所得樂聲，又入關右；今破苻堅，獲其樂工楊蜀等，閑習舊樂，於是金石始備焉。乙未，以張天錫爲散騎常侍，散，悉亶翻。騎，奇寄翻。朱序爲琅邪內史。

7 秦王堅收集離散，比至洛陽，比，必寐翻。衆十餘萬，百官、儀物、軍容粗備。粗，坐五翻。慕容農謂慕容垂曰：「尊不迫人於險，尊，謂其父垂也。慕容令亦呼垂爲尊，蓋其父子間常稱也。其義聲足以感動天地。農聞祕記曰：『燕復興當在河陽。』燕，於賢翻。夫取果於未熟與自落，不過晚旬日之間，然其難易美惡，相去遠矣！」易，以豉翻。垂心善其言，行至澠池，澠，彌兗翻。言於堅曰：「北鄙之民，聞王師不利，輕相扇動，臣請奉詔書以鎮慰安集之，因過謁陵廟。」垂欲因行自謁其祖父陵廟也。堅許之。權翼諫曰：「國兵新破，四方皆有離心，宜徵集名將，置之

（三）紀事本末體

●紀事本末體　紀事本末體是以事件爲中心記載史事的史書體裁。其記事按每個事件的發生順序記其始末，並且標以相應的題目。這種體例始創於南宋袁樞通鑑紀事本末一書，被清代章學誠評價爲「文省於紀傳，事豁於編年」。

通鑑紀事本末·南越稱藩

【導讀】

●說明　本文選自通鑑紀事本末卷二，宋袁樞撰，中華書局（北京）一九六四年十月第一版，此點校本以宋代寶祐五年（一二五七年）湖州所刻「宋大字本」爲底本，參校以淳熙三年（一一六七年）該書初刊於嚴州郡學的「宋小字本」，並和清胡克家本通鑑作了對校。其書前記云：「大字本誤而小字本不誤者，逕行改正。凡兩本皆誤，據通鑑校改處，都加有方圓括號：方括號表示增，仍用大字；圓括號表示删，用小字排印。」

●通鑑紀事本末　南宋袁樞撰，共四十二卷。其書全據資治通鑑改編而成，記事起止亦與通鑑相同，將一千三百多年的史事歸納爲二百三十九個題目，始於「三家分晉」，終於「世宗征淮南」。全書脈絡清楚，每事亦首尾分明。

●袁樞（一一三一—一二〇五）　字機仲，南宋建州建安（今福建建甌）人。曾任溫州判官、禮部試官、嚴州教授、工部侍郎等。

●選文內容　本文主要記載了漢代前期南越與漢王朝的關係，漢派人出使南越，並最終使南越臣服於漢。

通鑑紀事本末總目

光武平漁陽
光武平齊
光武平隴蜀
楚王英之獄
馬后抑外家
竇氏專恣
西域歸附

第七卷

兩匈奴叛服
諸羌叛服
鮮卑寇邊
嬖倖廢立
梁氏之變

第八卷

宦官亡漢　黨錮之禍　董卓之亂
黃巾之亂
韓馬之叛
袁紹討公孫瓚

第九卷

曹操篡漢
孫氏據江東

劉備據蜀

第十卷

吳蜀通好
諸葛亮出師　平南中附
吳侵淮南
魏平遼東
明帝奢靡
司馬懿誅曹爽
吳易太子
諸葛恪寇淮南　孫綝逆節附

第十一卷

魏滅蜀
淮南三叛　文欽　毌丘儉　諸葛誕
司馬氏篡魏
晉滅吳
羌胡之叛　樹機能　齊萬年
陳敏之叛

第十二卷

西晉之亂　賈氏　諸王　胡羯　江左中興附

第十三卷

劉淵據平陽　殺太弟乂附

慕容據鄴
成李據蜀
張氏據涼
王敦平湘漢
石勒寇河朔
前趙平秦隴
石勒滅前趙
氐據仇池

第十四卷

祖逖北伐
王敦之亂
蘇峻之亂
燕討段遼　討宇文附
趙魏亂中原　冉閔滅石氏附

第十五卷

江左經略中原
桓溫伐燕
桓溫滅蜀
桓溫廢立
苻氏據長安　苻堅簒立
苻秦滅涼
苻秦滅燕

第十六卷

慕容叛秦復燕　肥水之役　姚萇滅秦　慕容滅西燕
丁零叛燕
拓跋興魏
魏伐後燕　慕容德據廣固附

第十七卷

僞楚之亂
盧循之亂
譙縱之亂
呂光據姑臧
乞伏據金城
禿髮據廣武
蒙遜據張掖
秦滅後涼

第十八卷

馮跋滅後燕
蒙遜滅西涼
乞伏滅南涼
蒙遜伐西秦
劉裕滅南燕

劉裕滅後秦
赫連據朔方
魏滅北燕
魏滅夏
魏滅北涼
魏平仇池

第十九卷

劉裕篡晉
元魏寇宋
徐傅廢立
彭城王專政
宋文圖恢復
宗愛逆節
太子劭殺逆
南郡王之叛
竟陵王之叛

第二十卷

廢帝之亂
宋明帝北伐
蕭道成篡宋
魏遷洛陽

蕭鸞篡弒

第二十一卷

元魏寇齊
蕭衍篡齊
南北交兵
魏伐柔然

第二十二卷

肇忠用事
邢巒寇巴西
梁魏爭淮堰
元乂幽后
六鎮之叛
元顥入洛
元魏之亂

第二十三卷

魏分東西
高氏篡東魏　北齊
宇文篡西魏　後周
侯景之亂

第二十四卷

梁氏亂亡　陳霸先篡梁

西魏取蜀
蕭勃據嶺南
王琳奔齊　陳伐齊附
齊顯祖狂暴　常山王篡立附
安成王篡立　項
周陳之叛
宇文護逆節
周伐齊　周齊爭宜陽附
吐谷渾盛衰

第二十五卷

周滅齊
楊堅篡周
始興王謀逆
隋滅陳
隋易太子

第二十六卷

突厥朝隋
隋討高麗
煬帝亡隋
高祖興唐

第二十七卷

唐平東都　李密　王世充
唐平河朔　竇建德
唐平隴右　薛舉
唐平河西　李軌
唐平河東　劉武周
唐平江陵　蕭銑
唐平江淮　杜伏威　李子通　沈法興　輔公祏
唐平山東　劉黑闥

第二十八卷

太宗平內難
太宗易太子
太宗平突厥
唐平鐵勒
唐平西突厥
太宗討龜茲
太宗平高昌
太宗平吐谷渾

第二十九卷

貞觀君臣論治

唐平遼東
吐蕃請和
突厥叛唐
唐平奚契丹

第三十卷

武韋之禍
太平公主謀逆

第三十一卷

李林甫專政
奸臣聚斂　宇文融　楊慎矜　韋堅　王鉷　楊釗
楊氏之寵
安史之亂

第三十二卷

劉展之叛
李輔國用事　張后　程元振附
僕固懷恩之叛　周智光附
元載專權
吐蕃入寇　代宗幸陝
兩稅之弊
裴延齡姦蠹
吐蕃叛盟

第三十三卷

藩鎮連兵　涇原之變　李懷光之叛附

第三十四卷

伾文用事
憲宗平蜀　劉闢
憲宗平吳　李錡
魏博歸朝　田弘正
憲宗討成德　王承宗
憲宗平淮蔡　吳元濟　德宗討吳少誠附
憲宗討淄青　李師道
河朔再叛

第三十五卷

南詔歸附
宦官弑逆　甘露之變附
朋黨之禍
武宗平澤潞
裘甫寇浙東

第三十六卷

龐勛之亂
回鶻叛服
吐蕃衰亂　唐復河湟附

蠻導南詔入寇
李克用歸唐

第三十七卷

黄巢之亂
藩鎮之亂
楊行密據淮南
王建據蜀

第三十八卷

諸鎮相攻
朱溫取淄青
朱溫篡唐　崔胤誅宦官附
郢王篡弑
李氏據鳳翔　岐蜀相攻附

第三十九卷

錢氏據吴越　董昌僭逆附
王氏據閩中
劉氏據廣州
高氏據荆南
徐氏篡吴

第四十卷

馬氏據湖南
晉王滅燕
後唐滅梁
莊宗滅蜀

第四十一卷

鄴都之變　李紹琛之叛附
安重誨專權
秦王之亂　潞王篡弑附
契丹入寇
孟知祥據蜀
石晉篡(後)唐
范楊之叛　范延光　楊光遠

第四十二卷

契丹滅晉　劉知遠復汴京附
三叛連兵
郭威篡漢　劉旻據河東附
世宗征淮南

共誅之。是時丞相爲太尉，本兵柄，適會其成功。今丞相如有驕主色，陛下謙讓；臣主失禮，竊爲陛下弗取也。」後朝，上益莊，丞相益畏。

南越稱藩

漢高帝十一年五月，詔立秦南海尉趙佗爲南越王，使陸賈即授璽綬，與剖符通使，使和集百越，無爲南邊患害。

初，秦二世時，南海尉任囂病且死，召龍川令趙佗語曰：「秦爲無道，天下苦之。聞陳勝等作亂，天下未知所安。南海僻遠，吾恐盜兵侵地至此，欲興兵絕新道，自備，待諸侯變，會病甚。且番禺負山險，阻南海，東西數千里，頗有中國人相輔，此亦一州之主也，可以立國。郡中長吏無足與言者，故召公告之。」即被佗書，行南海尉事。囂死，佗即移檄告橫浦、陽山、湟谿關曰：「盜兵且至，急絕道聚兵自守！」因稍以法誅秦所置長吏，以其黨爲假守。秦已破滅，佗即擊幷桂林、象郡，自立爲南越武王。

陸生至，尉佗魋結箕倨見陸生。陸生說佗曰：「足下中國人，親戚、昆弟墳墓在眞定。今足下反天性，棄冠帶，欲以區區之越與天子抗衡爲敵國，禍且及身矣。且夫秦失其政，諸侯豪傑並起，唯漢王先入關，據咸陽。項羽倍約，自立爲西楚霸王，諸侯皆屬，可謂至強。

然漢王起巴、蜀，鞭笞天下，遂誅項羽滅之。五年之間，海內平定，此非人力，天之所建也。天子聞君王王南越，不助天下誅暴逆，將相欲移兵而誅王，天子憐百姓新勞苦，故且休之，遣臣授君王印，剖符通使。君王宜郊迎，北面稱臣，乃欲以新造未集之越，屈強於此。漢誠聞之，掘燒王先人冢，夷滅宗族，使一偏將將十萬衆臨越，則越殺王降漢如反覆手耳。」於是尉佗乃蹶然起坐，謝陸生曰：「居蠻夷中久，殊失禮義。」因問陸生曰：「我孰與蕭何、曹參、韓信賢？」陸生曰：「王似賢也。」復曰：「我孰與皇帝賢？」陸生曰：「皇帝繼五帝、三皇之業，統理中國。中國之人以億計，地方萬里，萬物殷富，政由一家，自天地剖判未始有也。今王衆不過數十萬，皆蠻夷，崎嶇山海間，譬若漢一郡耳，何乃比於漢！」尉佗大笑曰：「吾不起中國，故王此。使我居中國，何遽不若漢？」乃留陸生，與飲數月，曰：「越中無足與語，至生來，令我日聞所不聞。」賜陸生橐中裝直千金，他送亦千金。陸生卒拜尉佗爲南越王，令稱臣，奉漢約。歸報，帝大悅，拜賈爲太中大夫。

高后四年夏五月，有司請禁南越關市鐵器。南越王佗曰：「高帝立我，通使物。今高后聽讒臣，別異蠻夷，隔絕器物。此必長沙王計，欲倚中國擊滅南越而并王之，自爲功也。」

五年春，佗自稱南越武帝，發兵攻長沙，敗數縣而去。

七年九月，遣隆慮侯周竈將兵擊南越。

文帝元年。初，隆慮侯竈擊南越，會暑濕，士卒大疫，兵不能隃領。歲餘，高后崩，即罷兵。趙佗因此以兵威財物賂遺閩越、西甌、駱，役屬焉，東西萬餘里。乘黃屋，左纛，稱制，與中國侔。

帝乃爲佗親冢在眞定者置守邑，歲時奉祀。召其昆弟，尊官厚賜寵之。復使陸賈使南越，賜佗書曰：「朕，高皇帝側室之子也，棄外，奉北藩于代。道里遼遠，壅蔽樸愚，未嘗致書。高皇帝棄羣臣，孝惠皇帝即世，高后自臨事；不幸有疾，諸呂爲變，賴功臣之力，誅之已畢。朕以王侯吏不釋之故，不得不立，今即位。乃者聞王遺將軍隆慮侯書，求親昆弟，請罷長沙兩將軍。朕以王書罷將軍博陽侯；親昆弟在眞定者，已遣人存問，脩治先人冢。前日聞王發兵於邊，爲寇災不止。當其時長沙苦之，南郡尤甚。雖王之國，庸獨利乎？必多殺士卒，傷良將吏，寡人之妻，孤人之子，獨人父母，得一亡十，朕不忍爲也。朕欲定地犬牙相入者，以問吏，吏曰：『高皇帝所以介長沙土也。』朕不得擅變焉。今得王之地不足以爲大，得王之財不足以爲富，服領以南，王自治之。雖然，王之號爲帝。兩帝並立，亡一乘之使以通其道，是爭也。爭而不讓，仁者不爲也。願與王分棄前惡，終今以來，通使如故。」

賈至南越，南越王恐，頓首謝罪，願奉明詔，長爲藩臣，奉貢職。於是下令國中曰：「吾聞兩雄不俱立，兩賢不並世。漢皇帝賢天子。自今以來去帝制、黃屋、左纛。」因爲書稱：

「蠻夷大長老夫臣佗昧死再拜上書皇帝陛下：老夫，故越吏也，高皇帝幸賜臣佗璽，以爲南越王。孝惠皇帝即位，義不忍絕，所以賜老夫者厚甚。高后用事，別異蠻夷，出令曰『毋與蠻夷越金鐵田器、馬牛羊；即予，予牡毋與牝』。老夫處僻，馬牛羊齒已長，自以祭祀不脩，有死罪，使內史藩、中尉高、御史平凡三輩上書謝過，皆不反。又風聞老夫父母墳墓已壞削，兄弟宗族已誅論。吏相與議曰：『今內不得振於漢，外亡以自高異。』故更號爲帝，自帝其國，非敢有害於天下。高皇后聞之，大怒，削去南越之籍，使使不通。老夫竊疑長沙王讒臣，故發兵以伐其邊。老夫處越四十九年，于今抱孫焉。然夙興夜寐，寢不安席，食不甘味，目不視靡曼之色，耳不聽鍾鼓之音者，以不得事漢也。今陛下幸哀憐，復故號，通使漢如故，老夫死，骨不腐。改號，不敢爲帝矣。」

七國之叛

漢景帝前三年。初，孝文時，吳太子入見，得侍皇太子飲、博。吳太子博，爭道，不恭，皇太子引博局提吳太子殺之，遣其喪歸葬。至吳，吳王慍曰：「天下同宗，死長安即葬長安，何必來葬爲！」復遣喪之長安葬。吳王由此稍失藩臣之禮，稱疾不朝。京師知其以子故，繫治驗問吳使者。吳王恐，始有反謀。後使人爲秋請，文帝復問之，使者對曰：「王實

（四）雜　史

●**雜史**　它是傳統目録學中「史部」下的一個類目，始創於隋書經籍志，但並非一種史體。目下著録，大都爲私人撰述異體雜記之史書，體例龐雜，内容亦龐雜。隋志言「雜史」有以下幾個特點：一是「其屬辭比事，皆不與春秋、史記、漢書相似，蓋率爾而作，非史策之正」，二是「作者甚衆」，三是「體制不經」，四是「有委巷之説，迂怪妄誕，真虛莫測」，五是「大抵皆帝王之事」。

國語集解・越語上

【導讀】

●**説明**　本文選自國語集解，徐元誥撰，王樹民、沈長雲點校，中華書局（北京）二〇〇二年六月版。其書以北宋明道、宋公序補音二本爲據。

●**國語**　是一部分國記事的國别體史書，記事上起西周中期周穆王伐犬戎，下至春秋戰國之交韓、趙、魏三家滅智氏（前四五三年），前後約五百餘年。全書共分周、魯、齊、晉、鄭、楚、吴、越八國，共二十一卷，其中記載晉國的内容最多。此書中各篇的作成年代不一，其書大約編成於戰國前期或中期。因其内容可與左傳相參證，所以有春秋外傳之稱。

●**國語集解**　東漢的鄭衆、賈逵，魏晉時的王肅、虞翻等多人曾爲國語作注，今存最早者爲三國時韋昭的國語解。一些清代學者也做過此書的校釋工作。近人徐元誥廣採前人各家之説，並容納了清代以來各家校釋成果而成國語集解。

●**徐元誥**（一八七八—一九五五） 字寒松，號鶴仙，江西吉安人。曾赴日本中央大學攻讀法律，由李烈鈞介紹加入中國同盟會。歸國後，在南昌創辦江西法政專門學堂。辛亥革命後，任江西省司法司司長。後應中華書局之聘，主編中華大字典。北伐勝利，曾任中央最高法院院長。此後，在上海開律師事務所，並校訂辭海。上海解放後，任上海市文史館館員。除主編中華大字典和倡修辭海外，還著有管子釋疑等。

●**相關參考論著資料**

——清 洪亮吉國語韋昭注疏

——清 汪遠孫國語校注本三種

——清 董增齡國語正義

——吳增祺國語韋解補正

——徐元誥國語集解

——上海古籍出版社點校本國語

●**選文內容** 本文主要記載春秋末期越王勾踐被吳王夫差打敗后，經過十年生聚十年教訓而最終崛起再打敗吳國的歷史。

國語 目録

國語集解

吉水徐元誥學

越語上第二十

○舊音曰：「史記世家：越，夏禹之後，少康庶子也。封於會稽，以奉禹之祀。斷髮，披草萊而邑焉。周禮職方氏掌之國，在海中。郭璞云：『越即西甌，今建安郡是也。亦曰蛇種。』」元誥按：越自封後二十餘世至於允常，魯昭公五年偕楚伐吳，始見於春秋。允常與闔廬戰，至定公十四年卒。子句踐立，始為越王而霸。句踐死，六傳至王無彊，為楚所滅。今浙江杭縣以南，又東至於海，皆越國故地也。

1 越王句踐棲於會稽之上，山處曰棲。會稽，山名，在今山陰南七里。吳敗越於夫椒，遂入越，越子保於會稽。在魯哀元年。○元誥按：會稽山，古之防山也，亦謂爲茅山，又曰棟山，在今浙江紹興縣東南十二里。乃號令於三軍號，呼也。○吳曾祺曰：「號、令，皆告衆之詞。注讀爲平聲，非是。」曰：「凡我父兄昆弟及國子姓，號令三軍而言父兄昆弟者，方在危阨，親而呼之。國子姓，言在衆子同姓之列者。有能助寡人謀而退吳者，吾與之共知越國之政。」知政，謂爲卿。大夫種進對曰：「臣聞之，賈人賈人，買賤賣貴者。夏則資皮，資，取也。冬則資絺，絺，葛也。精曰絺，粗曰綌。旱則資舟，水則資車，○元誥按：旱，即下文「陸人居陸」之陸；水，則「水人居水」之水。以待乏也。夫雖無四方之憂，然謀臣與爪牙之士，不可不養而擇也。○明道本擇譌作「檡」。譬如蓑笠，時雨既至，必求之。今君王既棲於會稽之上，然後乃求謀臣，無乃後乎？」後，晚也。句踐曰：「苟得聞子大夫之言，何後之有？」執其手而與之謀。遂使之行成於吳，傳曰：「使種因吳大宰嚭以求成也。」曰：「寡君句踐乏無所使，○明道本乏譌作「之」。使其下臣種，不敢徹聲聞於天王，徹，達也。私於下執事曰：『寡君之師徒，不足以辱君矣，不足以屈辱君親來討也。願以金玉、子女賂君之辱，請句踐女女於王，進女爲女。○舊音曰：「女，上如字，下尼去反。下竝同。」大夫女女於大夫，士女女於士。越國之寶器畢從，寡君帥越國之衆，以從君之師徒，唯君左右之。』左右，在君所用之。若以越國之罪爲不可赦也〔一〕，將焚宗廟，爲將不血食也。係妻孥〔二〕，係，繫也。死生同命，不爲吳所擒虜。沈金玉於江。不欲吳得之。有帶甲五千人，將以致死，乃必有偶，偶，對也。是以帶甲萬人事君也。言赦越罪，是得帶甲萬人事君。○汪遠孫曰：「五千人，人人致死，勇氣自倍〔三〕，一人可得二人之用，故曰『帶甲萬人』。戰而言『事君』者，遜辭耳。韋注非也。」無乃即傷君王之所愛乎？與其殺是人也，寧其得此國也，其孰利乎？」寧，安也。言戰而殺是萬人，與安而得越國，二者誰爲利乎？○汪中曰：「與其、寧其者，兩事相衡，擇利而從之詞。」注訓寧爲「安」，非也。夫差將欲聽與之成，子胥諫曰：「不可。夫吳之與越也，仇讎敵戰之國也。三江環之，民無所移，環，繞也。三江，岷江、松江、浙江也。（元誥按：三江，宋庠本注作「松江、錢塘、浦陽江」。補音又出「浙江」，是又以宋庠本錢塘作「浙江」矣。明道本注作「吳江、錢唐江、浦陽江」。水經注引郭璞曰：「三江者，岷江、松江、浙江也。」胡渭謂：「以此當國語之三江，則長於韋矣。」今據以訂正。岷江爲長江上源，正環吳境，不得獨遺之。松江首受太湖，經吳江、昆山、嘉定、青浦等縣，至上海縣合黃浦入海，亦名吳松江。浙江又名錢塘江，發源安徽黟縣。浦陽江發源浙江浦江縣，然合流之後，同至餘姚縣入海。是言浙江已包浦陽，不得分而爲二。）此言二國之民，三江繞之，遷徙非吳則越也。有吳則無越，有越則無吳，言勢不兩立。將不可改於是矣。言滅吳之計不可改易。員聞之：陸人居陸，水人居水。夫上黨之國，黨，所也。上所之國，謂中國。○釋名：「上黨，黨，所也，在山上[四]，其所最高，故曰上黨。」○元誥按：上黨之國，謂齊、魯、晉、鄭諸國也。我攻而勝之，吾不能居其地，不能乘其車。言習俗之異。說云：「吳是時未知以車戰，申公巫臣使其子狐庸教之。」昭謂：狐庸教吳，魯成公時也。至此哀元年，歷五公矣。非未知也，吳地勢自習水耳。夫越國，吾攻而勝之，吾能居其地，吾能乘其舟。此其利也，○宋庠本「利」上無「其」字。不可失也已，君必滅之。失此利也，雖悔之亦無及已！」○明道本亦作「必」。越人飾美女八人，納之大宰嚭，上言「請大夫女女於大夫」，故因此而納美女於大宰嚭，以求免也。嚭，吳正卿，故楚大夫伯州犂之孫[五]。魯昭元年，州犂爲楚靈王所殺，嚭奔吳。唐尚書云，平王殺之，非也。曰：「子苟赦越國之罪，又有美於此者將進之。」大宰嚭諫曰：「嚭聞古之伐國者，服之而已。今已服矣[六]，又何求焉！」夫差與之成而去之。成，平也。句踐說於國人說，解也。曰：「寡人不知其力之不足也，而又與大國執讎，執，猶結也。以暴露百姓之骨於中原，此則寡人之罪也。寡人請更。」更，改也。於是葬死者，問傷者，養生者，弔有憂，賀有喜，送往者，迎來者，去民之所惡，補民之不足。然後卑事夫差，宦士三百人於吴，將三百人以入事吴，若宦豎然。其身親爲夫差前馬。前馬，前驅在馬前也。○汪遠孫曰：「漢書百官公卿表如淳注引國語作『先馬』，云：『先，或作「洗」也。』太平御覽人事部一百二十三作『洗馬』。韓非子喻老篇『身執戈爲吴王洗馬』，字亦作『洗』。」句踐之地，南至於句無，今諸暨有句無亭是也。○沈鎔曰：「今浙江諸暨縣五十里有句乘山，括地志以爲即句無也。」北至於禦兒，今嘉興禦兒鄉是也。○元誥按：禦兒，今地詳見吴語。東至於鄞，今鄞縣是也。○沈鎔曰：「今浙江奉化縣東五十里有赤堇山，即越之鄞邑，亦曰鄞城山。」西至於姑蔑，姑蔑，今太末是也〔七〕。○沈鎔曰：「今浙江龍遊縣北有姑蔑城，故姑蔑地也。」元誥按：逸周書王會解作「姑妹」，孔注：「姑妹國後屬越。」廣運百里。言取境内近者百里之中耳。東西爲廣，南北爲運。○汪遠孫曰：「西山經『廣員百里』，員與運同。」乃致其父母昆弟而誓之曰：「寡人聞古之賢君，四方之民歸之，若水之歸下也。今寡人不能，將帥二三子夫婦以蕃。」蕃，息也。○吴曾祺曰：「謂不能使四方之民來歸〔八〕，故以生聚爲要。」令壯者無取老婦，○元誥按：取與娶同。令老者無取壯妻。女子十七不嫁，其父母有罪；丈夫二十不娶，其父母有罪。禮，三十而娶，二十而嫁。今不待禮者，務育民也。將免者以告，免，乳也〔九〕。○元誥按：免，説文作「㝃」，云：「生子免身也。」字又作「娩」，文選思玄賦注引纂要：「齊人謂生子曰娩。」公令醫守之。醫，乳醫也。生丈夫，二壺酒，一犬；生女子，二壺酒，一豚。犬，陽畜，知擇人。豚，主內，陰類也。生三人，公與之母；母，乳母也。人生三者亦希耳。生二人，公與之餼。餼，食也。當室者死，三年釋其政；當室，嫡子也。禮，婦爲嫡子喪三年。○吳曾祺曰：「釋其政，謂不煩以事也。」支子死，三月釋其政。支子，庶子。必哭泣葬埋之如其子。令孤子、寡婦、疾疹、貧病者，納宦其子。宦，仕也，仕其子而教之，以廩食之也。其達士，絜其居，絜其館舍。美其服，賜衣服也。飽其食，廩餼多也。而摩厲之於義〔一〇〕。○一切經音義引爾雅：「石謂之摩。」郭璞曰：「玉石被摩，猶人自修飾也。」四方之士來者，必廟禮之。禮之於廟，告先君也。句踐載稃與脂於舟以行〔一一〕，稃，糜。脂，膏。國之孺子之遊者，○元誥按：孺，古「孺」字。無不餔也，無不歠也，○元誥按：漢書高帝紀顏注：「以食食人，亦謂之餔。」歠者，飲也，舊音：「昌劣反。」必問其名。爲後將用之。非其身之所種則不食，非其夫人之所織則不衣。十年不收於國，民俱有三年之食。古者三年耕，必有一年之食。國之父兄請曰：「昔者夫差恥吾君於諸侯之國，今越國亦節矣，有節度也。請報之！」句踐辭曰：「昔者之戰也，非二三子之罪也，寡人之罪也。如寡人者，安與知恥？請姑無庸戰。」姑，且也。庸，用也。父兄又請曰：「越四封之內，親吾君也〔一二〕，猶父母也。子而思報父母之仇，臣而思報君之讎，其有敢不盡力者乎？請復戰。」句踐既許之，乃致其衆而誓之曰：「寡人聞古之賢君，不患其衆之不足也，而患其志行之少恥也。少恥，謂進不念功，臨難苟免。今夫差衣水犀之甲者億有三千〔一三〕，言多也。犀形似豕而大，今徼外所送有山犀，有水犀。水犀之皮有珠甲，山犀則無。億有三千，所謂賢良也，若今備衛士矣。不患其志行之少恥也，而患其衆之不足也。今寡人將助天滅之。言夫差天所不與〔一四〕，故曰助天。○明道本滅作「威」，非。吾不欲匹夫之勇也，匹夫，輕傀要功徼利者。欲其旅進旅退。旅，俱也。進則思賞，退則思刑，如此則有常賞。進不用命，離伍獨進也。退則無恥，不畏戮辱。如此則有常刑。」果行，國人皆勸，父勉其子，兄勉其弟，婦勉其夫，言得一國之歡心。曰：「孰是君也，而可無死乎？」孰，誰也〔一五〕。誰有恩惠如是君者〔一六〕，可不爲之死乎？○明道本「君」上有「吾」字。是故敗吳於囿，囿，笠澤也。在魯哀十七年。又敗之於没，没，地名。又郊敗之。在哀二十年十一月，越圍吳。○王引之曰：「敗吳於囿，又敗之於没，又郊敗之，皆一時之事，不得分爲十七年、二十年也。左傳越之伐吳，凡再舉而滅之，不可强同。韋乃牽合之，分爲前後兩年，而反與吳語之文相剌謬，疏矣。」夫差行成，曰：「寡人之師徒，不足以辱君矣。請以金玉、子女賂君之辱。」句踐對曰：「昔天以越予吳，而吳不受命；今天以吳予越，越可以無聽天之命，而聽君之令乎〔一七〕？吾請達王甬、句東。甬，甬江。句，句章。達王出之東境也。○元誥按：甬、句東地詳見吳語。吾與君爲二君乎。」待之若二君。夫差對曰：「寡人禮先壹飯矣，言己年長於越王，覺差壹飯之閒〔一八〕，欲以少長求免也。○汪中曰：「禮先壹飯，言昔嘗有恩於越，謂會稽之事也。注非。」君若不忘周室〔一九〕，而爲弊邑宸宇，宸，屋霤；宇，邊也。言越君若以周室之故，以屋宇之餘庇覆吳。○元誥按：說文：「宸，屋宇也。宇，屋邊也。」是宸、宇皆謂屋邊。宸，字又作「桭」〔二〇〕。玉篇引賈逵曰：「宸，室之奥者。」疑亦是國語注，與韋不同。亦寡人之願也。君若曰：『吾將殘汝社稷，滅汝宗廟。』寡人請死，余何面目以視於天下乎！越君其次也。」次，舍也。遂滅吴。

校記

〔一〕若以越國之罪爲不可赦也　「國之罪」三字脱，據各本補。

〔二〕係妻孥　「孥」誤作「子」，據各本改。

〔三〕勇氣自倍　「自」誤作「百」，據國語發正改。

〔四〕在山上　此三字脱，據國語發正補。

〔五〕嚭，吴正卿，故楚大夫伯州犂之孫　「孫」各本原作「子」，據國語發正校改而未作説明。

〔六〕今已服矣　「已」誤作「既」，據各本改。

〔七〕姑蔑，今太末是也　「太末」各本作「太湖」，據國語發正校改而未作説明。

〔八〕謂不能使四方之民來歸　「民」誤作「士」，據國語韋解補正改。

〔九〕免，乳也　此從公序本，明道本重「免」字。

〔一〇〕摩厲之於義　「厲」字脱，據各本補。

〔一一〕句踐載稃與脂於舟以行　「稃」各本原作「稻」，據王引之説校改而未作説明。

〔一二〕親吾君也　「親」誤作「視」，據各本改。

〔一三〕今夫差衣水犀之甲者億有三千 「差」誤作「羌」，據各本改。

〔一四〕言夫差天所不與 「與」誤作「興」，據各本改。

〔一五〕孰，誰也 此三字脱，據各本補。

〔一六〕誰有恩惠如是君者 「是」字脱，據各本補。

〔一七〕聽君之令乎 「君」下衍「王」字，據各本删。

〔一八〕覺差壹飯之閒 「壹」字脱，據公序本補。

〔一九〕君若不忘周室 「君」誤作「王」，據各本改。

〔二〇〕宸，字又作「桭」 「桭」誤作「根」，據國語發正改。

附錄

國語集解叙例

大史公稱「左丘失明，厥有國語」，又謂左氏欲傳春秋，先作國語〔一〕。故國語在漢時有春秋外傳之名，與左傳稱內傳者相表裏也。自葉少蘊謂春秋傳作於左氏，國語爲左丘氏，不得爲一家，文體不同，亦非一家書；劉炫謂鄢陵之敗，苗賁皇之所爲，楚語云「雍子之所爲」，與傳不同，國語非丘明作；柳宗元謂越語之下篇非出於左氏，異議囂騰而莫可究詰。竊嘗論之，國語之文異於左傳之大者，莫如越滅吴一事。左傳以伐吴後三年圍吴，又三年而滅之；越語則自反國後四年伐吴，遂居軍三年，待其自潰而滅之，左傳自伐吴至滅吴凡六年；越語自伐吴至滅吴凡三年。左傳自吴及越平至滅吴凡二十二年，越語自越及吴平至滅吴凡十年。其重要牴牾如此，誠令人不能無疑於作者，不得徒諉曰「傳聞異詞」也。顧攷其書，於三代之遺文墜典，春秋之嘉言善行，粲然在目，經國行事所取資，博物君子亦所不廢，即與左傳出入，正可藉供參校，初不因作者爲誰略掩其洪美也。是書注有鄭、賈、虞、唐、孔、韋諸氏，今多散佚，唯韋解備。本有賈、許、明道、公序諸刻，公序本精，唯補音傳。且云，本精亦時有譌漏，注備仍難免附會。後之學者有董氏正義，汪氏攷異、發正，黄氏札記，陳氏翼解，王氏述聞，俞氏平議，吴氏補注。用力勤矣，所得爲多〔三〕，然詳此略彼，入主出奴，時可考見，蓋未薈集而折衷之，則無由劑其平而究其用也。閒嘗采識諸説於簡端，闕者補之，疑者存之。念治斯學而未能專者，或疲於繙檢，昧於是非之辨也，乃纂理以請益於世，不復自揣其愚，假曰有一得焉，則更知所以淬厲矣。纂例如次：

傳文以明道、補音二本爲據，擇其是者從之。其疑異脱衍，胥注句下。有依他説訂正者，仍列原文於集解，證以他説。

注文以韋解爲準，字句譌者，胥依攷異、札記改正，有依他説改正者，於注中注明。韋解未采之三君注，間據輯存補入於集解。

韋解訓譌，有説可易者易之，仍列韋解於集解，復引他説解之。

地名今釋，幾經考定，即用他説亦然，爲便於行文計，或不詳載書名。但非盡歷其境，倘有譌誤，諸待教正。

傳文闕注，無説可采者，蒐集他書補之。韋解訓譌，無説可易者，則附存鄙疑，聊資商搉。

各篇分章，或同補音本，或同明道本，要視文義分合爲斷。

注上有圍者爲集解，否則爲韋解。

中華民國十四年十二月徐元誥識於海上。

〔一〕大史公稱「左丘失明，厥有國語」，又謂左氏欲傳春秋，先作國語　按所謂「左氏欲傳春秋，先作國語」，乃司馬光之説，見朱彝尊經義考卷二〇九，此文以司馬遷當之，甚誤。

〔二〕後之學者有董氏正義，汪氏攷異、發正，黄氏札記，陳氏翼解，王氏述聞，俞氏平議，吴氏補注。用力勤矣，所得爲多　按所列諸家皆爲集解所采取者，尚有沈鎔國語詳注，書中所采亦多，而獨遺之。又吴氏之書爲國語韋解補正，此作補注，亦爲小失。

國語解叙

韋昭

昔孔子發憤於舊史，垂法於素王。左丘明因聖言以攄意，託王義以流藻，其淵源深大〔一〕，沈懿雅麗，可謂命世之才，博物善作者也。其明識高遠，雅思未盡〔二〕，故復采録前世穆王以來，下訖魯悼智伯之誅，邦國成敗，嘉言善語，陰陽律吕，天時人事逆順之數，以爲國語。其文不主於經，故號曰「外傳」。所以包羅天地，探測禍福，發起幽微，章表善惡者，昭然甚明，實與經藝竝陳，非特諸子之倫也。遭秦之亂，幽而復光。賈生、史遷頗綜述焉。及劉光禄於漢成世始更考校，是正疑謬。至於章帝，鄭大司農爲

（五）學　案

●**學案**　學案是記述學術思想源流的史書體裁，始創於明末清初黃宗羲的明儒學案。梁啓超在中國近三百年學術史中説：「著學術史有四個必要的條件：第一，叙一個時代的學術，須把那時代重要各學派全數網羅，不可以愛憎爲去取；第二，叙某家學説，須將其特點提挈出來，令讀者有很明晰的觀念；第三，要忠實傳寫各家真相，勿以主觀上下其手；第四，要把各人的時代和他一生經歷大概叙述，看出那人的全人格。梨洲的明儒學案，總算具備這四個條件。」梁啓超認爲：「中國有完善的學術史，自梨洲之著學案始。」這種學案體史書主要以人物爲中心叙述學術源流，在四庫全書總目中著録在「傳記類」中。

明儒學案・文正方正學先生孝孺

【導讀】

●**説明**　本文選自明儒學案，清黃宗羲著，沈芝盈點校，中華書局（北京）一九八五年十月版。其書以乾隆四年（一七三九年）的鄭性刻本爲底本。

●**明儒學案**　是一部系統叙述明代學術思想流派及其發展的學術史著作，成書於康熙十五年（一六七六年），共六十二卷。全書略按時代先後和學術流別列出了崇仁、白沙、河東、三原、姚江、浙中王門、江右王門、南中王門、楚中王門、北方王門、粵閩王門、泰州、止修、甘泉、諸儒、東林、蕺山十七個學案，記述明代學者二百一十二人。每一學案，前有小序簡述該學派的師承源流、學術宗旨，然後分別記述該學派的主要代表人物。全書極其明顯地突出了王守仁學派在明代學術思想中的中心地位。

● **黃宗羲(一六一〇—一六九五)** 字太沖,號南雷,又號梨洲,浙江餘姚(今浙江餘姚)人。明末清初著名思想家、史學家。其父黃尊素爲東林名士,後爲閹黨所害。明亡後在浙江起兵抗清,兵敗後隱居著述。著有明夷待訪録等。

● **相關參考論著資料**

——清 黃宗羲黃宗羲全集

● **選文內容** 本文選自明儒學案卷四十三諸儒學案上一,主要記述了明初方孝孺的生平事跡及其學術思想。

明儒學案發凡

從來理學之書，前有周海門聖學宗傳，近有孫鍾元理學宗傳，諸儒之說頗備。然陶石簣與焦弱侯書云：「海門意謂身居山澤，見聞狹陋，常願博求文獻，廣所未備，非敢便稱定本也。」且各家自有宗旨，而海門主張禪學，擾金銀銅鐵爲一器，是海門一人之宗旨，非各家之宗旨也。鍾元雜收，不復甄別，其批註所及，未必得其要領，而其聞見亦猶之海門也。學者觀羲是書，而後知兩家之疎略。

大凡學有宗旨，是其人之得力處，亦是學者之入門處。天下之義理無窮，苟非定以一二字，如何約之，使其在我。故講學而無宗旨，卽有嘉言，是無頭緒之亂絲也。學者而不能得其人之宗旨，卽讀其書，亦猶張騫初至大夏，不能得月氏要領也。是編分別宗旨，如燈取影，杜牧之曰：「丸之走盤，橫斜圓直，不可盡知。其必可知者，知是丸不能出於盤也。」夫宗旨亦若是而已矣。

嘗謂有明文章事功，皆不及前代，獨於理學，前代之所不及也，牛毛繭絲，無不辨晰，眞能發先儒之所未發。程、朱之闢釋氏，其說雖繁，總是只在迹上；其彌近理而亂眞者，終是指他不出。明儒於毫釐之際，使無遁影。陶石簣亦曰：「若以見解論，當代諸公儘有高過者。」與羲言不期而合。

每見鈔先儒語錄者，薈撮數條，不知去取之意謂何。其人一生之精神未嘗透露，如何見其學術？是編皆從全集纂要鈎玄，未嘗襲前人之舊本也。

儒者之學，不同釋氏之五宗，必要貫串到青原、南嶽。夫子既焉不學，濂溪無待而興，象山不聞所受，然其間程、朱之至何、王、金、許，數百年之後，猶用高、曾之規矩，非如釋氏之附會源流而已。故此編以有所授受者，分爲各案；其特起者，後之學者，不甚著者，總列諸儒之案。

學問之道，以各人自用得著者爲真。凡倚門傍户，依樣葫蘆者，非流俗之士，則經生之業也。此編所列，有一偏之見，有相反之論，學者於其不同處，正宜著眼理會，所謂一本而萬殊也。以水濟水，豈是學問！

胡季隨從學晦翁，晦翁使讀孟子。他日問季隨：「至於心，獨無所同，然乎？」季隨以所見解，晦翁以爲非，且謂其讀書鹵莽不思。季隨思之既苦，因以致疾，晦翁始言之。古人之於學者，其不輕授如此，蓋欲其自得之也。即釋氏亦最忌道破，人便作光景玩弄耳。此書未免風光狼籍，學者徒增見解，不作切實工夫，則羲反以此書得罪於天下後世矣。

是書搜羅頗廣，然一人之聞見有限，尚容陸續訪求。即羲所見而復失去者，如朱布衣語録、韓苑洛、南瑞泉、穆玄菴、范栗齋諸公集，皆不曾採入。海内有斯文之責者，其不吝教我，此非末學一人之事也。

姚江黃宗羲識。

明儒學案　目録

卷五　白沙學案上

文恭陳白沙先生獻章
舉人李大厓先生承箕

卷六　白沙學案下

通政張東所先生詡
給事賀醫閭先生欽
吏目鄒立齋先生智
御史陳時周先生茂烈
長史林緝熙先生光
州同陳秉常先生庸
布衣李抱真先生孔修
謝天錫先生祐
文學何時振先生廷矩
運使史惺堂先生桂芳

卷七　河東學案上

文清薛敬軒先生瑄
御史閻子與先生禹錫
侍郎張自在先生鼎
郡守段容思先生堅
廣文張默齋先生傑
文莊王凝齋先生鴻儒
布衣周小泉先生蕙
同知薛思菴先生敬之
郡丞李介菴先生錦

卷八　河東學案下

文簡呂涇野先生柟
司務呂愧軒先生潛
張石谷先生節
李正立先生挺
郡守郭蒙泉先生郛
舉人楊天游先生應詔

卷九　三原學案

端毅王石渠先生恕
康僖王平川先生承裕
光禄馬谿田先生理
恭簡韓苑洛先生邦奇
忠介楊斛山先生爵
徵君王秦關先生之士

卷十　姚江學案

文成王陽明先生守仁
許半圭先生璋
王黃轝先生文轅

卷十一　浙中王門學案一
郎中徐橫山先生愛
督學蔡我齋先生宗兖
御史朱白浦先生節
員外錢緒山先生德洪
卷十二　浙中王門學案二
郎中王龍溪先生畿
卷十三　浙中王門學案三
知府季彭山先生本
尚書黄久菴先生綰
卷十四　浙中王門學案四
布衣董蘿石先生澐附子穀。
主事陸原靜先生澄
尚書顧箬溪先生應祥
侍郎黄致齋先生宗明
中丞張浮峰先生元冲
侍郎程松溪先生文德
太常徐魯源先生用檢
卷十五　浙中王門學案五
都督萬鹿園先生表
侍郎王敬所先生宗沭
侍讀張陽和先生元忭
教諭胡今山先生瀚
卷十六　江右王門學案一
文莊鄒東廓先生守益附子善、孫德涵、德溥、德泳
卷十七　江右王門學案二
文莊歐陽南野先生德
貞襄聶雙江先生豹
卷十八　江右王門學案三
文恭羅念菴先生洪先
卷十九　江右王門學案四
處士劉兩峯先生文敏
同知劉師泉先生邦采
御史劉三五先生陽附劉印山、王柳川
縣令劉梅源先生曉
員外劉晴川先生魁
主事黄洛村先生弘綱
主事何善山先生廷仁
郎中陳明水先生九川
太常魏水洲先生良弼
解元魏師伊先生良政
處士魏藥湖先生良器

卷三十　粵閩王門學案
行人薛中離先生侃
縣令周謙齋先生坦
卷三十一　止修學案
中丞李見羅先生材
卷三十二　泰州學案一
處士王心齋先生艮
處士王東厓先生襞附樵夫朱恕、陶匠韓樂吾、田夫夏叟
布政徐波石先生樾
教諭王一菴先生棟
文選林東城先生春
卷三十三　泰州學案二
文肅趙大洲先生貞吉
卷三十四　泰州學案三
參政羅近溪先生汝芳
侍郎楊復所先生起元
卷三十五　泰州學案四
恭簡耿天臺先生定向
處士耿楚倥先生定理
文端焦澹園先生竑
尚寶潘雪松先生士藻
明經方本菴先生學漸
郎中何克齋先生祥
給事祝無功先生世禄
卷三十六　泰州學案五
尚寶周海門先生汝登
文簡陶石簣先生望齡
大學劉冲倩先生塙
卷三十七　甘泉學案一
文簡湛甘泉先生若水
卷三十八　甘泉學案二
太僕吕巾石先生懷
侍郎何吉陽先生遷
卷三十九　甘泉學案三
郡守洪覺山先生垣
卷四十　甘泉學案四
主政唐一菴先生樞
侍郎蔡白石先生汝楠
卷四十一　甘泉學案五
侍郎許敬菴先生孚還
恭定馮少墟先生從吾

卷四十二　甘泉學案六
文選唐曙臺先生伯元
端潔楊止菴先生時喬
文定王順渠先生道
卷四十三　諸儒學案上一
文正方正學先生孝孺
瓊山趙考古先生謙
卷四十四　諸儒學案上二
學正曹月川先生端
卷四十五　諸儒學案上三
督學黃南山先生潤玉
文毅羅一峯先生倫
文懿章楓山先生懋
郎中莊定山先生昶
侍郎張東白先生元禎
布政陳克菴先生選
卷四十六　諸儒學案上四
布衣陳剩夫先生真晟
布政張古城先生吉
方伯周翠渠先生瑛
司成蔡虛齋先生清
太常潘南山先生府
參政羅東川先生僑
卷四十七　諸儒學案中一
文莊羅整菴先生欽順
卷四十八　諸儒學案中二
文莊汪石潭先生俊
文敏崔後渠先生銑
卷四十九　諸儒學案中三
文定何栢齋先生瑭
卷五十　諸儒學案中四
肅敏王浚川先生廷相
卷五十一　諸儒學案中五
文裕黃泰泉先生佐
卷五十二　諸儒學案中六
文定張甬川先生邦奇
襄惠張淨峰先生岳
莊裕徐養齋先生問
諸生李大經先生經綸
卷五十三　諸儒學案下一
中丞李谷平先生中
文敏霍渭厓先生韜

附案

尚寶司丞應天彞先生典

周德純先生瑩

盧德鄉先生可久

杜子光先生惟熙

副使顏冲宇先生鯨

明儒學案卷四十三　諸儒學案上一

諸儒學案者，或無所師承，得之於遺經者；或朋友夾持之力，不令放倒，而又不可系之朋友之下者；或當時有所興起，而後之學者無傳者，俱列於此。上卷則國初爲多，宋人規範猶在。中卷則皆驟聞陽明之學而駭之，有此辨難，愈足以發明陽明之學，所謂他山之石，可以攻玉也。下卷多同時之人，半歸忠義，所以證明此學也，否則爲僞而已。

文正方正學先生孝孺

方孝孺字希直，台之寧海人。自幼精敏絕倫，八歲而讀書，十五而學文，輒爲父友所稱。二十遊京師，從學於太史宋濂。濂以爲遊吾門者多矣，未有若方生者也。濂返金華，先生復從之，先後凡六歲，盡傳其學。兩應召命，授漢中教授。蜀獻王聘爲世子師。獻王甚賢之，名其讀書之堂曰正學。建文帝召爲翰林博士，進侍讀學士。帝有疑問，不時宣召，君臣之間，同於師友。金川失守，先生斬衰，哭不絕聲。文皇召之不至，使其門人廖鏞往，先生曰：「汝讀幾年書，還不識箇是字。」於是繫獄。時當世文章共推先生爲第一，故姚廣孝嘗囑文皇曰：「孝孺必不降，不可殺之，殺之天下讀書種子絕矣。」文皇既慚德此舉，欲令先生草詔，以塞天下之人心。先生以周公之說窮之。文皇亦降志乞草，先生怒罵不已，磔之聚寶門外。年四十六。坐死者凡八百四十七人。崇禎末，謚文正。

先生直以聖賢自任，一切世俗之事，皆不關懷。朋友以文辭相問者，必告之以道，謂文不足爲也。入道之路，莫切於公私義利之辨，念慮之興，當静以察之。舍此不治，是猶縱盜於家，其餘無可爲力矣。其言周子之主静，主於仁義、中正，則未有不静，非强制其本心如木石然，而不能應物也，故聖人未嘗不動。謂聖功始于小學，作幼儀二十首。謂化民必自正家始，作宗儀九篇。謂王治尚德而緩刑，作深慮論十篇。謂道體事而無不在，列雜誡以自警。持守之嚴，剛大之氣，與紫陽真相伯仲，固爲有明之學祖也。先生之學，雖出自景濂氏，然得之家庭者居多。其父克勤，嘗尋討鄉先達授受原委，寢食爲之幾廢者也。故景濂氏出入於二氏，先生以叛道者莫過於二氏，而釋氏尤甚，不憚放言驅斥，一時僧徒俱恨之。庸人之論先生者有二：以先生得君而無救於其亡。夫分封太過，七國之反，漢高祖釀之，成祖之天下，高皇帝授之，一成一敗。成祖之智勇十倍吴王濞，此不可以成敗而譽咎王室也。況先生未嘗當國，惠宗徒以經史見契耳。又以先生激烈已甚，致十族之酷。夫成祖天性刻薄，先生爲天下屬望，不得其草，則怨毒倒行，無所不至，不關先生之甚不甚也。不覿先生而外，其受禍如先生者，寧皆已甚之所至乎？此但可委之無妄之運數耳。蔡虚齋曰：「如遜志者，蓋千載一人也。天地幸生斯人，而乃不終祐之，使斯人得竟爲人世用，天地果有知乎哉？痛言及此，使人直有追憾天地之心也。」乃知先正固自有定論也。

（六）政　書

●**政書**　政書是以事類爲中心，記述典章制度的史書，又稱爲典志體史書。作爲一種體例完善、獨立成書的史書體裁，在唐代才正式出現。其中綜述歷代典章制度的爲典制通史，始創於唐代杜佑的通典；記述一代典制的，則爲典制斷代史。「政書」作爲圖書的一個目録分類，最早出現在明代錢溥秘閣書目中，四庫全書總目沿用了這一分類，在其「史部」的「政書」裏，將過去書目中的「故事」、「儀注」、「刑法」中著録的圖書都納入這一類目下。

通典·選舉三·歷代制下　大唐（節選）

【導讀】

●**説明**　本文選自通典，唐杜佑撰，劉俊文、王文錦等點校，中華書局（北京）一九八八年版。其書以浙江書局據武英殿本翻刻本爲底本。

●**通典**　是第一部記述歷代典章制度的典制體通史，全書共二百卷，約成書於唐德宗貞元十七年（八〇一年）。其書是在劉秩政典的基礎上擴充寫成，所記時限，上起傳説中的黄帝，下至唐玄宗，間及肅宗、代宗、德宗時期。全書共分爲九門：①食貨十二卷；②選舉六卷；③職官二十二卷；④禮一百卷；⑤樂七卷；⑥兵十五卷；⑦刑法八卷；⑧州郡十四卷；⑨邊防十六卷。每門下又分若干目，按朝代順序記述。雖記述歷代典制，但於唐代有所側重。四庫全書總目提要言其「博取五經群史及漢、魏、六朝人文集奏疏之有裨得失者，每事以類相從，凡歷代沿革，悉爲記載，詳而不煩，簡而有要，原原本本，皆爲有用之實學，非徒資記問者可比。考唐以前之掌故者，茲編其淵海矣。」

●**杜佑**（七三四—八一二）　字君卿，京兆萬年（今陝西長安）人。唐代政治家、史學家。出身高門望族，任德宗、順宗、憲宗三朝宰相，多年掌管財政，有豐富的政治與理財閱歷。其編通典，目的即在於經邦致用。

●**選文内容**　本文節選自通典卷十五選舉三歷代制下大唐，記述了唐承隋制在科舉選拔人才制度上的内容和變化，以及各科考試的内容、形式、録取等。

通典　目録

食貨典

選舉典

職官典

禮典

樂典

兵典

刑法典

州郡典

邊防典

通典詳細目録請參：

http：//www. 222. 29. 121. 253/person/hejin/zglswx/download/Classics/dd00. htm

通典點校凡例

王文錦

一 標點

一 與標點二十四史的方法大致相同。

二 不用圓括、破折、删節、疑嘆等符號。

三 方括號限用於校記數碼。

四 頓號限用於並列名詞而易引起誤解者。習慣連稱如堯舜、文武、魏晉、隋唐之類，分别加專名號，兩個專名之間不加頓號。

五 通典引文，多經節略，無論長短，概加引號。

六 所引原著已佚，無從查對，偶有起訖不明者，引號從略。

七 凡謚號尊稱，意在專指者，均加專名號。

八 星名神名一般不加專名號。

二　分段

一　原書每朝之上冠以圓圈，今改爲逐朝起段，删去圓圈。

二　每節文字開始之朝代名稱，酌用黑體；朝代之間一般不再空行。

三　凡遇記事較多的朝代，隨宜分段，避免過於零碎。

四　通典輯録的文字，凡篇幅不長，本身不必再分段的，即採用一般分段形式，起訖加引號。文字較長，本身須一再分段的，即採用「另起低四格，轉行低兩格」的形式，以便閲讀。

三　底本和取校範圍

一　用浙江書局刻本爲底本。

二　版本校以日本影印北宋本、傅增湘校南宋本爲主，通校明嘉靖無刊記本、清武英殿本，參校宋刻元遞修本、明人抄宋本、明王德溢吴鵬刻本。

三　通典取材廣泛，凡引用經史諸子前人言論及古注，都盡可能查對。唐代官書、新舊唐書、唐宋類書、通鑑、通考等書都盡量參校。

四　前人校勘成果以及本局點校有關各史的校勘記都參考酌採。

四　校例

一　凡筆畫小誤，不見字書，顯係誤刻者，一律逕改，不出校記。

二　凡日曰淆亂，己巳混同，諸如此類者，亦隨手改正，不作説明。

三　凡局本不誤，他本誤者，一般不出校記。

四　凡局本誤他本皆不誤者，校記作「某原訛某，據諸本改」。脱衍倒文作同樣處理。若有一本誤同局本，校文則須一一稱舉有關各本。

五　凡宋元古本文字可通，而明清本擅加修改者，一般都恢復古本之舊，校記作「某原作某，據北宋本、傅校本、遞修本、明抄本改」。補刪乙正亦同。

六　凡據宋元古本刪補「之」、「也」之類不影響文意的虛字，一般不出校記。

七　凡宋元古本文字確屬難於索解，而明清本文義優長者，則不據古本回改，出校保存古本異文，以供學者參考。

八　凡通典不誤，他書誤者，一般不出校記。

九　凡通典節引他書而不失原意者，盡量保持杜纂原貌，一般不據他書改動通典。必要時酌列他書異文。

一〇　凡通典採擇他書而編寫失誤，難於改補者，即出校指出，而通典正文一般不作改動。

一一　凡通典輯録他書顯係抄刻失誤者，酌予改正出校。

一二　凡脱訛衍倒，確有實據，必須補改删乙者，一律出校，必要時説明校改理由。

一三　凡疑有脱訛衍倒而無堅實理據者，不做補改删乙，必要時出校存疑。

一四　通典所避唐諱、家諱，偶有礙於理解文義者，出校指出，不據古籍回改。

一五　局本據古籍改唐諱和杜氏家諱者，一律據古本恢復唐諱和杜氏家諱，以存通典之舊觀，各於首見處出校説明，餘皆逕改。

一六　局本例避清諱，有失通典原貌，一律據古本回改，各於清諱首見處出校説明，餘皆逕改。

一七　没有十分把握就不採用理校的方法改動原文。比較有把握又非改不可的，出校説明理由。

一八　有充足理由斷定爲錯簡無可置疑者，移正後出校説明。一般不輕易移動原文。

一九　校記力求文簡意明，力避枝蔓模糊。不作校勘範圍以外的考證。

二〇　本書總目和各卷細目都被清人删去，今據古本目録，參閲正文，校補復原，以便尋檢。

通典卷第十五

選舉三

歷代制下 考績

歷代制下 大唐

大唐貢士之法，多循隋制。上郡歲三人，中郡二人，下郡一人，有才能者無常數。其常貢之科，有秀才，有明經，有進士，有明法，有書，有算。自京師郡縣皆有學焉。並具學篇。每歲仲冬，郡縣館監課試其成者，長吏會屬僚，設賓主，陳俎豆，備管絃，牲用少牢，行鄉飲酒禮，歌鹿鳴之詩，徵耆艾、敘少長而觀焉。既餞，而與計偕。其不在館學而舉者，謂之鄉貢。舊令諸郡雖一、二、三人之限，而實無常數。到尚書省，始由户部集閱，而關于考功課試，可者爲第。武德舊制，以考功郎中監試貢舉。貞觀以後，則考功員外郎專掌之。律曰：「諸貢舉非其人，謂德行乖僻，不如舉狀者。及應貢舉而不貢舉者，謂才堪利用，蔽而不言也。一人徒一年，二人加一等，罪止徒三年。」

初，秀才科等最高，試方略策五條，有上上、上中、上下、中上，凡四等。貞觀中，有舉而不第者，坐其州長，由是廢絶。〔一〕開元二十四年以後，復有此舉。其時以進士漸難，而秀才本科無帖經及雜文之限，反易於進士。主司以其科廢久，不欲收奬，應者多落之，三十年來無及第者。至天寶初，禮部侍郎韋陟始奏請，有堪此舉者，令官長特薦，其常年舉送者並停。自是士族所趣嚮，唯明經、進士二科而已。其初止試策，貞觀八年，詔加進士試讀經史一部。

至調露二年，〔二〕考功員外郎劉思立始奏二科並加帖經。其後，又加老子、孝經，使兼通之。永隆二年，詔明經帖十得六，進士試文兩篇，識文律者，〔三〕然後試策。

武太后載初元年二月，策問貢人於洛城殿，數日方了。殿前試人自此始。長壽三年制，〔四〕始令舉人獻歲元會，列於方物前，以備充庭。因左拾遺劉承慶上疏奏：「四方珍貢，列爲庭實，而舉人不厠，甚非尊賢之意。」上從之。長壽二年，太后自製臣軌兩篇，令貢舉習業，停老子。

長安二年，教人習武藝，其後每歲如明經、進士之法，行鄉飲酒禮，送於兵部。開元十九年，詔武貢人與明經、進士同行鄉飲酒禮。其課試之制，畫帛爲五規，置之於垛，去之百有五步，内規廣六尺，橛廣六尺；餘四規，每規内兩邊各廣三尺。懸高以三十尺爲限。列坐引射，名曰「長垛」。弓用一石力，箭重六錢。又穿土爲埒，其長與垛均，綴皮爲兩鹿，歷置其上，馳馬射之，名曰「馬射」。鹿子長五寸，高三寸。弓用七斗以上力。又斷木爲人，戴方版於頂。〔五〕凡四偶人，互列埒上，馳馬入埒，運槍左右觸，必版落而人不踣，名曰「馬槍」。槍長一丈八尺，徑一寸五分，重八斤。其木人上版，方三寸五分。〔六〕皆以儇好不失者爲上。兼有步射、穿札、翹關、負重、身材、言語之選，通得五上者爲第。其餘復有平射之科，不拘色役，高第者授以官，其次以類升。又制爲土木馬於里閭間，教人習騎。天寶六載正月制：「文武之道，既惟並用，宗敬之儀，不可獨闕。其鄉貢武舉人上省，先令謁太公廟。每拜大將及行師尅捷，亦宜告廟。」

神龍二年二月，制貢舉人停臣軌，依舊習老子。

開元八年七月，國子司業李元瓘上言：〔七〕「三禮、三傳及毛詩、尚書、周易等，並聖賢微旨。生人教業，必事資經遠，則斯道不墜。今明經所習，務在出身，咸以禮記文少，人皆競讀。周禮經邦之軌則，儀禮莊敬之楷模，公羊、穀梁，歷代崇習。今兩監及州縣，以獨學無友，四經殆絕。事資訓誘，不可因循。其學生請各量配作業，〔八〕并貢人參試之，日習周禮、儀禮、公羊、穀梁。〔九〕並請帖十通五，許其入策。〔一〇〕以此開勸，卽望四海均習，九經該備。」從之。二十一年，玄宗新注老子成，詔天下每歲貢士，減尚書、論語策，而加老子焉。二十四年，制移貢舉於禮部，以侍郎掌之。因考功員外郎李昂詆訶進士李權文章，大爲權所陵訐，〔一一〕朝議以郎官地輕，故移於禮部，遂爲永制。二十五年二月，制：「明經每經帖十，取通五以上，免舊試一帖；仍按問大義十條，取通六以上，〔一二〕免試經策十條；令答時務策三道，取粗有文理者與及第。其進士停小經，準明經帖大經十帖，取通四以上，然後準例試雜文及策，考通與及第。其明經中有明五經以上，試無不通者；進士中兼有精通一史，能試策十條得六以上者：奏聽進止。其應試進士等，唱第訖，具所試雜文及策，送中書、門下詳覆。」禮部侍郎姚奕奏。玄宗方弘道化，至二十九年，始於京師置崇玄館，諸州置道學，生徒有差，京、都各百人，諸州無常員。習老、莊、文、列，謂之四子。蔭第與國子監同。謂之「道舉」。舉送、課試與明經同。凡舉司課試之法，帖經者，以所習經掩其兩端，中間開唯一行，裁紙爲帖，凡帖三字，隨時增損，可否不一，或得四、得五、得六者爲通。後舉人積多，故其法益難，務欲落之，至有帖孤章絶句，疑似參互者以惑之。甚者，或上抵其注，下餘一二字，使尋之難知，謂之「倒拔」。既甚難矣，而舉人則有驅聯孤絶、索幽隱爲詩賦而誦習之，〔一三〕不過十數篇，則難者悉詳矣。其於平文大義，或多牆面焉。

天寶元年，明經停老子，加習爾雅。十一載，禮部侍郎楊浚始開爲三行，不得帖斷絶、疑似之言也。明經所試一大經及孝經、論語、爾雅，帖各有差；帖既通而口問之，一經問十義，得六者爲通；問通而後試策，凡三條。三試皆通者爲第。進士所試一大經及爾雅，舊制，帖一小經并注。開元二十五年，改帖大經，其爾雅亦并帖注。帖既通而後試文試賦各一篇，文通而後試策，凡五條。三試皆通者爲第。經策全通爲甲第，通四以上爲乙第。通三帖以下及策全通而帖經文不通四，或帖經通四以上而策不通四，皆爲不第。明法試律令各十帖，試策共十條，律七條，令三條。全通爲甲，通八以上爲乙，自七以下爲不第。書者試說文、字林凡十帖，說文六帖，字林四帖。口試無常限，皆通者爲第。算者試九章、海島、孫子、五曹、張丘建、夏侯陽、周髀、五經、綴術、緝古，帖各有差，九章三帖，五經等七部各一帖，綴術六帖，緝古四帖。兼試問大義，皆通者爲第。凡衆科有能兼學，則加超奬，不在常限。

按令文，科第秀才與明經同爲四等，進士與明法同爲二等。然秀才之科久廢，而明經雖有甲乙丙丁四科，進士有甲乙二科，自武德以來，明經唯有丁第，〔四〕進士唯乙科而已。先試之期，命舉人謁於先師，有司卜日，宿張於國學，宰輔以下皆會而觀焉。博集羣議講論，而退之禮部。閱試之日，皆嚴設兵衛，荐棘圍之，搜索衣服，譏訶出入，以防假濫焉。其進士，大抵千人得第者百一二；明經倍之，得第者十一二。其制詔舉人，不有常科，皆標其目而搜揚之。試之日，或在殿廷，天子親臨觀之。試已，糊其名於中考之，文策高者特授以美官，其次與出身。開元以後，四海晏清，士無賢不肖，恥不以文章達，其應詔而舉者，多則二千人，少猶不減千人，所收百纔有一。禮部員外郎沈既濟曰：「初，國家自顯慶以來，高宗聖躬多不康，而武太后任事，參決大政，與天子並。太后頗涉文史，好彫蟲之藝，永隆中始以文章選士。及永淳之後，太后君臨天下二十餘年，當時公卿百辟無不以文章達，因循遐久，〔一五〕寖以成風。以至於開元、天寶之中，〔一六〕上承高祖、太宗之遺烈，下繼四聖治平之化，賢人在朝，良將在邊，家給戶足，人無苦窳，四夷來同，海內晏然。雖有宏猷上略無所措，奇謀雄武無所奮。百餘年閒，生育長養，不知金鼓之聲，爟燧之光，〔一七〕以至於老。故太平君子唯門調戶選，徵文射策，以取祿位，此行己立身之美者也。父教其子，兄教其弟，無所易業，大者登臺閣，小者仕郡縣，〔一八〕資身奉家，各得其足，五尺童子，恥不言文墨焉。是以進士爲士林華選，四方觀聽，希其風采，每歲得第之人，不浹辰而周聞天下。故忠賢雋彥韞才毓行者，咸出於是，而桀姦無良者或有焉。故是非相陵，毀稱相騰，或扇結鉤黨，私爲盟歃，〔一九〕以取科第，而聲名動天下；或鉤摭隱匿，嘲爲篇詠，以列於道路，迭相談訾，無所不至焉。」

寶應二年六月，禮部侍郎楊綰奏，諸州每歲貢人，依鄉舉里選，察秀才、孝廉。敕旨：「州縣每歲察孝廉，取在鄉閭有孝悌、廉恥之行薦焉。委有司以禮待之，試其所通之學。五經之內，精通一經，兼能對策，達於理體者，並量行業授官。其明經、進士、道舉，並停。」旋復故矣。

貞元二年六月，敕：「自今以後，其諸色舉選人中，有能習開元禮者，舉人同一經例，〔二〇〕選人不限選數，許集。問大義一百條，試策三道，全通者超資與官，義通七十條，策通兩道以上者放及第，以下不在放限。〔二一〕其有散、試官能通者，亦依正員例處分。」五年五月，敕：「自今以後，諸色人中有習三禮者，前資及出身人依科目選例，吏部考試；白身依貢舉例，禮朕自擇使臣，觀察風俗，有清白政理著聞者，當別擢用之。」

校勘記

〔一〕貞觀中有舉而不第者坐其州長由是廢絶　按：新唐書選舉志上一一六三頁、通考卷二九皆云「高宗永徽二年始停秀才科」。

〔二〕調露二年　按：新唐書選舉志上一一六三頁、通考卷二九皆作「永隆二年」。

〔三〕識文律者　「識」原作「通」，據唐會要卷七五、册府卷六三九七六六九頁改。　按：北宋本、傅校本、遞修本、明抄本、明刻本、王吳本作「職」，當是「識」之形訛。

〔四〕長壽三年制　按：此記長壽三年事，下文記長壽二年事，時序顛倒，疑爲錯簡。

〔五〕戴方版於頂　「頂」下原衍「上」，據北宋本、遞修本删。

〔六〕方三寸五分　「三」原訛「二」，據北宋本、傅校本、遞修本、明抄本改。

〔七〕李元璀　「璀」原作「瓘」，據北宋本、傅校本、遞修本、明抄本、明刻本改。

〔八〕其學生請各量配作業　原「請」下衍「停」，據唐會要卷七五、册府卷六三九七六七〇頁删。

〔九〕日習周禮儀禮公羊穀梁　「日」下原衍「凡」，據北宋本、傅校本、遞修本、明抄本、明刻本、王吳本删。按：册府卷六三九七六七〇頁亦無「凡」。

〔一〇〕許其人策　「策」原訛「第」，據北宋本、遞修本改。按：册府卷六三九七六七〇頁也作「策」。

〔一一〕大爲權所陵訐　「訐」原作「訴」，據北宋本、傅校本、遞修本改。

〔一二〕取通六以上　「通」原脱，據唐會要卷七五、册府卷六三九七六七一頁補。

〔一三〕驅聯孤絶　「聯」原訛「懸」，據北宋本、遞修本、明抄本改。按：册府卷六三九注七六七二頁也作「聯」。

〔一四〕明經唯有丁第　册府卷六四〇七六七四頁「丁」上有「丙」。

〔一五〕因循遐久　「遐」原作「日」，據北宋本改。

〔一六〕以至於開元天寶之中　原脱「以」，據北宋本補。

〔一七〕爟燧之光　「爟」原作「烽」，據北宋本改。

〔一八〕小者仕郡縣　「仕」原作「任」，據北宋本、遞修本、明抄本改。

〔一九〕毁稱相騰或扇結鉤黨私爲盟歃　「毁」、「歃」原互訛，據諸本移正。

〔二〇〕舉人同一經例　「舉」下原衍「一」，據唐會要卷七六、册府卷六四〇七六七八頁删。

〔二一〕策通兩道以上者放及第以下不在放限　「放及第以下」原脱，據唐會要卷七六、册府卷六四〇七六七八頁補。

〔二二〕策通兩道以上爲次等　「等」原訛「第」，據唐會要卷七六、册府卷六四〇七六七九頁改。

（七）地　理

●**地理**　專門的地理著述出現在戰國時期，如尚書禹貢、周禮夏官職方氏、山海經。史記中的大宛列傳、西南夷列傳，記述了一定區域的自然地理和人文地理；漢書中的地理志則記述了西漢一代的疆域、政區及其沿革、戶口、山川等。地理類的圖書在漢書藝文志中，著錄於「數術略」的「刑法類」中，在隋書經籍志中著錄在「史部」的「地理類」中，並爲後世歷代所沿襲。

水經注疏·晉水

【導讀】

●**說明**　本文選自水經注疏，北魏酈道元注，楊守敬、熊會貞疏，段熙仲點校，陳橋驛復校，江蘇古籍出版社（南京）一九八九年六月第一版。其書以一九五七年北京科學出版社影印水經注疏爲底本，並參考了一九七一年臺北中華書局出版的楊熊合撰《水經注疏》等書。

●**水經注**　北魏酈道元注，四十卷。約成書於三國時期的水經，是一部記載河流水道的地理著作，但內容過於簡略，僅三卷。酈道元作水經注，補充了許多河流水道，並詳述河流水道所經地區的風物、歷史、城邑等等，廣徵博引，引書多達四百多種，具有很高的史料價值。

●**酈道元（四六九？—五二七）**　字善長，范陽涿縣（今河北涿州）人。歷仕宣武帝、孝明帝兩朝，歷官刺史、御史中尉等。爲政執法嚴峻，頗遭皇族、豪强忌恨。後被蕭寶夤派人殺害於赴關中途中。其著述只有水經注流傳至今。

●**水經注疏**　水經注在長期流傳過程中已出現殘缺，經注混淆，明代朱謀㙔、清代沈炳巽、全祖望、趙一清、戴震、孫星衍等都曾校注過水經注，至清末楊守敬、熊會貞師徒二人先後歷數十年而成的水經注疏，則集清代三百年來水經注研究之大成，是水經注研究最爲完備之書，被潘存評價爲「曠世絶學，獨有千古」。

●**楊守敬**（一八三九—一九一五）　字鵬雲，號惺吾，湖北宜都人，是中國近代著名的歷史地理學家、藏書家、版本目録學家、方志學家和書法家。四十二歲時曾赴日本東京出任使館文化隨員，在日期間，搜集流失在日本的中國古籍約十萬卷册以上。著有歷代地理沿革總圖和水經注疏等。

●**熊會貞**（一八七八—一九三六）　字崮之，湖北枝江人，爲楊守敬弟子。熊會貞追隨楊氏數十年，襄助其師纂疏水經注疏。楊氏死後，他繼承楊氏遺志，二十餘年如一日，繼續從事修訂工作，爲水經注疏的完成和刊行作出了重要貢獻。

●**相關參考論著資料**

——清　全祖望校水經注

——清　趙一清水經注釋

——清　戴震戴校水經注

——清　王先謙合校水經注

——楊守敬、熊會貞水經注疏

——王國維水經注校

——陳橋驛水經注校釋

●**選文内容**　本文選自水經注疏卷六，記述了汾河的支流晉水的源流，以及與晉水流經地相關的歷史。

目錄

附録

編輯説明

《水經注疏》點校鉛排本，由南京師範大學已故段熙仲教授依據一九五七年北京科學出版社出版之《影印〈水經注疏〉》爲工作底本，參照明、清以來《水經注》研究者之諸刻本及經、史、子、集史料予以點校、增删、勘誤。由於段先生未見臺北本，故又由杭州大學著名地理學家陳橋驛教授按一九七一年臺北中華書局影印出版之《楊熊合撰〈水經注疏〉》本、參以鍾鳳年《水經注疏勘誤》，結合個人研究成果對段先生所點校之底本予以復校、增删、勘誤。故此鉛排本就其學術價值言，可謂楊、熊《水經注疏》最佳之本，它必將引起海内外有關學者之重視。

熙仲先生點校是書費時近四年，成果卓著。但由於先生耄耋之年，點校過程中所用引號難免有疏忽之處，且全書若皆用引號，勢必復須一一查核所引之書，影響業已鉛排之出版時間。鑒於先生生前囑托本書責任編輯代爲處理書中有關問題，故責編經與陳橋驛教授商量同意，决定全書除段先生《校記》外，一概不用引號。標點符號亦由責編予以統一，以求全書一律。書中每卷後之段先生《校記》，由於先生寫《校記》時未見臺北本，有些條目已與陳教授據臺北本所删改不相符，故其《校記》皆由責編逐條校核删改後之正文，並對《校記》亦作相應修改，使之與正文一致。

段先生訂改之文字，通常皆出校記，然凡其點校時用紅筆圈删之字，皆於每頁天頭上書以所補之字，此類訂改皆不出校記；又不少處增補之字亦未出校記，則依其所訂增，如卷十四《濡水》篇《注》文「臣聞豈山之神，有偷兒」下原《疏》：「朱《箋》曰：《管子》作登山之神，有俞兒。全、戴依改。」段先生改「戴」爲「趙」，「依改」下增「戴未改，但有校記，引《管子》」，下同。」又如卷十三標題《㶟水》下《疏》文「朱作濕水……」一段文爲先生增補而無校記。

北京科學出版社原有文字，多有魯魚亥豕，其中個别屬明顯訛誤者，責編徑行訂正，如卷二《注》文「王莽更名縣爲古亭也」下《疏》「沈炳巽曰」之「箋」字，從全書體例看，顯係「巽」字之誤刻。又卷二十三《注》文大字「毫」皆徑改「亳」（湯都）。

本書版式仍如北京科學出版社《水經注疏》之式樣，《經》、《注》文皆用四宋大字，前者頂格排，後者低一格，以示區别；楊守敬、熊會貞《疏》文用五宋，改原雙行爲單行。又原《疏》文中雙行小字夾注，亦改單行排於單行《疏》文中，以「〔 〕」號相區别。而《疏》文中原書名下之雙行夾注卷數，如「《寰宇記》一百七十」皆改爲單行直接於書名下，不另加「〔 〕」號，以免與《校記》數碼符號「〔 〕」相混淆。

本書《疏》文之論述體例，一般皆爲首出明、清以來著名《水經注》學者之説，兼以楊、熊之見；次出楊、熊按語論述之，其所論徵引之典籍宏富，名目繁多。故凡楊、熊按語前之所涉朱謀㙔、全祖望、趙一清、戴震、孫星衍等明、清《水經注》學者之「云」、「曰」下及楊、熊「按」字下皆用冒號「：」，而楊、熊「按」下不論引何人、何書之「云」、「曰」下皆用逗號，以示論者與所論之區別。

北京科學出版社本原有之簡體字，鉛排本一如其舊，如「明了」之「了」字等。

本書每卷後之段先生《校記》，由於先生生前未見臺北本，故陳橋驛教授據臺北本於段先生之工作底本上删去了段先生所作《校記》提及之某些正文，或作了增删，此類《校記》條目，除個別予以保留外，大多數皆由責編修改使之與正文一致，並於《校記》中說明某字原作某，或於句末以「（）」予以說明。如卷十三《校記》〔二九〕：「郝懿行曰……古本有此……（「郝懿行……有此」一段文，今據臺北本删改。）」。

一九八九年元月

《水經注疏》凡例

楊守敬

自閻百詩謂郭璞注《山海經》引《水經》者也而後，郭璞撰《水經》之説廢；自《水經注》出，不言《經》作于桑欽，而後來坿益之説，爲不足憑。前人定爲三國時人作，其説是矣。余更得數證焉。《沔水經》：「東過魏興、安陽縣南。」魏興爲曹氏所立之郡，《注》明言之，趙氏疑此條爲後人所續增，不知此正魏人作《經》之明證。古淇水入河，至建安十九年曹操始遏淇水東入白溝，而《經》明云，「東過内黄縣南爲白溝」，此又魏人作《經》之切證。又劉璋分巴郡置巴東、巴西郡，而《夷水》、《漾水經》文只稱巴郡。蜀先主置漢嘉郡、涪陵郡，而《若水》、《延江水經》文不稱漢嘉、涪陵。他如吳省沙羨縣，而《經》仍稱江夏、沙羨；吳置始安郡于始安，而仍稱零陵、始安；蓋以爲敵國所改之制故外之：此又魏人作《經》不下逮晉代之證也。

至于《注》中之文出于酈氏後者，如《漾水》篇中之長松縣，是爲隋開皇十八年所置，已爲趙氏拈出。今余覆校《夷水》篇之宜都縣，是陳天嘉三年所置。(《蘄水》篇之齊昌郡，明稱後齊，則戴氏所增改。)他若梁武新制之郡縣，《注》中所載甚多，不第引吳均之語爲不比也。此皆後人羼入。

古書言水，名稱錯出，源流參差，酈氏以互受通稱説之，遂覺渙然冰釋。此例實發之《禹貢》。《禹貢》：「江漢朝宗于海」，蓋以二水並大，非一水所得專其名，故並稱之。班孟堅識此例，故湖漢水、豫章水同流，而各言入江；西漢水、潛水同流，而各言入江；其它入河、入海之水，如此者尤多。《水經》淇、漳、聖、巨等水並言入海亦此例，皆酈氏所謂互受通稱者也，前人引而不發，至酈氏始明言之，真所謂好學深思，心知其意者矣。

亦有班氏未言而酈氏引伸之者。班氏謂恒水入滱，衛水入滹沱，以恒衛釋《禹貢》，以滱、滹沱綴《職方》。酈氏謂恒即滱，衛即滹沱，今本缺滹沱篇，以滱水例之必有此說。互受通稱，而後知《禹貢》紀恒衛不言滱、滹沱之故。近儒謂恒雖小，曾所致力，故載之，滱、滹沱雖大，無所見功，故略之。吾不知恒代陵谷之間，古昔有何泛濫；沽淀汙下之地，今日方成澤國耶？知酈氏每樹一義，上下千古矣。

顧亭林推朱《箋》爲有明一部書，趙氏則多駁擊，良由朱氏著書太多，未以全力赴之，故不免有得失。然征引秘文，自非胸羅九流者不能；且不輕改古書，在明人實爲罕見。只如酈引《地理志》，並載王莽改名，其與今本《漢志》異者，趙氏必一一據改，安見今本《水經注》必誤，今本《漢志》必不誤也？

自朱氏校此書后，項絪復刻而掩爲己有，又多刪削，故其撲塵之功多隱。黄晟本因之，而朱氏原本遂微。王氏合校例云：「全載朱氏」，而遺漏甚多，想其所據爲黄氏本，未見朱氏原本也。趙、戴亦似未見。

全氏之書，最爲後出。王氏稱慈谿林頤山斥爲僞書。余按其書精華已多見趙書中，而其改訂字句，則與趙十同八九。全爲趙書作序，則採其説自在意中。惟戴所獨見者，亦間有同之，則或王梓材之所爲。然中有趙所不載者，雖未必一一皆當，自非沈酣此書者不能，謂盡屬子虚亦太過。王氏合校本一概不錄，殊爲可惜。

全、戴、趙之相襲，人人疑之而未有定說。余今核之，趙氏校訂字句，一一臚列原書，此非取諸他人；無容疑議。全、趙生前，本互相推挹，趙氏載全說，毫無假借，其有與近刻全書不同者，則有五校、七校之異。全書之從趙訂，則概不著所出，未免掠美。此或出後人之校改，未必皆全氏之舊。

趙氏之襲戴者甚少，然亦間有一二。緣趙氏所訂，皆著所出，其不著所出者，保非戴本，當是梁氏伯仲所爲，盧抱經之言應不誣也。唯《經》《注》混淆之故，戴氏條例分明，確鑿不易。趙氏所訂，約略言之，終不瞭然。故段懋堂《經韵樓集》力以校正《經》《注》之功歸之戴氏。又見趙氏校定字句，皆有所本，亦不能無疑，特以問諸梁伯子。惜余所得《清白士集·元蛻稿》，未知其所答如何？或亦有難言之隱，竟不答之。

至于戴之襲趙，則昭然若揭。今觀王氏合校本，雖百喙不能爲之解者。若以趙氏所見之書，戴氏皆能讀之，冥符合契，情理宜然。然余謂事同道合，容有一二，豈有盈千累百，如出一口？余今所訂，凡有趙氏所未檢出者，何止數百事，皆故書雅記，初非僻典，何以戴氏亦未能訂之耶？且有趙氏未檢原書，以臆定而誤者，戴氏亦即貿然從之，此又何說？

戴氏所訂，但言近刻之訛，亦未嘗以其所訂者一一稱爲《大典》本，而其進呈序文則謂皆《大典》本，此則欺世之甚。觀孔繼涵所爲《戴氏遺書序》言東原之治《水經》也，始于乾隆乙酉夏，越八年壬辰刊于浙東，未及四之一而奉召入京師，與修《四庫全書》，又得《永樂大典》內之本，而以平日所得詳加訂正云云，則孔氏所刊，乃是戴氏重訂次序之本（《水經注》篇目戴重定），即浙東所刊未全之底本。其時戴氏未見《大典》本，何以其所訂一一與官本相同？則知戴氏得見趙本，以其書未刻，略爲改訂，冒爲己作，而又盡删趙氏識語，以泯其迹。厥後得見《大典》本，遂居爲奇貨，此其不可問者。

若謂《大典》本是宋刊善本，故多與趙訂相同，此亦不然。此書宋本，明代謝耳伯見之，孫潛見之，國朝錢遵王藏之，乾隆間沈大成亦見之，若果有與趙氏所訂同者，何以謝耳伯、孫濳等所校之字不過百一，而亦未與《大典》本同？尤可證者，曹石倉藏書最富，所撰《名勝志》幾以《水經注》全部匯入，其所訂爲趙氏所不收者尚千數百字，而其沿誤與朱本同者亦不少。若謂曹氏不見宋本耶？何以異同間出，且有遺文？若謂曹氏見宋本耶？何以不能與趙戴同耶？乃知《大典》本與朱本實不甚有異同，張石洲之説自不誣。戴氏所稱删正四五千字，以爲皆從《大典》本出，然乎否乎？

若謂《大典》本尚在謝、孫等所見本之前，則《寰宇記》、《長安志》所引《水經注》諸逸文，何以不能皆備？是知《大典》本亦是殘五卷之本，不能出《崇文總目》以前。且分三十五卷爲四十卷是何聖從所爲，《大典》本不聞是三十五卷之舊，知其所見亦不能出何聖從之先，况鈔本奪誤必多，有時戴改反不如朱本者，亦職斯故。

孫伯淵詞章之士，于地理學甚疏，王氏合校本錄之，則以其名重之故。余按其所校，多引《山海經》，與畢校本合。畢本故出伯淵手，此當非僞作，而地望多疏，不值與趙、戴作輿台，乃自稱開卷便知《經》《注》錯亂，又言以《史記·索隱》等校之，不知《索隱》引此注絶少也。顧千里跋謂其用功甚深，對客瀾翻，不須按本，此亦由千里地學不深見段茂堂《經韵樓集》，故推之過當。王氏雖錄之，亦有微辭。吾甚惜王氏不爲伯淵藏拙也。（按評孫星衍校）。

當酈氏時，滇黔之地，淪于爨謝，兩漢州郡所在，未必一一得實，然去古未遠，必猶有緗籍可尋。觀于橋温亂流，豚郁異氏，婉轉以求合班書，必不肯鑿空坿會。唯葉榆水截温水而下，浪水枝津逆東江而上，更始水下入酉陽，穀水東逕烏傷，頗乖地勢，必其所據之圖未精，遂致斯謬，其他固未可憑臆移易也。而陳氏未明互受通稱之例，又不計其中有變遷流移，但據今日之圖與酈氏不甚合，别爲《水經注西南諸水考》以駁之，將豚水移而南，酈氏所指兩漢故縣盡行易位，曾不思武帝伐南越，由夜郎下牂柯，必不踰南、北盤江始行登舟也。王氏合校本不錄陳書，似有微意。陳氏所著《漢志水道圖説》，弊與此書同。（按：評陳澧書）。

酈氏所稱故城，以《括地志》、《後漢書·注》、《元和志》、《寰宇記》諸書證之，多有未經移徙者。段茂堂遂謂但是舊縣，即稱故城。余以爲不然。以北魏《地形志》照之，如易陽有易陽城，館陶有館陶城，清淵有清淵城，皆漢晉故縣也，而諸書多以北魏之縣仍是故城，此由故籍無徵，然不得謂魏收之無據。可知酈氏所稱故城，初非率筆。亦有實非故城亦稱故城者，本爲廢縣，而不稱故城者，或由傳寫之差，大抵可以鈎稽得之，正不必堅執一説也。

酈氏書中，左右互錯，東西易位，亦不一而足，此本形近易訛，按圖考之，可以十得其九。亦有變遷，脈水尋源，合否立見。汪氏爲圖，任意倒置，非論證也。

酈氏于兩水枝津相通者，多交互出之，而讀者往往忽之，雖趙、戴不免，然此之津逮，不容差池，故亦多載之以諗讀者。

酈氏固多好奇，而亦故以示博。凡引故事而各書有異同者，多裁截錯綜，貫爲一條。若非遍檢其所出，但據一二書釋之，鮮不誤者。然有竟不得其所出，海内博雅有以教我，亦吾師也。

全氏因《汾水注》引《左傳》「台駘實沈」一條，謂酈氏經學之疏。不思酈氏博採賈、服，並徵京、杜，且有獨出己見爲四家所不能分別者，其精研盲左，幾非專家所及。至其史學徵引《史記》封國之處，亦多爲司馬貞所不能知者。余嘗謂酈氏此書，固地理之專家，亦經史之鎖鑰，非讆言也。

全書以《經》頂格，注水者低一格（楊《疏》鈔本仍之），其泛引故事者再低一格，以清眉目，然古人無此體裁。趙氏以注釋水者作大字，其不關經流者作小字。此式始明許相卿之《史漢方駕》、李元陽之刻《十三經注疏》，然古書實無此例，往往有本一書而割裂爲大小字者，故吾書一仍其舊。至若《注》中有《注》，古書多有之，不妨再作雙行。

酈氏所引之書，多有不見于《隋》、《唐志》者，大抵自元魏以前，地理之書，搜羅殆盡。明人刻本首册臚列所引書目，不及其半。何義門不加詳審，遂謂劉昭之博。今別爲目錄一篇，冠于書首，乃知《續志補注》非其倫也。（按明黄省曾本錄存之引書目僅一百七十種，楊先生所撰目錄本擬刻之于卷首者，今已佚，以先生未及以此疏付梓，而此影印鈔本非楊、熊兩先生手稿，楊先生逝世後，熊先生續校亦未完成，此別編書目遂致闕如，深爲可惜。但《厦門大學圖書館報》一卷二期曾披露近今治《水經注》之學者鄭德坤氏所撰《水經注引書類目》，鄭氏通劉、班之學，于《注》所引書，以類相從，凡酈氏引書都四百三十七種，「而以史籍居多」。今仍列入《疏》之卷首。）

全、趙、戴並一代鴻儒，其才其學，均非守敬所敢望，而守敬此書，則駁斥之不遺餘力，未免有工訶古人之咎。然諸家考古之功與脈水之力，實有所未逮者。兩造俱在，知我罪我，所不計也。綜而論之，此書爲酈氏原誤者，十之一二；爲傳刻之誤者，十之四五；亦有原不誤爲趙、戴改訂反誤者，亦十之二三；此余所不能不斷斷也。

《水經注》在唐代似未通行，故顔師古、魏王泰、太子賢、司馬貞諸人皆不甚重其書；杜君卿且妄肆譏彈，謂爲僻體；徐堅、歐陽詢、李善、李吉甫亦第略引證之。唯張守節《史記·正義》大加甄錄。至宋，樂史、宋敏求乃視爲要典；又至王伯厚、胡身之奉爲准則，而所見之本已多訛誤。明代，若孫潛、楊慎、謝耳伯、朱郁儀皆嘗致力，而未闢荆棘，最後，曹石倉以古昔州郡割截入明代之府縣，非用力之深不及此。國初，顧亭林、閻百詩、胡渭生、顧景范雖未臻堂廡，已大啓門庭。惜劉獻廷《水經注疏》、黃子鴻之《水經注圖》，均未見傳本。至全謝山、趙誠夫、戴東原以全力赴之，故爲特出。其時有沈炳巽之《集釋·訂譌》，《四庫》著錄，間引見趙氏書中。（按全謝山實首引之。）據館臣所訂，亦多謬誤。近時有沈文起之注疏稿本，汪梅邨之《水經注釋》，均未刊板，吾不得見。然吾見沈氏之《左傳補注》，發明無多。（按沈疏以戴書爲底本，所見則批于書眉行間。手稿今藏南京圖書館。沈氏注《左》，力攻杜預，而楊先生宗杜，故其言云爾。沈氏史學名家，手稿中于史事頗能補正全、趙、戴、楊四家之疏漏。）又見汪氏《水經注圖》，與酈書多不照，其改訂錯簡，亦任意移置，其書即傳，恐亦所見不逮所聞。惟周方叔之《卮林》，考古功深，爲酈亭諍友。董方立之遺稿，脈水事密，亦善長忠臣。所惜周不銓全書，董僅有殘稿。至若張匡學之《釋地》，絶無心得，楊希閔之匯校，祇同鈔胥，所謂自鄶元譏者矣。

（輯自楊氏《水經注疏要删》）

《水經注疏》卷第六

後魏酈道元注

宜都楊守敬惺吾纂疏
枝江熊會貞固之參疏

汾水

汾水出太原汾陽縣北管涔山。

《山海經》曰：《北次二經》之首，在河之東，其東，朱有東字，趙同，戴刪。首枕汾，朱首上衍東字，趙同，戴刪。其名曰管涔之山，戴刪其名二字。守敬按：郭《注》，今在太原郡故汾陽縣北秀容山。涔音岑。又《寰宇記》引郭《注》，菅音姦。〔一〕《隋志》靜樂縣有管涔山。《元和志》，在縣北一百三十里。今在靜樂縣東北一百六十里。其上無木而多草，其下多玉，朱作其上無草木而下多玉。守敬按：據下文有草無木句，知酈書本同《山海經》，今據原書訂。汾水出焉，而西流注于河。朱作縣西，逕壽陽，榆次，至徐溝縣西北入汾。

劉琨之爲并州也，劉曜引兵邀擊之。朱曜作淵，全、戴改曜。合〔七四〕戰于洞渦，即是水也。趙云：按《晉書》，劉曜攻晉陽，劉琨使張喬拒之，戰于武灌，喬敗死。晉陽太守高喬等皆降。〔七五〕琨屯榆次，與左右數十騎，攜妻子奔趙郡，遂如常山。酈以爲琨與劉淵戰，誤。〔七六〕

晉水

晉水出晉陽縣西懸甕山。朱懸作縣，甕作壅，《箋》曰：孫云，壅，《山海經》作雍，注音甕。趙改罋云：縣，古懸字。壅當作罋。《方輿紀要》，懸甕山腹，有巨石如甕，亦曰汲甕山。蓋起象斯形，壅是壅塞之義，爲誤無疑。戴改懸甕。

縣，守敬按：兩漢、魏、晉、後魏縣並屬太原，即今太原縣治。故唐國也。會貞按：《漢志》，晉陽故《詩》唐國。《括地志》，故唐城，在晉陽縣北二里。《城記》云，堯築也。《春秋左傳》稱，唐叔未生，其母邑姜夢帝謂己曰：余名而子曰虞，將與之唐，屬之參。及生，名之曰虞。會貞按：昭元年文。《呂氏春秋》《重言》曰：叔虞與成王居，王援桐葉爲珪，以授之，曰：吾以此封汝。虞以告周公。周公請曰：天子封虞乎？王曰：余戲耳。公曰：天子無戲言。時唐滅，乃封之于唐。守敬按：《史記·晉世家》，以周公爲史佚。縣有晉水，後改名爲晉。孫氏按：《毛詩譜》，叔虞子燮父，以堯虚南有晉水，改曰晉侯。故子夏敍《詩》稱此晉也，而謂之唐，儉而用禮，有堯之遺風也。守敬按：《唐風·蟋蟀》篇敍文。《晉書地道記》及《十三州志》並言，晉水出龍山，會貞按：二書本《淮南》，見下。一名結紬山，朱名訛作水。趙改。《箋》曰：宋本一下有云字，一云出結紬山。全改同。戴又改。會貞按：《淮南·墬形訓》，晉出龍山，結給合出封羊。《高注》，結給合，一名也。是以結給合三字相連爲水名。證以本書下云，泥塗淵出樠山，似是。然證以上文涼出茅盧、石梁，茅盧、石梁皆山名，則以結給二字爲山名，上屬亦是。故《晉書地道記》、《十三州志》並以結紬爲龍山之異名。酈氏從之。惟給、紬錯出，《御覽》四十五引《郡國志》、《寰宇記》、《明一統志》、《方輿紀要》俱作紬，則紬字是。又疑此句是後人所加，與《江水》篇亦曰縣虒縣同。在縣西北，非也。守敬按：在縣西北之説，見《漢志》，《淮南》高《注》同，是《地道記》、《十三州志》所本。《山海經》曰：縣雍之山，晉水出焉。今在縣之西南。董祐誠曰：《地形志》，晉陽有懸甕山，一名龍山。《元和志》因之，是又合龍山、懸甕爲一。又云，《漢志》，晉陽，龍山在西北，有鹽官，晉水所出，東入汾。蓋別志龍山所在，非蒙下晉水也。《續志》以下因之而誤，故酈氏辨之。守敬按：董氏蓋誤會酈意，分龍山懸甕爲二，謂晉水出縣甕，不出龍山也。不知《淮南》已言晉出龍山，即《漢志》所本。《漢志》，有鹽官三字，當在東入汾下，今本錯入晉水上耳。《漢志》凡書有鹽官、有鐵官皆在句末，可證。且《地形志》明云懸甕山一名龍山，是魏收知爲一山，安得謂酈氏分爲二？酈氏因《經》以懸甕標名，特舉《山海經》之縣甕以釋之。其立言之意，則專駁在縣西北之説，故確指其在西南。又按：《山海經》郭《注》作縣西，《後齊書·楊愔傳》及《括地志》同，與《經》合。而《地形志》則云西南，與《注》合，酈氏當以實驗得之，故不曲附《經》文也。《一統志》，山在太原縣西南十里，晉水所出，源出滴瀝泉。**昔智伯遏晉水以灌晉陽，**朱水以訛作以水。戴乙，趙同，並删之字。會貞按：殘宋本、《大典》本作水以。《後漢書·安帝紀·注》、《寰宇記》、《通鑑》周威烈王二十三年《注》，引此，並作昔智伯遏晉水以灌晉陽。《史記志疑》曰，《國語》但云，襄子走晉陽，圍而灌之，不云引何水。韋《注》依《趙世家》以爲汾水，《魏世家》依《國策》以爲晉水。《尚書古文疏證》曰，李宏憲疑莫能定，不知二水皆是也。蓋智伯決晉水以灌城，至今猶名智伯渠，然亦豈有舍近而且大之汾水不引以並注者乎？盧文弨曰：晉水注於汾水，汾水之所經廣矣，此云汾水，雖不可謂誤，〔七七〕而晉水尤與晉陽爲切近。**其川上溯，後人踵其遺跡，蓄以爲沼，沼西際山枕水，有唐叔虞祠。**守敬按：《地形志》，晉陽有晉王祠。《一統志》，在太原縣西南十里，懸甕山麓，晉水發源處。趙云：《方輿紀要》云，《水經注》，晉祠南有難老、善利二泉，大旱不涸，隆冬不凍，溉田百餘頃。又有泉出祠下，曰滴瀝泉，其泉導流爲晉水，瀦爲晉澤。今本無之。**水側有涼堂。**朱《箋》曰：《御覽》作涼臺。守敬按：宋本《御覽》四十五引亦作涼堂，與朱不應。《元和志》、《寰宇記》引並同。考《國策》高《注》云，鑿臺，晉陽下臺名，鑿地作渠，以灌晉陽城，因聚土爲臺而止其上，故曰鑿臺。是鑿臺當在晉水上源，與此《注》所指之地合，而鑿臺又有涼臺之稱，此《注》原書必是涼臺，傳寫者訛臺爲堂，而《御覽》及《元和志》、《寰宇記》遂據改之。朱氏所説，想當然耳。結飛梁於水上。左右雜樹交蔭，希見曦景。至有淫朋密友，羈遊宦子，莫不尋梁契集，用相娛慰，于晉川之中，最爲勝處。

東過其縣南，朱東上有又字，戴、趙同。守敬按：不當有又字，今删。又東入于汾水。

沼水分爲二派，朱作汾水分爲二流，《箋》曰：舊本作湖水。趙據《後漢書·安帝紀·注》及《寰宇記》引此改作沼水，作二派。戴同。北瀆，即智氏故渠也。昔在戰國，襄子保晉陽，智氏防山以水之，城不没者三版，與韓魏望嘆於此，故智氏用亡。守敬按：見《史記·趙、魏世家》。其瀆乘高，東北注入晉陽城，以周園溉。戴以園爲訛，改作灌。會貞按：《寰宇記》引此作灌，蓋戴所本。然《寰宇記》乃臆改，不足爲據。考《㶟水注》用周園溉同，又《沁水注》以周城溉，《沘水注》四周城溉，《沔水注》以周田溉，與此亦例，戴不察耳。漢末，赤眉之難，太原郡掾劉茂，〔七八〕負太守孫福，匿于城門西下空穴中。其夜奔盂，〔七九〕即是處也。守敬按：事詳《後漢書·獨行·劉茂傳》，文小異此，蓋參以他家《後漢書》。盂縣見《汾水注》。東南出城流，注于汾水也。其南瀆，于石塘之下伏流，逕舊溪東南出，逕晉陽城南。城在晉水之陽，故曰晉陽矣。朱無故字，趙同，全、戴增。《經》書：晉荀吳帥師敗狄于大鹵。會貞按：事在《春秋·昭元年》，《經》上當有《春秋》二字。**杜預曰：大鹵，晉陽縣也。**會貞按：杜《注》止此句。**爲晉之舊都。《春秋·定公十三年》，趙鞅以晉陽叛，**會貞按：此《經》文，趙鞅上當有《經》書二字。〔八〇〕**後乃爲趙矣。**守敬按：詳《史記·趙世家》。**其水又東南流，入于汾。**董祐誠曰：《元和志》，晉水初泉出處，砌石爲塘，自塘東分爲三派。其北一派，名智伯渠，東北流入州城中，出城入汾水。其次派東流逕晉澤南，又東流入汾水。此二派即酈道元所言分爲二派者。其南派，隋開皇四年開，東南流入汾水。《唐書·地理志》，貞觀中，引晉水入城，謂之晉渠。《太原縣志》，晉渠，俗謂之北派，餘復分二派。中派曰中河，又分流爲陸堡河。南派曰南河，會流曰清水河。今入城之流已涸，餘引爲渠以溉田。〔八一〕

湛水

湛水出河内軹縣縣詳《濟水注》。**西北山。**

湛水出軹縣南原湛溪，朱軹訛作枳，原訛作源，戴、趙改。守敬按：《金志》，河陽縣有湛水，水當在今濟源縣西南，已湮。**俗謂之椹水也。**朱椹訛作湛。全云：先司空校本作須水，旁注云，須讀作頒。《通鑑》，隋漢王諒屯河陽與史祥戰于須水，是也。趙改須。戴改椹。守敬按：須水別無所見，〔八二〕考《隋志》，濟源縣有淇水，即《河水注》之瀼水，須、淇形近。《通鑑》，須水當淇水之誤，然別是一水，與湛水相近耳，不得以之釋湛水。殘宋本、《大典》本作椹，戴改是也，因以湛水爲椹水，故以湛城爲堪城。**是蓋**

〔七五〕「晉陽太守高鋸等皆降」　按：趙氏蓋引《晉書・劉聰載記》太原太守高喬以晉陽降劉粲。「高喬」誤作「高鋸」，今改正。《晉書・劉琨傳》亦作「喬」，可證。

〔七六〕「酈以爲琨與劉淵戰，誤」　按：酈作「劉淵」固誤，全、戴改「曜」亦非，當改「聰」或「粲」。《晉書・懷帝紀》及《通鑑》永嘉六年，劉聰遣劉粲、劉曜等攻劉琨於晉陽。

〔七七〕「晉水注於汾水之所經廣矣汾水雖不謂誤」　按：盧氏原文云：「晉水注於汾水，汾水之所經廣矣，此云汾水，雖不可謂誤。」熊氏引書，往往删節過分，致語意不明，如此文僅僅省五字，轉使文義費解。今補五字。

〔七八〕「郡掾劉茂」　按：據楊疏《要删補遺》卷六依《劉茂傳》，郡上補「太原」二字。

〔七九〕「其夜奔盂」　按：盂字下鈔脱「即是處也」四字，今補。

〔八〇〕「趙鞅以晉陽叛，會貞按、此《經》文，趙鞅上當有《經》書二字」　按：《春秋經》書作「晉趙鞅入於晉陽以叛」，酈《注》省《經》文，不必補字。上文荀吳事則錄《經》文，胡明著「《經》書」二字，酈氏於《經》文區分甚明。

〔八一〕「《唐書・地理志》貞觀中……餘引爲渠以溉田」　按：董祐誠轉引自《方輿紀要》卷四十，顧書較詳。

〔八二〕「須水別無所見」　按：《通鑑》一百八十隋仁壽四年胡《注》云：《水經注》：「湨水出原城西北原山勳掌谷，東南流過河陽無辟城，又南入於河。」疑「須水」當作「湨水」，湨，古闃翻。杜佑《通

（八）史　評

●**史評**　史家在書中發表自己對某些史事或史書的看法，被稱之爲史評。在左傳中有「君子曰」，史記中有「太史公曰」，均是對史事的評論。唐代劉知幾的史通、清代章學誠的文史通義，則是對史書體例及其編撰思想進行評述的名作。「史評」作爲史部的一個類目，始創於南宋晁公武郡齋讀書志，後世書目或又稱爲「史學」「史論」，在四庫全書總目中則仍稱爲「史評」。

史通通釋·二體

【導讀】

●**説明**　本文選自史通通釋，唐劉知幾撰，清浦起龍釋，上海古籍出版社（上海）一九七八年四月版。此書以清代乾隆求放心齋初刊本爲底本。

●**史通**　劉知幾撰，成書於唐中宗景龍四年（七一〇年），共二十卷，流傳至今共四十六篇。其書分内篇十卷共三十六篇，外篇十卷共十篇，四庫全書總目提要言：「内篇皆論史家體例，辨别是非；外篇則述史籍源流及雜評古人得失。」史通中提出「六家」、「二體」之説，被認爲是「劉氏創發之，千古史局不能越」（史通通釋舉要）。

●**劉知幾（六六一—七二一）**　字子玄，彭城（今江蘇徐州）人。二十歲中進士，長安二年（七〇二年）開始任史官，歷任著作佐郎、左史、著作郎、秘書少監等職，兼修國史。著述甚多，但今僅有史通和一些散篇傳世。

●**史通通釋**　過去爲史通作注釋的，明代有李維楨的史通評釋、王維儉的史通訓詁，清代有黄叔琳的史通訓詁補、浦起龍的史通通釋，其中浦起龍歷時七年五易其稿的史通通釋爲最佳，其書刊印於清乾隆十七年（一七五二年)，分別從「訓正」(包括釋、按、證釋、證按、夾釋、雜按六類)、「刊訛」(包括字之失、句之違、節之淆、簡之錯四類)這兩方面對史通作了詳盡的解說。

●**浦起龍(一六七九—一七六二)** 字二田，自署東山外史，晚號三山傖父，時稱山傖先生。江蘇無錫(今江蘇無錫)人。雍正八年(一七三〇年)進士，曾官雲南昆明五華書院山長和江蘇蘇州紫陽書院教授。撰有讀杜心解、古文眉詮等。

●**相關參考論著資料**

——清 浦起龍史通通釋

——張振珮史通箋注

——程千帆史通箋記

●**選文內容** 本文選自史通通釋卷二，內容是述評、比較編年、紀傳這二種史書體裁各自的優點和缺點，認爲這二體「各有其美，並行於世」。

史通　目録

卷一　自卷一至卷十爲内篇，凡三十六篇。

書事　第二十九
人物　第三十
卷九
覈才　第三十一
序傳　第三十二
煩省　第三十三
卷十
雜述　第三十四
辨職　第三十五
自叙　第三十六
體統　亡
紕繆　亡
弛張　亡
卷十一　自卷十一至卷二十爲外篇，凡十三篇。
史官建置　第一
卷十二
古今正史　第二
卷十三
疑古　第三
卷十四
惑經　第四
申左　第五
卷十五
點煩　第六
卷十六
雜説上　第七
卷十七
雜説中　第八
卷十八
雜説下　第九
卷十九
五行志錯誤　第十
五行志雜駮　第十一
卷二十
暗惑　第十二
忤時　第十三
附録　新唐書劉知幾本傳

史通通釋舉例

門人古梅里聚蔡焯斆復氏學

二科十别

書不必醇乎醇，書惟其至於至，居巢劉氏之史通是也。注書戒自我作故，注書欲推心置腹，山僧先生之通釋是也。凡注之用二，辨之通與不通而已。是書行本相高，厭心蓋寡，每於通處，薦以荆榛而趣乖，於不可通處，過如炙轂而疵積，敝也久矣。先生曰：「趣乖者法宜訓正，疵積者道在刊訛。」例總二科，科各有别，列如左方。

訓正者，兼舉其義與辭而是正之也。義從文生，辭由古出。俗學之弊，大抵二端：憑臆自用者，揣義而不徵辭，弊且流爲束書不觀，是謂蔑古；炫博貪奇者，役辭而不問義，弊又滋乎靈臺日汨，是謂褻天。玆用疏義以會辭，考辭以赴義，則訓之爲也。訓正之科，其别六。

一曰釋　篇者，節之積也，節淸而篇乃定焉。歷翻評本，覩乎外篇條别，胸欠主張；驗其通體支離，篇乖步伐者矣。故爲之釋以淸之。釋之爲用，析節而疏其義。是賓是主，是影是神，前後相銜，中邊交灌，玆爲從事之所先，卽其命名之所自。間有省去不用，唯於短說爲然。自昔漢、唐經疏通例，墨闌標眼，於「釋」字仿用之*。

二曰按　按亦釋也，標仍墨闌，體同跋尾。既釋以辨之，復按以會之，指趣所鍾，歸宿有地矣。況史通之爲書也，羣史牢籠，全書吐納，畛塗遼闊，節目棼繁，則必以見遠之明者察焉，則將有無礙之辯者通焉。此段識解於何置頓，亦惟篇按職此淹該。是知按之所屆，尤爲駟牡之廣衢，非等隻雞之近局也。又其例比釋加遍，釋有從省，按無缺施。惟下帙四、五處有以一按攝三條、二條者。

三曰證釋　謂取證古書，用釋今義也。語云：求之物本，必於其始；取其所通，必於所宅。故凡有徵引，事必事祖，辭必辭根。而其所標識，則又書皆舉名，篇皆舉目。如左傳則某公某年，漢書則某紀某傳之類。蓋採錄多從節縮，而原文可任搜核也。他若舊注已得者，明書何本；或無書可質者，直注未詳。不攘不欺，與世共見。

四曰證按　凡前件證釋，多有就證加按者，痛刮不根之病及漫與之習也。如尚書注有王肅，其人也，本係三國王朗之子，舊援後魏同名之人。如左傳家缺徐賈一注也，位在干、蕭二史之間，檢出徐廣字形之誤。更有全證皆屬設辯者，如書志篇之「東觀曰記」，採撰篇之「沈炯罵書」，一失之俗傳，一失之原本，則一當革其繆，一當繩其愆。凡此諸流，皆須顯說也。證釋之條千有二百，加按之處五百有奇，任舉陳言，都成說部。

五曰夾釋　釋非節界，夾入行間，是夾釋也。凡涉晦澀之義，用一兩言達之，或遇疑似之辭，用直截語指之，皆是也。有此可以便觀書者之索解，可以杜好辯者之歧猜。

六曰雜按　雜按之施，施於原注。原注者，劉自注也。或刊失其初，須爲揣定；或置非其所，合與推移。且有注混文、文混注者，於史官篇「詔曰修撰」、暗惑篇「曹公多詐」見之。并有注非注、文非文者，於史官篇「自歷行事」、雜說篇「蘇代所言」見之。相厥攸居，還渠定判，此雜按之所由設也。不繫諸正書，故稱雜焉。

刊訛者，訛非一端而已，或流傳，或竄易，或原本差池。所致之塗既雜，於是有繆出，有倒施，有脫遺、羨衍，所叢之纇繁興，刺眼而葉落連翩，膠牙而泉流澀咽。文傳侮食，怪曲水序之猶疏；日思誤書，嘆小屋人之不作。夷考諸家，刊得者十一，待刊者十九焉。刊訛之科，其別四。

一曰字之失　是書之失在字者，蓋亦多矣。「烏孤」而轉「烏孫」，「文丁」而轉「文王」，「處道」而轉「承祚」，「涉漢」而轉「沙漠」，失則繆；「文省」而曰「省文」，「朔方」而曰「方朔」，「武宣」而曰「宣武」，「昌平」而曰「平昌」，失則倒；「昭後略」漏「昭」字，「言學者」漏「言」字，「楚、漢列國」漏「國」字，「微子篇序」漏「序」字，失則脫；「名班祚土」，「班」下衍「爵」字，「以其類逆」，「逆」下衍「者」字，「虛美相酬」，「馬遷乘傳」，「美」下「傳」下並衍「以」字，失則羨。繆、倒、脫、羨，凡有四端，故概曰失也。總二百二十有奇者，刊之數也。其刊去者仍注見之，不沒舊本，冀覽之者辨之也。且作聰明，改頭面，得罪古人，莫此爲甚。本所深惡，而豈蹈之。下三條皆仿此。

二曰句之違　違亦概詞也。句之違亦四端，凡二十處，而點煩之誤在除加丹粉間者不與焉。稍舉似之：以句繆言，則有若去萬留千、錄遠略近，懵事類而反篇情者；以句倒言，則有若藉權濟物、居京兆府，乖文義而沒語趣者；以句脫言，則有若逃南齊之史、結申左之科，缺至一全片而遺忘半面者；以句羨言，則有若犀革裹之條、嗤沈約之段，衍至不可讀而反棄佳本者。凡此又非一兩字之間，審聲形之比。靜繹全文，廣參羣籍，甚至浹時稽序，而後其眞始出。持此耗磨晚節，俟之甘苦中人。

三曰節之淆　節之淆者，內篇少，外篇多，通幅、分條之殊其體故也。其在內篇，六家之總首既截，則總尾亦宜截。書志後論不應以「或問」截，編次終篇不應以「尋夫」截。其在外篇，離合斷連，歧迕交失者，史官篇三，正史篇三，惑經篇一，雜說上中下篇十有五。技經肯綮，每至族而難爲；官止神行，唯彼節之有間，今皆騞然矣。至若點煩摘史，隔鈔而合片，當以方空格界之。又若卷末忤時一牘，而兩端可以序跋例離之。斯皆隨方制宜，非欲矜己立異。

四曰簡之錯　篇節字句，並有錯簡。篇之錯，卷九內之敍傳者是　節之錯，曲筆中之「夫史」十行者是；字句之錯，雜說下之「李陵書」者是。篇不得而移，節句可得而準也。或遂刊定，或爲證明，具著卷中。

凡所盡心，略如前款。間嘗總諸科別而權之，理不言而同然，唯去非以趨於是；言愜心者貴當，必無憾然後即安。是書也，謂劉氏史通可，謂浦氏家言亦可。己巳孟陬，親賢堂。

編次總目附

史通外篇通釋十卷

附錄新唐書劉知幾本傳增注書本傳後

*原加墨闌的「釋」和「按」字，這次排印時改爲黑體字。

史通通釋卷二

內篇

二体第二 二體者，一編年，一紀傳也。

三、五之代，書有典、墳，悠哉邈矣，不可得而詳。自唐、虞以下迄於周，是爲古文尚書。然世猶淳質，文從簡略，求諸備體，固以一作「已」。闕如。釋：篇首揭過非編年、非紀傳者。既而丘明傳春秋，編年之祖。子長著史記，紀傳之祖。載筆之體，於斯備矣。釋：「既而」四語，通幅全提。後來繼作，相與因循，假有改張，變其名目，區域有限，孰能踰此！蓋荀悅、張璠，丘明之黨也；班固、華嶠，子長之流也。釋：已上總爲二體標出原委大意。言自得左、馬分創，史家千古宗之。惟此舊脫「此」字。二家，各相矜尚。必辨其利害，可得而言之。釋：四語又一提。下分編年、紀傳兩扇，各言其利害。

夫春秋者，謂左傳也。此一扇論編年。繫日月而爲次，列時歲以相續，中國外夷，同年共世，莫不備載其事，形於目前。理盡一言，語無重出。此其所以爲長也。釋：長卽利也，謂其勝紀傳也。其所以勝，本編年之體自所應有也。至於賢士貞女，高才儁德，事當衝要者，其人有關國政。必盱衡而備言；迹在沈冥者，其人無預國事。不枉道而詳說。如絳縣之老，杞梁之妻，或以酬晉卿而獲記，或以對齊君而見錄。衝要故也。其有賢如柳惠，仁若顏回，終不得彰其名氏，顯其言行。沈冥故也。故論其細也，則纖芥無遺；語其粗也，則丘山是棄。此其所以爲短也。释：短即害也，是其不及紀傳處也。其所以不及，亦編年之體自所不免也。

史記者，舉史該漢。此一扇論紀傳。紀以包舉大端，傳以委曲細事，表以譜列一作「序其」。年爵，志以總括遺漏，逮於天文、地理、國典、朝章，顯隱必該，洪纖靡失。此其所以爲長也。释：此其勝編年處，故長而利也，亦紀傳之體自應有也。若乃同爲一事，分在數篇，斷續相離，前後屢出，於高紀涉及項事。則云語在項傳，高主項賓故。於項傳涉及高祖。則云事具高紀。項主高賓故。又編次同類，如屈、賈，曹、荆。不求年月，謂時代。後生而擢居首帙，先輩而抑歸末章，遂使漢之賈誼將楚屈原同列，魯之曹沫與燕荆軻並編。此其所以爲短也。释：此其不及編年處，故短而害也，亦紀傳之體自不免也。○兩扇利害，皆對較而出。

考茲勝負，互有得失。而晉世干寶著書，乃盛譽丘明而深抑子長，其義云：能以三十卷之約，括囊二百四十年之事，靡有遺也。尋其此說，可謂勁挺之詞乎？释：前幅分扇立論，此借寶語一詰，詰起二體合勘。案春秋時事，入於左氏所書者，蓋三分得其一耳。丘明自知其略也，故爲國語以廣之。然國語之外，尚多亡逸，安得言其括囊靡遺者哉？释：此八句只就寶語一駁，以下申窮之。○駁左單駁編年，文若偏詞，意實互勘也。向使丘明世爲史官，一作「而」，非。皆仿左傳也，至於前漢之嚴君平、鄭子眞，後漢之郭林宗、黃叔度，身隱位卑者。晁古作「鼂」。錯、董生之對策，劉向、谷永之上書，文煩事博者。斯並德冠人倫，名馳海內，識洞幽顯，言窮軍國。或以身隱位卑，不預朝政；嚴、鄭、郭、黃。或以文煩事博，難爲次序。晁、董、劉、谷。皆略而不書，斯則可也。此是掉句。必情有所吝，不加刊削，則漢氏之志傳百卷，併列於十二紀中，一作「事」，非。將恐碎瑣多蕪，闌單失力者矣。釋：至此一勒。言設使左爲漢史，仍用編年，則如上所云，不載既不安，載之又費力，有不得不變爲紀傳者矣。故班固以固例遷。知其若此，設紀傳以區分，使其歷然可觀，綱紀有別。釋：四句勒過，變爲紀傳。荀悅厭其迂闊，又依左氏成書，翦截班史，篇才三十，歷代褒舊作「保」，恐誤。之，有逾本恐當作「紀」。傳。釋：此數語抵前駁干寶一長段。言世又有厭迂闊而褒翦截者，則又轉而效編年焉。由是觀之，改來改去，總不出此二體也。○互勘之文止此。

然則班、荀二體，角力爭先，欲廢其一，固亦難矣。後來作者，不出二途。故晉史有王、虞，紀傳。而副以干紀；編年。宋書有徐、沈，紀傳。而分爲裴略。編年。各有其美，並行於世。釋：結尾平收。異夫令升之言，唯守一家而已。釋：繳應借詰之詞。

按：此篇與六家頂接。六家舉史體之大全，二體定史家之正用。先分論其得失，不以有失而不行；後合勘其兩行，不得偏任而廢一。以「左、荀」等字當「編年」字覵，以「班、馬」等字當「紀傳」

字觀，會此替身，乃得縣解。自後秘省敕撰，唯此二途；藝文史部，必先二類。知幾是篇，誠百代之質的也。

或問：替身云云，何謂也？曰：錯舉多書，總歸二體。蓋揭二體之兩行，非評諸書之優劣也。其利害短長，體中應有，亦不妨兩有，非此利彼害之謂，更非利優害劣之謂。但謂二體既立，一以詮歲時，一以管事行，國史乃無偏缺耳。舊評不會作替身字看，遂皆抛體而議書，體兩書煩，臆揣都錯。

干寶一節，能因單得互，才是善讀書人。

二體兩字，貫徹全書，綱維羣史。

人言自袁機仲樞紀事本末出，史體參而三矣。余曰：亦從二體出，非別出也。且降史書爲類書，法不參立。故其書不由史館，不奉敕亦編。

荀悅張璠　見左傳家，皆編年體。

華嶠　晉書華表傳：表子嶠，字叔駿。元康初，爲內臺中書、散騎、著作，門下撰集皆典統之。初，嶠以漢紀煩穢，慨然有改作之意。會爲臺郎，典官制事，得遍觀秘籍，遂就其緒，爲紀、典、傳、譜，凡九十七卷，改名漢後書。文質事核〔二〕，有遷、固之規。

絳縣老　左傳襄三十：晉悼夫人食輿人之城杞者，絳縣人或年長矣，無子，而往與於食。

有與疑年，使之年。曰：「臣生之歲正月甲子朔，四百有四十五甲子矣。」吏走問之朝。師曠曰：「七十三年矣。」趙孟召之而謝過焉，曰：「使吾子辱在泥途久矣，武之罪也。」與之田，使爲君復陶。

杞梁妻　左傳襄二十三：齊侯襲莒，杞殖載甲宿於莒郊。莒子親鼓之，獲杞梁。齊侯歸，遇杞梁之妻於郊，使弔之。辭曰：「殖之有罪，何辱命焉。若免於罪，猶有先人之敝廬在，下妾不得與郊弔。」齊侯弔諸其室。杜注：杞梁卽杞殖。

柳惠不彰　左傳僖二十六：齊孝公伐我北鄙。公使展喜犒師，使受命於展禽。杜注：柳下惠也。按：惠見左傳，有此明文。今云不彰不顯，與顏子並說，是史通疏處。

賈誼屈原　史記屈原賈生列傳第二十四：原，楚懷王時人。誼，漢文帝時人。

曹沫荆軻　史記刺客列傳第二十六：沫，魯莊公時人。軻，衞人，游燕，在燕王喜時。按：曹沫，左氏、穀梁並作曹劌。

前漢嚴鄭　王貢龔鮑傳敍：谷口有鄭子眞，蜀有嚴君平，皆修身自保。成帝時，元舅大將軍王鳳以禮聘子眞，子眞不詘。君平卜筮於成都市，人有邪惡非正之問，各因勢導之以善。日閱數人，得百錢足自養，則閉肆下簾而授老子。揚雄著書，稱此二人。

後漢郭黃　郭太傳：太字林宗，家世貧賤。游於洛陽，見河南尹李膺。後歸鄉里，與膺同舟而濟，衆賓以爲神仙焉。舉有道，不應。黃憲傳：憲字叔度，父爲牛醫。潁川荀淑遇憲於逆旅，與語移日。既而至袁閎所，曰：「子國有顏子，寧識之乎？」閎曰：「見吾叔度耶！」太守王龔不能屈。郭林宗少過袁閎不宿，從憲累日方還。或問之，林宗曰：「奉高之器，譬之汎濫，清而易挹。叔度汪汪，若千頃陂，澄之不清，淆之不濁，不可量也。」按：林宗此語，本傳亦載，故史通二人合舉。

晁董對策　漢書晁錯傳：錯爲人陗直刻深。孝文時，拜太子家令，號爲智囊。後詔舉賢良文學士，錯在選中。上親策之，以明國體、通人事、能直言三道之要對策，惟錯爲高第。董仲舒傳：仲舒，廣川人。少治春秋，孝景時，爲博士。下帷講誦，三年不窺園。武帝卽位，舉賢良文學，凡三問，仲舒三對。天子以爲江都相。

向永上書　漢書楚元王傳：向字子政，本名更生。元帝初，爲宗正，外戚許、史放縱，宦官弘恭、石顯弄權，乃上封事諫。成帝卽位，顯等服辜，更生更名向。召拜中郎，數奏封事，遷光祿大夫。時上無繼嗣，政由王氏，上封事極諫。天子召見，歎息，以爲中壘校尉。谷永傳：永字子雲，博學經書。爲太常丞，數上疏言得失。後爲刺史，奏事京師。時有黑龍見，天子問所欲言，永對切諫。永自知有內應，展意無所依違。

闌單　未詳。大抵是當日方言，渙散不振攝之意。盧照鄰釋疾文云：「草木扶疏兮如此〔三〕，予獨藺驒兮不自勝。」疑即此二字之别寫也。集韻：驒，他干切。按：今俗亦有「闌闌灘灘」之語。

王虞　晉書王隱傳：隱字處叔。父銓有著述之志，每私錄晉事及功臣行狀，未就而卒。元帝召隱爲著作郎，令撰晉史。時著作郎虞預私撰晉書，數訪於隱，所聞漸廣。虞預傳：預字叔寧。唐藝文志：王隱晉書八十九卷。虞預晉書五十八卷。

干紀　即干寶晉紀，見左傳家。

徐沈　徐爰傳，見正史篇注。書錄解題：宋書，本何承天、山謙之、蘇寶生所撰，至徐爰勒爲一史，起義熙，迄大明。自永光以來，闕而不錄〔三〕。梁書沈約傳：約字休文，吳興人。高祖勛業既就，約嘗叩其端，曰：今不可以淳風期萬物。攀龍附鳳者莫不云明公其人也。高祖受禪，爲尚書僕射，卒，謚曰隱。著宋書百卷，其目詳外篇正史篇。

裴略　即裴子野宋略，見左傳家。

載言第三　此篇以下，皆就紀傳一體中分條著論。

古者言爲尚書，事爲春秋，左右二史，分尸其職。蓋桓、文作霸，糺「糾」通。合同盟，春秋之時，事之大者也，而尚書闕紀。載也。一作「記」。秦師敗績，繆公誡誓，尚書之中，言之大者曰：「沮授，廣平人。」存研樓集：近宜興儲會元大文撰有沮授補傳。

陳容 魏志臧洪傳：洪領東郡，袁紹興兵殺之。洪邑人陳容，少爲書生，親慕洪，隨洪爲東郡丞。見洪當死，謂紹曰：「將軍欲爲天下除暴，而專先誅忠義，豈合天意？」紹使人牽出，謂曰：「汝非臧洪儔，空爾爲！」容顧曰：「仁義豈有常，蹈之則君子，背之則小人。今日寧與臧洪同日而死，不與將軍同日而生。」復見殺。在紹坐者無不歎息，竊相謂曰：「如何一日殺二烈士！」

校勘記

〔一〕文質事核　「核」原作「實」，據晉書改。

〔二〕草木扶疏兮如此　「如」原作「若」，據幽憂子集改。

〔三〕闕而不錄　「錄」原作「補」，據直齋書錄解題改。

〔四〕及孫王戊荒淫不遵道　「道」原作「法」，據漢書改。

〔五〕家居茂陵　「陵」原作「林」，據漢書改。

〔六〕諸侯曰世家　「曰」原作「稱」，據史記正義改。

〔七〕曰差弗　「差」原作「羌」，據史記改。

四　子部文獻

易曰："天下同歸而殊塗，一致而百慮。"儒、道、小説，聖人之教也，而有所偏。兵及醫方，聖人之政也，所施各異。世之治也，列在衆職，下至衰亂，官失其守。或以其業遊説諸侯，各崇所習，分鑣並騖。若使總而不遺，折之中道，亦可以興化致治者矣。漢書有諸子、兵書、數術、方伎之略，今合而叙之，爲十四種，謂之子部。(隋書經籍志)

附圖表二十二：明代張路繪老子像

子部作爲中國傳統目録學中的一個分類，主要著録諸子之書，後來還包括道教、佛教的文獻等。子部圖書的内容十分龐雜，不僅包括哲學、思想，還包括科技、宗教等方面的内容。

春秋末至戰國時代，民間形成了許多學術派別，史稱「諸子百家」。百家之間相互爭鳴，著書立説，諸子的這些著作，即被稱爲子書。

西漢中期司馬談在論六家要指中，根據各學派的思想特點，把先秦諸子劃分爲六家：陰陽、儒、墨、名、法、道德。在中國最早的國家圖書目録漢書 藝文志中，諸子的著作被著録在「諸子略」之中，且在司馬談所分六類的基礎上又增加了「縱横家」、「雜家」、「農家」、「小説家」四家，合爲十家。但班固認爲「諸子十家，其可觀者九家而已」，「小説家」未列入「可觀」之列，不能入流，這就是學術史上所謂的「十家九流」。

自漢志中以「諸子略」專門著録子部的圖書以後，後世目録書也都專分一類來著録子部圖書，至隋書 經籍志更以經、史、子、集四部分法來著録天下圖書，其中「子部」著録諸子著作，並且所包含的内容進一步擴大，子部之下分爲儒、道、法、名、墨、縱横、雜、農、小説、兵、天文、曆數、五行、醫方十四家。在兩唐書中的史志目録中（舊唐書 經籍志、新唐書 藝文志），道教、佛教的著作被納入了子部中的「道家類」（此類下分「道家」、「神仙」、「釋氏」三個小類）著録。至此，「三教九流」的圖書均被囊入「子部」之中。

據四庫全書總目和販書偶記及販書偶記續編著録子部圖書，總計約有六千部，四萬八千多卷。

（一）墨子

●**墨子與墨家** 墨子，名翟，是春秋 戰國之際的思想家，生活的時代比孔子晚。史記中關於墨子的生平也記載不多。墨子早期曾學儒，後來棄儒而創立墨家學派，和儒家成爲當時的兩大顯學。

墨家的重要主張有尚賢、尚同、兼愛、非攻、節用、節葬、非樂、非命、尊天、事鬼，其許多主張是專爲反對儒家而提出來的。

●墨子　是墨家著述的彙編，其中有的是墨子言行的輯録，有的是墨家後學的作品。漢書藝文志中著録墨子七十一篇，今僅存五十三篇。其書除了主要記載墨子的思想學説外，還記述有討論邏輯學、幾何學、光學、機械學、城池守戰之術等内容。

墨學雖興盛於戰國，但很快消失在秦漢，對後世影響很小。墨子一書到明代才逐漸恢復流傳，但已訛誤百出，很難讀懂。

●相關參考論著資料

——清　孫詒讓墨子閒詁
——張純一墨子集解
——王叔珺墨子校證
——張惠言墨子經説解
——譚戒甫墨辯發微
——高亨墨經校詮
——岑仲勉墨子城守各篇簡注
——欒調甫墨子研究論文集

墨子閒詁·非攻上

【導讀】

●説明　本文選自墨子閒詁，清　孫詒讓著，孫以楷點校，中華書局（北京）新編諸子集成（第一輯）一九八六年二月第一版。此點校本以宣統庚戌重定本爲底本，並校以掃葉山房石印本和商務印書館「國學基本叢書」本。

●**墨子閒詁** 清代孫詒讓撰，共十九卷。墨子一書，漢代以後，已少有讀者，至唐代雖有樂台爲其中的部分篇章作注，但讀墨子的人仍寥寥無幾，以至其書此後幾乎亡佚。墨子一書因流傳既少，又闕文錯簡，還多古文古字，故比較難讀。清代先有畢沅校注墨子，後來孫星衍、汪中、王念孫、王引之、俞樾等十餘家亦有所校訂，到孫詒讓則集諸説之大成，以畢沅校本爲底本，並校以明刊道藏本、明吳寬寫本、顧千里校道藏本及日本寶曆間仿刻明茅坤本，系統而詳盡地校注墨子，撰成墨子閒詁。由於孫詒讓有注疏周禮正義的基礎，又具備古文字和音韻的知識，使得墨子閒詁一書成爲了清代文獻考據最偉大的成果之一，俞樾高度評價此書説：「蓋自有墨子以來，未有此書也。」

●**選文內容** 「非攻」是墨子的中心論題之一，即反對攻打他人的國家。非攻有上、中、下三篇，本篇爲其上篇，以比喻的形式，來説明天下之君子在「義」與「不義」的區別上存在混亂。

墨子閒詁　目録

天志中第二十七
天志下第二十八

卷八

明鬼上第二十九（闕）
明鬼中第三十（闕）
明鬼下第三十一
非樂上第三十二

卷九

非樂中第三十三（闕）
非樂下第三十四（闕）
非命上第三十五
非命中第三十六
非命下第三十七
非儒上第三十八（闕）
非儒下第三十九

卷十

經上第四十
經下第四十一
經説上第四十二
經説下第四十三

卷十一

大取第四十四
小取第四十五
耕柱第四十六

卷十二

貴義第四十七
公孟第四十八

卷十三

魯問第四十九
公輸第五十

卷十四

備城門第五十二
備高臨第五十三
備梯第五十六
備水第五十八
備突第六十一
備穴第六十二
備蛾傳第六十三

卷十五

迎敵祠第六十八

墨子閒詁卷五

非攻上第十七

淮南子氾論訓，高注云「非，猶譏也」。

今有一人，入人園圃，畢云：「說文云『園所以樹果』，『種菜曰圃』。」竊其桃李，衆聞則非之，上爲政者得則罰之。此何也？以虧人自利也。至攘人犬豕雞豚者，穀梁成五年，范甯注云「攘，盜也」。其不義又甚入人園圃竊桃李。是何故也？以虧人愈多，依下文，當有「苟虧人愈多」五字。其不仁茲甚，茲、滋古今字，詳尚同上篇。罪益厚。至入人欄廄，欄，即闌之借字。說文門部云「闌，門遮也。」廣雅釋室云「欄，牢也」。畢云：「說文無欄字。玉篇云『木欄也』。」取人馬牛者，其不仁義又甚攘人犬豕雞豚。依上下文，此句疑不當有「仁」字。此何故也？以其虧人愈多。苟虧人愈多，其不仁茲甚，罪益厚。至殺不辜人也，拖其衣裘，畢云：「『拖』，讀如『終朝三拕』之『拕』。陸德明易音義云『褫，鄭本作拕，徒可反。』『拖』即『拕』異文。」王云：「『也』，即『拖』字之誤而衍者。」詒讓案：說文手部云「拕，曳也」。淮南子人閒訓云「秦牛缺徑於山中而遇盜，拖其衣被」，許注云「拖，奪也」，「拖」即「拕」之俗。取戈劍者，其不義又甚入人欄廄取人馬牛。此何故也？以其虧人愈多。苟虧人愈多，其不仁茲甚矣，罪益厚。當此，天下之君子畢云：「舊脫此字，據後文增。」皆知而非之，謂之不義。今至大爲攻國，畢云：「據後文云『大爲不義攻國』。」則弗知非，畢云：「『知』，一本作『之』。舊脫『非』字，據後文增。」案：道藏本、季本並不脫。從而譽之，謂之義。此可謂知義與不義之別乎？「可」，舊本作「何」。畢云：「一本作『可』，是。」今據正。

殺一人謂之不義，必有一死罪矣，荀子正論篇云「殺人者死，傷人者刑，是百王之所同也」。若以此說往，殺十人十重不義，必有十死罪矣；殺百人百重不義，必有百死罪矣。當此，天下之君子皆知而非之，謂之不義。今至大爲不義攻國，則弗知非，舊本「知」作「之」，下文衍「而」字。畢云：「一本無『而』字，是。」王云：「『之』當爲『知』，俗音『知』『之』相亂，故『知』誤爲『之』。上文『皆知而非之』正與『弗知非』相對，且上下文皆作『弗知非』，則『之』爲『知』之誤明矣。」案：王校是也，今據正。從而譽之，謂之義，情不知其不義也，王云：「情、誠通用。」故書其言以遺後世。若知其不義也，夫奚說書其不義以遺後世哉？奚說，言何辭以解說也。畢云「奚說猶言何樂」，失之。今有人於此，少見黑曰黑，多見黑曰白，則以此人不知白黑之辯矣；依下文，「則」下當有「必」字，「人」下當有「爲」字。少嘗苦曰苦，多嘗苦曰甘，則必以此人爲不知甘苦之辯矣。今小爲非，則知而非之。大爲非攻國，則不知非，舊本「不知」下衍「而」字，今據王、蘇校刪。從而譽之，謂之義。畢云：「舊『之謂』二字倒，一本如此。」此可謂知義與不義之辯乎？舊本「可」上脫「此」字，又「謂」誤「爲」。畢云：「一本作『謂』，是。」案：道藏本「可」上有「此」字，「爲」正作「謂」，今據補正。季本「謂」亦不誤。是以知天下之君子也，「也」字疑衍。辯義與不義之亂也。

（二）莊　子

●**莊子**　莊子，名周，生活在戰國中期，與孟子同時，宋國蒙（今山東、河南交界處）人，一生過著隱士般的生活。莊子是先秦最有名的道家學者之一，後人常常把他與老子並列，合稱老莊。莊子的思想，主要表現在莊子一書中。

●**莊子**　漢書藝文志著録莊子一書最早有五十二篇，此書曾有晉代司馬彪等人爲之作注，其後郭象整理作注修訂爲三十三篇，唐時成玄英爲莊子作疏，申説郭象之傳，解説簡要並增注音。莊子是一部道家著作的彙編，今書三十三篇分爲内篇（七篇）、外篇（十五篇）、雜篇（十一篇）三部分，一般認爲内篇爲莊子所作，外篇和雜篇則是道家後學所作。

●**相關參考論著資料**

——晉郭象注、唐成玄英疏莊子

——清郭慶藩莊子集釋

——清王先謙莊子集解

——王叔岷莊子校釋

——陳鼓應莊子今注今譯

莊子集解·馬蹄

【導讀】

●**説明**　本文選自莊子集解，清王先謙著，沈嘯寰點校，中華書局（北京）新編諸子集成（第一輯）一九七六年十月第一版。該書點校說明云：「集解一書用清宣統乙酉年（即宣統元年，一九〇九年）思賢書局原刻本爲底本，用商務印書館萬有文庫中的排印本對校。正文的全部和注釋中引用郭注、成疏及釋文的部分，還着重參校了郭慶藩莊子集釋的正文及所附郭注、成疏、釋文。」

●**莊子集解**　清王先謙撰，共八卷。其書要言不煩，序中自稱是「芟取衆長，間下己意」。

●**選文内容**　本文選自莊子集解外篇，主要以治馬爲喻，批評了聖人治天下時違背本性的「有爲」之治。

莊子集解　目録

外篇馬蹄第九

蘇輿云：「老子云：『無爲自化，清靜自正。』通篇皆申此旨，而終始以馬作喻，亦莊子內篇所未有也。」

馬，蹄可以踐霜雪，毛可以禦風寒，齕草飲水，翹足而陸。釋文：「崔本足作尾。司馬云：『陸，跳也，字書作踛。踛，馬健也。』」郭慶藩云：「崔足作尾。文選江賦注引亦作尾，陸作踛，云踛音六。廣韻：『踛，力竹切，翹踛也。』」此馬之真性也。雖有義臺、路寢，無所用之。雖極居處之莊麗，非馬性所適也。釋文：「義，徐音儀。路，正也，大也。崔云：『路寢，正室。』」俞云：「義、儀古通。儀臺，猶言容臺。淮南覽冥篇『容臺振而掩覆』，高注：『容臺，行禮容之臺。』」及至伯樂，曰：「我善治馬。」燒之，剔之，刻之，雒之，釋文：「伯樂，姓孫，名陽，善馭馬。司馬云：『燒鐵以爍之。剔，謂鬋其毛。』」郭嵩燾云：「雒同烙，謂印烙。」連之以羈馽，編之以皁棧，釋文：「廣雅：『羈，勒也。』馽，丁邑反。崔云：『絆前後足也。』」文選馬汧督誄注引司馬云：「皁，櫪也。」棧，若槅牀，施之溼地也。馬之死者十二三矣；飢之渴之，馳之驟之，整之齊之，前有橛飾之患，而後有鞭筴之威，而馬之死者已過半矣。司馬云：「橛，銜也。飾，謂加飾於馬鑣也。」成云：「帶皮曰鞭，無皮曰筴。」陶者曰：「我善治埴，圓者中規，方者中矩。」釋文：「陶，窰也。崔云：『埴，土也。』」匠人曰：「我善治木，曲者中鉤，直者應繩。」夫埴、木之性，豈欲中規矩鉤繩哉？然且世世稱之曰：「伯樂善治馬，而陶、匠善治埴木。」此亦治天下者之過也。其過與治天下者等。

吾意善治天下者不然。彼民有常性，織而衣，耕而食，是謂同德；成云：「物各自足，故同德。」一而不黨，命曰天放。成云：「黨，偏。命，名。天，自然也。」宣云：「渾一無偏，任天自在。」蘇輿云：「與天爲一，泯善惡之黨」，於義亦通。故至德之世，其行填填，其視顛顛。崔云：「填填，重遲。顛顛，專一也。」當是時也，山无蹊隧，澤无舟梁；成云：「蹊，徑。隧，道。」郭云：「不求非望，故止於一家而足。」萬物羣生，連屬其鄉；宣云：「各就所居爲連屬。」禽獸成羣，草木遂長。郭云：「足性而止，無吞夷之欲，故物全。」是故禽獸可係羈而遊，烏鵲之巢可攀援而闚。郭云：「與物無害，故物馴。」

夫至德之世，同與禽獸居，族與萬物並，族，聚也。惡乎知君子小人哉！同乎无知，其德不離；同乎无欲，是謂素樸。素樸而民性得矣。郭云：「知則離道以善，欲則離性以飾。」及至聖人，蹩躠爲仁，踶跂爲義，而天下始疑矣；李云：「蹩躠、踶跂，皆用心爲仁義之貌。」澶漫爲樂，摘僻爲禮，而天下始分矣。李云：「澶漫，猶縱逸也。」郭嵩燾云：「『摘僻』，當作『摘擗』。楚詞王注：『擗，析也。』摘者，摘取之；擗者，分析之。謂煩碎也。」故純樸不殘，孰爲犧尊！白玉不毁，孰爲珪璋！成云：「純樸不殘，全木未彫也。犧尊，酒器，刻爲牛首，以祭宗廟也。上鋭下方曰珪，半珪曰璋。」道德不廢，安取仁義！老子云：「大道廢，有仁義。」性情不離，安用禮樂！成云：「禮以檢迹，樂以和心。情苟不散，安用和心！性苟不離，何勞檢迹！」五色不亂，孰爲文采！五聲不亂，孰應六律！郭云：「此皆變樸爲華，棄本崇末，於其天素，有殘廢矣。」夫殘樸以爲器，工匠之罪也；毁道德以爲仁義，聖人之過也。成云：「以仁義之迹，毁無爲之道。」夫馬，陸居則食草飲水，喜則交頸相靡，靡與摩同。怒則分背相踶。宣云：「馬之踶必向後，故曰分背。」馬知已此矣。

馬所知止此矣。李音智，非。夫加之以衡扼，釋文：「衡，轅前横木，縛軛者。扼，叉馬頸者也。」齊之以月題，司馬云：「馬額上當顱如月形者也。」而馬知介倪、闉扼、鷙曼、李云：「介倪，猶睥睨也。闉，曲也。鷙，抵也。曼，突也。」司馬云：「言曲頸於扼以抵突也。」詭銜、竊轡。成云：「詭銜，吐出其勒。竊轡，盜脱籠頭。」故馬之知而態至盜者，充其所知，而態至於盜。伯樂之罪也。夫赫胥氏之時，民居不知所爲，行不知所之，含哺而熙，鼓腹而遊，民能以此矣。司馬云：「赫胥，上古帝王也。」案：熙與嬉同。以，已通作。及至聖人，屈折禮樂以匡天下之形，縣企仁義以慰天下之心，匡，正也。縣企，縣舉而企及之，使人共慕也。而民乃始踶跂好知，踶跂，自矜。好智，行詐。争歸於利，不可止也。此亦聖人之過也。

（三）商君書

●商鞅　商君即商鞅，戰國中期衛國人。姬姓，公孫氏，又稱公孫鞅，因爲是衛國人，故又稱衛鞅，輔佐秦孝公變法，成爲秦國改革變法的設計師。因有功，國君封給他商、於之地十五邑，號「商君」，又稱「商鞅」。秦孝公死後，商鞅被車裂而死。後世亦稱商子。商鞅主法，有人認爲其學可能承自李悝。

●商君書　漢書藝文志「諸子略」的「法家類」著録有商君二十九篇，「兵權謀家」著録有公孫鞅二十七篇。今本商君書中大部分言法，亦有言兵的篇章。今本商君書存二十四篇，是商鞅及其後學的著作彙編。此書是法家學説的代表作之一，它宣揚通過嚴格的法律賞罰，來維持國家秩序。

●相關參考論著資料

——朱師轍商君書解詁定本

——蔣禮鴻商君書錐指

——高亨商君書注釋

商君書錐指·修權

【導讀】

●説明　本文選自商君書錐指，蔣禮鴻著，中華書局（北京）新編諸子集成（第一輯）一九八六年四月第一版。該書正文依清代嚴萬里校本，全部收録嚴氏校語。

●商君書錐指　蔣禮鴻撰，共五卷。其書收録了俞樾、孫詒讓、朱師轍等人的成果，旁採師友之説，證以各種類書，「辨議諸説，頗從約省」（見其後叙）。

●**蔣禮鴻（一九一六—一九九五）** 字雲從，浙江嘉興人。曾在中央大學師範學院、浙江師範學院、杭州大學等校任教。長於文字訓詁、古書校釋和古代詞語，詞義尤其是早期白話辭彙研究。著有敦煌變文字義通釋、商君書錐指等。

●**選文内容** 本文選自商君書錐指卷三，闡述了法、信、權對於治國的重要性。

商君書錐指　目録

例　言

正文依嚴萬里校本。有校正，並出於注。嚴氏校語全録之。諸家説合者采之，不合而有辨正者亦出其語，各冠其姓氏爲別。諸家説在前而繼以鄙説者，則稱「禮鴻案」以別之。其不冠姓氏者，悉鄙生之所綴也。諸家姓氏具列於此：烏程嚴可均字景文校孫星衍刻本。（星衍與孫馮翼同校刻，是爲問經堂本。）金山錢熙祚字錫之校刻商子。（指海本。）德清俞樾字蔭甫，有諸子平議。瑞安孫詒讓字仲容，有商子校本（合孫星衍、嚴可均、錢熙祚三家校本校），札迻。鹽城陶鴻慶字小石，有讀諸子札記。長沙王時潤字啟湘，有商君書斠詮，商君書集解。吴縣朱師轍字少濱，有商君書解詁，商君書解詁定本。大定簡書，有商君書箋正。陳啟天，有商君書校釋。一九四九年一月，友人永嘉王季思自廣州寄示朱氏解詁定本。其例言據烏程范鍇華笑廎雜筆及文瀾學報影印嚴可均爾雅一切註音義書葉，證明嚴可均、萬里爲一人。今案：萬里、可均二校本別異處甚多，蓋萬里本校定於乾隆五十八年，而可均本則校定於嘉慶十八年也。今茲卷中仍分題萬里、可均，而著其説於此，庶覽者知一人之説而復自不同者，由時之有先後也。凡定本與鄙説同者，亦不更臚列云。

禮鴻案：俞説是。説民篇：「行刑重其重者，輕其輕者，輕者不止，則重者無從止矣。」此謂以刑致刑，其國必削。

聖君知物之要，故其治民有至要，故執賞罰以壹輔，農戰篇：「君修賞罰以輔壹教。」壹輔二字不成義，當改爲輔壹教三字。仁者，心之續也，或曰：文中除力生彊至德生於力略仿於去彊篇及説民篇外，其餘若所謂「輔仁者，述仁義」，皆顯背商子之旨，可證此篇爲雜湊而成者。禮鴻案：德生於力，德非即此言仁義乎？夫此之仁義，商君之仁義也；分均出後，跖之仁義也；爲是説者，所見亦拘矣。輔字屬上，輔仁亦不當連讀。聖君之治人也，必得其心，故能用力。用下疑脱其字，其心其力皆指民。心者，好賞惡刑也。力生彊，彊生威，威生德，德生於力。聖君獨有之，故能述仁義於天下。述猶行也。説文：「述，循也。循，行順也。」

修權第十四

操法去私則權在，唯君執之也。

國之所以治者三：一曰法，二曰信，三曰權。行法以信，信法在君。法者，君臣之所共操也；信者，君臣之所共立也；權者，君之所獨制也。韓非子定法篇言法術之别，此言法言信韓非所謂法也；言權，韓非所謂術也。定法文已引在弱民篇。人主失守則危，君臣釋法任私必亂。釋，置也。故立法明分而不以私害法則治，權制獨斷於君則威，民信其賞則事功成，信其刑則姦無端。端，萌也。惟明主愛權重信而不以私害法。故多惠言而剋其賞，則下不用。嚴萬里曰：「舊本多作不多，於文義悖，今删去。」禮鴻案：羣書治要引作「故上多惠言而不克其賞」，是也。不克，猶不致也。數如嚴令而不致其刑，則民傲死。嚴萬里曰：「案：如字疑當作加，如、加形近致訛。」王時潤曰：「崇文本亦作加。」禮鴻案：指海本亦作加，治要作「數加嚴命」。凡賞者，文也；刑者，武也；文武者，法之約也。約猶樞紐，韓非子以刑賞爲二柄。故明主任法。嚴萬里曰：「范本任作慎，義長。」明主不蔽之謂明，不欺之謂察。故賞厚而利，刑重而威必，王時潤曰：「崇文本無威字，當據删。」禮鴻案：治要作「賞厚而信，刑重而必」，此亦舊本有二；一如治要，一作「賞厚而利，刑重而威」耳。然國之所以治者三，二曰信，則作信作必義長矣。不失疏遠，不違親近，不失謂賞，不違謂罰。賞刑篇曰：「親昆弟有過不違，而況疏遠乎？」違，避也。舉親近，則疏遠在其中；舉疏遠，則親近在其中矣；舉重以明輕也。故臣不蔽主而下不欺上。

世之爲治者多釋法而任私議，此國之所以亂也。先王縣權衡立尺寸而至今法之，其分明也。夫釋權衡而斷輕重，廢尺寸而意長短，意，度也。雖察，商賈不用，爲其不必也。此下治要有「故法者國之權衡也」八字，是也。此屬下「夫倍法度而任私議，皆不類（不類當作不知類。）者也」爲句，知商賈必用權衡尺寸，而不知國必用法，此不知類也。無此八字，則不知類無著矣。夫倍法度而任私議，倍讀爲背。皆不類者也。治要類上有知字，當據增。不以法論智、能、賢、不肖者惟堯，能當作罷。荀子王制篇：「賢能不待次而舉，罷不肖不待須而廢。」王先謙曰：「罷謂弱不任事者。」荀書多以賢罷對舉，王霸篇：「無國而不有賢士，無國而不有罷士。」非相篇：「君子賢而能容罷。」正論篇：「故至賢疇四海，湯、武是也；至罷不容妻子，桀、紂是也。」成相篇：「基必施，辨賢罷。」與此同。此以智罷對舉，賢不肖對舉，智罷猶賢罷矣。而世不盡爲堯。是故先王知自議私譽之不可任也，故立法明分，中程者賞之，朱師轍曰：「漢書張蒼傳注：『程，法式也。』」毀公者誅之。誅賞之法不失其議，故民不爭。治要此下有「不以爵禄便近親，則勞臣不怨；不以刑罰隱疏遠，則下親上；故」二十四字，當據增。故字屬下。隱，困阨也。授官予爵不以其勞，則忠臣不進；行賞賦禄不稱其功，嚴萬里曰：「案賦字誤，以形求之，或當作賜。范本作賤，尤誤。」俞樾曰：「賤當作賦，形近而譌。漢書哀帝紀：『皆以賦貧民』，師古注曰：『賦，給予也。』」則戰士不用。

凡人臣之事君也，多以主所好事君。君好法則臣以法事君，君好言則臣以言事君。君好法則端正之士在前，君好言則毀譽之臣在側。公私之分明，則小人不疾賢而不肖者不妒功。故堯、舜之位天下也，自明曰：「定分篇作立天下，與此文義同。王厚齋曰：『古文立位同字。』經典通作涖、蒞，本字作𨽻。」禮鴻案：說文：「𨽻，臨也。」非私天下之利也，爲天下位天下也。論賢舉能而傳焉，非疏父子親越人也，明於治亂之道也。故三王以義親，親下當脫二字。開塞篇：「神農教耕而王，天下師其知也；湯、武致彊而征，諸侯服其力也。」墨子尚賢中篇：「堯、舜、禹、湯、文、武所以王天下正諸侯者。」此處疑脫天下二字。五伯以法正諸侯，皆非私天下之利也，爲天下治天下。嚴萬里曰：「舊本爲天下上有議字，當屬衍文，故删去。」朱師轍曰：「緜眇閣本、吳本、程本、馮本、范本皆有議字，議乃誠之譌。誠，信也。嚴校删去，非。」是故擅其名而有其功，天下樂其政而莫之能傷也。自明曰：「此段語氣由上節來，言公天下，不以法論賢不肖，然於公私賢不肖治亂之道猶分明不失也。」今亂世之君臣，區區然皆擅一國之利，治要皆下有欲字，當據增。區區，愛欲之貌。廣雅釋訓：「區區，愛也。」而管一官之重，管猶擅也。以便其私，此國之所以危也。故公私之交，存亡之本也。嚴萬里曰：「秦本、范本交作敗，誤。」夫廢法度而好私議，而姦臣鬻權以約祿，而姦而字猶則也，約猶固也。秩官之吏隱下而漁民。秩官之吏未詳，說文：「秩，積也。」豑，爵次弟也，從豊弟。虞書曰：『平豑東作。』今書作平秩，然則秩，借爲豑，次弟也；秩官之吏，其主詮次者歟？農戰篇：「下官之冀遷者皆曰：『多貨則上官可得而欲也。』曰：『我不以貨事上而求遷者，則如以貍餌鼠耳，必不冀矣。若以情事上而求遷者，則如引諸絶繩而求乘枉木也，愈不冀矣。二者不可以得遷，則我焉得無下動衆取貨以事上，而以求遷乎？』」自明曰：「詮叙之事掌於司士，侯國亦有此官。竊以爲秩，次也；次，列也。（見呂氏春秋季冬紀高注。）此秩官之吏猶言列位之吏耳。（列位見錯法篇。）卽王制所謂庶人在官者，府史胥徒之屬也。姦臣鬻權則胥吏漁民，古今一轍。主詮叙者但能漁吏，不能漁民。」

諺曰：「蠹衆而木折，隙大而牆壞。」故大臣爭於私而不顧其民，則下離上。下離上者，國之隙也。秩官之吏隱下而漁百姓，此民之蠹也。故有隙蠹而不亡者，治要故下有國字，是也。天下鮮矣。是故明主任法去私，而國無隙蠹矣。

（四）韓非子

●**韓非** 戰國末年韓國宗族公子，史記記載他「與李斯俱事荀卿，斯自以爲不如非」，曾多次上書韓王變法圖治，不被採納，於是著書以發憤，文章傳到秦國，秦王政大加贊賞。韓非到秦國後引起李斯等人的嫉妒，被下獄，自殺。韓非是法家最後的也是最大的理論家，是先秦法家的集大成者。主張加强君主的地位和權勢，用權術來統治臣民，所有的人一律依法行事。

●**韓非子** 韓非子是韓非死後由其門人搜集他的著作，以及他人論述韓非學説的文章編成。其書在秦漢廣爲流傳。漢志中著録韓子五十五篇，與今本一致，看來此書流傳甚爲完整很少佚失。韓非的文章極好，明代張榜説它：「圓轉變化，百出不窮，而條理秩如抽絲，文彩扶疏，氣勢蓬勃。」（韓非子纂）

最早爲韓非子作注的是北魏時期的劉昞，其次有唐代的尹知章，二人之注均已亡佚。

●**相關參考論著資料**

——清 王先慎韓非子集解

——清 吳汝倫韓非子點勘

——陳啓天韓非子校釋

——梁啓雄韓子淺解

——陳奇猷韓非子集釋

韓非子集解·定法

【導讀】

●**説明** 本文選自韓非子集解,清 王先慎撰,鍾哲點校,中華書局(北京)新編諸子集成(第一輯)一九九八年七月第一版。

●**韓非子集解** 清 王先慎撰,二十卷。光緒二十一年(一八九六年)刊刻印行。此書點校説明云:「該書以宋乾道本爲主,參考了藏本、張本、凌本、趙本等多種版本,利用了太平御覽、藝文類聚、群書治要、事類賦、白孔六帖等類書和老子、荀子、戰國策、史記、淮南子、文選等著作的有關資料,吸收了盧文弨群書拾補、顧廣圻韓非子識誤、王念孫讀書雜誌、俞樾諸子平議、孫詒讓札迻等著作的校釋成果。」王先謙言其「訂補闕邾,推究義蘊,然後是書釐然可誦」。

●**王先慎** 字慧英,湖南 長沙(今湖南 長沙)人。官道州訓導。王先謙之從弟。

●**選文内容** 本文以問答的形式,闡明法家中申不害之術與商鞅之法,若偏執一端則弊生,要加强君主集權,法、術二者「不可一無」。是韓非論述法、術一體的一篇重要文章。

韓非子集解　目録

用人第二十七
功名第二十八
大體第二十九

卷第九

內儲說上第三十

卷第十

內儲說下第三十一

卷第十一

外儲說左上第三十二

卷第十二

外儲說左下第三十三〇先慎曰：乾道本無『下』字，據趙本補。

卷第十三

外儲說右上第三十四

卷第十四

外儲說右下第三十五〇先慎曰：乾道本無『下』字，據趙本補。

卷第十五

難一第三十六〇先慎曰：以下目趙本不提行。
難二第三十七

卷第十六

難三第三十八
難四第三十九

卷第十七

難勢第四十
問辯第四十一
問田第四十二
定法第四十三
說疑第四十四
詭使第四十五

卷第十八

六反第四十六
八說第四十七
八經第四十八

卷第十九

五蠹第四十九
顯學第五十

卷第二十

忠孝第五十一
人主第五十二
飭令第五十三
心度第五十四
制分第五十五

之行，故曰「先生有幸臣之意」。「幸臣」，猶愛臣也，呂氏春秋至忠篇「王必幸臣與臣之母」，是也。韓子自謂「不忍嚮貪鄙之爲，不敢傷仁智之行」。若從堂谿公言，則仁智之行傷矣，故曰「然有大傷臣之實」。此「有」字，當讀爲「又」。

定法第四十三

問者曰：「申不害、公孫鞅，此二家之言孰急於國？」應之曰：「是不可程也。人不食，十日則死；大寒之隆，不衣亦死。謂之衣食孰急於人，則是不可一無也，皆養生之具也。今申不害言術，而公孫鞅爲法。術者，因任而授官，循名而責實，〇先慎曰：乾道本「責」作「貴」，誤。據張榜本、趙本改。操殺生之柄，課羣臣之能者也，此人主之所執也。法者，憲令著於官府，刑罰必於民心，賞存乎慎法，而罰加乎姦令者也，〇盧文弨曰：「姦」，馮改作「姧」。此臣之所師也。君無術則弊於上，臣無法則亂於下，此不可一無，皆帝王之具也。」

問者曰：〇先慎曰：「問」，張榜本作「或」。「徒術而無法，徒法而無術，其不可何哉？」對曰：「申不害，韓昭侯之佐也。韓者，晉之別國也。晉之故法未息，而韓之新法又生；先君之令未收，而後君之令又下。申不害不擅其法，不一其憲令，則姦多。〇先慎曰：「不一其憲令」句，「則姦多」句。故利在故法前令則道之，利在新法後令則道之。〇先慎曰：「道」，讀爲導，與下「使昭侯用術」同意。「利在故法前令」，申不害則使昭侯用故法前令；其「利在新法後令」，則使昭侯用新法後令。「前令」、「後令」即上

「先君之令」、「後君之令」。今人以「前」、「後」兩字逗，非也。利在故新相反，○盧文弨曰：「利在」二字衍。前後相悖，○先慎曰：乾道本「悖」作「勃」。顧廣圻云：今本「勃」作「悖」，誤。先慎案：説文「誖」下云「亂也」，或從心作「悖」，「勃」下云「排也」。明乖亂之字應作「悖」，而「勃」爲叚借字。顧氏以正字爲誤，蓋未之審耳，今據改。則申不害雖十使昭侯用術，而姦臣猶有所譎其辭矣。○先慎曰：張榜本「用」誤「利」。故託万乘之勁韓，○先慎曰：「万」，張榜本、趙本作「萬」。七十年而不至於霸王者，○顧廣圻曰：「七十」有誤，或當作「十七」。雖用術於上，法不勤飾於官之患也。公孫鞅之治秦也，設告相坐而責其實，○先慎曰：「相」字淺人所加，此與下「連什伍而同其罪」對文。連什伍而同其罪，賞厚而信，刑重而必。是以其民用力勞而不休，逐敵危而不卻，故其國富而兵強；然而無術以知姦，則以其富強也資人臣而已矣。及孝公、商君死，惠王即位，秦法未敗也，而張儀以秦殉韓、魏。○顧廣圻曰：句絶。惠王死，武王即位，甘茂以秦殉周。○先慎曰：依上文，「甘」上當有「而」字。武王死，昭襄王即位，穰侯越韓、魏而東攻齊，○先慎曰：御覽一百九十八引無「韓」字。五年而秦不益一尺之地，○先慎曰：各本「一尺」作「尺土」，據御覽引改。乃成其陶邑之封。○先慎曰：各本「成」作「城」，據御覽引改。應侯攻韓八年，成其汝南之封。○顧廣圻曰：藏本同。今本「成」作「城」，誤。上文「乃城其陶邑之封」，亦當作「成」。先慎曰：御覽此亦作「成」，不誤。自是以來，諸用秦者，皆應、穰之類也。故戰勝則大臣尊，益地則私封立，主無術以知姦也。○先慎曰：張榜本「主」作「其」，誤。「主」，謂秦王也。商君雖十飾其法，人臣反用其資。故乘強秦之資，數十年而不至於帝王者，法不勤飾於官，○盧文弨曰：「不」，或改「雖」。顧廣圻曰：「不」當作「雖」。主無術於上之患也。」

問者曰：「主用申子之術，而官行商君之法，可乎？」對曰：「申子未盡於法也。○顧廣圻曰：當云「申子未盡於術，商君未盡於法也」。脱去六字。申子言：『治不踰官，雖知弗言。』○先慎曰：乾道本無「治」字、「弗」字，顧廣圻云：「藏本、今本『知』下有『弗』字，今本『不』上有『治』字，按依下文當有。又見難三篇，『弗』亦作『不』。」今據補。『治不踰官』，謂之守職也可；○顧廣圻曰：藏本、今本「也可」作「可也」。先慎曰：張榜本無「可」字。『知而弗言』，是謂過也。○先慎曰：乾道本「是」下有「不」字。盧文弨云：「不」字脱，藏本、張本有。「也」、「邪」同。顧廣圻云：今本無「不」字，按句有誤。先慎按：「不」字衍文。下「知而弗言，則人主尚安假借矣」，即「是謂過也」意，今據改。人主以一國目視，故視莫明焉；以一國耳聽，故聽莫聰焉。今知而弗言，則人主尚安假借矣！○先慎曰：「矣」當作「乎」。商君之法曰：○先慎曰：乾道本「曰」作「日」，據張榜本、趙本改。『斬一首者爵一級，欲爲官者爲五十石之官；斬二首者爵二級，○先慎曰：乾道本「爵二級」作「爵一級」，據張榜本、趙本改。欲爲官者爲百石之官。』官爵之遷與斬首之功相稱也。今有法曰：『斬首者令爲醫匠。』則屋不成而病不已。夫匠者手巧也，而醫者齊藥也；○先慎曰：乾道本無「病不」至「者齊」十三字，空十八字。顧廣圻云：「藏本、今本有『病不已夫匠者手巧也而醫者齊』十三字。」今依藏本、今本補，説詳下。而以斬首之功爲之，則不當其能。今治官者，智能也；○先慎曰：乾道本無「能也」二字，顧廣圻云：「空四字，藏本、今本有「能也」二字。」今據補。今斬首者，勇力之所加也。以勇力之所加〇先慎曰：乾道本無「勇方之所加也以」七字，不空，合計「屋不成」下缺五字，「智」下缺二字，正符七字之數，足見今本之字非肊撰也。今據今本補「勇力之所〔一〕加也以」七字。而治智能之官，〇先慎曰：乾道本「治」下有「者」字。顧廣圻云：「藏本、今本無「者」字，此未詳。先慎按：「者」字衍，今據刪。此謂以勇力所得之官，而理智能之事，不當其能，無異令斬首之人爲醫匠也。是以斬首之功爲醫匠也。故曰：『二子之於法術皆未盡善也。』

說疑第四十四〇顧廣圻曰：「疑」，讀爲擬。

凡治之大者，非謂其賞罰之當也。賞無功之人，罰不辜之民，〇先慎曰：乾道本「辜」下無「之」字，顧廣圻云：「藏本、今本有。」今據補。非所謂明也。〇顧廣圻曰：「明」字當衍。賞有功，罰有罪，而不失其人，方在於人者也，〇顧廣圻曰：藏本同。今本「人方」作「當乃」，誤。按「在」當作「任」，形近誤。先慎曰：顧說是。讀當以「而不失其人」句，「方任於人者也」句。非能生功止過者也。是故禁姦之法：太上禁其心，其次禁其言，其次禁其事。今世皆曰「尊主安國者，必以仁義智能」，而不知卑主危國者之必以仁義智能也。故有道之主，遠仁義，去智能，服之以法。是以譽廣而名威，民治而國安，知用民之法也。凡術也者，主之所以執也；法也者，官之所以師也。然使郎中日聞道於郎

〔一〕「所」下原本衍「以」字，據正文刪。

（五）呂氏春秋

●**呂不韋**（？—前二三五年）戰國晚期韓國人。召集門下賓客，輯百家之言編寫而成呂氏春秋一書。呂不韋本是陽翟（今河南禹縣）一個「家累千金」的大商人，投機政治，在秦國爲相封侯，權傾一時。后因嫪毐事件受到牽連，免相遷蜀，途中自殺。其事可參史記呂不韋列傳和戰國策秦策。

●**呂氏春秋** 又稱呂覽，約作成於秦始皇六年（前二四一年）。此書對諸子百家兼收並蓄，漢書藝文志列入「子部」之「雜家」。全書分爲「十二紀」、「八覽」、「六論」三個部分，共一百六十篇。其中十二紀是全書的大旨所在，儒家思想比較明顯。八覽主要體現的是道家思想。六論各篇彼此不太連貫，屬於集合在一起的雜説。高誘注呂氏春秋，説：「此書所尚，以道德爲標的，以無爲爲綱紀。」四庫全書簡明目録説：「是書裒合群言，大抵據儒書者十之八九，參以道家、墨家之近理者十之一二，較諸子爲頗醇。」可見，儒、道之説爲此書的主體。東漢高誘曾爲呂氏春秋作注，清代畢沅校本亦相當有名。

●**相關參考論著資料**

——許維遹呂氏春秋集釋

——陳奇猷呂氏春秋新校釋

——張雙棣等呂氏春秋譯註

吕氏春秋集釋·上農

【導讀】

●說明　本文選自吕氏春秋集釋，許維遹撰，據一九三五年清華大學版影印。

●吕氏春秋集釋　許維遹撰，二十六卷。據其自序云，此書作成於一九三三年。此書以畢沅校本爲主，並參伍別本，在前人的基礎上「采真削繁，間附管見」。徵引清代及日本學者之書七十九種。

●許維遹（一九〇五—一九五一）　號駿齋，山東威海人。一九三二年畢業於北京大學中文系，後任教於清華大學。一九五一年病逝於北京。校注的典籍還有韓詩外傳集釋、管子集校，尤以吕氏春秋用力最深。

●選文内容　本文爲吕氏春秋「六論」部分「士容論」中的一篇，專談農業的重要性和强本抑末的農業政策，它和其後任地、辯土、審時三篇所論述的，都是有關中國古代農業生産的内容，這些在其它早期文獻中幾乎未被記載的資料，對研究中國古代農業發展史具有重要價值。

呂氏春秋集釋自序

余爲呂氏春秋集釋二十六卷。起戊辰六月。至癸酉正月而殺青。爰序其首曰。夫呂覽之爲書。網羅精博。體製謹嚴。析成敗升降之數。備天地名物之文。總晚周諸子之精英。薈先秦百家之眇義。雖未必一字千金。要亦九流之喉襟。雜家之管鍵也。第自東京以降。脫誤漸多。屢經繕寫校讐。久廢。清儒治經。首以諟正文字爲事。旁及諸子。亦循此術。畢尚書秋帆廣采羣言。重付剞劂。補苴理董。功蓋前人。而篳路初開。榛蕪未剪。徵援雖廣。遺缺尚多。雖云據元本以下。悉心校勘。而執編覆按。疏漏譌脫尚待刊正者。猶數百事。且精粲如明張登雲姜璧李鳴春諸本。皆弇山所未及見。弇山以降百五十年。諸大師匡正浸多。考訂益富。惟簡編繁博。未有會歸。其他短書筆記。旁證遺聞。披沙揀金。取長舍短。雖通人其猶病諸。在初學更苦其蕪雜。是則狐白旣集。成裘待人。和璞含光。敦琢斯貴矣。況夫孔賈疏經。李氏注選。采華集萃。曲證旁求。雖有述事忘義之譏。實亦汲古考文之道。宋元以來。踵注疏之風。遂多集注集解集傳集釋之作。晚近學人。益相競尚。于是縱橫四部。各有專書。采摭旣多。檢尋俾便。其精者。如孫仲容之詁墨子。劉先生之解淮南衡量辨正學者賴焉。余遠念前修。近承師教。于玩索之餘。輒自鈔纂。采眞削繁。間附管見。依據畢刻。參伍别本。蓋于前人校讎訓詁之書。凡有發明。靡不甄錄。其沿明清人評點陋習及穿鑿附會者。輒加删正。更自旁涉典籍。以廣異聞。質正師友。俾就繩墨。其或稽疑莫解。則丘蓋不言。如謂載咸陽市門之金。補高氏古注之闕。則吾豈敢。

中華民國二十有二年八月二十九日滎成許維遹

呂氏春秋集釋引用諸書姓氏

黄　生著義府

臧　琳著經義雜記

徐文靖著竹書紀年統箋

惠　棟著九經古義

盧文弨著鍾山札記

程瑶田著九穀考

段玉裁著説文解字注

桂　馥著札樸

孫志祖有校説引見吕子校補

邵晉涵著南江札記
梁玉繩著呂子校補呂子校續補
蔡雲著呂子校補獻疑
諸以敦有校說引見呂子校續補
陳昌齊著呂氏春秋正誤
錢坫著說文解字斠詮爾雅釋地四篇
王念孫著讀書雜志呂氏春秋校本(即呂氏春秋雜志初稿依畢刻本)
茆泮林著呂氏春秋補校
汪中著舊學蓄疑經義知新記
武億著經讀考異

洪亮吉著曉讀書齋雜錄

梁履繩有校說引見呂子校補

李賡芸著炳燭編

郝懿行著山海經箋疏爾雅義疏

牟庭著雪泥書屋雜志

翟灝著四書考異

江藩著爾雅小箋

朱亦棟著羣書札記

焦循著易餘籥錄孟子正義

王引之著經義述聞經傳釋詞

臧庸著拜經日記

許宗彦有校說引見呂子校續補

嚴元照有校說引見呂子校續補

陸繼輅著合肥學舍札記

日本松皐圓著畢校呂氏春秋補正(鈔本)

日本鹽田有校說引見上

俞正燮著癸巳存稿癸巳類稿

凌曙著羣書答問

沈赤然著寄傲軒隨筆

沈濤著銅熨斗齋隨筆

沈欽韓著左傳地名補注左傳補注
宋翔鳳著過庭錄
胡承珙著毛詩後箋
王　筠著說文句讀
朱駿聲著說文通訓定聲
汪遠孫著國語發正
張雲璈著四寸學
張文虎著舒蓺室隨筆
徐　鼒著讀書雜釋
沈　濂著懷小編

左暄著三餘偶筆

王紹蘭著讀書雜記説文段注訂補

林昌彝著硯桂緒錄

陳澧著聲律通考

喬松年著蘿藦亭筆記

蘇時學著爻山筆話

徐時棟著煙嶼樓讀書志煙嶼樓筆記

呂調陽著呂氏春秋釋地

孫鏘鳴著呂氏春秋高注補正

蔣超伯著南漘楛語

俞樾著諸子平議羣經平議
阮惟和著小戴日記
李慈銘著越縵堂日記
吳汝綸著呂氏春秋點勘
郭慶藩著莊子集釋
孫詒讓著札迻墨子閒詁
陶鴻慶著讀呂氏春秋札記(鈔本)
王國維著觀堂集林
劉咸炘著呂氏春秋發微
劉師培著左盦集

李寶淦著呂氏春秋高注補正

章炳麟著劉子政左氏說莊子解故管子餘義新方言

吳闓生有校說引見呂氏春秋點勘

馬叙倫著讀呂氏春秋記

吳檢齋著呂覽舊注校理（稿本）淮南舊注校理

劉叔雅著三餘札記淮南鴻烈集解莊子補正

孫蜀丞著呂氏春秋舉正（稿本）

楊樹達有校說以函札商榷而得者下同

丁聲樹

楊德崇

呂氏春秋總目

仲夏紀第五凡五篇卷第五

五曰古樂
季夏紀第六凡五篇卷第六
一曰季夏
二曰音律
三曰音初
四曰制樂
五曰明理
孟秋紀第七凡五篇卷第七
一曰孟秋
二曰蕩兵一作用兵

一曰季秋
二曰順民
三曰知士
四曰審己
五曰精通

孟冬紀第十凡五篇卷第十

一曰孟冬
二曰節喪
三曰安死
四曰異寶

三曰介立一作立意

四曰誠廉

不侵

序意一作廉孝

右爲十二紀凡六十篇又序意一篇

有始覽第一凡七篇卷第十三

一曰有始

二曰應同畢沅曰：舊本俱作名類，注云：一作應同。今案名類乃召類之譌，然與卷二十内名複，今故即以應同題篇。

三曰去尤

六曰愼人一作順人
七曰遇合
八曰必己一作本知又作不遇

愼大覽第三凡八篇卷第十五

一曰愼大
二曰權勳
三曰下賢
四曰報更
五曰順說
六曰不廣

八曰正名

審分覽第五凡八篇卷第十七

一曰審分

二曰君守

三曰任數

四曰勿躬

五曰知度

六曰慎勢

七曰不二

八曰執一

審應覽第六凡八篇卷第十八

一曰審應

二曰重言

三曰精諭

四曰離謂

五曰淫辭

六曰不屈

七曰應言

八曰具備

離俗覽第七凡八篇卷第十九

一曰離俗
二曰高義
三曰上德
四曰用民
五曰適威
六曰爲欲
七曰貴信
八曰舉難

恃君覽第八凡八篇卷第二十

一曰恃君

二曰察賢
三曰期賢
四曰審爲
五曰愛類
六曰貴卒
慎行論第二凡六篇卷第二十二
一曰慎行
二曰無義
三曰疑似
四曰壹行

一曰不苟
二曰贊能
三曰自知
四曰當賞
五曰博志
六曰貴當
似順論第五凡六篇卷第二十五
一曰似順
二曰別類
三曰有度

四曰分職
五曰處方
六曰慎小
士容論第六凡六篇卷第二十六
一曰士容
二曰務大
三曰上農
四曰任地
五曰辯土
六曰審時

右爲六論凡三十六篇

吕氏春秋集釋卷第二十六

榮成許維遹學

士容論第六　務大　上農　任地　辯土　審時

吕氏春秋訓解　高氏

一曰。士不偏不黨。柔而堅。虛而實。而。能也。其狀朖然不儇。若失其一。一。謂道也。能柔堅虛實之士。其狀貌朖然舒大。不儇給巧僞。爲之。畏失其道也。○劉先生曰。莊子徐無鬼篇。若卹若失。若喪其一。淮南子道應篇。若滅若失。若亡其一。（高彼注以若亡絶句。其一屬下讀。非是。說詳王氏淮南子雜志。）與此文若失其一。一誼。皆相類。蓋周秦之恆言。謂其狀髣髴無定耳。高注。一。謂道也。其失也泥矣。傲小物而志屬於大。傲。輕也。輕略叢脞瞖蔑之事。而志屬連於有大成功也。似無勇而未可恐。未。可恐以非義之事也。狼。執固横敢而不可

道於世而不成。既足以成顯榮矣。夫大義之不成。既有成已。故務事大。○維遹案·論大篇作故務在事·事在大·注·事·爲也·

務大

三曰。古先聖王之所以導其民者。先務於農。民農非徒爲地利也。貴其志也。民農則樸。樸則易用。易用則邊境安。主位尊。尊·重也。○畢沅曰·易用·舊本脱用字·據御覽七十七補·亢倉子農道篇作易用則邊境安·安則主位尊·又多安則二字·民農則重。重則少私義。○畢沅曰·重·亢倉子作童·亦如大戴之王言篇與家語童重互異也。○維遹案·御覽引義作議·下同·少私義則公法立。力專一。民農則其產復。○畢沅曰·御覽復作厚·亢倉子作復·下並同·○俞樾曰·兩復字並當

（作後字之誤也，後與厚古通用，釋名釋言語曰，厚，後也，莊子列禦寇篇注曰，辭而怯乃厚其身耳，釋文曰，元嘉本厚作後，是其證也，民農則其產後，言民農則其產厚也，其產厚故重徙矣，御覽兩後字並作厚，正得其義，但字仍當作後，以仍古書叚借之舊，辯土篇曰，必厚其靹，又曰，其靹而後之，亦厚後通用之證，○維遹案，復字亦通，季冬紀，水澤復，月令復作腹，鄭注，腹，厚也，茆泮林云，復腹義同，是其例，）其產復則重徙。重徙則死處。（處，居，）而無二慮。舍本而事末則不令。（令，善，○孫詒讓曰，不令謂不受令也。此三言民舍本事末之害，與上文三言民農之善文反正相對，上云，民農則樸，樸則易用，易用則邊境安，主位尊，彼農則易用，故此舍本事末則不受令，適言不可用耳，不當訓令為善也，亢倉子農道篇用此文作人捨本而事末則不一令，雖與呂子文意小異，而亦不釋令為善，蓋唐人已知高說之未安而不從之矣，）不令則不可以守。不可以戰。（戰，攻，）民舍本而事末則其產約。其產約則輕遷徙。輕遷徙則國家有患。皆有遠志。

無有居心。居，安也。民舍本而事末則好智，好智則多詐，多詐則巧法令。巧讀如巧智之巧。○畢沅曰：亢倉子有巧法令則四字在下句首。以是爲非，以非爲是。后稷曰：○梁玉繩曰：後任地亦引后稷之言，蓋上世農書也。古重農事，故以上農四篇終焉。○陳昌齊曰：曰字衍。所以務耕織者，以爲本教也。是故天子親率諸侯耕帝籍田，大夫士皆有功業。傳曰：王耕一發，班三之，庶人終于千畝，故曰皆有功業也。○畢沅曰：皆有功業，亢倉子作第有功級。注一發，周語作一墢，此作發訛。韋昭注：一墢，一耜之發也。玩注意似亢倉子本是。是故當時之務，農不見于國。當啓蟄耕農之務，農民不見于國都也。孟春紀曰：王布農事，命田舍東郊，故農民不得見于國也。以教民尊地產也。地產，嘉穀也。后妃率九嬪蠶於郊，桑於公田。是以春秋冬夏皆有麻枲絲繭之功，以力婦教也。力，任其力，效其功也。

（○畢沅曰亢倉子作勸人力婦教也）是故丈夫不織而衣。婦人不耕而食。男女貿功以長生。（貿易也○畢沅曰以長生亢倉子作資相爲業）此聖人之制也。（制法也）故敬時愛日。非老不休。（休止也○維遹案亢倉子敬愛時日下有將實課功四字）非疾不息。非死不舍。（舍置也）上田夫食九人。下田夫食五人。可以益。不可以損。（損減也）一人治之。十人食之。六畜皆在其中矣。此大任地之道也。故當時之務。不興土功。不作師徒。庶人不冠弁。（弁鹿皮冠詩云冠弁如星○畢沅曰冠弁不見詩弁攷恐是字誤○汪中曰詩淇澳會弁如星按文高氏爲長冠會語之轉○吳先生曰庶人不冠弁蓋與玉藻國家未遂則不充其服同意又與周禮閭師凡庶民不蠶者不帛不績者不衰亦略相近所云冠弁散文通言之非正指皮弁服以庶人本不得服皮弁也高云弁鹿皮冠蓋失之矣注又引詩冠弁如星冠當爲會會弁乃能如星冠弁如星則文義皆不可說舉綖文出逸詩亦非娶妻嫁女享祀。不酒醴聚衆。禮取婦之家三日不舉樂嫁女之家三日不絕燭故不以酒醴聚衆也○陶鴻慶曰據高注正文不下當有以字然此文之旨言農人嫁娶享祀但取成事不以飲讌妨其農功耳高注附會禮文實非本旨○維遹案注非此謂庶人非冠弁娶妻嫁女享祀不以酒醴聚衆與下文句法正同農不上聞。不敢私籍於庸。○孫詒讓曰上聞謂賜爵也前下賢篇說魏文侯東勝齊於長城虜齊侯獻諸天子天子賞文侯以上聞（今本譌作卿畢依史記樊噲傳如淳注引校正）史記樊噲傳賜上閒爵集解如淳云閒或作聞索隱本作聞引張晏云得竟上聞晉灼云名通於天子也然則此農得上聞者亦謂名通於官也（商子來民篇云民上無通名下無田宅無通名即不上聞也）不敢私籍於庸謂不得私養庸以代耕○維遹案孫說是養庸代耕之說亦見韓非外儲說左上爲害於時也。然後制野禁。苟非同姓。苟誠也農不出御。御妻也○松皐圓曰農字誤當作男注御下欠迎字女不外嫁。以安農也。

（異姓之女，不出閭邑而嫁也。）野禁有五：地未辟易，不操麻，不出糞。（出猶
捐也。）齒年未長，不敢爲園囿。量力不足，不敢渠地而耕。（渠，溝
也。）農不敢行（守其疆畝也。）賈不敢爲異事。（異猶他也。○孫鏘鳴曰：賈屬上讀，行
字離句，似非。○俞樾曰：此當以農不敢行賈爲句，言農恆爲農，不敢爲商也。行賈者商也。僖三十二年左傳鄭
商人弦高，杜注曰：商，行賈也。高氏以農不敢行爲句，而釋之曰：守其疆畝，失之矣。不敢爲異事，亦以農言，若如
高注以賈言，則非所謂野禁也。）爲害於時也。然後制四時之禁：山不敢
伐材下木。（伐，斫也。）澤人不敢灰僇。（燒灰，不以時，多僇。○王念孫曰：管子輕重己篇
毋戮大衍。戮、僇古通。）繯網罝罦不敢出於門，罛罟不敢入於淵。（罝，獸
罟也。詩云：肅肅兔罝。罛，魚罟也。詩云：施罛濊濊。鱣鮪發發。○維遹案：注魚上罛字原作罟，涉上文而誤，爾雅釋
器：魚罟謂之罛。詩衛風碩人篇：施罛濊濊。毛傳云：罛，魚罟。此皆高注所本。張本正作罛，今據改正。）澤非

舟虞。不敢緣名。爲害其時也。舟虞·主舟官·○李寶淦曰·澤中非舟虞有事·不敢藉以爲名·若民不力田。墨乃家畜。國家難治。三疑乃極。○畢沅曰·義未詳·○維遹案·疑讀爲擬·謂相比擬也·僭也·(說見慎勢篇下注)三官·農工賈也·此云三疑·或指三官相僭而言·下文農攻粟·工攻器·賈攻貨·是謂三官不相疑也·否則三疑乃極·於是民舍本而事末·國家有患·皆有遠志·(見上文)故下文結之曰·是謂背本反則·失毀其國·是謂背本反則。則·法也·失毀其國。凡民自七尺以上。屬諸三官。三官·農工賈也·農攻粟。工攻器。賈攻貨。攻·治也·時事不共。是謂大凶。奪之以土功。是謂稽。不絕憂唯。必喪其粃。奪之以水事。是謂籥。喪以繼樂。繼·續也·四鄰來虛。○梁玉繩曰·籥喪二字未詳·○俞樾曰·籥字義不可通·疑當作瀹·莊子知北遊篇釋文·瀹·潰也·瀹即淪之異文·奪之以水事·正與潰義相應·蓋淪變作瀹·瀹又省作蘥·又誤作籥耳·四鄰來虛·當作四鄰來虐。亦字之誤。虐與淪樂爲韵。若作虛則失其韵矣。奪之以兵事。是謂厲禍。厲摩也。因胥歲不舉銍艾。字○陶鴻慶曰。高注殊誤。此當於厲字絕句。讀爲凶厲之厲。禍字屬下讀。以四字爲句。與上文一律。上文稽唯粃爲韻。籥樂虐爲韻。虐字從俞校改。此文厲歲艾爲韻也。劉師培說同。數奪民時。大饑乃來。野有寢耒。或談或歌。旦則有昏。喪粟甚多。皆知其末。莫知其本眞。不敏也。○畢沅曰。三字疑亦正文。○劉先生曰。漢儒朴質。於所不知。皆直言不敏。淮南子天文篇注。鍾律上下相生。誘不敏也。與此注正同。畢以爲正文。失之。

上農

四曰。后稷曰。子能以窐爲突乎。窐容汙下也。突理出豐高也。○陳昌齊曰。注容當作谷。理當作垤。○俞樾曰。下文土處爲韵。溼風爲韵。堅均爲韵。穮彊爲韵。獨此二句無韵。疑突乃窔字之誤。

（六）日知録

●日知録　是顧炎武用讀書札記體例撰寫的學術著作，積三十餘年而成，是顧炎武衆多著述中最爲得意和自負的著作，自認爲「平生之志與業皆在其中」。其書初刻本爲八卷，於康熙九年（一六七〇年）刻於淮安，稱符山堂刻本；二十五年之後，顧炎武的弟子潘耒在福建建陽刊刻爲三十二卷，是爲遂初堂刻本，通行於世。全書共有一千零二十條，每條繫一題目，最長者有五千多字；最短者僅有九字。四庫全書總目提要「子部」之「雜家」中説：「書中不分門目，而編次先後則略以類從。」

●顧炎武（一六一三—一六八二）　字寧人，江蘇昆山（今江蘇昆山）人。明末清初的著名學者與思想家。初名絳，曾自署蔣山傭，學者稱亭林先生。顧炎武崇尚實學，博古通今，著有天下郡國利病書、肇域志、音學五書、日知録等。

●相關參考論著資料

——上海古籍出版社日知録集釋（外七種）

——欒保群、吕宗力校點日知録集釋

日知録集釋·姓　氏族

【導讀】

●説明　此二篇選自日知録集釋（外七種），清黄汝成等撰，上海古籍出版社（上海）據道光十四年（一八三四年）重刊定本影印，一九八五年六月第一版，此書除收録黄汝成日知録集釋外，還收入日知録八卷本、日知録之餘、李遇孫日知録續補正、丁晏日知録校正、俞樾日知録小箋、黄侃日知録校記、潘承弼日知録補校版本考略七種。

●**日知録集釋**　清 黄汝成撰。道光初，黄汝成博采閻若璩以下九十餘家之説，成日知録集釋三十二卷，其後又校以衆本，有刊誤二卷、續刊誤二卷。自此以後，凡讀日知録者多攬黄氏之書而觀。

●**黄汝成（一七九九—一八三七）**　字庸玉，江蘇 嘉定（今上海市 嘉定區）人，清 道光時諸生，一生主要致力於日知録集釋，可惜早逝，卒年三十九。

●**選文内容**　二篇選自日知録集釋卷二十三，内容是綜述上古社會姓與氏的發生與發展，對我們了解先秦時期姓、氏的區別與聯繫有很大幫助。

日知録集釋（外七種）　目録

——日知録集釋詳細目録請參：

http：//222. 29. 121. 253/person/hejin/zglswx/03_zibu/nomal_htms/03_09_zibu_rzlmu. htm

據清道光十四年嘉定黄氏西谿草廬重刊定本影印原書版框高一八八毫米寬一三三毫米

日知錄集釋三十二卷

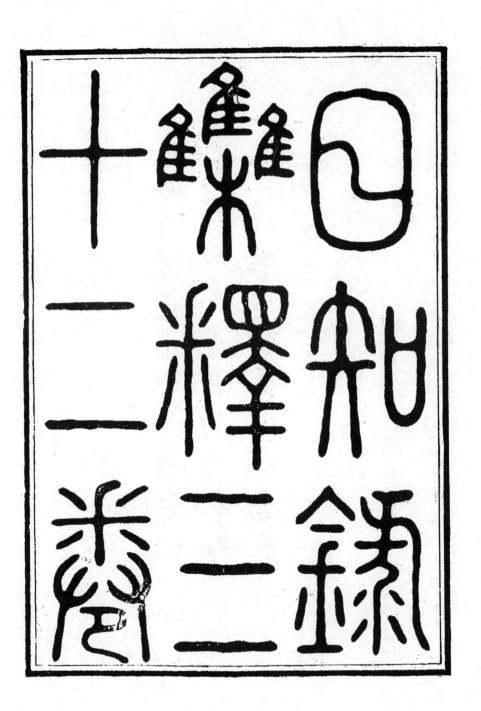

日知錄

愚自少讀書有所得輒記之其有不合時復改定或古人先我而有者則遂削之積三十餘年乃成一編取子夏之言名曰日知錄以正後之君子東吳顧炎武

卷之一

卷之二十三

姓　氏族
氏族相傳之訛　孔顏孟三氏
仲氏　以國爲氏
姓氏書　通譜
二字姓改一字　北方門族
冒姓　兩姓
古人二名止用一字　古人謚止稱一字
稱人或字或爵　子孫稱祖父字
已祧不諱　皇太子名不諱
二名不偏諱　嫌名

六六

日知錄集釋卷二十三

崑山顧炎武著　　嘉定後學黄汝成集釋

姓

言姓者本於五帝見於春秋者得二十有二嬀虞姓出顓頊封于陳姒夏姓出顓頊封于杞鄫越〔原注〕傳云沈姒蓐黄春秋時無考子殷姓出高辛封于宋〔原注〕小戎亦子姓姬周姓出黄帝封于管蔡郕霍魯衛毛聃郜雍曹滕畢原酆郇邘晉應韓凡蔣邢茅胙祭吳虞虢鄭燕魏芮彤荀賈耿滑焦楊密隨巴諸國〔原注〕驪戎大戎皆姬姓任宿須句顓臾風姓也自太皞秦趙梁徐郯江黄葛麇嬴姓也自少皞莒己姓薛任姓〔原注〕隱十一年疏引世本謝章薛舒呂祝終泉畢過十國皆任姓南燕姞姓也自黄帝〔原注〕密須亦姞姓國語又有酉滕

箴荀僖儇依七姓其封國在周世無考　杜祁姓也自陶唐楚夔權芈姓邾郳曹姓鄅偪陽妘姓鬷夷董姓也自祝融〔原注〕國語又有彭秃斟三姓在周世無考　齊申呂許紀州向姜姓也自炎帝〔原注〕又有姜戎　蓼六舒舒鳩偃姓也自咎繇胡歸姓鄧曼姓羅熊姓狄隗姓鄭瞞漆姓陰戎允姓六者不詳其所出〔原注〕國語以莒爲曹姓越爲芈姓與此異　略舉一二論之則今之孟氏季氏孫氏甯氏游氏豐氏皆姬陳氏田氏皆嬀華氏向氏樂氏魚氏皆子崔氏馬氏皆姜屈氏昭氏景氏皆芈自戰國以下之人以氏爲姓而五帝以來之姓亡矣〔原注〕或曰嬴姓出于祝融郯葛穀皆嬴姓伯益賜姓嬴秦趙徐乃其後　凡注疏家所引姓氏大抵出于世本今其書亡不能備考

氏族

禮記大傳正義諸侯賜卿大夫以氏若同姓公之子曰公子公子之子曰公孫公孫之子其親已遠不得上連於公故以王父字爲氏若適夫人之子則以五十字伯仲爲氏若魯之仲孫季孫是也若庶子妾子則以二十字爲氏〔原注〕記所云冠而字之之字則展氏臧氏是也若異姓則以父祖官及所食之邑爲氏以官爲氏者則司馬司城是也以邑爲氏者若韓趙魏是也凡賜氏族者此爲卿乃賜有大功德者生賜以族若叔孫得臣是也雖公子之身若有大功德則以公子之字賜以爲族若仲遂是也其無功德死後乃賜族若無駭是也〔原注〕按此論亦多不然詳見第一卷卿不書族條〔汝成案〕在第四卷其子孫若爲卿其君不賜族子孫自以王父字爲族也氏族對文爲

別散則通也故左傳云問族於衆仲下云公命以字爲展氏是也其姓與氏散亦得通故春秋有姜氏子氏姜子皆姓而云氏是也

戰國時人大抵猶稱氏族〔原注〕戰國策甘茂曰昔者曾子處費費人有與曾子同名族者而殺人不言姓而言族可見當時未嘗以氏爲姓也漢人則通謂之姓然氏族之稱猶有存者漢書恩澤侯表褒魯節侯公子寬以魯頃公〔元〕孫之〔元〕孫奉周祀元始元年六月丙午封子相如嗣更姓公孫氏〔原注〕平帝紀封周公後公孫相如爲褒魯侯當依表作公子寬後更爲姬氏公子公孫氏也姬姓也此變氏稱姓之一證〔沈氏曰〕大傳庶姓別于上疏以氏族解之然則漢人所云姓某氏者皆以庶姓言也

水經注漢武帝元鼎四年幸雒陽巡省豫州觀於周室邈

而無祀詢問耆老乃得孽子嘉封爲周子南君以奉周祀
按汲冢古文謂衛將軍文子爲子南彌牟其後有子南勁
紀年勁朝于魏後惠成王如衛命子南爲侯秦并六國衛
最後滅疑嘉是衛後故氏子南而稱君也據此嘉本氏子
南武帝卽以其氏命之爲爵而漢書恩澤侯表竟作姬嘉
則沒其氏而書其姓矣與襃魯之封公孫氏更爲姬氏者
正同

姓氏之稱自太史公始混而爲一本紀於秦始皇則曰姓
趙氏於漢高祖則曰姓劉氏

先生原姓篇曰男子稱氏女子稱姓氏一再傳而可變
姓千萬年而不變最貴者國君國君無氏不稱氏稱國

踐土之盟其載書曰晉重魯申衛武蔡甲午鄭捷齊潘宋王臣莒期荀偃之稱齊環衛太子之稱鄭勝晉午是也次則公子公子無氏不稱氏稱公子公子彄公子益師是也最下者庶人庶人無氏不稱氏稱名然則氏之所由興其在於卿大夫乎故曰諸侯之子爲公子公子之子爲公孫公孫之子以王父字若謚若邑若官爲氏氏焉者類族也貴貴也考之於傳二百五十五年之間有男子而稱姓者乎無有也女子則稱姓古者男女異長在室也稱姓冠之以序叔隗季隗之類是也已嫁也於國君則稱姓冠之以國江芈息嬀之類是也於大夫則稱姓冠之以大夫之氏趙姬盧蒲姜之類是也在彼

國之人稱之或冠以所自出之國若氏驪姬梁嬴之於晉顏懿姬鬷聲姬之於齊是也既卒也稱姓冠之以謚成風敬嬴之類是也亦有無謚而仍其在室之稱仲子少姜之類是也范氏之先自虞以上爲陶唐氏在夏爲御龍氏在商爲豕韋氏在周爲唐杜氏士會之帑處秦者爲劉氏夫槩王奔楚爲堂谿氏伍員屬其子於齊爲王孫氏智果別族於太史爲輔氏故曰氏可變也孟孫氏小宗之別爲子服氏爲南宫氏叔孫氏小宗之別爲叔仲氏季孫氏之支子曰季公鳥季公亥季寤稱季不稱孫故曰貴貴也魯昭公娶於吳爲同姓謂之吳孟子崔武子欲娶棠姜東郭偃曰男女辨姓今君出自丁臣

出自桓不可夫崔之與東郭氏異昭公之與夷昧代遠然同姓百世而昏姻不通者周道也故曰姓不變也是故氏焉者所以爲男別也姓焉者所以爲女坊也自秦以後之人以氏爲姓以姓稱男而周制亡而族類亂〔錢氏曰三代以前有天下者皆先聖之後封爵相承遠有代序衆皆知其得姓受氏之由虞姚夏姒殷子周姬百世而婚姻不通小史奠繫世序昭穆實掌其事不可紊也戰國分爭氏族之學久廢不講秦滅六雄廢封建雖公族亦無議貴之律匹夫編戶知有氏不知有姓久矣漢高帝起于布衣太公以上名字且無可攷況能知其族姓所出耶故項伯婁敬賜姓劉氏娥姁爲皇后亦不言何姓以氏爲姓遂爲一代之制而後世莫能改焉

氏族相傳之訛

氏族之書所指秦漢以上者大抵不可盡信唐書表李氏則云紂之時有理徵字德靈爲翼隸中吳伯〔原注〕本李延壽北史序傳

五　集部文獻

文者，所以明言也。古者登高能賦，山川能祭，師旅能誓，喪紀能誄，作器能銘，則可以爲大夫。言其因物騁辭，情靈無擁者也。唐歌虞詠，商頌、周雅，叙事緣情，紛綸相襲，自斯已降，其道彌繁。世有澆淳，時移治亂，文體遷變，邪正或殊。宋玉、屈原，激清風於南楚，嚴、鄒、枚、馬，陳盛藻於西京，平子豔發於東都，王粲獨步於漳、滏。爰逮晉氏，見稱潘、陸，並黼藻相輝，宫商間起，清辭潤乎金石，精義薄乎雲天。永嘉已後，玄風既扇，辭多平淡，文寡風力。降及江東，不勝其弊。宋、齊之世，下逮梁初，靈運高致之奇，延年錯綜之美，謝玄暉之藻麗，沈休文之富溢，煇焕斌蔚，辭義可觀。梁簡文之在東宫，亦好篇什，清辭巧製，止乎衽席之間，彫琢蔓藻，思極閨闈之内。後生好事，遞相放習，朝野紛紛，號爲宫體。流宕不已，訖于喪亡。陳氏因之，未能全變。其中原則兵亂積年，文章道盡。後魏文帝，頗效屬辭，未能變俗，例皆淳古。齊宅漳濱，辭人間起，高言累句，紛紜絡繹，清辭雅致，是所未聞。後周草創，干戈不戢，君臣戮力，專事經營，風流文雅，我則未暇。其後南平漢、沔，東定河朔，訖于有隋，四海一統，采荊南之杞梓，收會稽之箭竹，辭人才士，總萃京師。屬以高祖少文，煬帝多忌，當路執權，逮相擯壓。於是握靈蛇之珠，韞荊山之玉，轉死溝壑之内者，不可勝數，草澤怨刺，於是興焉。古者陳詩觀風，斯亦所以關乎盛衰者也。班固有詩賦略，凡五種，今引而伸之，合爲三種，謂之集部。（隋書 經籍志）

附圖表二十三：清人繪聊齋志異插圖

集部作爲中國傳統目録學中的一個分類，主要著録詩文集。漢書藝文志中已有「詩賦略」，著録諸家賦集、詩歌集；隋書經籍志中「集部」的下面，則分「楚辭」、「别集」、「總集」三類，楚辭類著録楚辭及研究楚辭的作品，别集類著録個人的詩文集，總集類著録的是彙編衆家之作的作品。四庫全書總目中的「集部」於上述三類外，又增加了「詩文評」、「詞曲」二類，前者著録歷代評論詩文等文學作品，後者著録宋以來的詞、曲作品。

集部圖書中的主體是别集，内容豐富而龐雜，除了詩文外，還包括了許多經學、史學、子學方面的内容，有不可低估的史料價值。

四庫全書總目和販書偶記及販書偶記續編著録集部圖書，總計約有九千餘部，十一萬七千多卷。

韓昌黎文集校注·諱辯

【導讀】

●**説明** 本文選自韓昌黎文集校注，唐 韓愈撰，馬其昶校注，馬茂元整理，上海古籍出版社（上海）一九八六年十二月第一版。此書以一九五七年古典文學出版社斷句本分段標點重排出版。

●**韓愈（七六八—八二四）** 字退之，唐 河南府 河陽縣（今河南 孟縣）人。唐代著名文學家，爲「唐宋八大家」之首。唐德宗 貞元八年進士，曾官監察御史、國子祭酒、吏部侍郎、御史大夫等。死後謚「文」，世稱韓文公。其先世郡望昌黎，後人稱之爲昌黎先生。

●**韓昌黎文集校注** 唐 韓愈撰，馬其昶校注。韓愈文集，由韓愈的門人李漢編定共四十卷，其中詩十卷，文三十卷，宋代學者又做了一些輯佚補綴。清末馬其昶以明代 萬曆中徐世泰所刊東雅堂本昌黎先生集爲底本進行批校，採集了明清各家對韓集的評説，自己又作了許多訂正和補充，歷時十三年，於一九〇七年完成韓昌黎文集校注。

●**馬其昶（一八五五—一九三〇）** 字通伯，晚號抱潤翁，安徽 桐城（今安徽 桐城）人，以古文聞名，是桐城派末期代表作家。光緒年間曾任學部主事，後任京師大學堂教習，曾參與纂修清史。撰有桐城耆舊傳、易費氏學、毛詩學、老子故、屈賦微等。

●**選文内容** 本篇選自韓昌黎文集校注卷一，内容是韓愈爲李賀因爲父名晉肅而不能參加舉進士進行辯駁。

韓昌黎文集校注敍例

韓集世所通行者，爲明萬曆中徐世泰所刊東雅堂本。其注出宋末廖瑩中手，採魏仲舉五百家注本爲多，間有引他書者十之三，復删節朱熹考異散入各條下。雖多存宋以前舊說，而遴選失當，文義多乖，讀者病之。顧是後亦乏善本。三百年來，其書仍獨行而不廢也。

曩余於家中藏書得先大父抱潤公批校東雅堂本韓集一部，朱筆細字，遍佈書中，手澤所存，珍護靡已。嗣讀公所著讀書記，得知公嘗欲爲韓集作注，然未見成書；意者，此其初稿歟？書前有題記二：一爲光緒二十年冬十二月，記云：「點讀一過，并錄先師張廉卿先生及吳至甫師平語，凡九日畢。其文中圈點，以私意衷取二家，不盡依原本。」其一則記於光緒三十三年。時公館合肥李氏。李氏富藏書，公復博採諸家之說，補苴舊注，增益十倍於前。記中臚列諸家名氏，間綴數語其下。於沈文起云：「名欽韓，吳縣人，嘉慶丁卯舉人，寧國訓導。有韓集補注，未見傳本，健父以重金購得其初注手稿，寫於覆刻東雅堂本行間眉上幾滿。沈病宋人所注率空疎臆測，故徵引極繁富，然往往失之支蔓；尤喜醜詆朱子。今擇其精要者要删之。」他亦有雜記其官階鄉里及成書始末者，詳略不一。凡前後所列二十七家，

韓昌黎文集校注敍例　一

然實不止此數。又公所自爲說亦若干條；其訂正舊註之失，增删點竄其文字者無慮數百處。余發而讀之，竊見其融會羣言，自具爐冶，凡所甄錄，并刊落浮詞，存其粹語，蓋非獨於沈氏書爲然也。公晚歲殫究羣經子史，兼耽內典，於談藝論文若有不暇爲者，注韓未成，職是故耳。是稿雖出中年，未經寫定，然前後歷十餘載，用力甚勤；以視舊本，蓋充實完善矣。

舊本詩文合編。韓詩單行注本，清人有之，故公特詳於文。茲謹據原稿重加勘校，編次文集成書，倘亦公之遺意耶！其體例如次：

一徐氏東雅堂刊本昌黎先生集四十卷、外集十卷、遺文一卷、昌黎先生集傳一卷，今去詩存文，併爲文集八卷、文外集二卷、遺文一卷，附錄集外文三篇，集傳一卷仍舊。

一徐本各篇標題、先後次第以及文章分類多淆亂失當者，然沿襲有自，未便更張，今一仍其舊。其尤誤者，注中時有所是正。讀者當自得之。

一舊註取材及體例，均見其重校昌黎集凡例中，今一併刊載。本書增輯諸家之說，概標〔補注〕字樣，並列舉姓氏，以資識別。

一補注中所採各家之說，無論其爲訓釋文字，或考覈名物或疏證史實，或評量文章者，各按其性質繫於本文每句或每段之下。其關涉全文者，則繫之篇題之下，均次於舊注之後云。

一九五七年三月馬茂元誌於上海

重校昌黎集凡例

是集慶元間魏仲舉刊五百家註引洪興祖、樊汝霖、孫汝聽、韓醇、劉崧、祝充、蔡元定諸家註文，洪辨證，樊譜註，孫、韓、劉全解，祝音義，蔡補註。未免冗複；而方崧卿舉正朱子校本考異卻未附入，讀者病之。今以朱子校本考異爲主，而删取諸家要語附註其下，庶讀是書者，開卷曉然。今舉凡例于左：

一朱子考異凡例見于文集序首，並仍其舊。

一閣京杭蜀石本異同，已見朱子考異凡例，今更加讎校，是正頗多。觀者當自知之。

一註引經子史等事，則書于考異之上，釋音則附其下。

一「今按」云云者，並是考異全文。

一註引經子史書傳事爲證者則入。如集中有關繫時政及公卿拜罷月日，更博採新舊史唐登科記附益之。

一舊註引某氏云者，今倣朱子離騷集註例，皆删去，惟考異下有糾方之繆者則存之，如復志賦「誰無施而有穫」所辯之類是也。

一　先儒議論有關繫者，隨所聞見增入，如閔己賦「固哲人之細事兮」，東坡顏樂亭記嘗有評議之類是也。

一　正文或有疑字，並依考異文從□，如藍田縣丞廳壁記「再進再屈□人」之類是也。

一　皇朝廟諱，諸本多易本字，如「貞元」作「正元」之類，非臨文不諱之義，徒失古意。今例：但空本字點畫；若唐諱，如以「丙」爲「景」，以「民」爲「人」之類，卻存古不改。

一　考異於正文本字，或一字或二字並提起。今例：如本字在句末，即入註腳，不復重出句讀中，或一兩字各有考異，並總附於一句之下。

韓昌黎文集目錄

鴈門守者，謁規，規臥不起，既入而問：「卿前在郡食鴈美乎？」有頃，王符在門，規素聞符名，衣不及帶，屣履出迎，時人爲之語曰：「徒見二千石，不如一逢掖。」

仲長統公理〔一〕，山陽高平。謂高幹有雄志而無雄才〔二〕，其後果敗〔三〕。以此有聲，俶儻敢言〔四〕，語默無常，人以爲狂生。州郡會召，稱疾不就，著論見情。初舉尚書郎〔五〕，後參丞相軍事，卒不至于榮。論說古今，發憤著書，昌言是名〔六〕。友人繆襲，稱其文章，足繼西京〔七〕。四十一終〔八〕，何其短邪，嗚呼先生〔九〕！

〔一〕仲長統字公理。或無「仲」字。　〔二〕「謂」上或有「自」字。　〔三〕并州刺史高幹素貴有名，士多歸附，時統過幹，幹訪以當時之事，統謂幹曰：「君有雄志而無雄才。」未幾，幹以并州叛，卒至於敗。　〔四〕「俶」或作「倜」，或云「俶」與傳合。　〔五〕「舉」下或有「高第」字。今按本傳無「高第」字。　〔六〕長統著論名曰昌言，凡三十四篇。　〔七〕「文章」，或云考本傳當作「才章」，公三贊未嘗私立一語。〔補注〕按本傳注襲字熙伯，辟御史府，後至尚書光祿勳。　〔八〕「一」下或有「而」字。　〔九〕〔補注〕曾國藩曰：三句用韻，略仿秦碑。

諱辯

舊史公傳云：「李賀父名晉肅，不應進士，而愈爲賀作諱辯，令舉進士。」蓋以是罪公。而新史則書其事於賀傳，云：以父名晉肅不肯舉進士，愈爲作諱辯，然亦卒不就舉。

愈與李賀書〔一〕，勸賀舉進士。賀舉進士有名，與賀爭名者毀之〔二〕，曰：「賀父名晉肅，賀不舉進士爲是，勸之舉者爲非。」聽者不察也〔三〕，和而唱之，同然一辭。皇甫湜曰：「若不明白，子與賀且得罪！」〔四〕

〔一〕「李」上或有「進士」二字，非是。〔二〕此公自言嘗勸李賀舉進士，而賀從己說，舉進士有名稱，故與之爭名者毀之也。今方氏乃從諸本删去「名」字，而以「有」字屬下句，遂使復出四字爲剩語，而「爭名」二字無所承。故諸本亦有覺其誤者，而并删四字以從省，雖若小勝方本，然要爲失韓公本指，而不究毀者之情也。方本又無「之」字，亦非是。方又云康駢劇談錄謂公此文因元稹而發，董彥遠謂賀死元和中，使稹爲禮部亦不相及爭名。蓋當時同試者。〔補注〕陳景雲曰：元稹爲禮部在長慶初，賀前卒久矣。〔三〕或無「也」字。〔四〕或無「若」字。

愈曰：「然。」律曰：「二名不偏諱。」釋之者曰：謂若言「徵」不稱「在」，言「在」不稱「徵」是也。律曰：「不諱嫌名。」釋之者曰：謂若「禹」與「雨」、「丘」與「蓲」之類是也〔一〕。今賀父名晉肅，賀舉進士，爲犯「二名律」乎？爲犯「嫌名律」乎？父名晉肅，子不得舉進士；若父名「仁」，子不得爲人乎〔二〕？

〔一〕「蓲」與「丘」同音烏。「蓲」，草名。或無此注字。〔二〕「嫌名律乎」下，諸本皆有此二十字，或從杭本去之，非是。

夫諱始於何時？作法制以教天下者，非周公孔子歟？周公作詩不諱〔一〕；孔子不偏諱二名〔二〕；春秋不譏不諱嫌名〔三〕；康王釗之孫實爲昭王〔四〕；曾參之父名晳，曾子不諱「昔」〔五〕。周之時有騏期，漢之時有杜度〔六〕，此其子宜如何諱？將諱其嫌，遂諱其姓乎？將不諱其嫌者乎？漢諱武帝名徹爲「通」〔七〕，不聞又諱「車轍」之「轍」爲某字也；諱呂后名雉爲「野雞」，不聞又諱「治天下」之「治」爲某字也〔八〕。今上章及詔不聞諱「滸」、「勢」、「秉」、「饑」也〔九〕，惟宦官宮妾乃不敢言「諭」及「機」，以爲觸犯〔一〇〕。士君子言語行事，宜何所法守也〔一一〕？今考之於經，質之於律，稽之以國家之典，賀舉進士爲可邪，爲不可邪〔一二〕？

〔一〕若曰「克昌厥後」，又曰「駿發爾私」，謂文王名昌，武王名發也。「若」字或作「周公」。　〔二〕若曰「宋不足徵」，又曰「某在斯」。「若」字或作「孔子」。　〔三〕若衞桓公名「完」。本或無「若」字。　〔四〕康王名釗。「釗」音昭。　〔五〕若曰「昔者吾友」，又曰「裼裘而弔」。「若」字，或作「曾子」。　〔六〕「期」字「度」字下，或並有「者」字。董彥遠曰：騏期以姓苑考之爲「綦」。又李涪謂杜操字伯度，魏人。以武帝諱，謂杜度，公誤用也。然張仲景方自有杜度，公所用，或出此。〔補注〕沈欽韓曰：晉書衞恆傳云：章帝時齊相杜度善草書。韓公所指，即其人也。　〔七〕謂「徹侯」爲「通侯」、「蒯徹」爲「蒯通」之類。　〔八〕或無下「又諱」二字。顔氏家訓曰：「桓公名白，傳有『五皓』之稱；厲王名長，琴有『脩短』之目。不聞謂『布帛』爲『布皓』，呼『腎腸』爲『腎脩』。」公言蓋有自也。今按：公言或與顔氏偶同，未必用其語也。　〔九〕以「滸」、「勢」、「秉」、「饑」，爲近太祖、太宗、世祖、玄宗廟諱。蓋太祖名虎、太宗名世民、世祖名昞、玄宗名隆基。「滸」，呼古切。　〔一〇〕以「諭」爲近代宗廟諱，以「機」爲近玄宗廟諱。代宗諱豫，玄宗諱見上。　〔一一〕「言語」，或作「立言」。　〔一二〕或無

「舉」字，「爲可」下，或無「邪」字，或無「邪爲」二字。

凡事父母得如曾參，可以無譏矣；作人得如周公孔子，亦可以止矣〔一〕。今世之士，不務行曾參周公孔子之行，而諱親之名則務勝於曾參周公孔子，亦見其惑也〔二〕！夫周公孔子曾參卒不可勝；勝周公孔子曾參，乃比於宦者宮妾：則是宦者宮妾之孝於其親，賢於周公孔子曾參者耶〔三〕？

〔一〕「矣」，或並作「也」，或並作「邪」。〔補注〕李光地曰：此處承上「事父母」，故先曾參；以下泛論，故先周公孔子：韓文之不苟如此。〔二〕〔補注〕張裕釗曰：理足詞勝，足以厭乎人人之心。〔三〕「宦者」，或並作「宦官」。〔補注〕劉大櫆曰：結處反覆辨難，曲盤瘦硬，已開半山門戶；但韓公力大、氣較渾融，半山便稍露筋節。張裕釗曰：收處極文章之能事，介甫所謂飄風急雨之驟至，輕馬駿馬之奔馳，最得其妙。

訟風伯

「訟」，或作「譏」，非是。德宗貞元十九年正月不雨，至七月甲戌。公時爲四門博士，作此專以刺權臣裴延齡、李齊運、京兆尹李實之徒，壅蔽聰明，不顧旱飢，專於誅求，使人君恩澤不得下流，如風吹雲而雨澤不得墜也。是年冬，公拜御史，竟以言旱飢謫陽山云。〔補注〕沈欽韓曰：延齡死久矣，與李齊運皆死於貞元十二年。舊注誤。何焯曰：厚齊云：曹子建誥咎文，假天帝之命，以詰風伯雨師；公訟風伯，蓋本於此。方苞曰：樸厚近西漢人，頗不類楚辭。

維茲之旱兮，其誰之由〔一〕？我知其端兮，風伯是尤。山升雲兮澤上氣，雷鞭車兮電搖

附圖表二十四：《漢書·藝文志》分類

六藝略	諸子略	兵書略	術數略	方技略	詩賦略
(1)易	(1)儒	(1)兵權謀	(1)天文	(1)醫經	(1)賦（屈原等）
(2)書	(2)道	(2)兵形勢	(2)曆譜	(2)經方	(2)賦（陸賈等）
(3)詩	(3)陰陽	(3)陰陽	(3)五行	(3)神仙	(3)賦（孫卿等）
(4)禮	(4)法	(4)兵技巧	(4)蓍龜	(4)房中	(4)雜賦
(5)樂	(5)名		(5)雜占		(5)歌詩
(6)春秋	(6)墨		(6)形法		
(7)論語	(7)縱横				
(8)孝經	(8)雜				
(9)小學	(9)農				
	(10)小説				

附圖表二十五：《隋書·經籍志》分類

經部	史部	子部	集部
(1)易	(1)正史	(1)儒	(1)楚辭
(2)書	(2)古史	(2)道	(2)别集
(3)詩	(3)雜史	(3)法	(3)總集
(4)禮	(4)霸史	(4)名	
(5)樂	(5)起居注	(5)墨	
(6)春秋	(6)舊事	(6)縱横	
(7)孝經	(7)職官	(7)雜	
(8)論語	(8)儀注	(8)農	
(9)讖緯	(9)刑法	(9)小説	
(10)小學	(10)雜傳	(10)兵	
	(11)地理	(11)天文	
	(12)譜系	(12)曆數	
	(13)簿録	(13)五行	
		(14)醫方	

附圖表二十六：四庫全書總目分類

經　部	史　部	子　部	集　部
(1)易類	(1)正史類	(1)儒家	(1)楚辭類
(2)書類	(2)編年類	(2)兵家	(2)別集類
(3)詩類	(3)紀事本末類	(3)法家	(3)總集類
(4)禮類	(4)別史類	(4)農家	(4)詩文評類
(5)春秋類	(5)雜史類	(5)醫家	(5)詞曲類
(6)孝經類	(6)詔令奏議類	(6)天文演算法	
(7)五經總義類	(7)傳記類	(7)數術	
(8)四書類	(8)史鈔類	(8)藝術	
(9)樂類	(9)載記類	(9)譜録	
(10)小學類	(10)時令類	(10)類書	
	(11)地理類	(11)雜家	
	(12)職官類	(12)小説家	
	(13)政書類	(13)釋家	
	(14)目録類	(14)道家	
	(15)史評類		

附圖表二十七：「二十四史」一覽表

序號	書名	修撰者	本紀	表	書志	世家	列傳：列傳	列傳：四夷附録	載記	國語解	卷數	内容起止
1	史記	[西漢]司馬遷	12	10	8	30	70				130	記自傳説中的黄帝至西漢武帝時期
2	漢書	[東漢]班固	12	8	10		70				100	記西漢(前206—23年)
3	後漢書	[南朝宋]范曄	10		30		80				120	記東漢(25—220年)
4	三國志	[西晋]陳壽	4				61				65	記三國時期(220—280年)
5	晉書	[唐]房玄齡等	10		20		70		30		130	記兩晉(265—420年)
6	宋書	[南朝梁]沈約	10		30		60				100	記南朝宋(420—479年)
7	南齊書	[南朝梁]蕭子顯	8		11		40				59	記南朝齊(479—502年)
8	梁書	[唐]姚思廉	6				50				56	記南朝梁(502—557年)
9	陳書	[唐]姚思廉	6				30				36	記南朝陳(557—589年)
10	魏書	[北齊]魏收	12		20		98				130	記自北魏建國至東魏滅亡(386—550年)
11	北齊書	[唐]李百藥	8				42				50	記北齊(550—577年)
12	周書	[唐]令狐德棻等	8				42				50	記北周(557—581年)
13	南史	[唐]李延壽	10				70				80	記南朝宋、齊、梁、陳四朝(420—589年)
14	北史	[唐]李延壽	12				88				100	記北朝和隋(386—618年)
15	隋書	[唐]魏徵等	5		30		50				85	記隋代(581—618年)
16	舊唐書	[五代後晋]劉昫等	20		30		150				200	記唐代(618—907年)
17	新唐書	[北宋]歐陽修、宋祁	10	15	50		150				225	記唐代(618—907年)
18	舊五代史	[北宋]薛居正	61		12		77				150	記五代梁、唐、晋、漢、周(907—960年)
19	新五代史	[北宋]歐陽修	12	1	3	10	45	3			74	記五代梁、唐、晋、漢、周(907—960年)
20	宋史	[元]脱脱等	47	32	162		255				496	記兩宋(960—1279年)
21	遼史	[元]脱脱等	30	8	32		45			1	116	記遼代(907—1125年)
22	金史	[元]脱脱等	19	4	39		73				135	記金代(1115—1234年)
23	元史	[明]宋濂等	47	8	58		97				210	記元代(1206—1368年)
24	明史	[清]張廷玉等	24	13	75		220				332	記明代(1368—1644年)

附録：簡化字總表

（一九八六年國家語言文字工作委員會頒佈）

第一表

不作簡化偏旁用的簡化字

本表共收簡化字三五〇個，按讀音的拼音字母順序排列。本表的簡化字都不得作簡化偏旁使用。

A

碍〔礙〕肮〔骯〕袄〔襖〕

B

坝〔壩〕板〔闆〕办〔辦〕帮〔幫〕宝〔寶〕报〔報〕币〔幣〕毙〔斃〕标〔標〕表〔錶〕别〔彆〕卜〔蔔〕补〔補〕

C

才〔纔〕蚕〔蠶〕(1)灿〔燦〕层〔層〕搀〔攙〕谗〔讒〕馋〔饞〕缠〔纏〕(2)忏〔懺〕偿〔償〕厂〔廠〕彻〔徹〕尘〔塵〕衬〔襯〕称〔稱〕惩〔懲〕迟〔遲〕冲〔衝〕丑〔醜〕出〔齣〕础〔礎〕处〔處〕触〔觸〕辞〔辭〕聪〔聰〕丛〔叢〕

D

担〔擔〕胆〔膽〕导〔導〕灯〔燈〕邓〔鄧〕敌〔敵〕籴〔糴〕递〔遞〕点〔點〕淀〔澱〕电〔電〕冬〔鼕〕斗〔鬥〕独〔獨〕吨〔噸〕夺〔奪〕堕〔墮〕

E

儿〔兒〕

F

矾〔礬〕范〔範〕飞〔飛〕坟〔墳〕奋〔奮〕粪〔糞〕凤〔鳳〕肤〔膚〕妇〔婦〕复〔復、複〕

G

盖〔蓋〕干〔乾(3)、幹〕赶〔趕〕个〔個〕巩〔鞏〕沟〔溝〕构〔構〕购〔購〕谷〔穀〕顾〔顧〕刮〔颳〕关〔關〕观〔觀〕柜〔櫃〕

H

汉〔漢〕号〔號〕合〔閤〕轰〔轟〕后〔後〕胡〔鬍〕壶〔壺〕沪〔滬〕护〔護〕划〔劃〕怀〔懷〕坏〔壞〕(4)欢〔歡〕环〔環〕还〔還〕回〔迴〕伙〔夥〕(5)获〔獲、穫〕

J

击〔擊〕鸡〔鷄〕积〔積〕极〔極〕际〔際〕继〔繼〕家〔傢〕价〔價〕艰〔艱〕歼〔殲〕茧〔繭〕拣〔揀〕硷〔鹼〕舰〔艦〕姜〔薑〕浆〔漿〕(6)桨〔槳〕奖〔獎〕讲〔講〕酱〔醬〕胶〔膠〕阶〔階〕疖〔癤〕洁〔潔〕借〔藉〕(7)仅〔僅〕惊〔驚〕竞〔競〕旧〔舊〕剧〔劇〕据〔據〕惧〔懼〕卷〔捲〕

K

开〔開〕克〔剋〕垦〔墾〕恳〔懇〕夸〔誇〕块〔塊〕亏〔虧〕困〔睏〕

L

腊〔臘〕蜡〔蠟〕兰〔蘭〕拦〔攔〕栏〔欄〕烂〔爛〕累〔纍〕垒〔壘〕类〔類〕(8)里〔裏〕礼〔禮〕隶〔隸〕帘〔簾〕联〔聯〕怜〔憐〕炼〔煉〕练〔練〕粮〔糧〕疗〔療〕辽〔遼〕了〔瞭〕(9)猎〔獵〕临〔臨〕(10)邻〔鄰〕岭〔嶺〕(11)庐〔廬〕芦〔蘆〕炉〔爐〕陆〔陸〕驴〔驢〕乱〔亂〕

M

么〔麼〕(12)霉〔黴〕蒙〔矇、濛、懞〕梦〔夢〕面〔麵〕庙〔廟〕灭〔滅〕蔑〔衊〕亩〔畝〕

N

恼〔惱〕脑〔腦〕拟〔擬〕酿〔釀〕疟〔瘧〕

P

盘〔盤〕辟〔闢〕苹〔蘋〕凭〔憑〕扑〔撲〕仆〔僕〕(13) 朴〔樸〕

Q

启〔啓〕签〔籤〕千〔韆〕牵〔牽〕纤〔縴、纖〕(14)窍〔竅〕窃〔竊〕寝〔寢〕庆〔慶〕(15)
琼〔瓊〕秋〔鞦〕曲〔麯〕权〔權〕劝〔勸〕确〔確〕

R

让〔讓〕扰〔擾〕热〔熱〕认〔認〕

S

洒〔灑〕伞〔傘〕丧〔喪〕扫〔掃〕涩〔澀〕晒〔曬〕伤〔傷〕舍〔捨〕沈〔瀋〕声〔聲〕胜〔勝〕湿〔濕〕实〔實〕适〔適〕(16)
势〔勢〕兽〔獸〕书〔書〕术〔術〕(17)树〔樹〕帅〔帥〕松〔鬆〕
苏〔蘇、囌〕虽〔雖〕随〔隨〕

T

台〔臺、檯、颱〕态〔態〕坛〔壇、罎〕叹〔嘆〕誊〔謄〕体〔體〕粜〔糶〕铁〔鐵〕听〔聽〕厅〔廳〕(18)头〔頭〕图〔圖〕涂〔塗〕团〔團、糰〕椭〔橢〕

W

洼〔窪〕袜〔襪〕(19)网〔網〕卫〔衛〕稳〔穩〕务〔務〕雾〔霧〕

X

牺〔犧〕习〔習〕系〔係、繫〕(20)戏〔戲〕虾〔蝦〕吓〔嚇〕(21)咸〔鹹〕显〔顯〕宪〔憲〕县〔縣〕(22)响〔響〕向〔嚮〕协〔協〕胁〔脅〕亵〔褻〕衅〔釁〕兴〔興〕须〔鬚〕悬〔懸〕选〔選〕旋〔鏇〕

Y

压〔壓〕(23)盐〔鹽〕阳〔陽〕养〔養〕痒〔癢〕样〔樣〕钥〔鑰〕药〔藥〕爷〔爺〕叶〔葉〕(24)医〔醫〕亿〔億〕忆〔憶〕应

〔應〕痈〔癰〕拥〔擁〕佣〔傭〕踊〔踴〕忧〔憂〕优〔優〕邮〔郵〕余〔餘〕(25)御〔禦〕吁〔籲〕(26)郁〔鬱〕誉〔譽〕渊〔淵〕园〔園〕远〔遠〕愿〔願〕跃〔躍〕运〔運〕酝〔醞〕

Z

杂〔雜〕赃〔贜〕脏〔臟、髒〕凿〔鑿〕枣〔棗〕灶〔竈〕斋〔齋〕毡〔氈〕战〔戰〕赵〔趙〕折〔摺〕(27)这〔這〕征〔徵〕(28)症〔癥〕证〔證〕只〔隻、衹、祇〕致〔緻〕制〔製〕钟〔鐘、鍾〕肿〔腫〕种〔種〕众〔衆〕昼〔晝〕朱〔硃〕烛〔燭〕筑〔築〕庄〔莊〕(29)桩〔樁〕妆〔妝〕装〔裝〕壮〔壯〕状〔狀〕准〔準〕浊〔濁〕总〔總〕钻〔鑽〕

注釋：

(1)蚕： 上從天，不從夭。
(2)缠： 右從廛，不從厘。
(3)乾坤、乾隆的乾讀qián（前），不簡化。
(4)不作坯。坯是磚坯的坯，讀pī（批），坏坯二字不可互混。
(5)作多解的夥不簡化。
(6)浆、桨、奖、酱： 右上角從夕，不從夕或爫。
(7)藉口、凭藉的藉簡化作借，慰藉、狼藉等的藉仍用藉。
(8)类： 下從大，不從犬。
(9)瞭： 讀liǎo（了解）時，仍簡作了，讀liào（瞭望）時作瞭，不簡作了。
(10)临： 左從一短竪一長竪，不從刂。
(11)岭： 不作岺，免與岑混。
(12)讀me輕聲。讀yāo（夭）的么應作幺（么本字）。吆應作吆。麽讀mó（摩）時不簡化，如幺麽小醜。
(13)前仆後繼的仆讀pū（扑）。
(14)纖維的纤讀xiān（先）。

(15)庆：從大，不從犬。
(16)古人南宫适、洪适的适（古字罕用）讀kuò（括）。此适字本作适，为了避免混淆，可恢复本字适。
(17)中藥苍术、白术的术讀zhú（竹）。
(18)厅：從厂，不從广。
(19)袜：從末，不從未。
(20)系带子的系讀jì（計）。
(21)恐吓的吓讀hè（赫）。
(22)县：七筆。上從且。
(23)压：六筆。土的右旁有一點。
(24)叶韻的叶讀xié（协）。
(25)在余和馀意义可能混淆時，仍用馀。如文言句「馀年無多」。
(26)喘吁吁，長吁短嘆的吁讀xū（虛）。
(27)在折和摺意義可能混淆時，摺仍用摺。
(28)宫商角徵羽的徵讀zhǐ（止），不簡化。
(29)庄：六筆。土的右旁無點。

第二表

可作簡化偏旁用的簡化字和簡化偏旁

本表共收簡化字一三二個和簡化偏旁十四個。簡化字按讀音的拼音字母順序排列，簡化偏旁按筆數排列。

A

爱〔愛〕

B

罢〔罷〕备〔備〕贝〔貝〕笔〔筆〕毕〔畢〕边〔邊〕宾〔賓〕

C

参〔參〕仓〔倉〕产〔産〕长〔長〕（1）尝〔嘗〕（2）车〔車〕齿〔齒〕虫〔蟲〕刍〔芻〕从〔從〕窜〔竄〕

D

达〔達〕带〔帶〕单〔單〕当〔當、噹〕党〔黨〕东〔東〕动〔動〕断〔斷〕对〔對〕队〔隊〕

E

尔〔爾〕

F

发〔發、髮〕丰〔豐〕（3）风〔風〕

G

冈〔岡〕广〔廣〕归〔歸〕龟〔龜〕国〔國〕过〔過〕

H

华〔華〕画〔畫〕汇〔匯、彙〕会〔會〕

J

几〔幾〕夹〔夾〕戋〔戔〕监〔監〕见〔見〕荐〔薦〕将〔將〕（4）节〔節〕尽〔盡、儘〕进〔進〕举〔舉〕

K

壳〔殼〕（5）

L

来〔來〕乐〔樂〕离〔離〕历〔歷、曆〕丽〔麗〕（6）两〔兩〕灵〔靈〕刘〔劉〕龙〔龍〕娄〔婁〕卢〔盧〕虏〔虜〕卤〔鹵、滷〕录〔録〕虑〔慮〕仑〔侖〕罗〔羅〕

M

马〔馬〕（7）买〔買〕卖〔賣〕（8）麦〔麥〕门〔門〕黾〔黽〕（9）

N

难〔難〕鸟〔鳥〕（10）聂〔聶〕宁〔寧〕（11）农〔農〕

Q

齐〔齊〕岂〔豈〕气〔氣〕迁〔遷〕佥〔僉〕乔〔喬〕亲〔親〕穷〔窮〕区〔區〕（12）

S

啬〔嗇〕杀〔殺〕审〔審〕圣〔聖〕师〔師〕时〔時〕寿〔壽〕属〔屬〕双〔雙〕肃〔肅〕（13）岁〔歲〕孙〔孫〕

T

条〔條〕（14）

W

万〔萬〕为〔爲〕韦〔韋〕乌〔烏〕（15）无〔無〕（16）

X

献〔獻〕乡〔鄉〕写〔寫〕（17）寻〔尋〕

Y

亚〔亞〕严〔嚴〕厌〔厭〕尧〔堯〕（18）业〔業〕页〔頁〕义〔義〕（19）艺〔藝〕阴〔陰〕隐〔隱〕犹〔猶〕鱼〔魚〕与〔與〕云〔雲〕

Z

郑〔鄭〕执〔執〕质〔質〕专〔專〕

簡化偏旁

讠〔言〕(20)饣〔食〕(21)𠃓〔昜〕(22)纟〔糸〕収〔臤〕𫇦〔𤇾〕𭕄〔臨〕只〔戠〕

钅〔金〕(23)⺍〔𦥯〕𠬤〔睪〕(24)𢀖〔巠〕亦〔䜌〕呙〔咼〕

(1)長： 四筆。筆順是： ノㄥ长長。

(2)嘗： 不是賞的簡化字。賞的簡化字是賞(見第三表)。

(3)四川省酆都縣已改豐都縣。姓酆的酆不簡化作邦。

(4)將： 右上角從夕，不從夕或⺤。

(5)殻： 幾上没有一小横。

(6)麗： 七筆。上邊一横，不作兩小横。

(7)馬： 三筆。筆順是： ㄱ马馬。上部向左稍斜，左上角開口，末筆作左偏旁時改作平挑。

(8)賣： 從十從買，上不從士或土。

(9)黽： 從口從電。

(10)烏： 五筆。

(11)作門屏之間解的寧(古字罕用)讀zhù(柱)。爲避免此寧字與寧的簡化字混淆，原讀zhù的寧作宁。

(12)區： 不作区。

(13)肅： 中間一竪下面的兩邊從八，下半中間不從米。

(14)條： 上從夂，三筆，不從攵。

(15)烏： 四筆。

(16)無： 四筆。上從二，不可誤作旡。

(17)寫： 上從冖，不從宀。

(18)堯：六筆。右上角無點，不可誤作尧。
(19)義：從乂（讀yì）加點，不可誤作叉（讀chā）。
(20)訁：二筆。不作讠。
(21)飠：三筆。中一橫折作㇇，不作丶或點。
(22)昜：三筆。
(23)釒：第二筆是一短橫，中兩橫，豎折不出頭。
(24)睪丸的睪讀gāo（高），不簡化。

第三表

應用第二表所列簡化字和簡化偏旁得出來的簡化字

本表共收簡化字一七五三個（不包含重見的字。例如「纜」分見「糹、𥃭、見」三部，只算一字），以第二表中的簡化字和簡化偏旁作部首，按第二表的順序排列。同一部首中的簡化字，按筆數排列。

以下內容略

詳細內容可參：http：//222. 29. 121. 253/person/hejin/fulu/jianhuazibiao1986. htm